孔子博物館藏孔府檔案彙編

衢州孔氏卷

下

孔子博物館／衢州南孔文化發展中心　編

國家圖書館出版社

目録

下册

〇二七 ◆ 題授浙江衢州孔氏翰林院五經博士（十二）

○一二○ ◆ 題授浙江衢州孔氏翰林院五經博士（十五）

五二二○ ◆ **衢州孔氏翰林院五經博士請增設衢州聖廟祭享鍘鹽**

四〇七〇 ◆ 查究衢州孔氏族人盜賣衢州聖廟祭田

二八 衍聖公孔德成爲覆明孔繁豪爲庶長子及將孔慶儀原領執照轉送内務部事致山東省長龔［積柄］咨 ［民國十四年］二月十七日 …… 529

二九 山東省長龔積柄爲咨送孔繁豪承襲執照及具報承襲日期事致衍聖公［孔德成］咨 民國十四年四月十七日 …… 530

三〇 衍聖公府爲轉發承襲執照及具報承襲日期事頒衢縣孔氏奉祀官孔繁豪訓令 民國十四年五月二十七日 …… 532

三一 衍聖公府爲轉發承襲執照及具報承襲日期事頒衢縣孔氏奉祀官孔繁豪訓令 ［民國十四年］五月二十三日 …… 533

三二 衍聖公府爲已轉發孔繁豪承襲執照事致山東省長龔［積柄］咨 ［民國十四年］五月二十三日 …… 533

三三 衍聖公孔德成爲已轉發孔繁豪承襲執照事致山東省長龔［積柄］咨 民國十四年五月二十七日 …… 534

○一一七 ◆ 題授浙江衢州孔氏翰林院五經博士（十二）

清咸豐二年至七年

衍聖公府爲飭提孔憲堂來曲請咨赴部考試事致浙江巡撫部院咨、浙江衢州府正堂移

清咸豐二年五月十三日

襲封衍聖公府爲咨移會飭提請咨考試事。案

查衢州南宗孔氏世襲翰林院五經博士孔憲坤

於道光十九年八月二十二日病故並無子嗣據

亦無昭穆相當應繼之人應俟憲堂有子仍繼

大宗爲憲坤承嗣再行咨報襲替並聲明憲堂

係已故博士憲坤之胞弟已故博士孔昭烜之嫡次

子現年十八歲堪以代襲請令先行主奉祀事

再行照例送考等情業經咨明

禮吏部註册准以憲堂代襲俟憲堂有子即繼憲

坤爲嗣咨報承襲以繼大宗飭令憲堂赴部

考試在案迄今數載未據來曲請咨考試亦未

據呈報現在有無應繼之人殊屬玩延且現在

欽奉

上諭明年仲春上丁舉行臨雍該博士有率領族衆赴

京觀禮之責未便再延除咨會巡撫浙江部院外擬合咨移會

爲此合咨移貴部院府請煩煩爲查照文內事理希即轉飭衢州府飭提代

襲孔憲堂迅速束裝星馳來曲請領咨文赴部

考試代襲毋任遲延致干

部查望速施行須至咨移者

右咨移

巡撫浙江部院 咨

浙江衢州府正堂 移

咸豐二年五月十三日

聖公府

衍聖公府爲催來曲請咨赴部考試事致衢州孔氏代襲翰林院五經博士孔憲堂劄付

清咸豐二年五月十三日

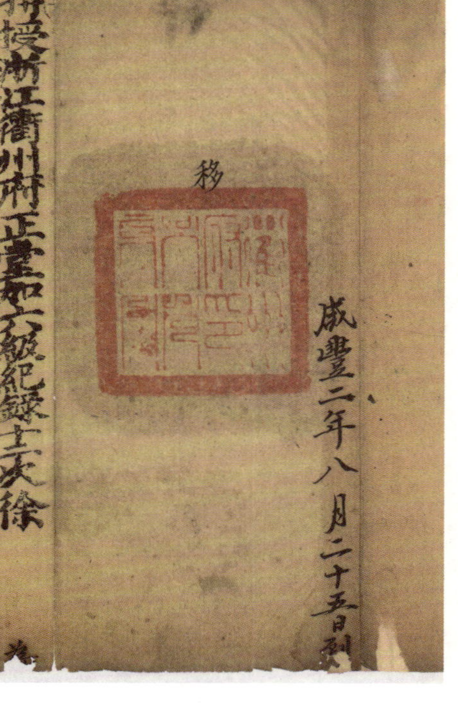

咸豐二年八月二十五日到

移

特授浙江衢州府正堂加六級紀錄十六次徐　為

移會飭提事本年六月十五日准

貴府移會飭提請咨考試事案查衢州南宗孔氏世襲翰林院五經博

孔憲坤於道光十九年八月二十二日病故並無子嗣族內亦無昭穆相當應

之人應俟憲堂有子仍繼大宗為憲坤承嗣再行咨報替襲並聲明

堂係已故博士憲坤之胞弟已故博士孔昭烜之嫡次子現年十八歲堪

代襲請令先行主奉祀事再行照例送考等情業經咨明

吏部註冊准以憲堂代襲俟憲堂有子即繼憲坤為嗣咨報承襲以繼

禮

大宗飭令憲堂赴　部考試在案迄今數載未據來曲請咨考試亦未

據呈報現在有無應繼之人殊屬玩延且現在欽奉

上諭明年仲春上丁舉行臨雍該博士有率領族衆赴京觀禮之責未

便再延除咨會巡撫浙江部院外擬合移會等因即經轉飭去後茲

據西安縣知縣陳元謙詳稱准翰林院五經博士孔移開本擬束裝就

道奈天道亢暘一時盤費無措適抱微痾貧病相兼容俟設法措辦

緩至冬初再行領文赴曲請咨考試並聲明憲堂現未生子俟具

供結請賜轉詳等由過縣准此除移催赶緊設措起程外緣奉札飭

浙江衢州府正堂徐［相］爲覆明孔憲堂未能赴曲請咨緣由事致衍聖公府移

清咸豐二年七月十四日

衍聖公府爲再催來曲請咨赴部考試事致衢州孔氏代襲翰林院五經博士孔憲堂劄付

清咸豐二年九月二十二日

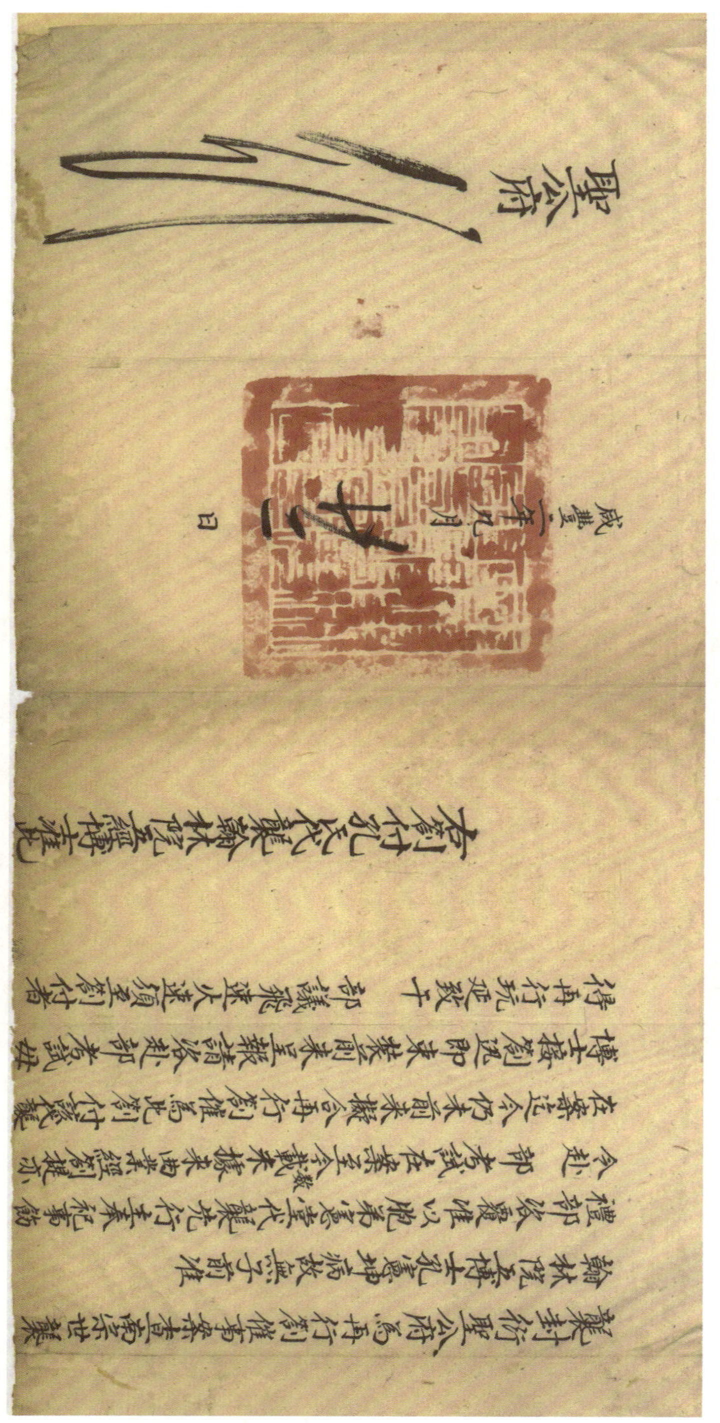

襲封衍聖公府爲再行劄催事案查南宗世襲
翰林院五經博士孔憲坤病故無子前准
禮部咨覆准以胞弟憲堂代襲先行主奉祀事飭
令赴　部考試在案至今數載未據來曲業經劄提亦
在案迄今仍未前來擬合再行劄催爲此劄付該代襲
博士接劄迅即束裝前來呈報請咨赴部考試毋
得再行玩延致干　部議飛速火速須至劄付者

右劄付孔氏代襲翰林院五經博士孔憲堂准此

咸豐二年九月廿二日

聖公府
行

衍聖公府爲又催來曲請咨赴部考試事致衢州孔氏代襲翰林院五經博士孔憲堂劄付

清咸豐二年十月十九日

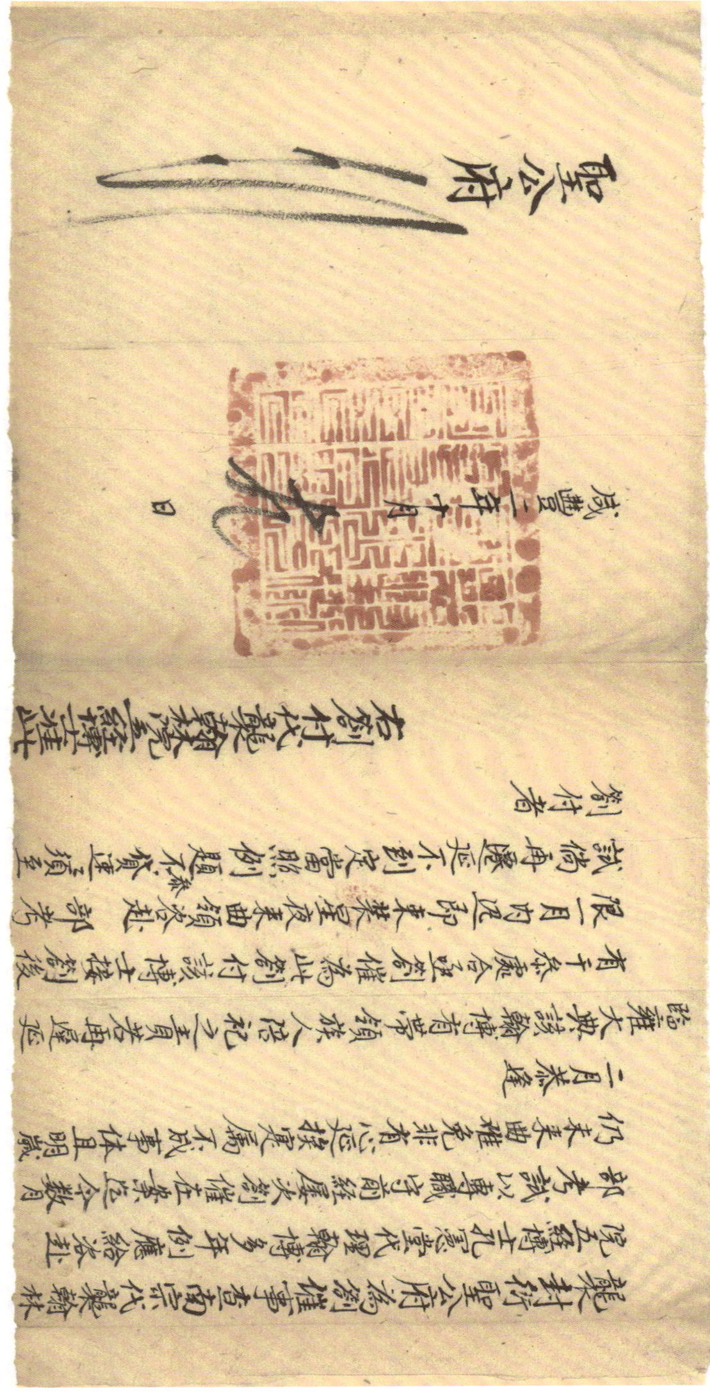
襲封衍聖公府爲劄催事查南宗代襲翰林院五經博士孔憲堂代理翰博多年例應給咨赴部考試以專職守前經屢次劄催在案迄今數月仍未來曲雖免非有心延挨寔屬不成事体且明歲二月恭逢臨雍大典該翰博有帶領族人陪祀之責若再遲延有干參處合亟劄催爲此劄付該博士接劄後限一月內迅即束裝星夜來曲領咨赴 部考試倘再遷延不到定當照例題參不貸速速須至劄付者

右劄付代襲翰林院五經博士准此

咸豐二年十月十九日

聖公府

襲封衍聖公府爲咨移催事照得衢州南宗代襲翰林院
五經博士孔憲堂例應咨送
禮部考試以專職守數載以來並未來曲領咨前經屢
次劄催並咨移會
貴部院（府）轉飭衢州府飭令該翰博孔憲堂赶緊來曲
在案迄今數月尚未前來難免非有意延挨寔屬不
成事體且明年二月恭逢
臨雍大典該翰博有帶領族人陪祀之責若再遲延有干
參處除咨會
撫部院外合再備文咨移催爲此合咨移
貴部院請煩（府煩爲）查照文内事理希即檄飭衢州府轉飭該
翰博孔憲堂限一月内赶緊束裝星夜來曲領咨赴

衍聖公府爲又催孔憲堂來曲請咨赴部考試事致浙江巡撫部院咨、浙江衢州府正堂移

清咸豐二年十月十九日

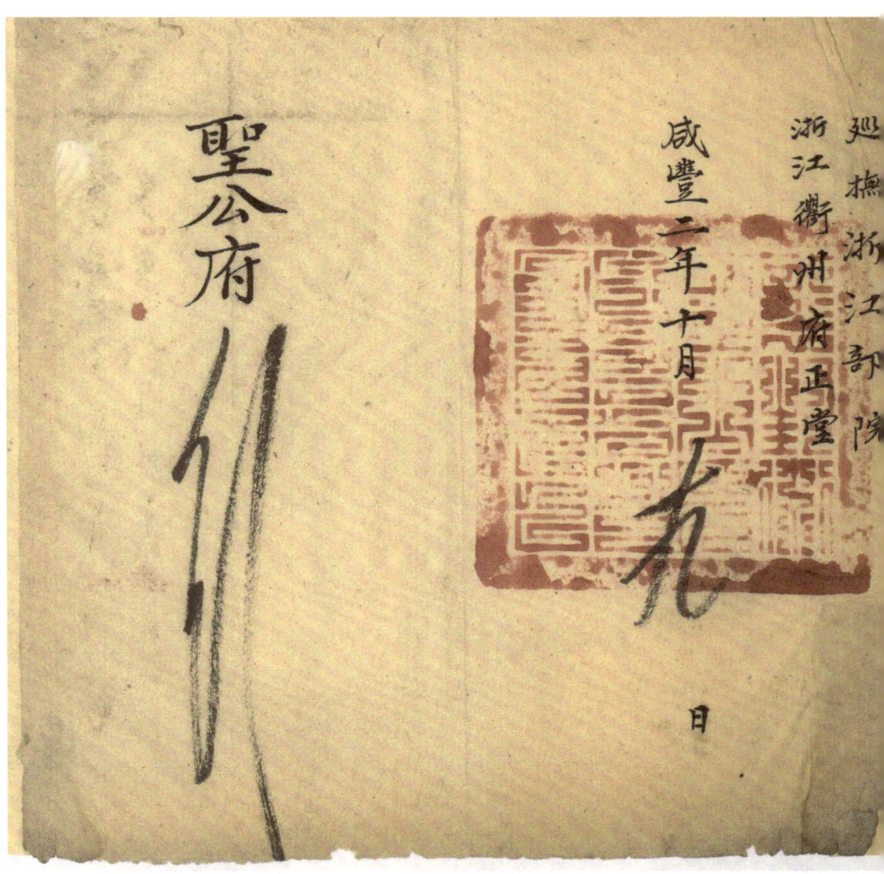
巡撫浙江部院
浙江衢州府正堂
咸豐二年十月九日
聖公府

衢州府西安縣知縣陳元謙造送代襲五經博士孔憲堂請咨赴考清册

清咸豐二年七月

造送代襲五經博士孔憲堂請咨赴考清册
西安縣

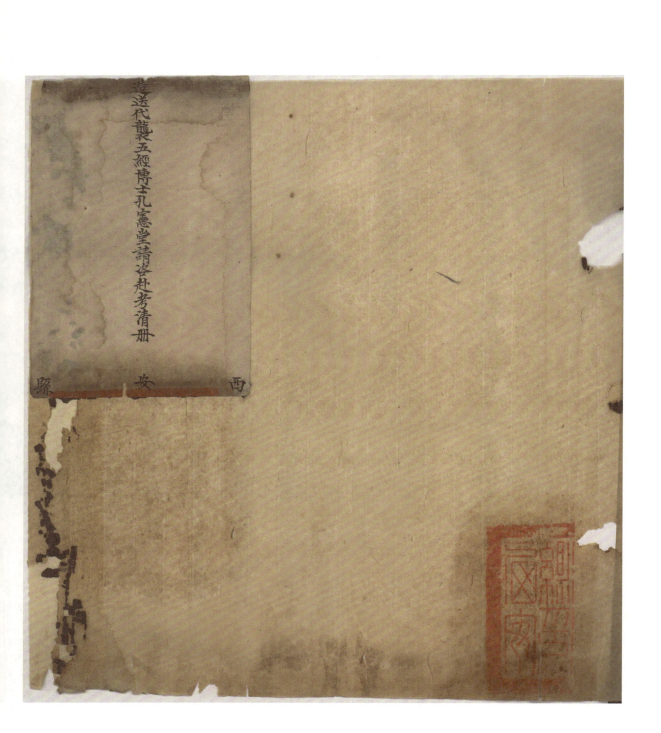

衢州府西安縣知縣陳元謙造送代襲五經博士孔憲堂請咨赴考清册

清咸豐二年七月

衢州府西安縣

呈爲詳送事遵將卑縣代襲博士孔憲堂三代年貌履歷造具清册

呈送

察核施行須至册者

今

開

代襲博士孔憲堂現年叁拾歲身中面白無鬚曾祖繼濤

曾祖母王氏崔氏祖廣杓祖母程氏余氏勞

氏父昭烜以上俱殁母鄭氏存憲堂由俊秀

於道光拾玖年因胞兄憲坤病故無嗣族内

亦無應繼之人應俟憲堂有子仍繼大宗再

行咨報替襲並聲明憲堂係已故博士憲

衢州府西安縣知縣陳元謙造送代襲五經博士孔憲堂請咨赴考清册

清咸豐二年七月

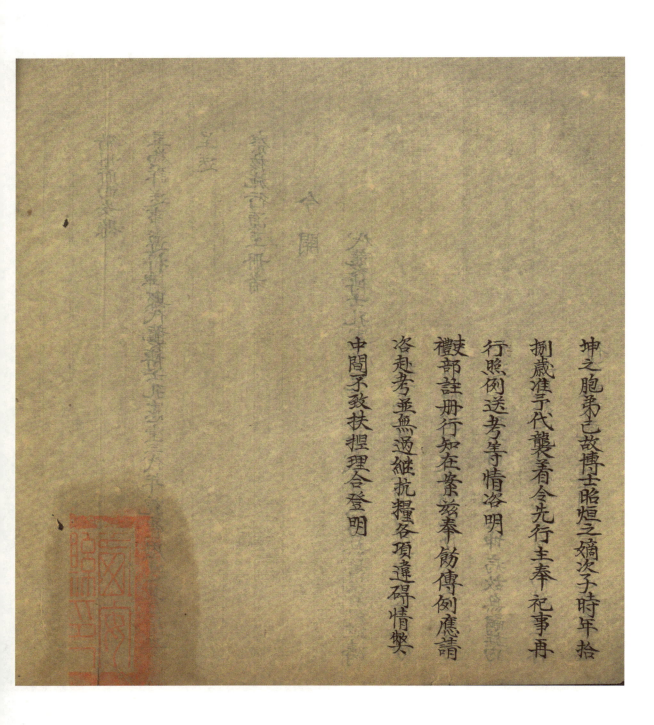

坤之胞弟已故博士昭烜之嫡次子時年拾
捌歲准予代襲着令先行主奉祀事再
行照例送考等情咨明
禮吏部註册行知在案兹奉飭傳例應請
咨赴考並無過繼抗糧各項違碍情弊
中間不致扶捏理合登明

衢州府西安縣知縣陳元謙造送代襲五經博士孔憲堂請咨赴考清册

清咸豐二年七月

右

具

衢州府西安縣知縣陳元謙造送代襲五經博士孔憲堂請咨赴考清册

清咸豐二年七月

清

册

衢州府西安縣知縣陳元謙造送代襲五經博士孔憲堂請咨赴考清册

清咸豐二年七月

咸豐貳年柒月

知縣陳元謙

親
供

具親供應襲翰林院五經博士孔憲堂今於
與親供為請咨赴考事供得堂現
年叁拾歲身中面白無鬚曾祖繼濤曾祖母王氏崔氏祖廣杓祖母程
氏余氏勞氏父昭烜俱殁母鄭氏存堂由俊秀於道光拾玖年因兄憲
坤病故無嗣族内亦無應繼之人應俟堂有子仍繼大宗再行咨報替
襲並聲明堂係已故博士憲坤之胞弟已故博士昭烜之嫡次子時年
拾捌歲准予代襲着令先行主奉祀事再行照例送考等情當奉
飭知在案茲奉飭提例應請咨赴考並無過繼抗糧各項違碍情弊
中間不致扶捏所具親供是實

衢州孔氏應襲翰林院五經博士孔憲堂爲請咨赴部考試事所具親供

清咸豐二年

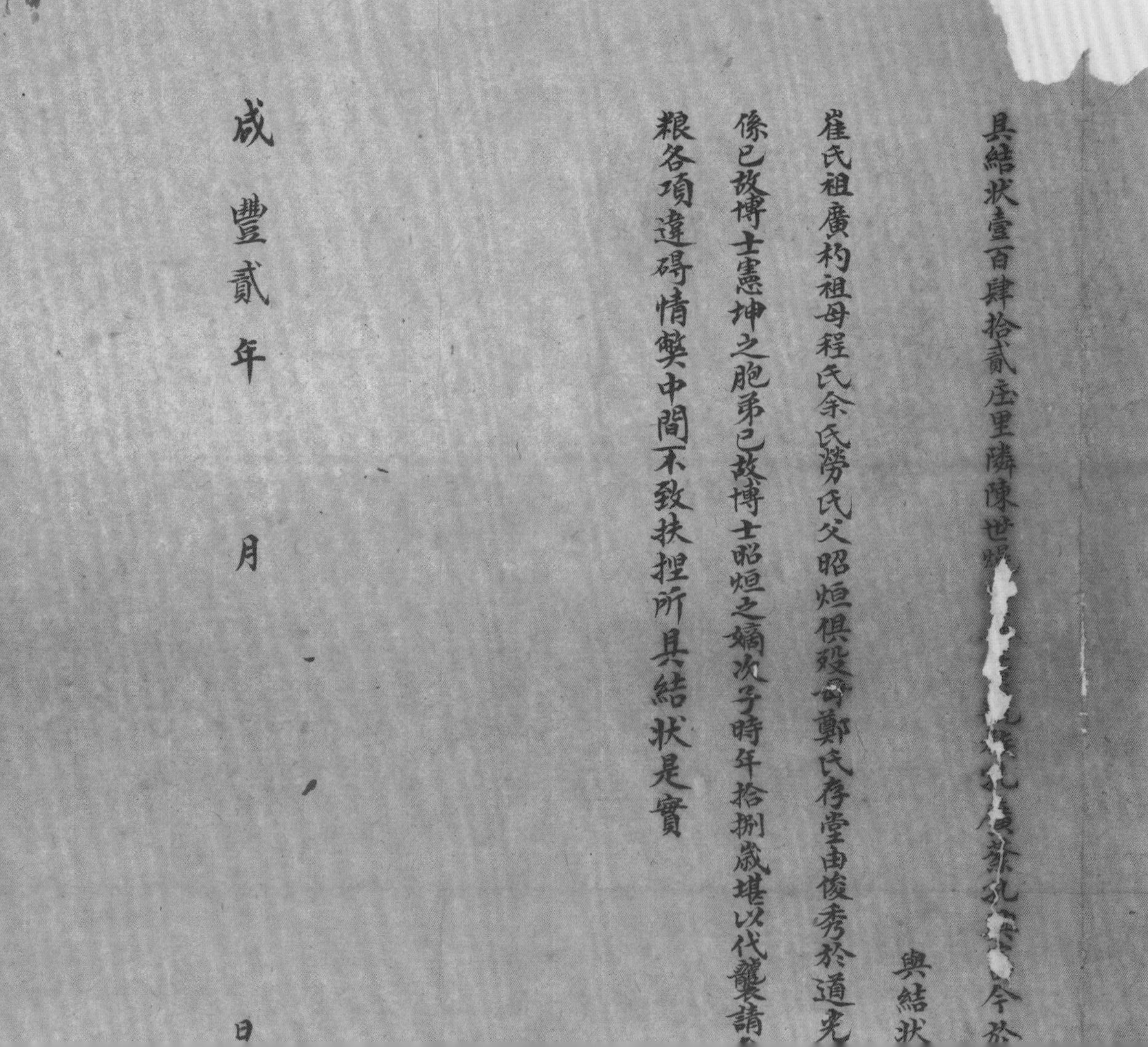

具結狀壹百肆拾貳庄里隣陳世燦[illegible]今於

與結狀

崔氏祖廣杓祖母程氏余氏勞氏父昭烜俱殁母鄭氏存堂由俊秀於道光

係已故博士憲坤之胞弟已故博士昭烜之嫡次子時年拾捌歲堪以代襲請

粮各項違碍情弊中間不致扶揑所具結狀是實

咸豐貳年　月　日

里鄰陳世熀、親族孔廣棻等爲孔憲堂請咨赴部考試事所具結狀

清咸豐二年

翰林院五經博士孔憲堂現年叁拾歲身中面白無鬚曾祖繼濤曾祖母王氏

憲坤病故無嗣族內亦無應繼之人應俟堂有子仍繼大宗再行咨報替襲並聲明堂

祀事再行照例送考等情當奉飭知在案茲奉劄提例應請咨赴考並無過繼抗

鄰陳世熀（押） 費壽萱（押）

族孔廣棻（押） 孔興富（押）

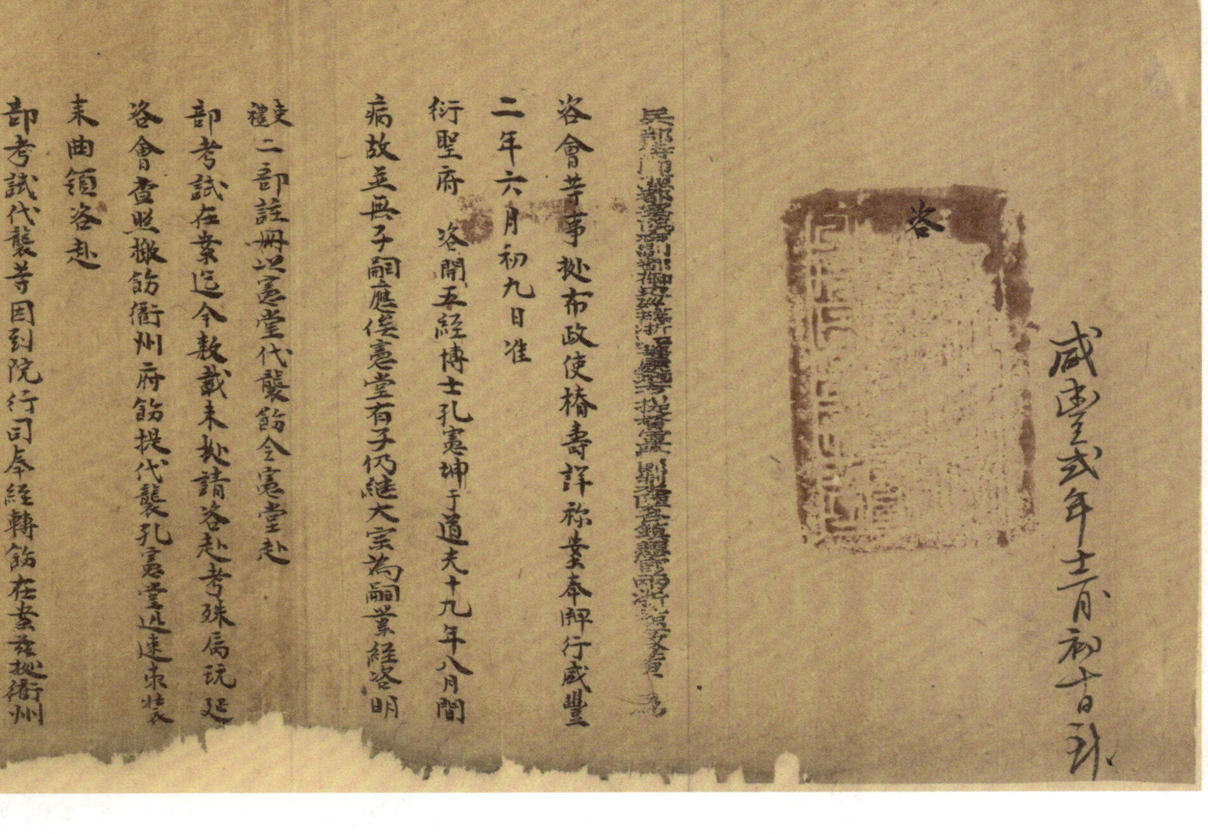
咸豐貳年十二月初十日

咨

兵部侍郎[illegible]

咨會事據布政使椿壽詳稱案奉撫行咸豐

二年六月初九日准

衍聖府 咨開五經博士孔憲坤于道光十九年八月間

病故並無子嗣應俟憲堂有子仍繼大宗為嗣業經咨明

吏禮二部註冊以憲堂代襲飭令憲堂赴

部考試在案迄今數載未據請咨赴考殊屬玩延

咨會查照檄飭衢州府飭提代襲孔憲堂迅速束裝

來曲領咨赴

部考試代襲等因到院行司奉經轉飭在案茲據衢州

府申據西安縣詳稱卑職遵即移取去後茲准翰林院

五經博士孔移開本擬束裝就道奈一時盤費無措適

浙江巡撫黄［宗漢］爲孔憲堂未能赴曲請咨緣由事致衍聖公府咨

清咸豐二年十月十九日

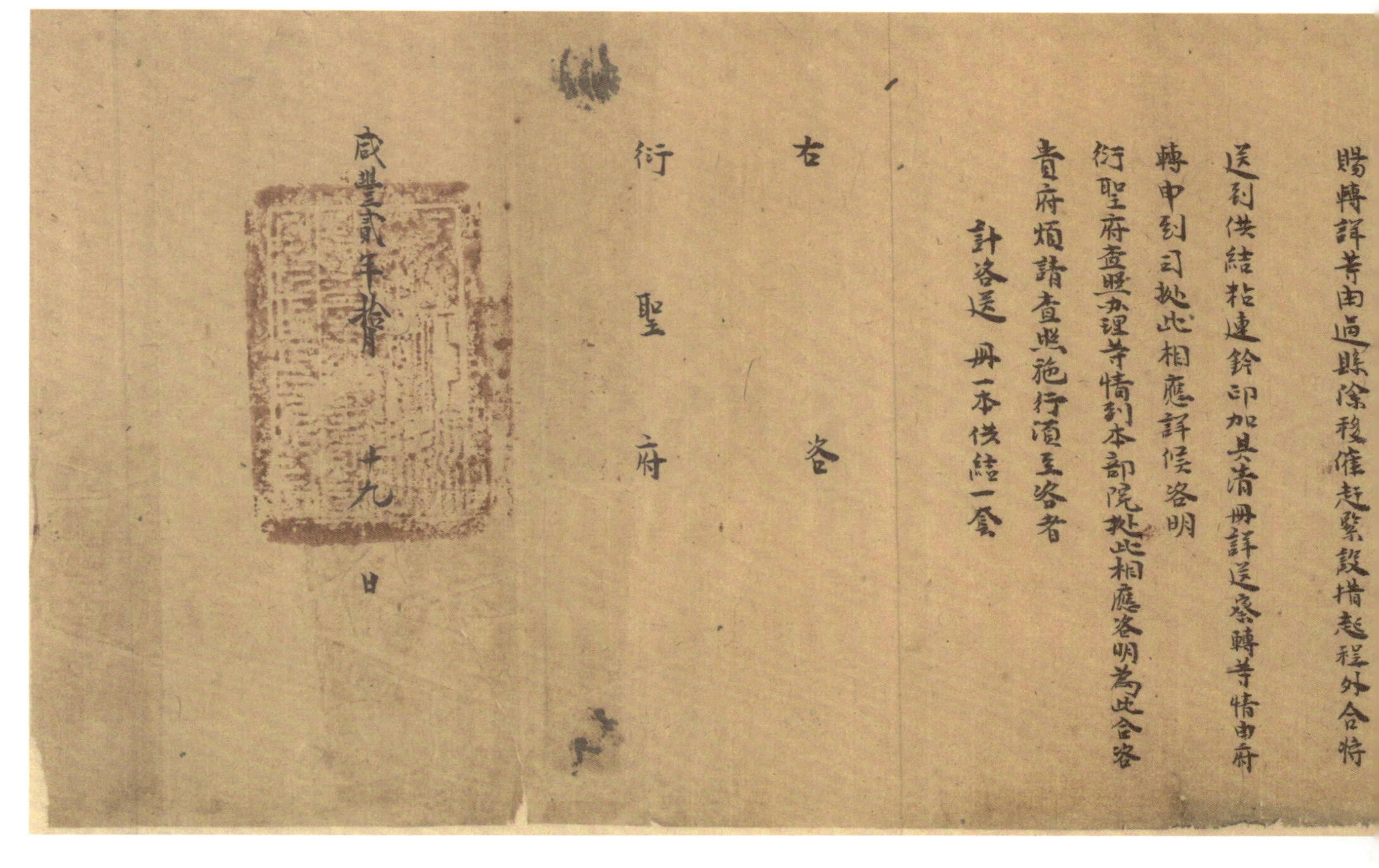

賠轉詳等由道縣除移催起緊設措起程外合將
送到供結粘連鈐印加具清冊詳送察轉等情由府
轉申到司批此相應詳候咨明
衍聖府查照办理等情到本部院批此相應咨明爲此合咨
貴府煩請查照施行須至咨者
計咨送　冊一本供結一套

右　咨

衍　聖　府

咸豐貳年拾月　十九　日

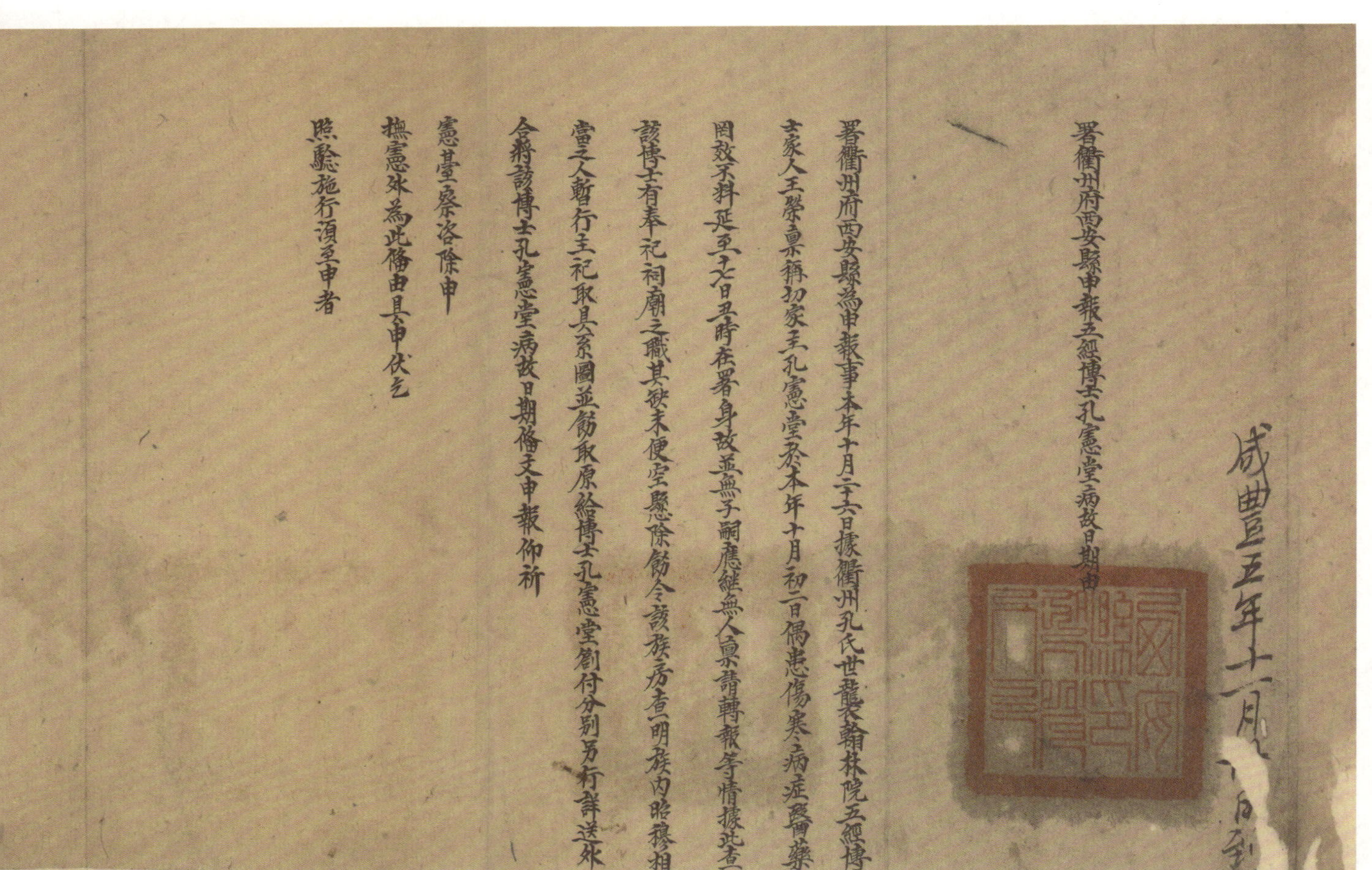
咸豐五年十一月[illegible]日到

署衢州府西安縣申報五經博士孔憲堂病故日期由

署衢州府西安縣爲申報事本年十月二十六日據衢州孔氏世襲翰林院五經博
士家人王榮稟稱切家主孔憲堂於本年十月初二日偶患傷寒之病延醫藥
罔效不料延至十七日丑時在署身故並無子嗣應繼無人稟請轉報等情據此查
該博士有奉祀祠廟之職其缺未便空懸除飭令該族房查明族內昭穆相
當之人暫行主祀取具宗圖並飭取原給博士孔憲堂劄付分別另行詳送外
合將該博士孔憲堂病故日期備文申報仰祈
憲臺察核除申
撫憲外爲此備由具申伏乞
照驗施行須至申者

署衢州府西安縣知縣吴來鴻爲報明孔憲堂病故日期事致衍聖公孔［繁灝］申

清咸豐五年十一月初五日

太子太保襲封衍聖公府孔

咸豐伍年拾壹月初伍日署知縣吴來鴻

署五品執事官生員孔廣松爲請暫代奉祀事致衍聖公［孔繁灝］稟

清咸豐五年十二月

孔鄭氏爲控孔廣松仗勢占奪事致衍聖公「孔繁灝」函封

清咸豐四年四月

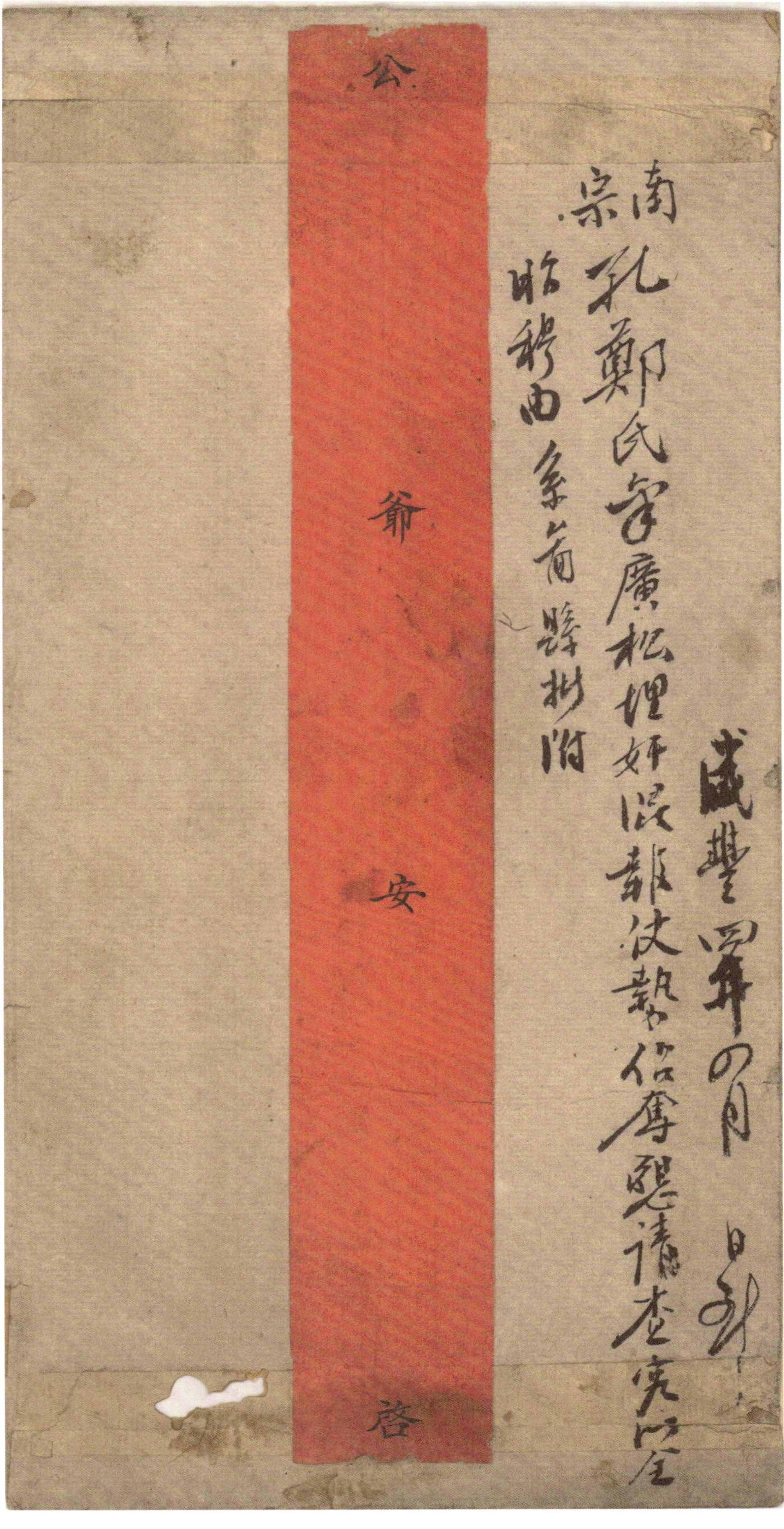
公爺安啓

南宗孔鄭氏

咸豐四年四月　日封

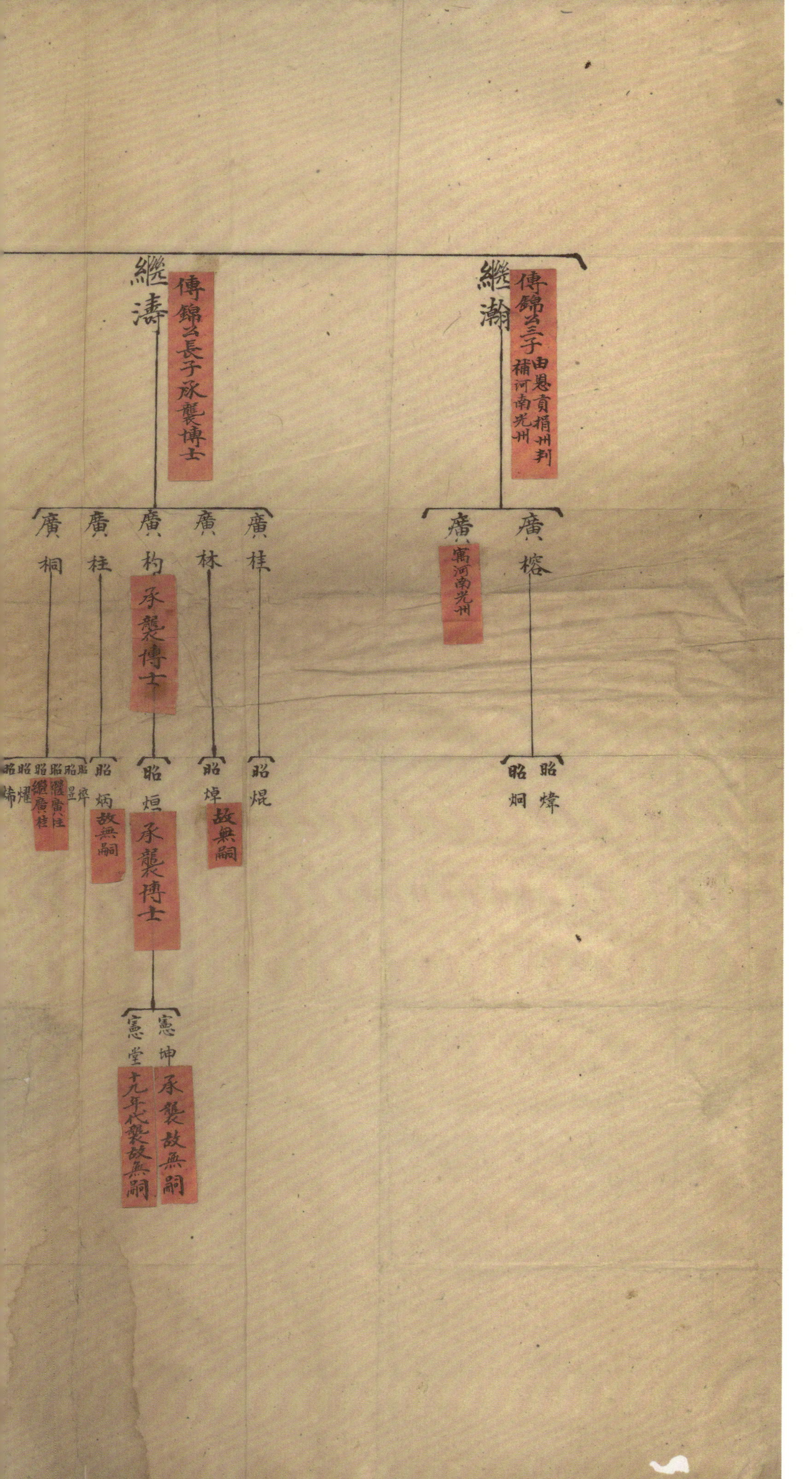

繼濤
傳錦公長子承襲博士
繼瀚
傳錦公三子由恩貢捐州判補河南光州
廣桐
廣柱
廣杓
承襲博士
廣林
廣桂
廣
寓河南光州
廣榕
昭炳
故無嗣
昭烜
承襲博士
昭焯
故無嗣
昭焜
昭煒
昭炯
憲坤
承襲故無嗣
憲堂
十九年代襲故無嗣

衢州孔氏六十八代至七十三代系圖（部分）

無朝年

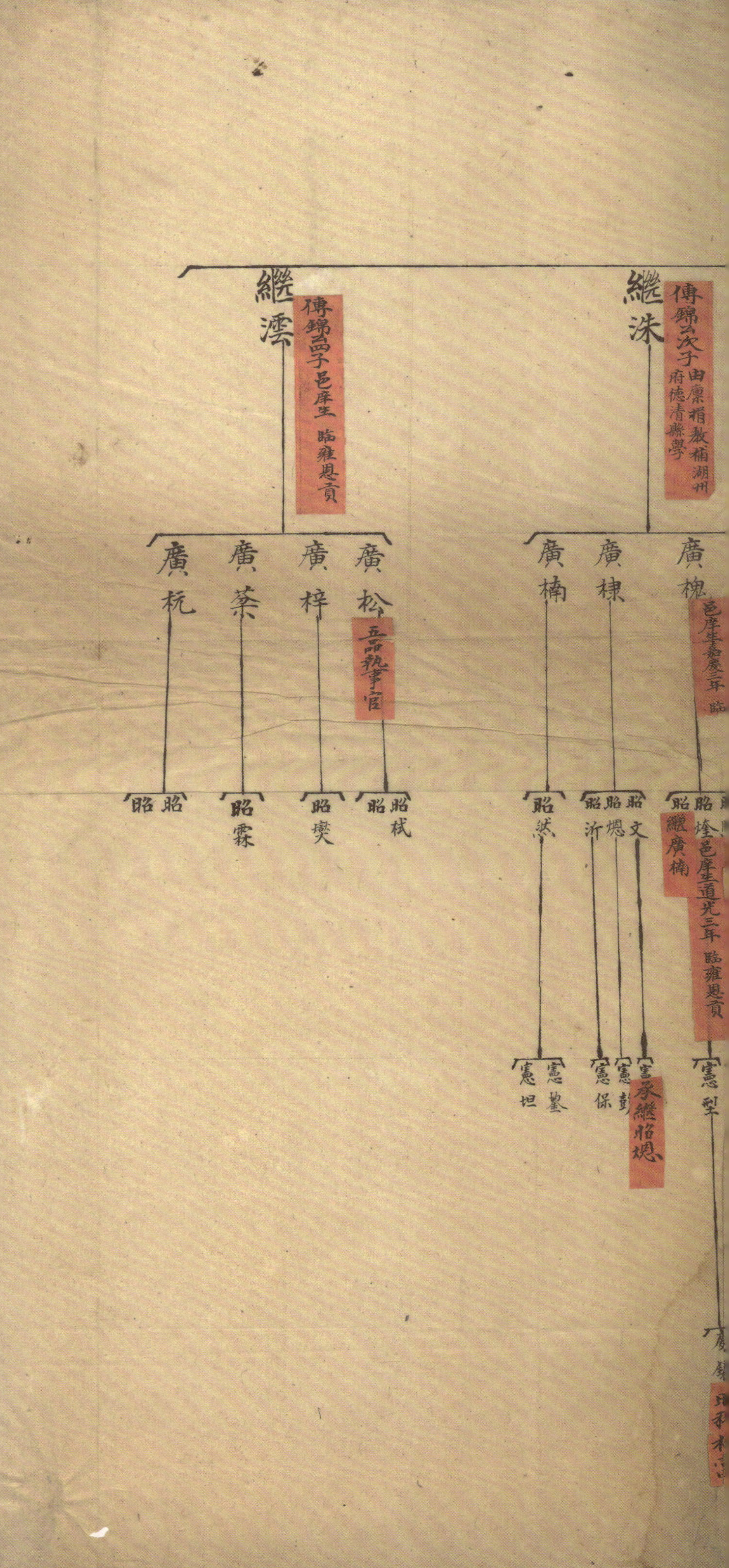

［西安縣］關於孔鄭氏争控一案的批文節録

［清咸豐年間］

二月十八日孔鄭氏稟

縣批 孔慶鏞入繼該博士孔憲珅為嗣是否昭穆相當與例符合候
差房族長確切查明具結呈復核奪系圖附

二月十九日 族孔興富 房孔毓儒 呈

縣批 據呈系圖親供切結各七紙存候備文申送至該博士孔憲堂原結劄
付着令該家屬即速細查呈繳毋任藉延

二月廿五日孔鄭氏呈

縣批 此案前據家人王榮稟報孔憲堂病故乏嗣應繼無人等情當經處情轉報迄
今事隔數月忽據該氏等稟稱現有孔憲型之子孔慶鏞堪以入繼孔憲堂為子
核與原報前後矛盾究竟孔慶鏞與憲堂是否昭穆相當與立繼之例相符又
經差飭房族查明具結呈覆至孔廣松係奉
道憲札飭暫代主祭當據孔廣松赴縣呈明並先據孔廣松稟奉
衍聖公府飭縣查取宗圖供結復經飭據孔興富等送縣轉送在案是孔廣松不過暫為
代主祀事並非即以為嗣該氏所稱孔廣松圖繼朦串等情係屬誤會其意應毋庸議唯孔
慶鏞入繼孔憲珅之處果否昭穆倫序不失堪以入繼姑候差飭孔毓培等協同孔興富等確切
查明東公取結呈覆察奪可也

二月廿九日孔毓培等呈

批 已批孔鄭氏稟内結附

仝日孔鄭氏稟

批 既據各房長查明孔慶鏞昭穆相當堪以入繼大宗為子孔興富等循復另有
異議不肯画押显係為將来藉口地步殊屬不合候提訊察究斷詳

三月初八日孔興富呈

批 候催差集案訊斷至抄粘批結字據與此案無涉毋庸率混發還

衢州孔氏六十七代至七十三代系圖（部分）及說明

無朝年

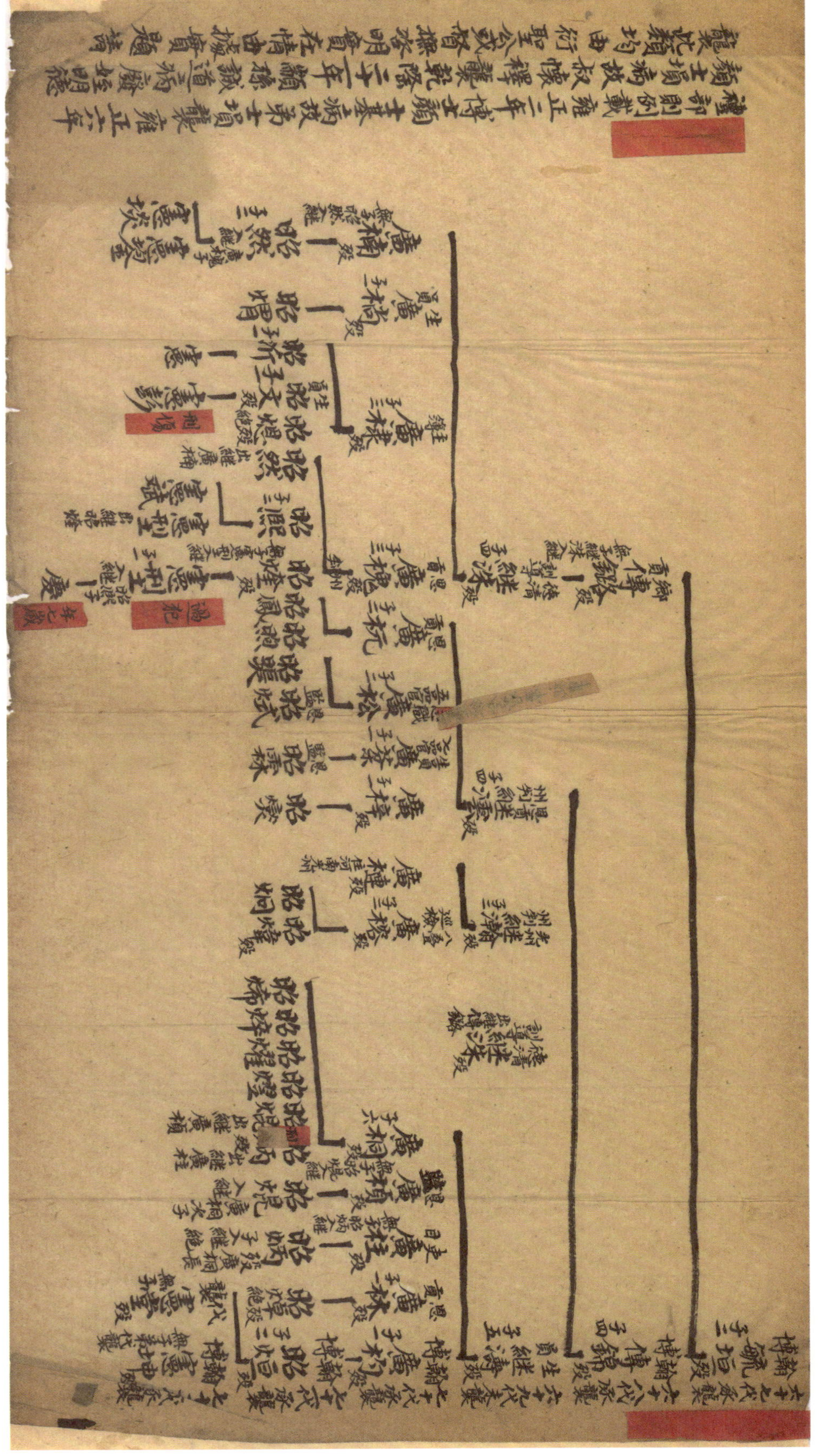

衢州孔氏六十七代至七十三代系圖（部分）及說明

無朝年

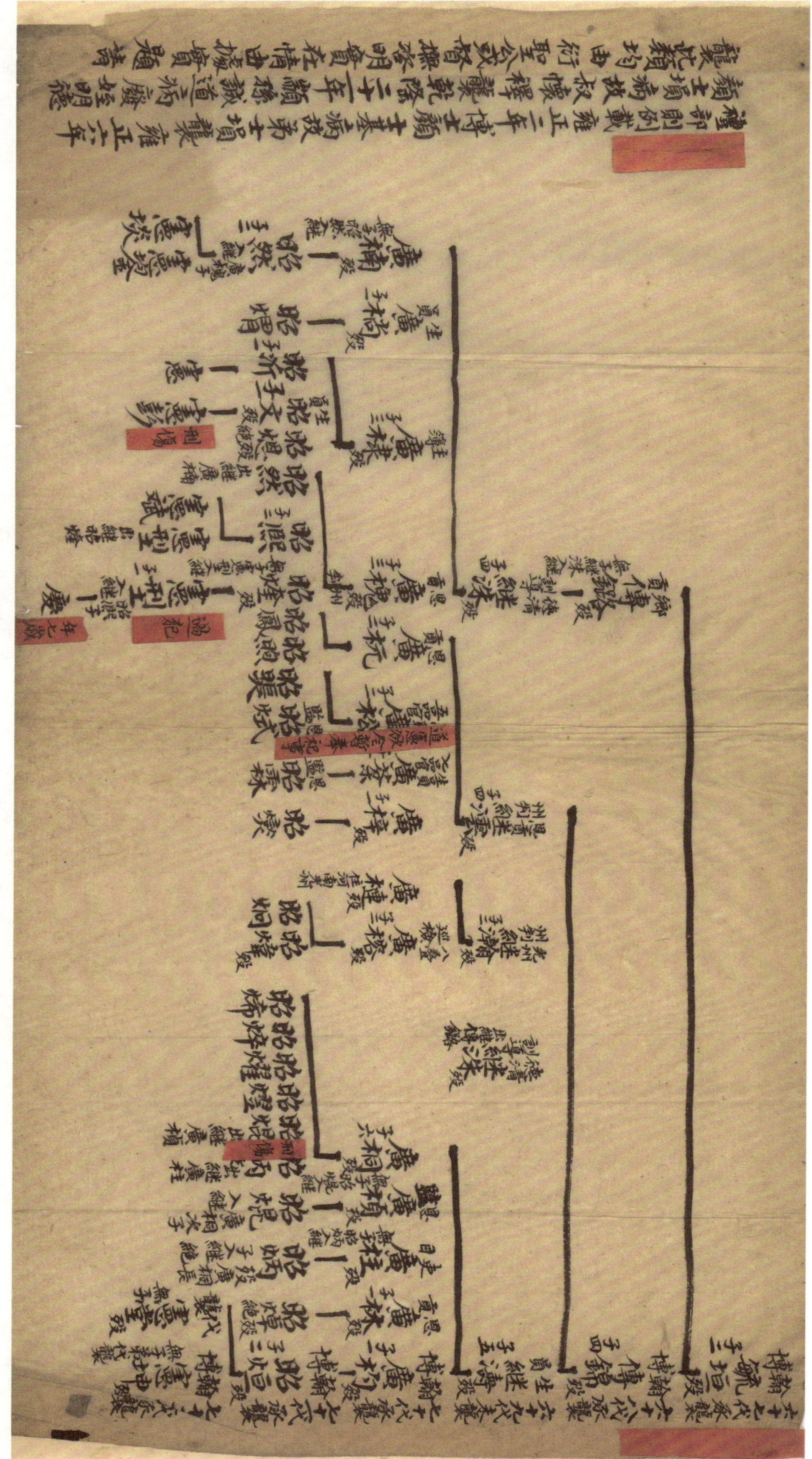

衍聖公孔〔繁灝〕爲孔廣松可否暫代主祀事致浙江巡撫部院咨、浙江西安縣劄付

清咸豐六年正月十六日

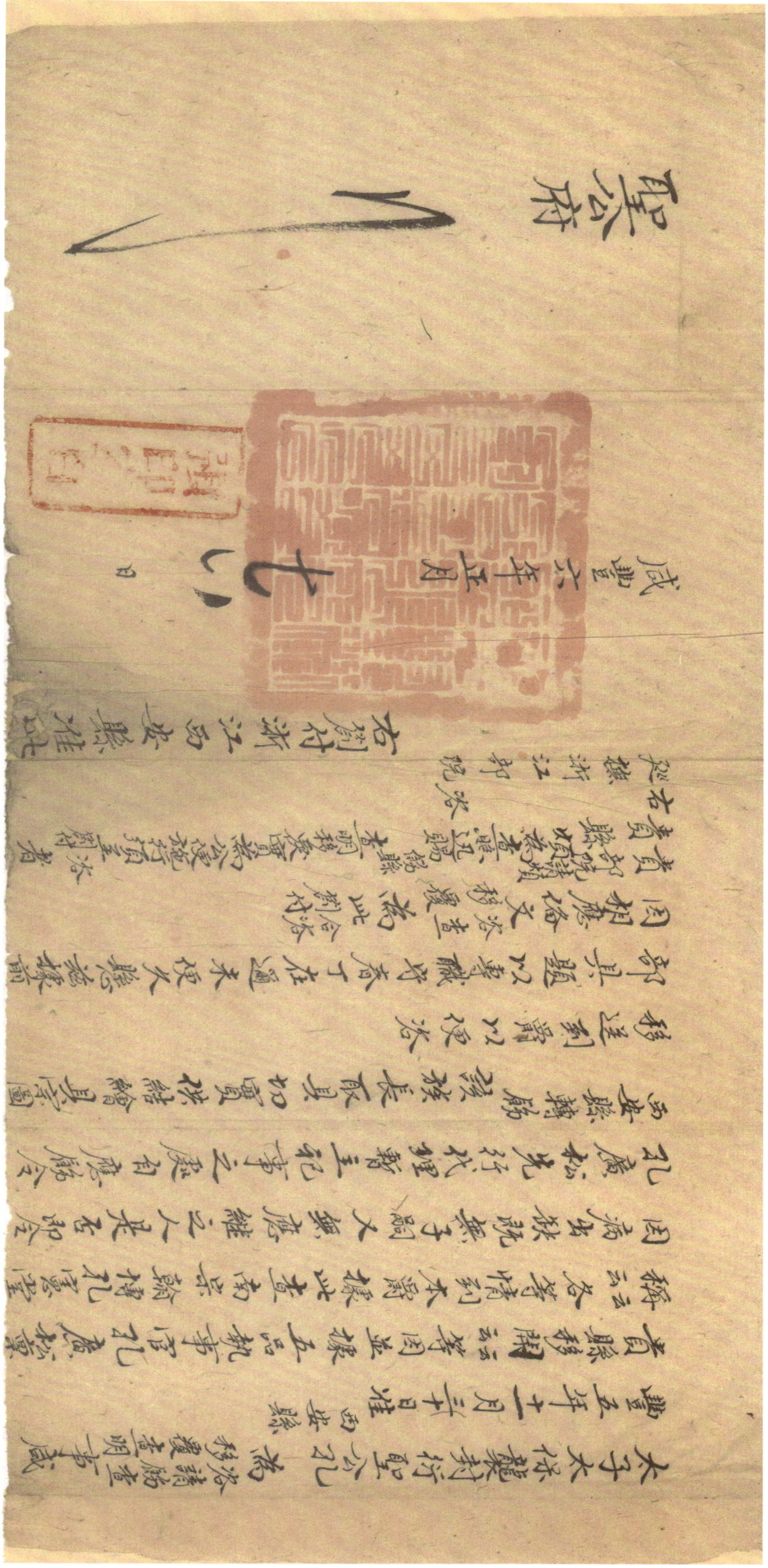

署衢州府西安縣申報五品執事官孔廣松暫代主祭由

咸豐二年二月廿八日到

署衢州府西安縣為據稟轉報事據卑縣五品執事官孔廣松稟稱切於本月初貳日接奉本道札照得世襲博士孔於上年十月十七日病故尚未奉訂有人接襲惟現屆二月初九日祭丁日期乏員主祭合亟札委札到該員届期暫代主祭一面遵照禮儀虔誠將事毋違特札等因奉此職雖係已故翰博傳錦派下嫡次孫思不稟明未敢擅便伏念丁祭攸關不敢違悞因即協同闔族人等稟遵暫行主祭外理合稟請轉報等情據此理合備文轉報仰祈

憲臺察核除申

撫憲外為此備由具申伏乞

照驗施行須至申者

署衢州府西安縣知縣吴來鴻爲報明孔廣松暫代主祭事致衍聖公孔〔繁灝〕申

清咸豐六年二月初八日

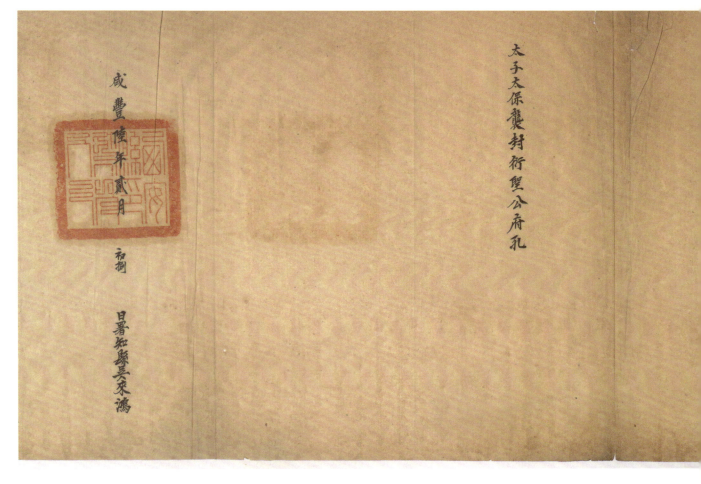

太子太保襲封衍聖公府孔

咸豐陸年貳月初捌日署知縣吴來鴻

署衢州府西安縣知縣吴來鴻呈詳五品執事官孔廣松暫奉祀事緣由書册

清咸豐六年二月二十七日

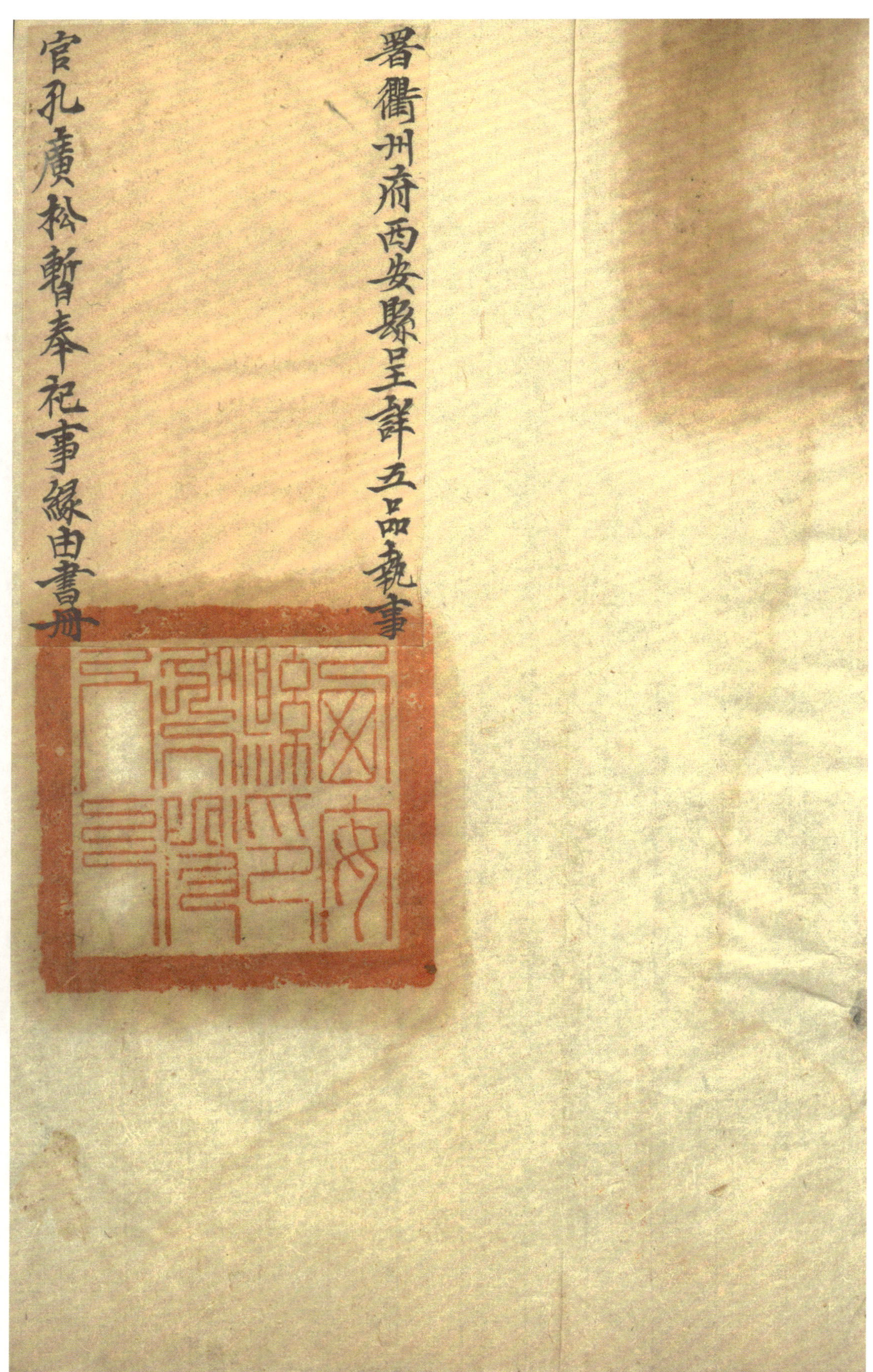
署衢州府西安縣呈詳五品執事
官孔廣松暫奉祀事緣由書册

署衢州府西安縣知縣吴來鴻呈詳五品執事官孔廣松暫奉祀事緣由書册

清咸豐六年二月二十七日

署衢州府西安縣爲遵札詳送事本年二月初十日奉
憲臺 劉開據卑縣申報該博士孔憲堂病故日期並
據五品執事官孔廣松稟稱切姪孫代襲博士憲堂於豐
五年十月十七日病故既無親子亦無繼子伊孫傳錦派下嫡
孫似可暫奉祀事繪具系圖稟送察奪各等情到本爵
據此查南宗翰博孔憲堂因病出缺既無子嗣又無應繼之人
是否即令孔廣松先行代理暫主祀事之處自應飭令該族
長取具切實供結繪具宗圖發送以便咨
部具題以專職守等因奉查此案前據家人王榮稟報

署衢州府西安縣知縣吴來鴻呈詳五品執事官孔廣松暫奉祀事緣由書册

清咸豐六年二月二十七日

該博士孔憲堂病故日期到縣當經報明
憲鑒在案兹奉前因遵即飭據該族長孔興富房長
孔毓儒出具切結繪具宗圖並取具孔廣松親供并聲明
孔廣松實係已故翰博傳錦派下嫡孫堪以暫主祀事至已
故博士孔憲堂原給劄付因一時無從查檢容俟尋覓呈
繳等情到縣據此卑職復查無異除該博士孔憲堂原給
劄付飭令該家屬細查呈繳另文申送外合將送到系圖供
結粘連蓋印備文詳送仰祈
憲臺察核除詳

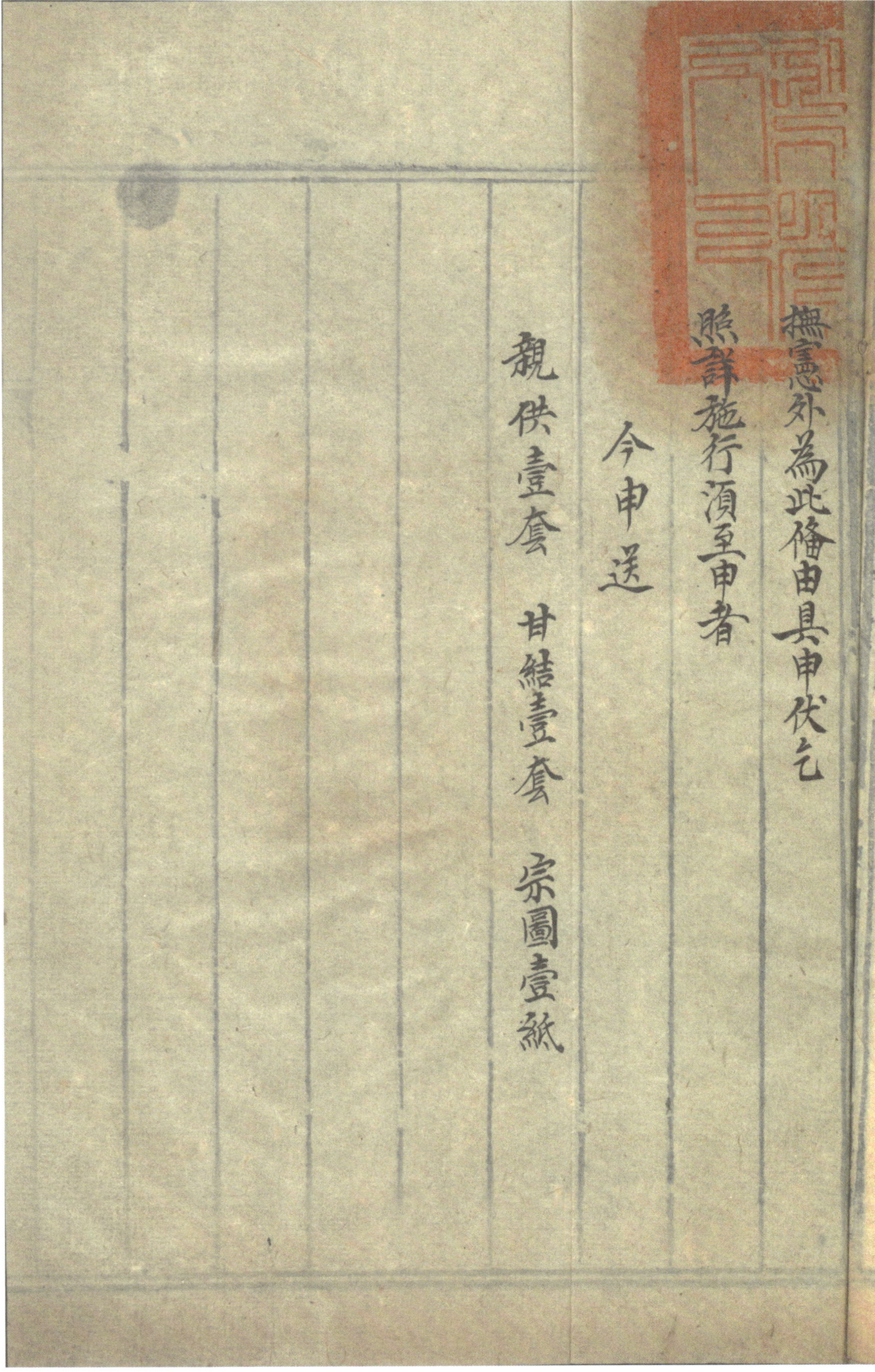
撫憲外爲此備由具申伏乞
照詳施行須至申者
今申送
親供壹套　甘結壹套　宗圖壹紙

署衢州府西安縣知縣吴來鴻呈詳五品執事官孔廣松暫奉祀事緣由書册

清咸豐六年二月二十七日

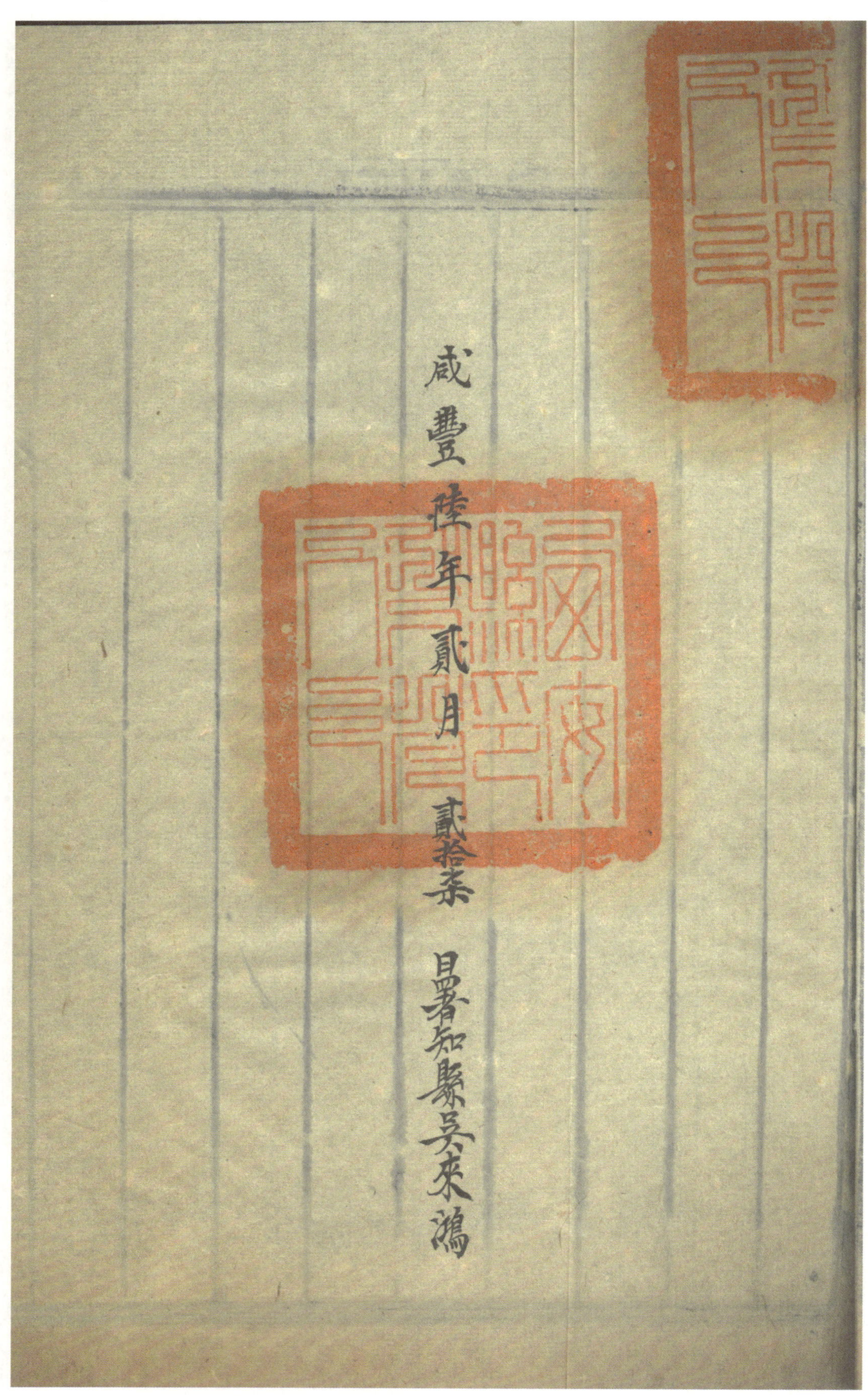
咸豐陸年貳月 貳拾柒 日署知縣吴來鴻

署衢州府西安縣知縣吴來鴻爲孔廣松暫代奉祀緣由事致衍聖公孔［繁灝］申

清咸豐六年二月二十七日

六十七代承襲
翰博 毓垣 歿
子二

六十八代承襲
翰博 傳錦 歿
子四

六十九代承襲
生員 繼濤 歿
子五

德清訓導 繼洙 歿
出繼傳鉻

光州州判 繼瀚 歿
子二

恩貢州判 繼澐 歿
子四

七十代承襲
翰博 廣杓 歿
子一

恩貢 廣林 歿
子一

吏目 廣柱 歿
無子 昭炳入繼

恩監 廣楨 歿
無子 昭焜入繼

廣桐 歿
子六

八疊巡檢 廣榕 歿
子二

廣槤 歿
住河南光州

廣梓 歿
子一

生員七品官 廣棻

恩職 廣松

道委暫主奉祀

七十一代承襲
翰博 昭烜 歿
子二

昭焯 歿 絕

昭炳 歿 絕
廣桐長子 入繼

昭焜 刑傷
廣桐次子 入繼

昭炳 出繼廣柱 歿

昭焜 歿 出繼廣楨

昭煜

昭燿

昭焠

昭烯

昭煒 歿

昭烔

昭燮

恩監 昭霖

恩監 昭烒

七十二代承襲
翰博 憲坤 歿
無子 弟代襲

代襲 憲堂 歿
無子

衢州孔氏六十七代至七十三代系圖（部分）

無朝年

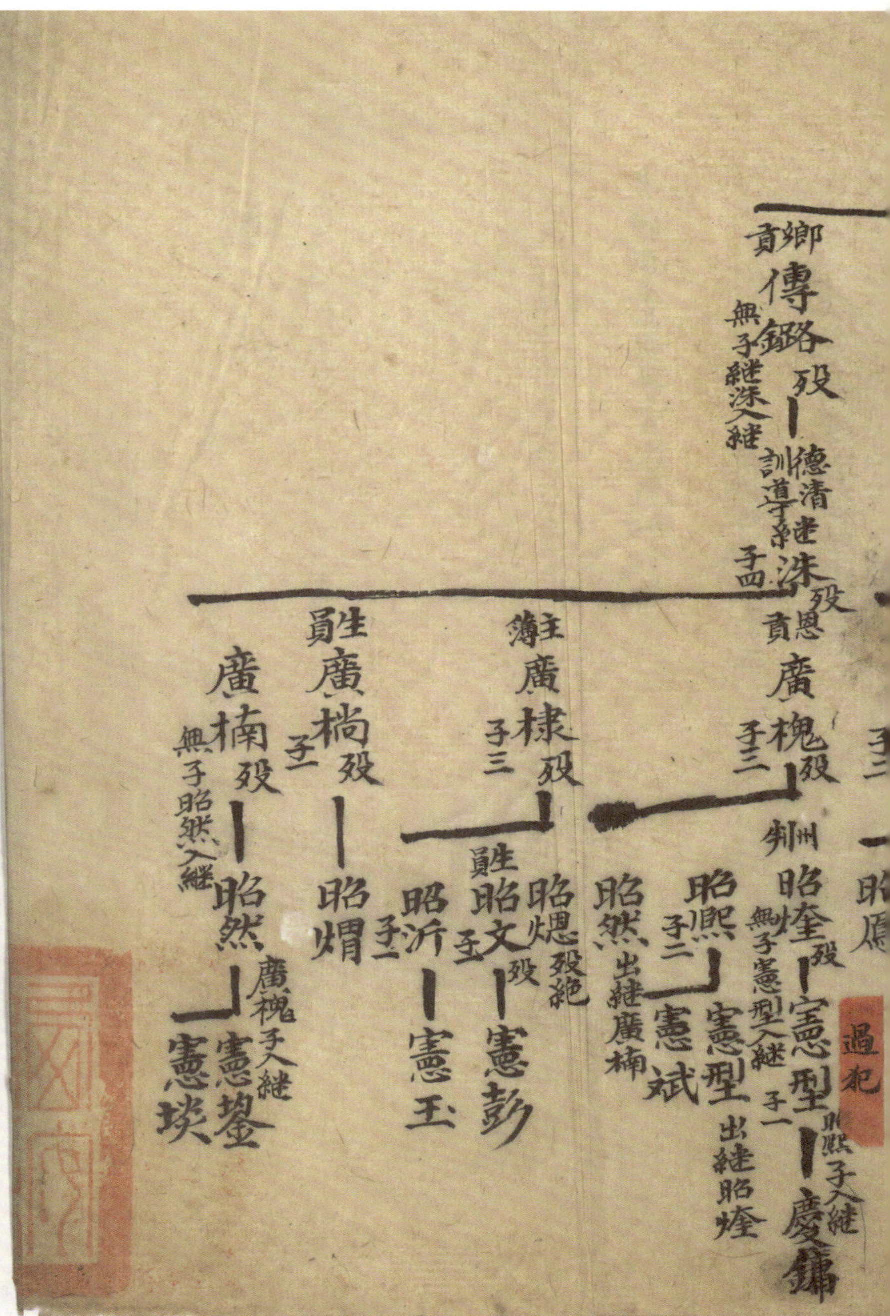

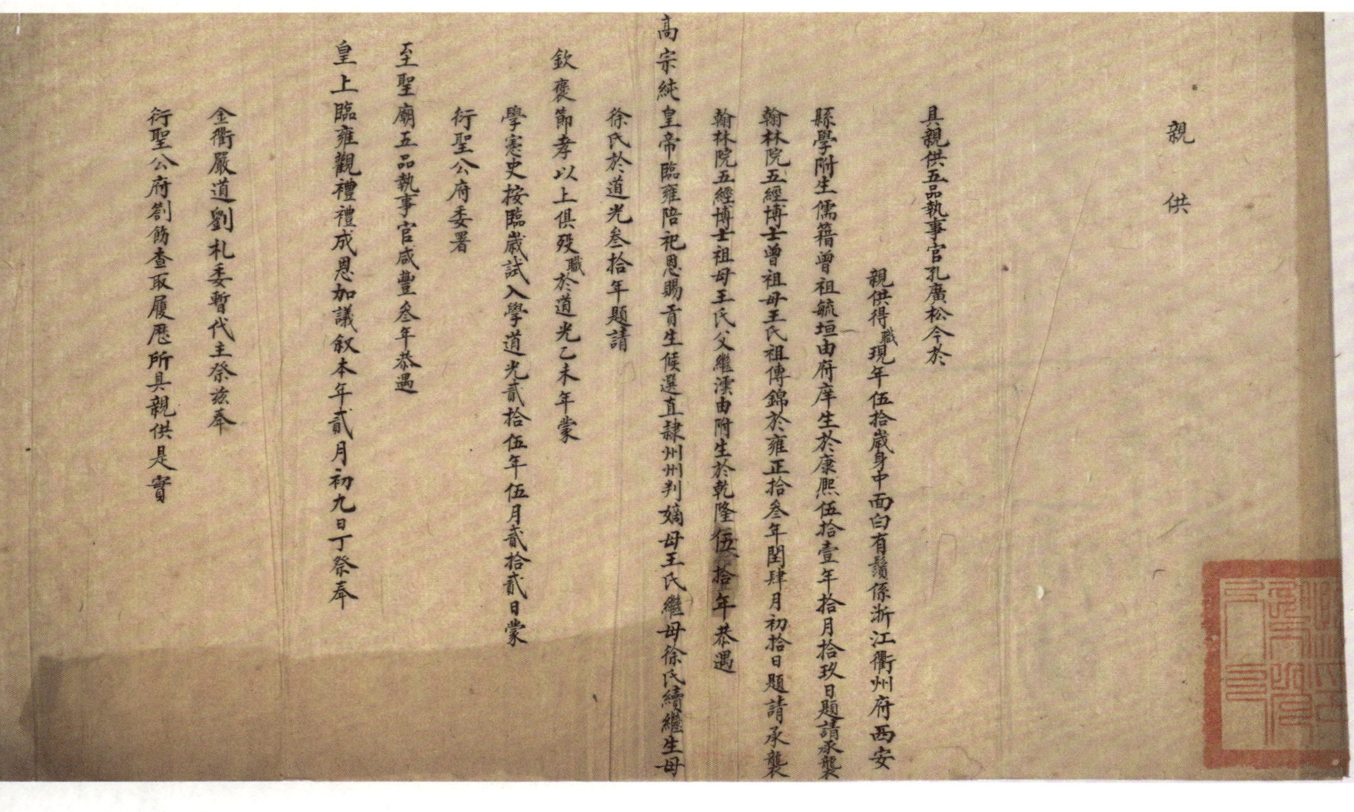

親供

具親供五品執事官孔廣松今於

親供得職現年伍拾歲身中面白有鬚係浙江衢州府西安

縣學附生儒籍曾祖毓垣由府庠生於康熙伍拾壹年拾月拾玖日題請承襲

翰林院五經博士曾祖母王氏祖傳錦於雍正拾叁年閏肆月初拾日題請承襲

翰林院五經博士祖母王氏父繼溥由附生於乾隆伍拾年恭遇

高宗純皇帝臨雍陪祀恩賜貢生候選直隸州州判嫡母王氏繼母徐氏續繼生母

徐氏於道光叁拾年題請

欽褒節孝以上俱歿職於道光乙未年蒙

學憲史按臨歲試入學道光貳拾伍年伍月貳拾貳日蒙

衍聖公府委署

至聖廟五品執事官咸豐叁年恭遇

皇上臨雍觀禮禮成恩加議叙本年貳月初九日丁祭奉

金衢嚴道劉札委暫代主祭該奉

衍聖公府劄飭查取履歷所具親供是實

五品執事官孔廣松爲暫代主祭覆明履歷事所具親供

清咸豐六年二月

咸豐陸年貳月　日具親供五品執事官孔廣松

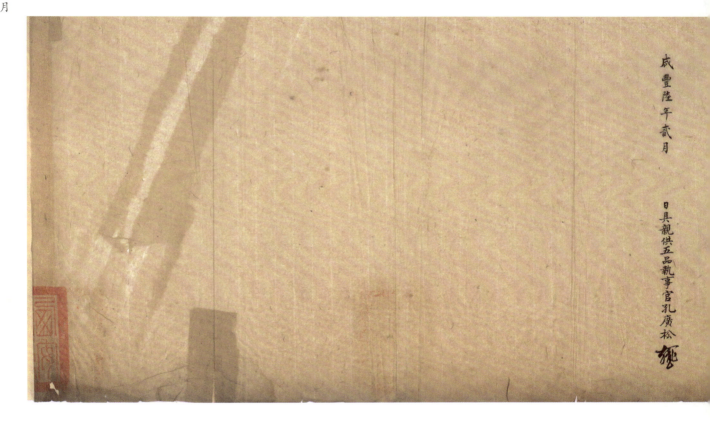

具甘結浙江衢州府西安縣里奎文閣典籍生員陳埛 親
隣署衢鎮中營千總徐丙祥 族
與甘結結得五品執事官孔廣松現年伍
拾壹年承襲翰博曾祖母王氏祖傳錦於雍正拾叁年承龍
高宗純皇帝臨雍陪祀恩賜貢生候選直隸州州判嫡母王氏繼母徐氏
欽褒節孝以上俱歿廣松于道光乙未年蒙
學憲史按臨歲試入學道光貳拾伍年伍月貳拾貳日蒙
衍聖公府委署
至聖廟五品執事官咸豐叁年恭遇
皇上臨雍觀禮禮成恩加議敘本年貳月初九日丁祭奉
金衢嚴道劉札委暫代主祭茲奉
衍聖公府劄飭查取履歷緣廣松實係已故翰博傳錦泒下嫡

咸豐陸年貳月

浙江衢州府西安縣里鄰陳塤、親族孔廣棻等爲孔廣松暫代主祭覆明履歷事所具甘結

清咸豐六年二月

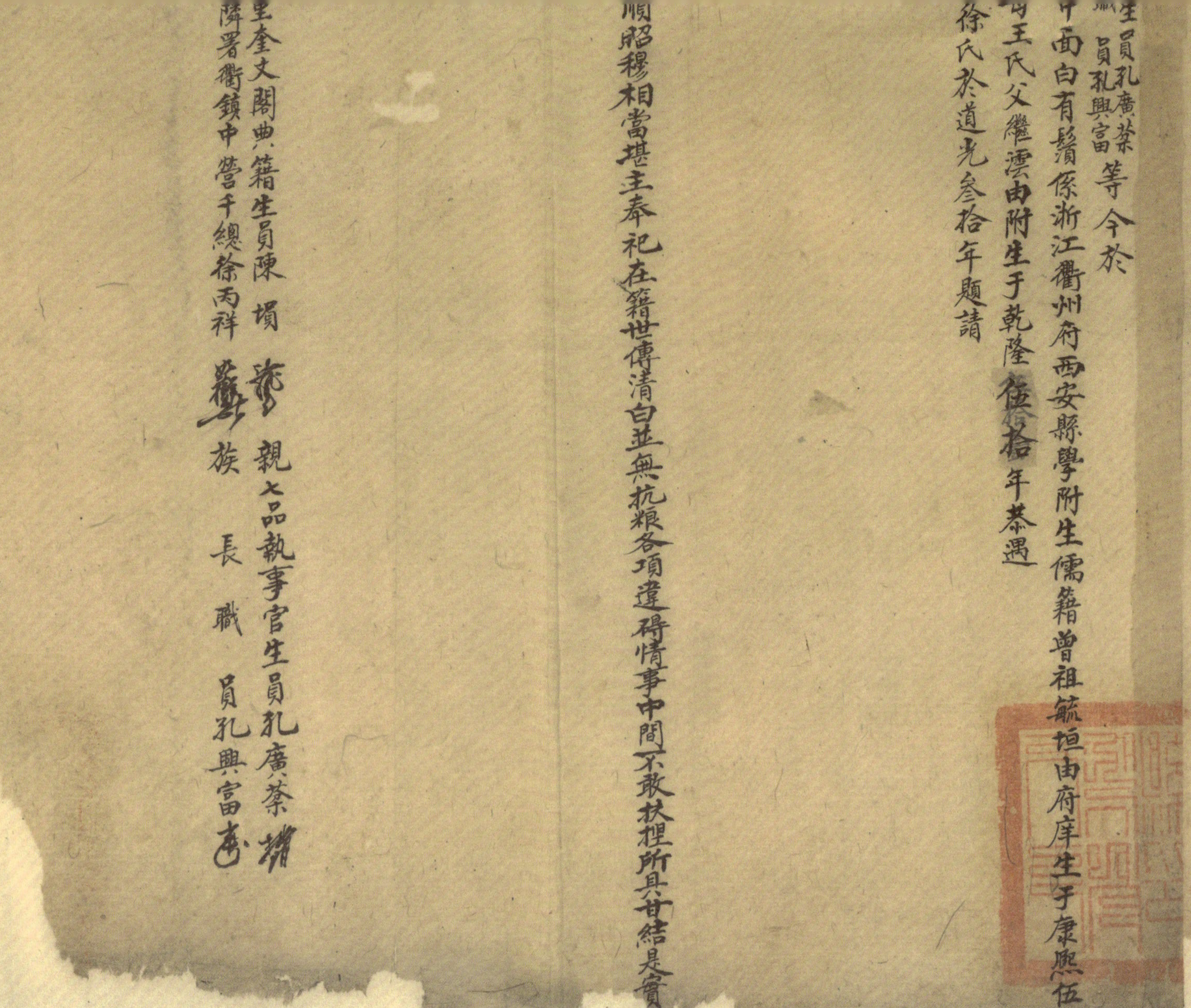
職生員孔廣棻
員孔興富等今於
中西白有髮係浙江衢州府西安縣學附生儒籍曾祖毓垣由府庠生于康熙伍
母王氏父繼澐由附生于乾隆伍拾年恭遇
徐氏於道光叁拾年題請
順昭穆相當堪主奉祀在籍世傳清白並無抗粮各項違礙情事中間不敢扶捏所具甘結是實
里奎文閣典籍生員陳塤
鄰署衢鎮中營千總徐丙祥
親七品執事官生員孔廣棻
族長職員孔興富

衍聖公孔［繁灝］爲孔廣松暫代主祀事致禮部、吏部咨

清咸豐六年四月十五日

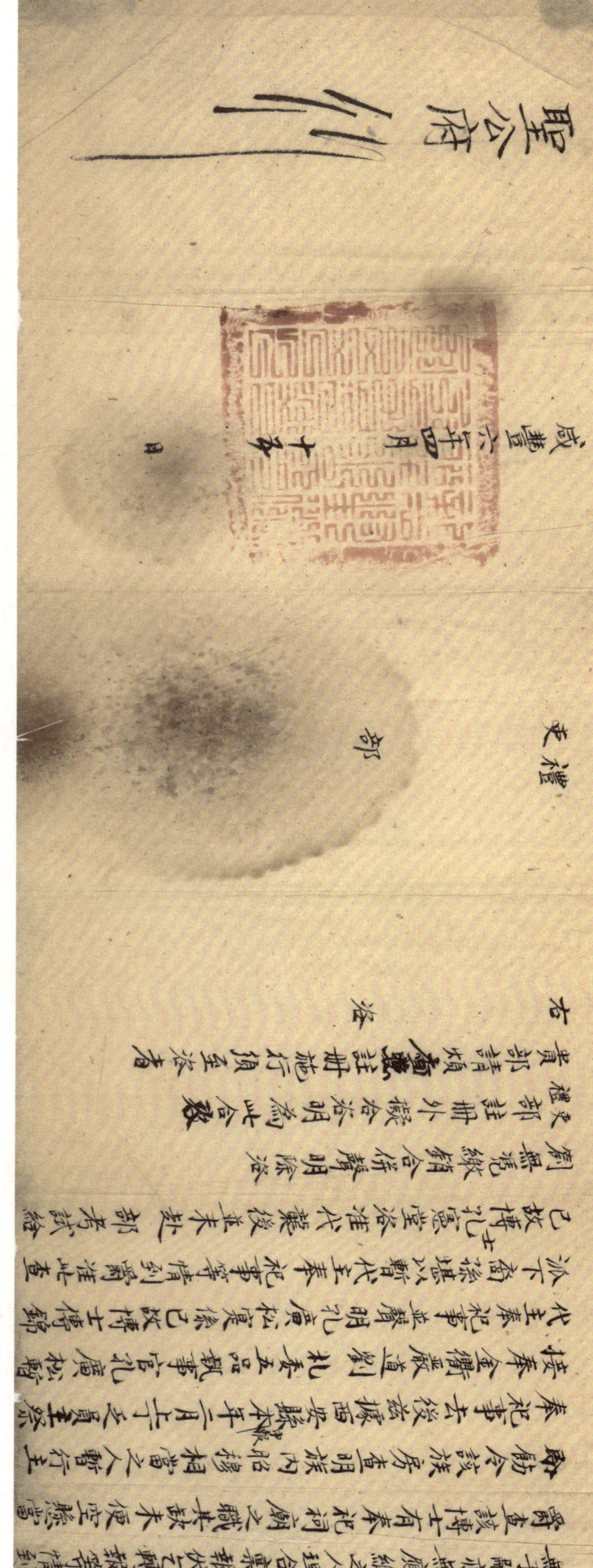

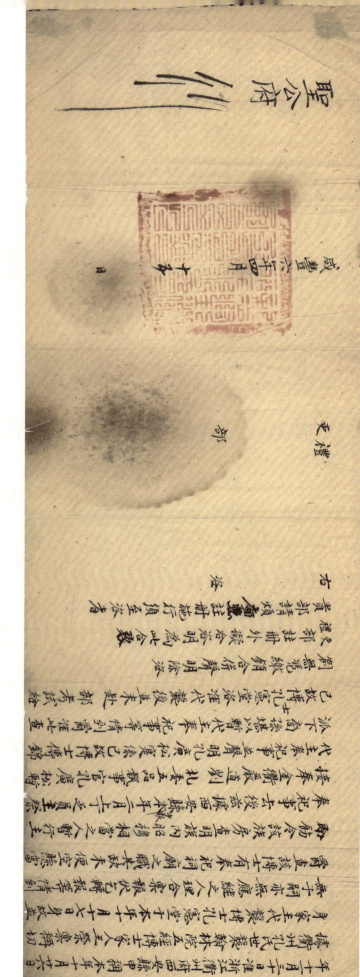

太子太保襲封衍聖公孔 為報明病故事咸豐五
年十一月三十日准浙江衢州府西安縣申稱本年十月廿六日
據衢州孔氏世襲翰林院五經博士家人王榮稟稱切
身家主代襲博士孔憲堂于本年十月十七日身故並
無子嗣亦無應繼之人理合稟報伏乞轉報等情到
爵查該博士有奉祀祠廟之職其缺未便空懸當
飭令該族房查明族內昭穆相當之人暫行主
奉祀事去後茲據西安縣申稟本年二月上丁乏員主祭
接奉金衢嚴道劉 札委五品執事官孔廣松暫
代主奉祀事並聲明孔廣松寔係已故博士傳錦
派下裔孫堪以暫代主奉 祀事等情到爵准此查
已故博士孔憲堂咨准代襲後並未赴 部考試給
劄無憑繳銷合併聲明除咨
禮吏部註冊外擬合咨明為此合咨
貴部請煩查照註冊施行須至咨者
右 咨
禮 吏 部
咸豐六年四月 十五 日
聖公府 行

命婦鄭氏爲遭孔廣松朦謊欺奪事致衍聖公[孔繁灝]稟

[清咸豐六年]

命婦鄭氏叩稟
公爺大人 臺下時局春光三陽啟瑞遥想潭福榮臻與時偕慶信可賀也者氏叔赴京
臨雍幸得請謁 沐恩雅愛罔署談及每飯不忘氏雖女流洗耳不勝雀躍苦關山間阻不
能面命耳提請候曠疎望寬恕責所喜魚雁頻通謹修寸楮布候
褆福至氏冤遭叔祖廣松朦謊欺奪緣由另稟呈電肅泐稟請
崇安暨請
命府夫人福安不一

命婦鄭氏爲孔廣松朦謊欺奪請劄飭［西安］縣究斷事致衍聖公［孔繁灝］稟

清咸豐六年三月二十三日

具稟命婦孔鄭氏爲埋奸混報丈孰力佔奪欺宗滅祖叩迅賜札飭縣以全昭穆事切氏夫憲坤於道光
十八年承龍表十九年身故之嗣依例夫弟憲堂代龍表侯堂生有嫡長子仍繼入大宗憲坤爲嗣苦氏叔堂
舊年十月十七日病故又無嗣兄弟遭絶伏思氏夫絶嗣苦守二十餘年滿望叔生子接嗣今氏叔故又絶肝腸寸
斷所報氏叔憲堂身故緣由邦知檢點習叔祖廣松自寫未曾公衆酌議交家丁王榮稟報氏係女流焉知叔
祖廣松埋奸有應繼報無應繼情弊喪内即請叔祖廣松全族長議繼廣松全族長云立繼好容易不要慌氏
即起疑不知何故復思昭穆大綱總難埋没延挨歲底不能理此條忽開年大祭日臨向例翰博年幼丁憂並有故奉
均留族長代祭 沐恩二百餘年率由舊章無繼方代有繼博士即繼子繼子即博士也即代亦由嫡而推嫡尚有人
焉能及庶現有繼子並無零人暫行祀事之例鈇板章程詎叔祖廣松丈其紳董朦混 道憲出牌委其
暫主祀事氏接讀 道憲牌心中驚駭露有奪情香煙遭絶與叔祖廣松理較向翰博年幼族長代祭何
今特創新典松云例是活的我要奪博士了氏即欲赴 道憲聲叩奈思聖門不忍揚此亂叙之名權是否容世
襲昭穆爲凴非可強佔不但要班輩支庶焉可雜承廣松是廣字輩按該慶字相隔三代此時雖奉
道憲委其代祭量無妨事仰祈 公府札來總歸昭穆嗣接 公府札到飭縣行牌聞讀應繼無人並據五
品執事官孔廣松稟報現奉 道委祀事應繼無人伊係傳錦嫡次孫准其代理是否取族房切結親供
等諭氏至此始知叔祖廣松埋奸稟報朦謊 公府佔奪翰博乞察有繼報無系圖難滅先行搶稟蹺
見虛詭幸 公府明鑒難欺是否要族房切結南宗有五支房長一族長氏料未能盡允即請族長孔興
富等議繼氏照昭穆掄挨現有次房慶鏞昭穆相當現年八歲伊係昭烽之孫憲型之子憲型係昭熙之子
承祧昭烽本係該昭烽之孫入繼理正名順族長與廣松云一繼不能再繼又説文理不清順叩察一繼者是慶鏞
之正丈非慶鏞也今繼者是慶鏞繼非憲型繼也何云一肩不得兩祧再説文理不清順年方八歲始蒙
養之初何能説不清順一派糊言強佔全房長孔毓儒圖賄丈松聲勢同松三人魚柳一串據云翰博相許
廣松了廣松現奉 公府准其代理我不能依昭穆了餘四支房長東公禾允氏思 公府是松朦稟
況札内有是否要族房切給等示 公府尚未全信奈族長不杷是否二字思量只逢迎松欲絶氏香煙氏無
奈於二月十八日呈送系圖具稟 縣主呈明傳錦公生有四子廣松是傳錦派四房庶孫非嫡次孫段圖冒
稱系圖活另可質現有次房昭烽之孫憲型之子慶鏞昭穆相當嫡房無應理合次承求 縣作
主 沐批賣飭族房查明切結氏奉批即請族長五支房長詎族長孔興富房長孔毓儒二人受松賄
囑允松切結此處不肯畫押餘四支長孔毓培孔毓秀孔傳福孔傳榮等切結畫押送案理應候

命婦鄭氏爲孔廣松朦謊欺奪請劄飭［西安］縣究斷事致衍聖公［孔繁灝］禀

清咸豐六年三月二十三日

卷〇一一七

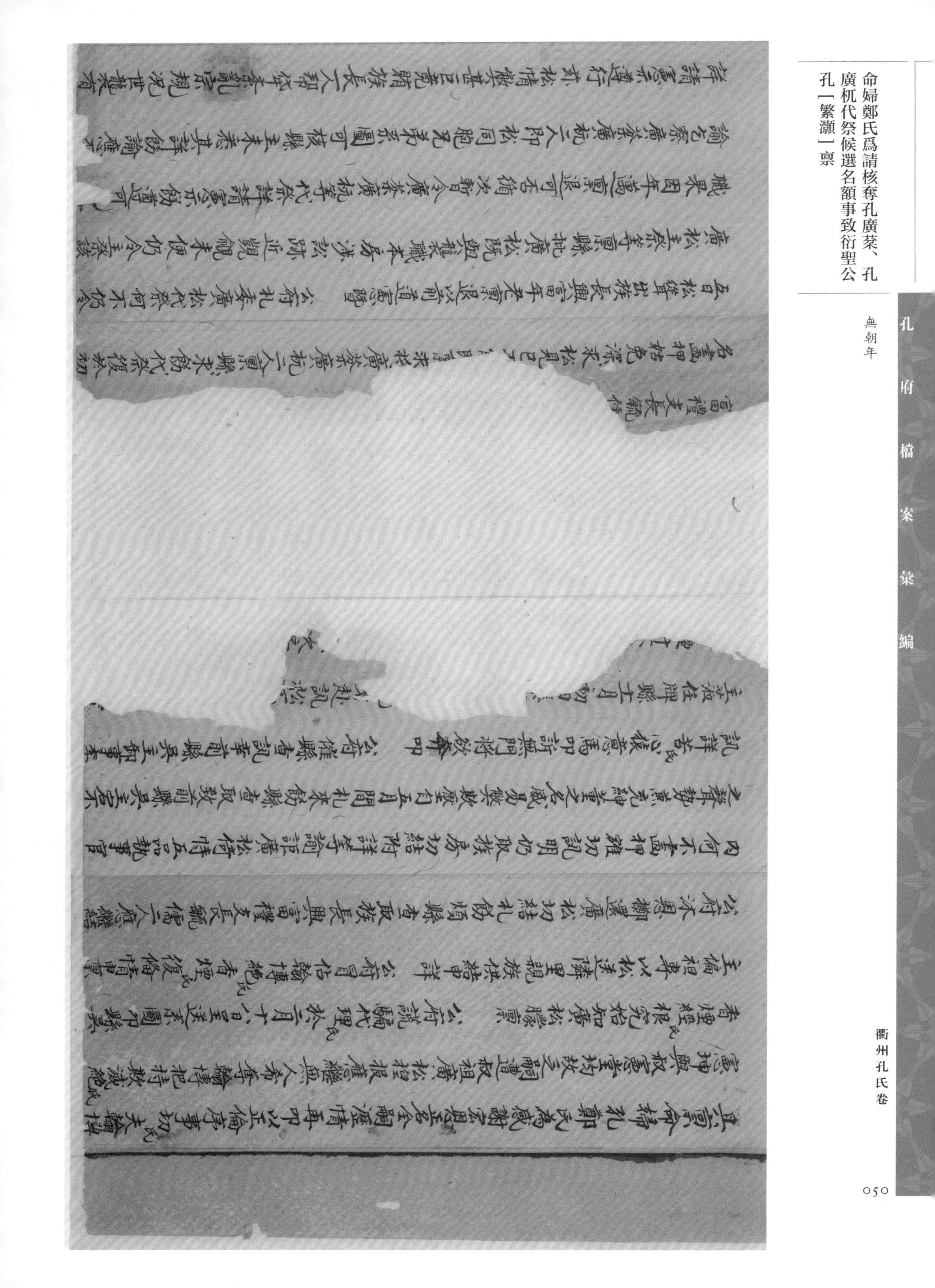

命婦鄭氏爲請核奪孔廣棻、孔廣杋代祭候選名額事致衍聖公孔［繁灝］稟

無朝年

命婦鄭氏爲請核奪孔廣棨、孔廣杌代祭候選名額事致衍聖公孔［繁灝］禀

無朝年

繼無代無繼子代今松始以捏報希奪綸得繼以兄弟末筋代祭顯見把持希奪代祭
向係族長者不失倫序也即族長年老亦當由族長而及房長何勤末廣棨並
杌二人分明非真正代祭實屬意圖利且廣棨兄弟均屬廣字輩族中排行
公府
請賞發示能顛倒亂興旨昭以年遠冒退尚有鄉傳繼二輩支長亦可代祭再繼子
廣鏞現有祖父又有生父可否暫令代祭何松勤末棨杌二人係伊同胞兄弟意欲逐
謀希圖奪利若不復稟申明諸害難迷似此家道刁健未便審訴縣䦗年
公府明全不本冒懇注訴桀核奪若准由縣詳請棨杌等代行主祭不惟仍亂宗規
而且必生事端必借勢吞奪綸利將繼子與氏凌虐孀居孤苦寡兒從何養命棨
杌等行為與松無二亂上容再亂非叩列核縣詳松乃甯心不減詭弊多端族
長遷難代祭恩賞准其繼子祖父生父或由族而推房長摘除廣棨廣杌兄弟
等名目附代祭不能分奪綸利以正宗規以正名分實　公府格外垂慈神察不但
合族沐恩即氏祖在九泉之下亦諒邀神鑒為此叩懇憲俯憐孤寡難甘不得不瀝情
申稟但氏身居苦境率叢　台念婦得全嗣氏合倫情號稟伏乞憐念憐恤求
勿聲揚氏稟松兄弟狼心異常如使知情生事不已淚滴哀叩
公命合下亟催作主迅賜剔弊除奸恩賞照常以懲枝謀以杜把持正倫序生死戴德上稟

浙江巡撫何［桂清］爲孔憲堂病故日期事致衍聖公府咨

清咸豐六年三月初九日

咸豐六年五月初四日到

咨

何　爲
詳咨事據布政使韓椿詳稱五年十二月初八日
據西安縣申據世襲翰林院五經博士家人王
榮稟稱家長孔憲堂偶患傷寒醫藥罔效于
本年十月十七日在署病故並無子嗣應繼等
情除飭令該族房查明族內昭穆相當之人
暫行主祀取具宗圖並取原給博士劄付另
文詳送外合將病故日期申報等情到司據
此除飭查辦外擬合先行詳候咨明
衍聖公府暨
吏禮二部查照等情到本部院據此除分咨外相
應咨明爲此合咨
貴府煩請查照施行須至咨者
右　咨
衍聖公府

咸豐陸年叁月初九日

衍聖公孔［繁灝］爲查明孔慶鏞應否承嗣事致浙江巡撫部院咨、浙江西安縣劄付

清咸豐六年五月初二日

太子太保襲封衍聖公孔　爲移咨查事案查前
宗翰博孔憲堂因病出缺前據五品執事官孔
廣松禀稱該故博士既無親子又無應繼該
員係傳錦嫡派似可暫奉祀事當經移咨會
貴〔部院／縣〕檄飭西安縣　查明旋准移覆並聲明孔
廣松寔係傳錦嫡派准其暫奉祀取具親供併
族長切寔甘結繪圖移送在案茲據已故博士孔憲
坤之妻鄭氏禀稱切氏夫憲坤於道光十八年承
襲博士十九年身故乏嗣依例夫弟憲堂代襲俟
憲堂生有嫡長子仍繼入大宗憲坤爲嗣而氏叔
憲堂亦未生有子嗣於上年十月十七日病故彼時呈
報病故皆叔祖廣松自行主張並未與族衆商議
氏思憲堂雖未生子而長房豈可乏嗣似應於合
族公議立繼當即邀請族長孔興富等再三酌議
氏意惟有次房慶鏞現年八歲係昭熗之孫憲
型之子承繼憲坤名下爲子實係昭穆相當理正
名順不料族長與廣松僉云一繼不能再繼又
說支理不清順氏思長房無子承繼次房昭穆相
當並無不合年方八歲豈能就有支理顯係一派
糊言希圖霸佔房長孔毓儒等圖賄仗勢欺氏
女流氏當禀西安縣作主蒙批差飭孔毓培等協
同孔興富等確切查明秉公取結氏蒙批後即
請族長並五支房長詎族長孔興富房長孔毓
儒二人受松賄囑不肯畫押餘四支房長均畫一
押出結送案理應候縣詳辦但廣松賄去一房又恃
其五品執事官現奉道憲委其代祭並蒙爵府
飭查取具廣松切實甘結其朦混爵府欲奪世
職已可概見氏因有關世職氏故夫憲坤且係屬
房長豈可斷絕宗祧不得不據實瀆陳繪具系圖
呈請電察伏乞恩准究斷以全昭穆以敦倫序存

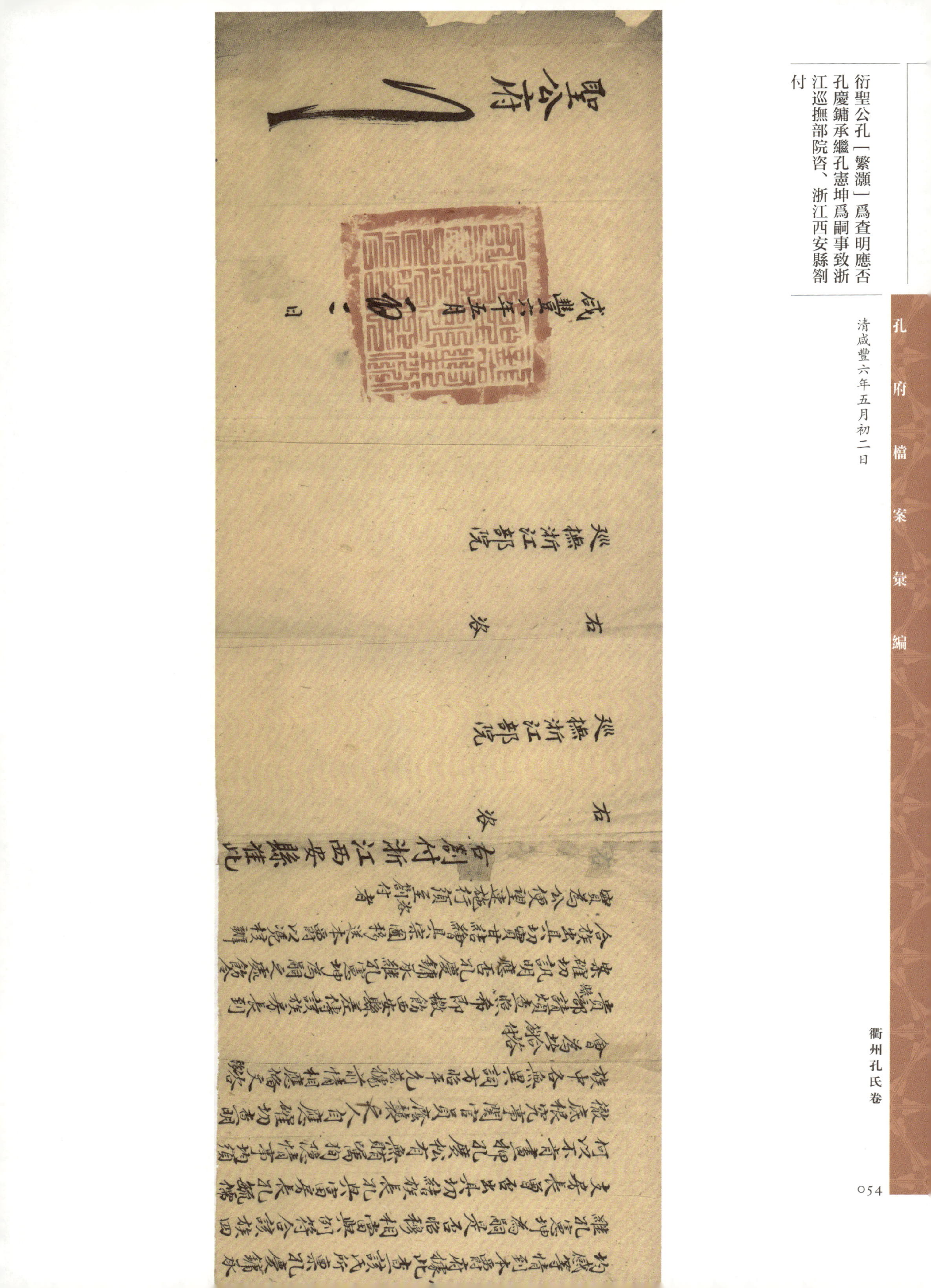

衍聖公孔［繁灝］爲查明應否孔慶鏞承繼孔憲坤爲嗣事致浙江巡撫部院咨、浙江西安縣劄付

清咸豐六年五月初二日

浙江衢州府西安縣知縣李枝青爲詳覆孔鄭氏與孔廣松互控一案緣由事致衍聖公孔繁灝申

清咸豐六年十一月二十八日

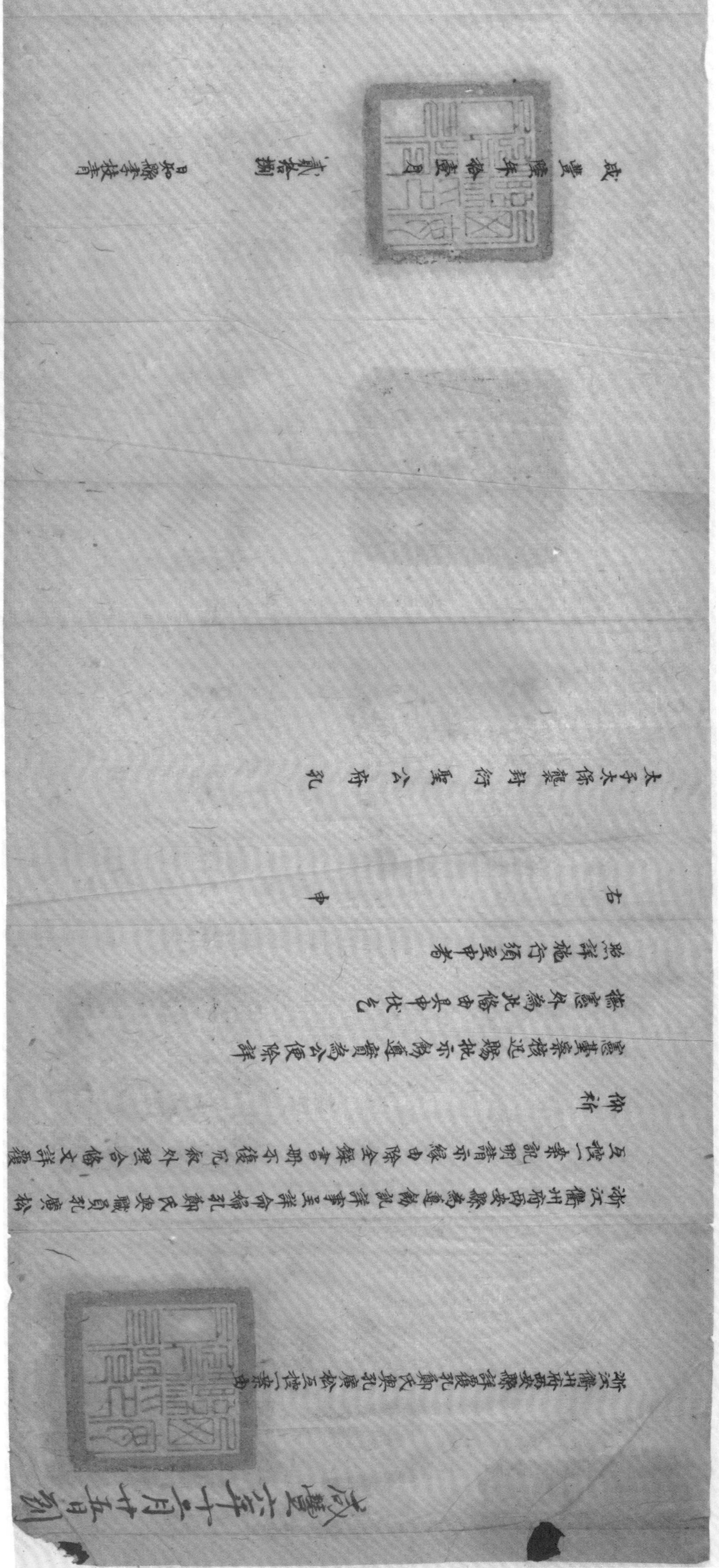

浙江衢州府西安縣知縣李枝青詳覆命婦孔鄭氏與職員孔廣松互控一案緣由書册

清咸豐六年十一月二十八日

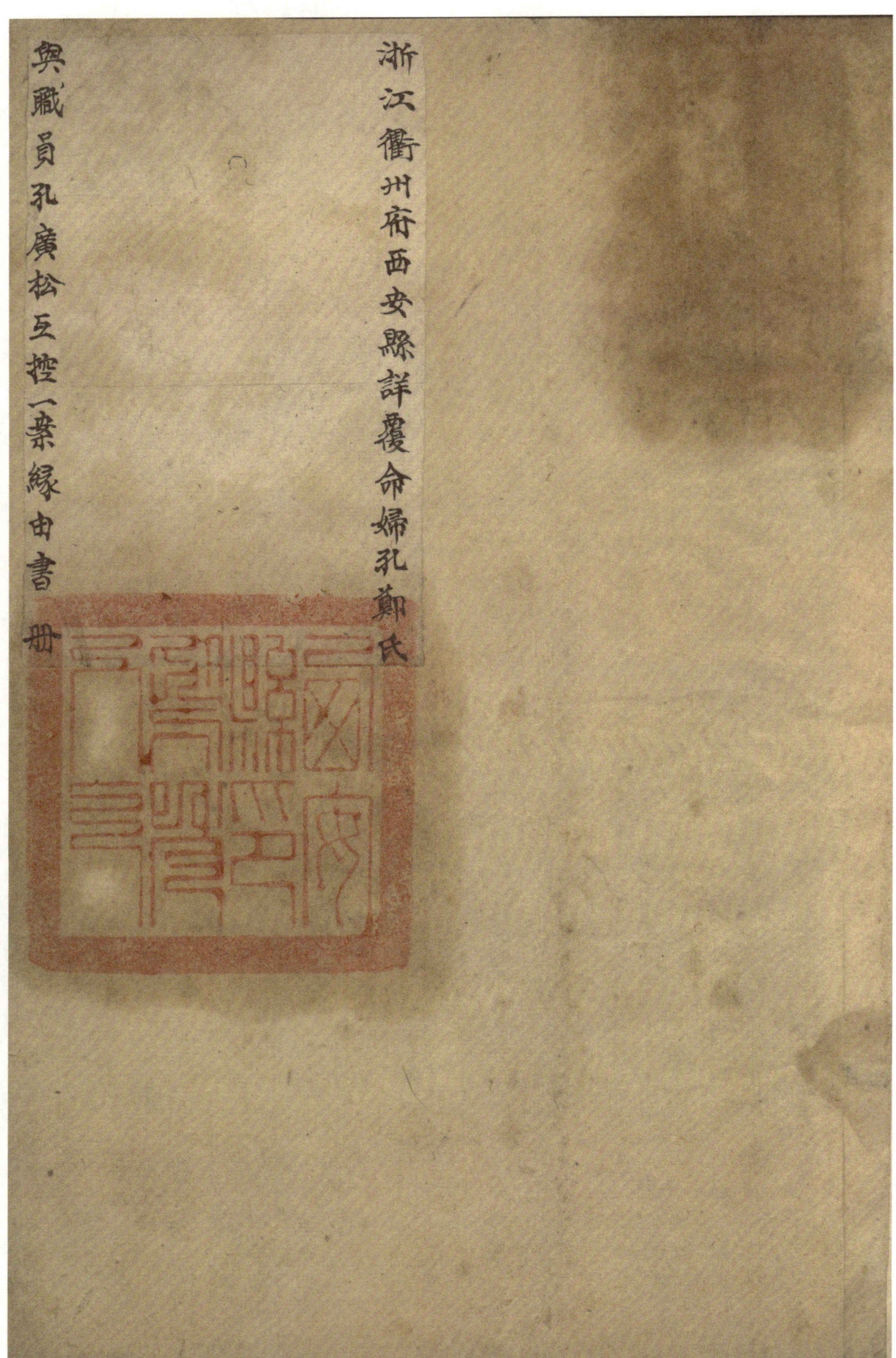
浙江衢州府西安縣詳覆命婦孔鄭氏
與職員孔廣松互控一案緣由書册

浙江衢州府西安縣為遵飭訊詳事案奉咸豐六年
五月二十三日奉
憲臺　劄開案查南宗翰博孔憲堂因病出缺前據五
品執事官孔廣松稟稱該故博士既無親子又無應繼該
員係傳錦嫡派似可暫奉祀事當經移會查明旋准移
覆並聲孔廣松實係傳錦嫡派准其暫奉祀事取具親供
並該族長切實甘結繪圖移送在案茲據已故博士孔憲坤
之妻鄭氏稟稱切氏夫憲坤於道光十八年承襲博士十九年身
殁乏嗣依例夫弟憲堂代襲俟憲堂生有嫡長子仍繼入大

宗憲坤爲嗣，而氏叔憲堂亦未生有子嗣，於上年十月十七日病故。彼時呈報病故，皆叔祖廣松自行主張，並未與族衆商議。氏思憲堂雖未生子，而長房豈可乏嗣，似應於合族中公議立繼。當即邀請族長孔興富等再三酌議，氏意惟有次房慶鏞現年八歲，係昭燧之孫、憲型之子，承繼憲坤名下爲子，實係昭穆相當，理正名順。不料族長與廣松僉云，一繼不能再繼，又說文理不清順。氏思長房無子，承繼次房，昭穆相當，並無不合。年方八歲，豈能就有文理？顯係一派胡言，希圖覇佔房長孔毓儒等圖賄仗勢，欺氏女流，當禀西安縣作主，蒙批差飭孔毓培等協同孔興富等確切查明秉公取結氏奉批後即請族長並五支長記族長孔興富房長孔毓儒二人受松賄囑不肯畫押餘四支長均畫押出結送案理應候縣詳辦但廣松賄吉一房又恃其五品執事官現奉道憲委其代祭並聞爵府飭查取具廣松切實甘結其朦混爵府欲奪世職已可概見氏因有關世職且氏故夫憲坤係屬長房豈可斷絶宗祧不得不據實瀆陳繪具系圖呈請電察伏乞恩准究斷以全昭穆以敦倫序存歿均感等情到本爵據此查該氏所禀孔慶鏞承繼孔憲坤爲嗣是否昭穆相當與例符合該族四支房長曾

否出具切結族長孔與富房長孔毓儒何以不肯畫押孔廣松有無賄囑徇隱情事均須澈底根究事関官員膺襲自應確切查明族中各無異詞方貽平允飭差傳該族房長到案確切訊明應否孔慶鏞承繼孔憲坤為嗣之處飭令合族出具切實甘結繪具宗圖送本府以憑核辦等因奉經甲前署縣吳令查是案先於咸豐五年十月二十六日據家人王榮稟報代襲博士孔憲堂於咸豐五年十月十七日病故乏嗣應繼無人等情當經據情轉報旋據孔廣松赴縣稟明奉前本道札飭委其暫代主祭春丁又經具文

浙江衢州府西安縣知縣李枝青詳覆命婦孔鄭氏與職員孔廣松互控一案緣由書册

清咸豐六年十一月二十八日

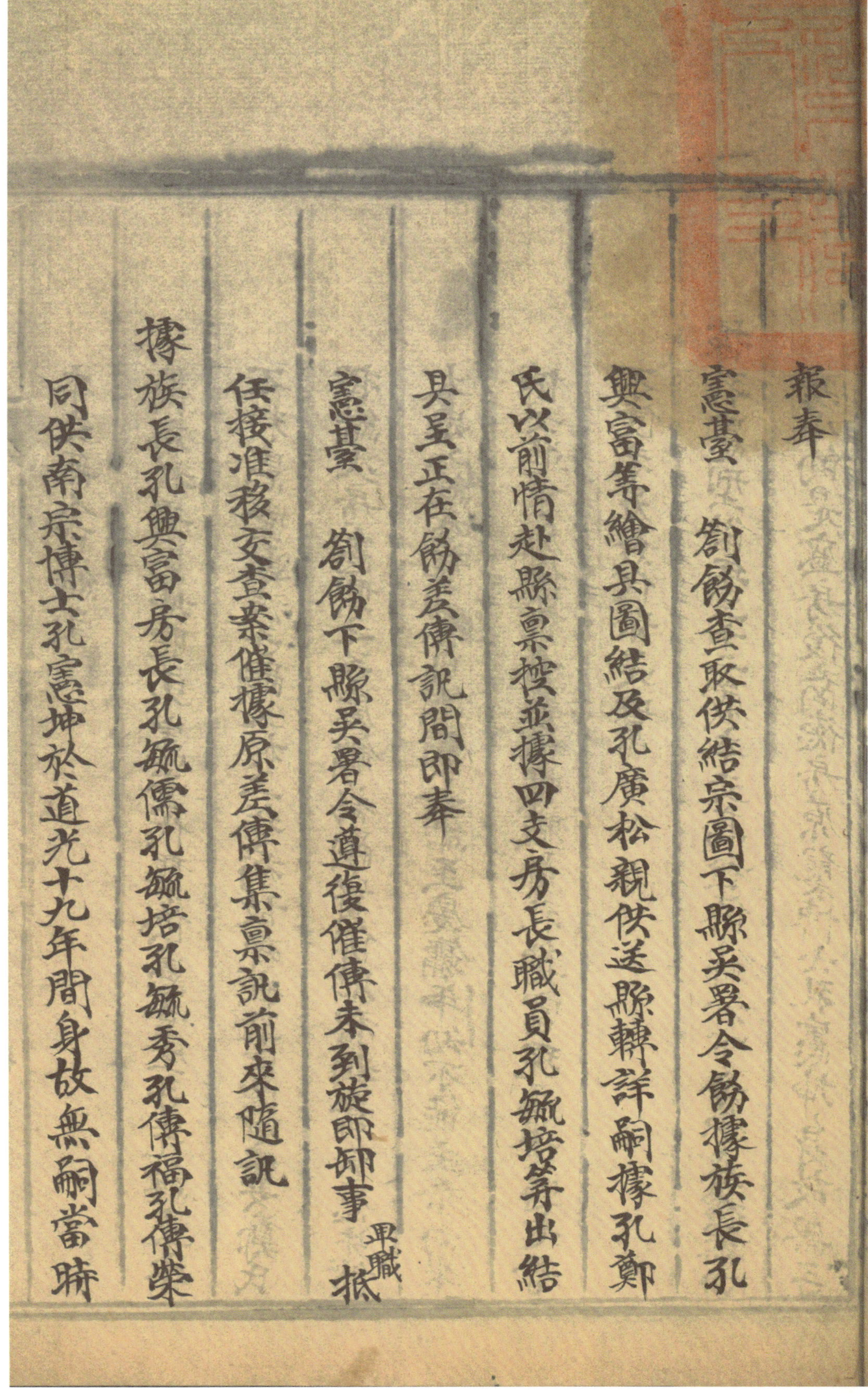
報奉

憲臺 劄飭查取供結宗圖下縣吳署令飭據族長孔

興富等繪具圖結及孔廣松親供送縣轉詳嗣據孔鄭

氏以前情赴縣稟控並據四支房長職員孔毓培等出結

具呈正在飭差傳訊間即奉

憲臺 劄飭下縣吳署令遵催傳未到旋即卸事卑職抵

任接准移交查案催據原差傳集稟訊前來隨訊

據族長孔興富房長孔毓儒孔毓培孔毓秀孔傳福孔傳榮

同供南宗博士孔憲坤於道光十九年間身故無嗣當將

本支無人可繼蒙
爵府札委憲坤胞弟憲堂代襲侯憲堂生子先繼大宗
不料憲堂還沒子嗣又於上年病故現在孔憲坤之妻鄭氏
擇繼次房憲型之子慶鏞為嗣實係昭穆相當自應先儘
大宗入繼承襲職員們願具結至慶鏞年幼不能主祭向來
博士進京原係族長恭代惟職員孔興富現已年邁起居
不便求另僉代祭是實
據孔憲型供年三十二歲本支高祖傳錦派下分德盛禮恭四
房小的是盛房後裔德房原襲博士孔憲坤身故無子

他妻子鄭氏願擇小的兒子慶鏞為嗣係實昭穆相當

的是實

據孔鄭氏供夫孔憲坤於道光十九年物故無嗣那時本支

沒人可繼蒙

爵府扎委夫弟憲堂代襲候憲堂生子先繼大宗不料

憲堂並沒子嗣又於上年病故因念大宗為重現已擇定次房

憲型之子慶鏞入繼故夫憲坤為嗣實係昭穆相當因夫從

堂叔祖廣松奉

憲代主祭祀以故夫應繼無人背稟朦混故此前赴

清咸豐六年十一月二十八日

爵府同前案下稟明的系博士進京向係族長代主祭祀
惟孔慶鏞現還年幼孔興富年邁推諉這孔廣松居心不
良要求另僉代祭願具結是實
據職員孔廣松供代襲博士孔憲堂於上年十月病故乏嗣
本年二月奉前道憲札委職員代主祭祀並沒與慶鏞爭
繼惟原報稟詞聲叙孔憲堂應繼無人原是不該今蒙集
訊求公斷願具結是實各等供據此卑職伏查已故博士
孔憲坤係其高祖傳錦派下長房遞相接襲迨孔憲坤
身故無嗣其時本宗應繼無人奉准以憲坤胞弟憲堂

代襲侯生子先繼大宗茲憲堂又故無嗣既有次房派下
孔憲型之子慶鏞貽穆相當又為孔鄭氏所屬意應愛兩
全應准入繼承襲雖孔憲型僅此一子惟其年齒正壯自應
先儘大宗兼祧與否後再另議至孔慶鏞現尚年幼不能
主祭訊之該族人等向有博士入都族長代祭之事孔興富
既以年邁推辭孔廣松又跡近覬覦可否循次以孔廣荼
孔廣杭等另僉一人暫行代為主祭之處卑職未敢擅便
合將訊明緣由繪圖取結備文詳覆仰祈
憲臺察核迅賜批示飭遵實為公便再已故博士孔憲

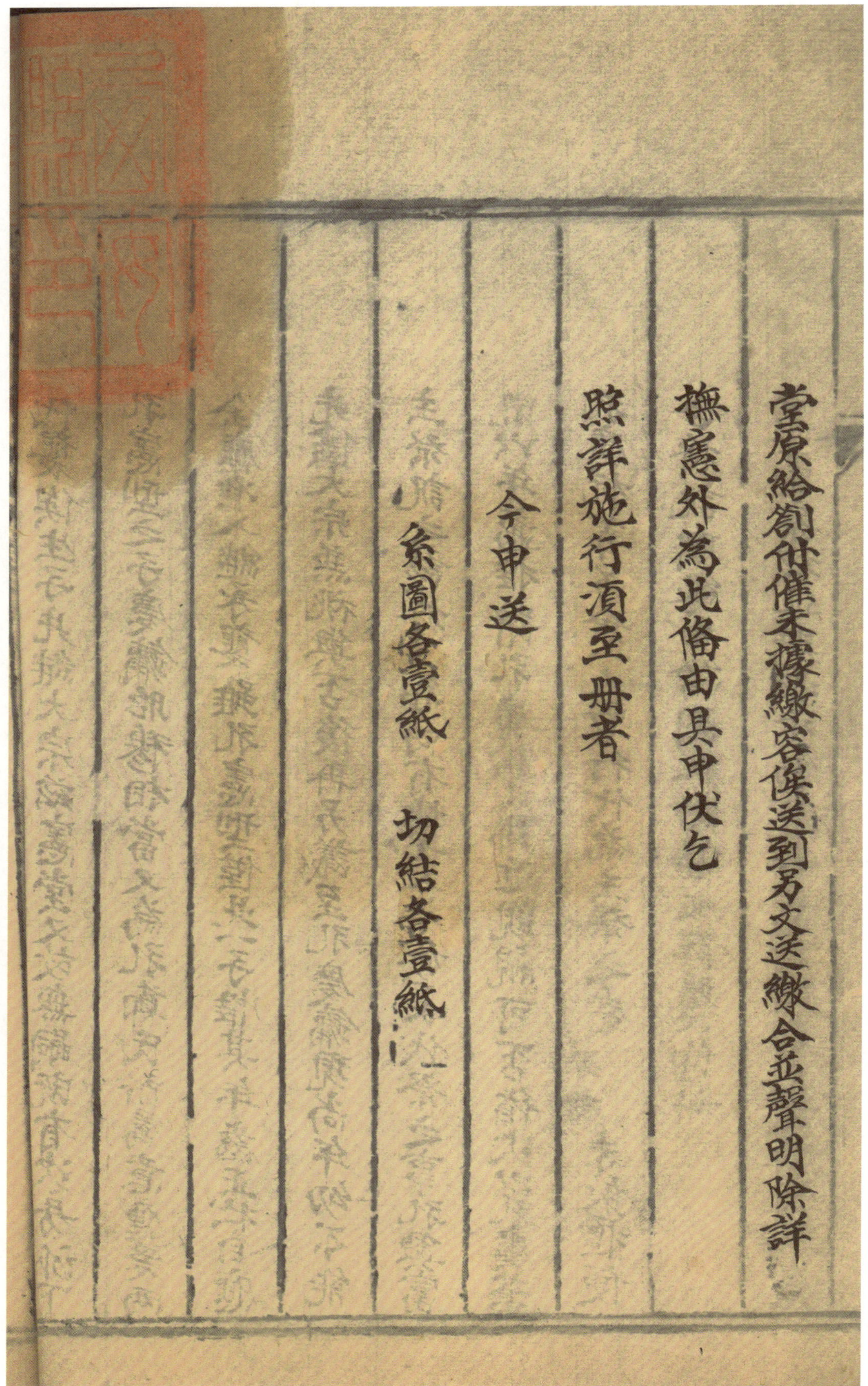
堂原給劄付僅未據繳容俟送到另文送繳合並聲明除詳
撫憲外爲此備由具申伏乞
照詳施行須至册者
今申送
系圖各壹紙　切結各壹紙

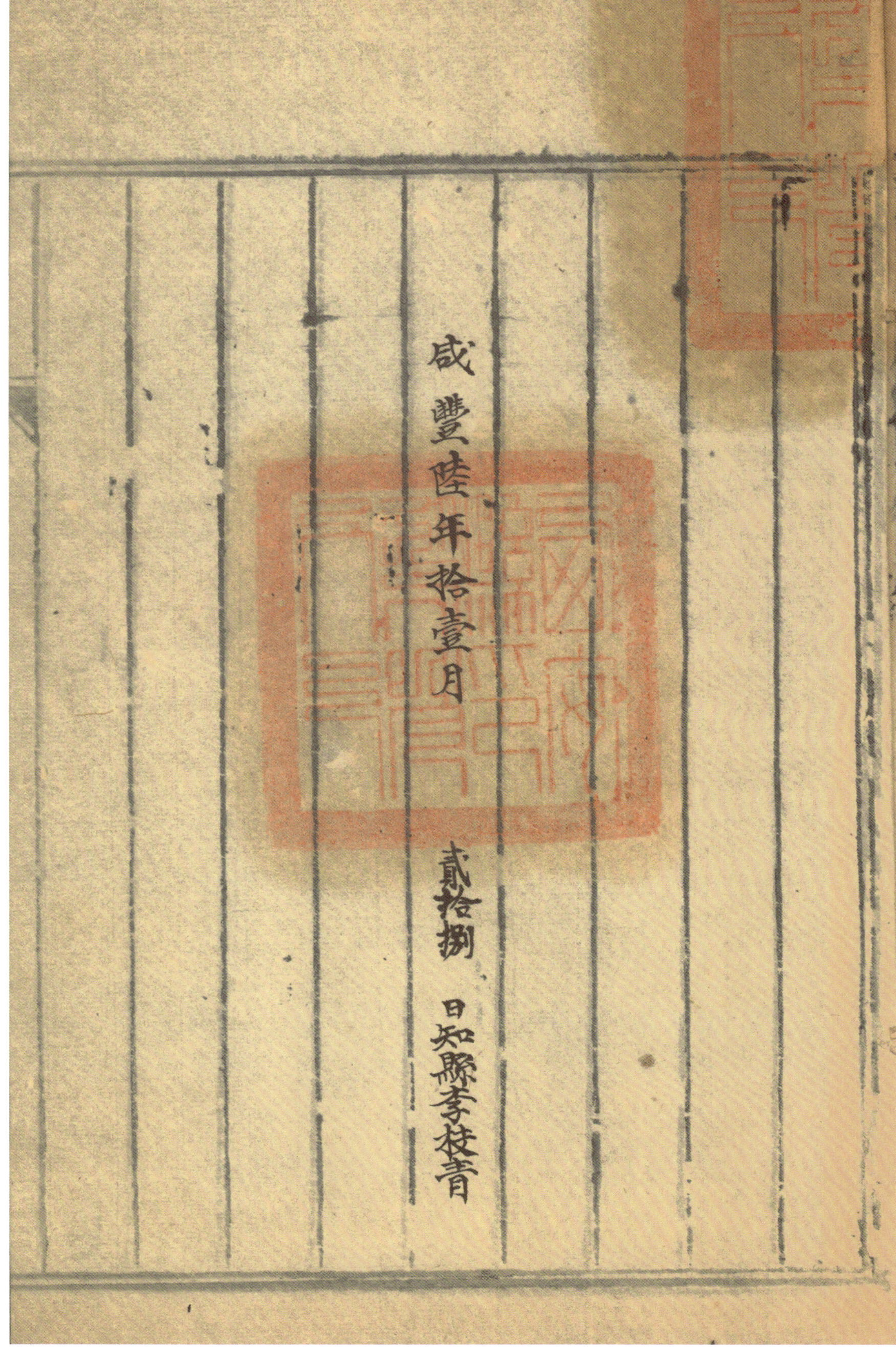
咸豐陸年拾壹月貳拾捌日知縣李枝青

[illegible]結族房長職員孔興富等今於

與切結得命婦孔鄭氏呈控孔廣松捏報應繼無人等情一案今蒙縣主訊明諭令慶鏞承繼憲坤

為嗣與例符合至春秋祀典族中向例族長職代行主祀不得紊混宗規應否詳請憲示遵行所具切結是寔

衢州孔氏族長孔興富、房長孔毓秀等爲孔慶鏞承嗣事所具切結

清咸豐六年十一月

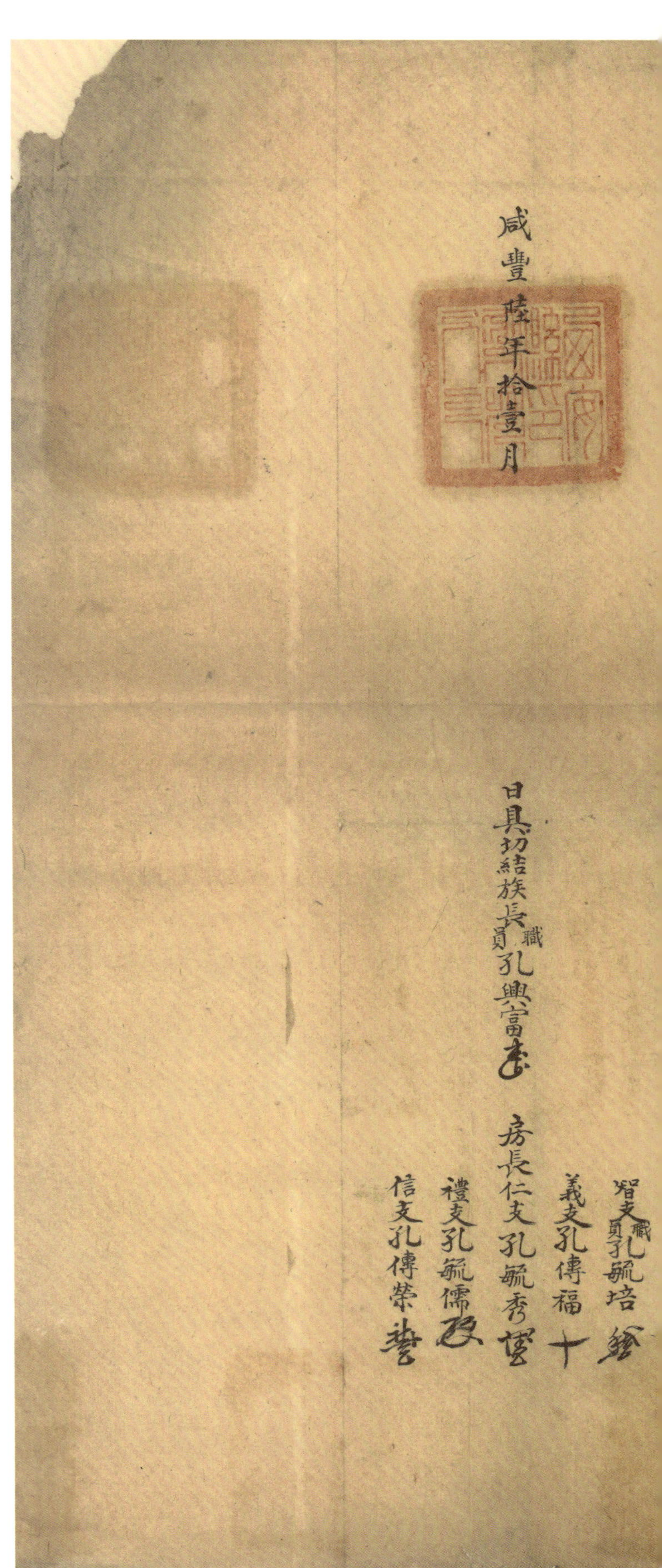

咸豐陸年拾壹月

日具切結族長職員孔興富（押）

房長仁支孔毓秀（押）

智支職員孔毓培（押）

義支孔傳福　十

禮支孔毓儒（押）

信支孔傳榮（押）

衍聖公孔［繁灝］爲另擇有德之人暫代主祭事致浙江西安縣劄付

清咸豐七年正月二十四日

太子太保襲封衍聖公孔　爲劄覆事案查咸豐六年
十二月二十五日准
貴縣移開以命婦孔鄭氏與職員孔廣松互控一案訊
明移覆並錄圖切結各一紙等因到本爵准此查此案既
經訊斷明確孔慶鏞實係昭穆相當應准其入繼憲
坤爲嗣俟及歲時再行送　部考試
題襲至孔慶鏞現尚年幼不能主祭族長孔興富年邁推
辭孔廣松跡近覬覦循次以孔廣棻孔廣杬等另僉
一人代祭查核系圖孔廣棻孔廣杬係與孔廣松同胞
兄弟若令孔廣棻等暫代主祭仍不免於瞻徇
應請
貴縣就近揀擇該族中年高有德堪膺此任者遴
選一人取具親供甘結移送本爵以憑給發劄委以奉
祀事茲准前因擬合劄覆爲此劄付
貴縣煩爲查照核辦施行須至劄付者
右劄付浙江西安縣准此
咸豐七年正月廿四日
聖公府
行

〇一一八 ◆ 題授浙江衢州孔氏翰林院五經博士（十三）

清同治二年至四年

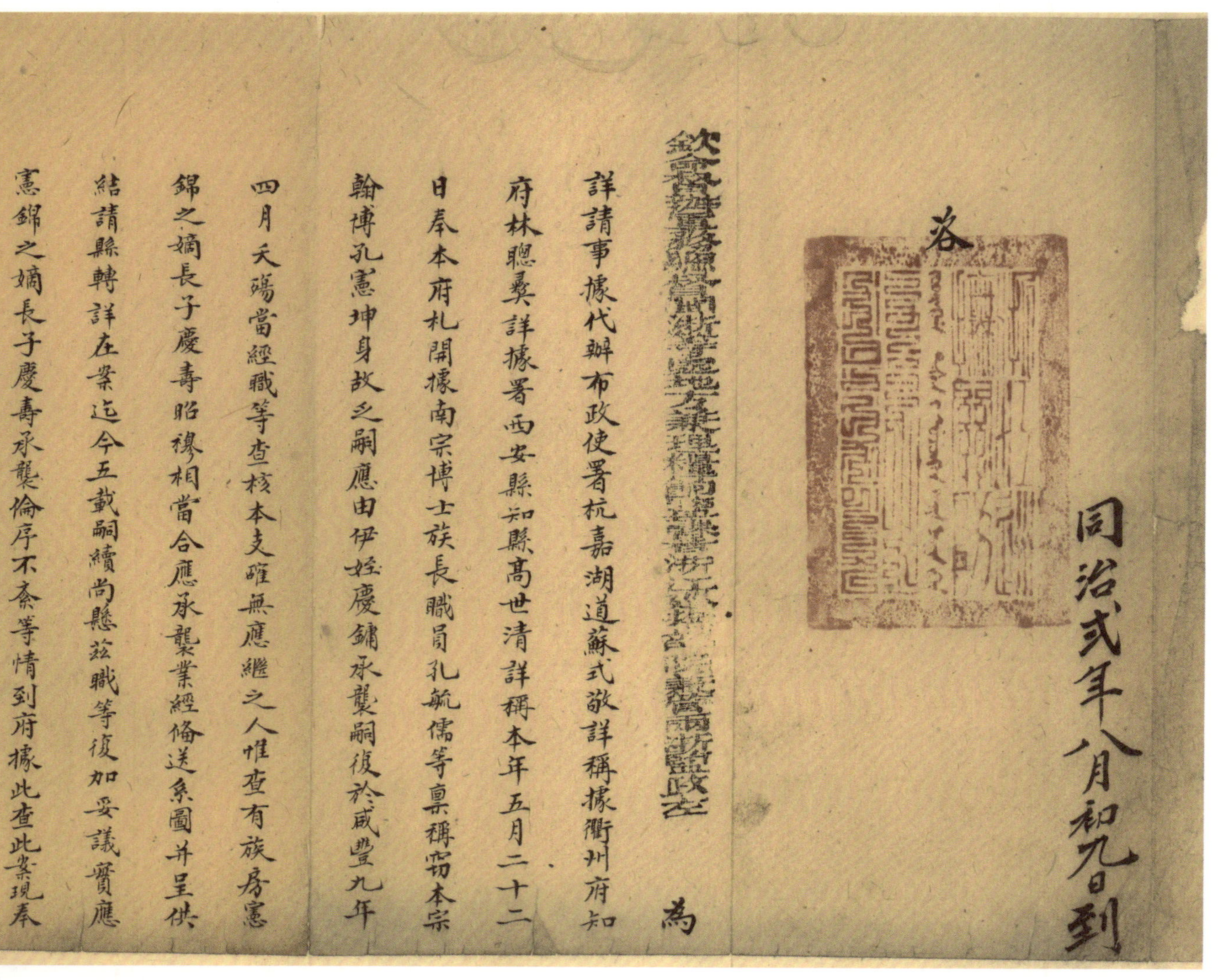

同治弍年八月初九日到

咨

欽[illegible]

為

詳請事據代辦布政使署杭嘉湖道蘇式敬詳稱據衢州府知
府林聰彝詳據署西安縣知縣高世清詳稱本年五月二十二
日奉本府札開據南宗博士族長職員孔毓儒等稟稱窃本宗
翰博孔憲坤身故乏嗣應由伊姪慶鏞承襲嗣復於咸豐九年
四月夭殤當經職等查核本支雖無應繼之人惟查有族房憲
錦之嫡長子慶壽昭穆相當合應承襲業經備送系圖并呈供
結請縣轉詳在案迄今五載嗣續尚懸茲職等復加妥議實應
憲錦之嫡長子慶壽承襲倫序不紊等情到府據此查此案現奉

閩浙總督左［宗棠］爲孔慶壽承繼孔憲坤爲嗣并咨送系圖供結事致衍聖公府咨

清同治二年六月二十七日

經前府以送到宗圖供結僅止一套不敷轉呈批飭補送詳咨
在案茲據前情札飭查案取具宗圖供結詳府轉詳請咨其原詳
衍聖公府並撫藩二憲批示是否徑行該縣並即查明録報等
因奉此伏查是案前因博士孔憲坤繼子慶鏞夭殤據孔昭德
呈請以伊孫慶壽承繼並據該族房孔毓儒等查明昭穆相當
倫序不失除慶壽外另無昭穆相當之人可繼繪具圖結親供
禀由卑前縣阮令詳明
衍聖公撫藩憲暨前本府各在案嗣據孔憲型復以伊續生子
女係屬大宗嫡派承襲攸關乞賜轉報等情呈經卑前縣阮令
飭令該族房查明孔憲型續生之子是否應繼憲坤為嗣出具
圖結據實禀候核詳去後節催未據呈復奉札前因卑職遵復
照案飭催茲據該族房孔毓儒等禀稱竊職等公舉孔慶壽承
襲翰博呈明在案前因孔憲型續生子女派屬大宗呈請詳報
奉飭職等確查詎憲型之續生子已於同治元年九月間夭殤

本支實無應繼之人惟憲錦之嫡長子慶壽承襲翰博乃係昭
穆相當倫序不紊理應繪具宗圖並呈供結稟乞轉詳等情到
縣據此卑職復查無異合將送到宗圖供結粘連鈐印備文詳
送核轉再查咸豐九年十一月間具詳
衍聖公府暨撫藩二憲各批示迄今均未奉到無從録報合併
聲明等情到府據此卑府覆核無異合將送到宗圖供結備文
轉詳仰祈察核轉請咨
部立案並請分咨
衍聖公府查照實爲公便等情到司據此職道復核無異合將
送到供結宗圖詳請咨明
禮部立案暨咨明
衍聖公查照等情到本兼署部院據此除咨

閩浙總督左［宗棠］爲孔慶壽承繼孔憲坤爲嗣并移送系圖供結事致衍聖公府咨

清同治二年六月二十七日

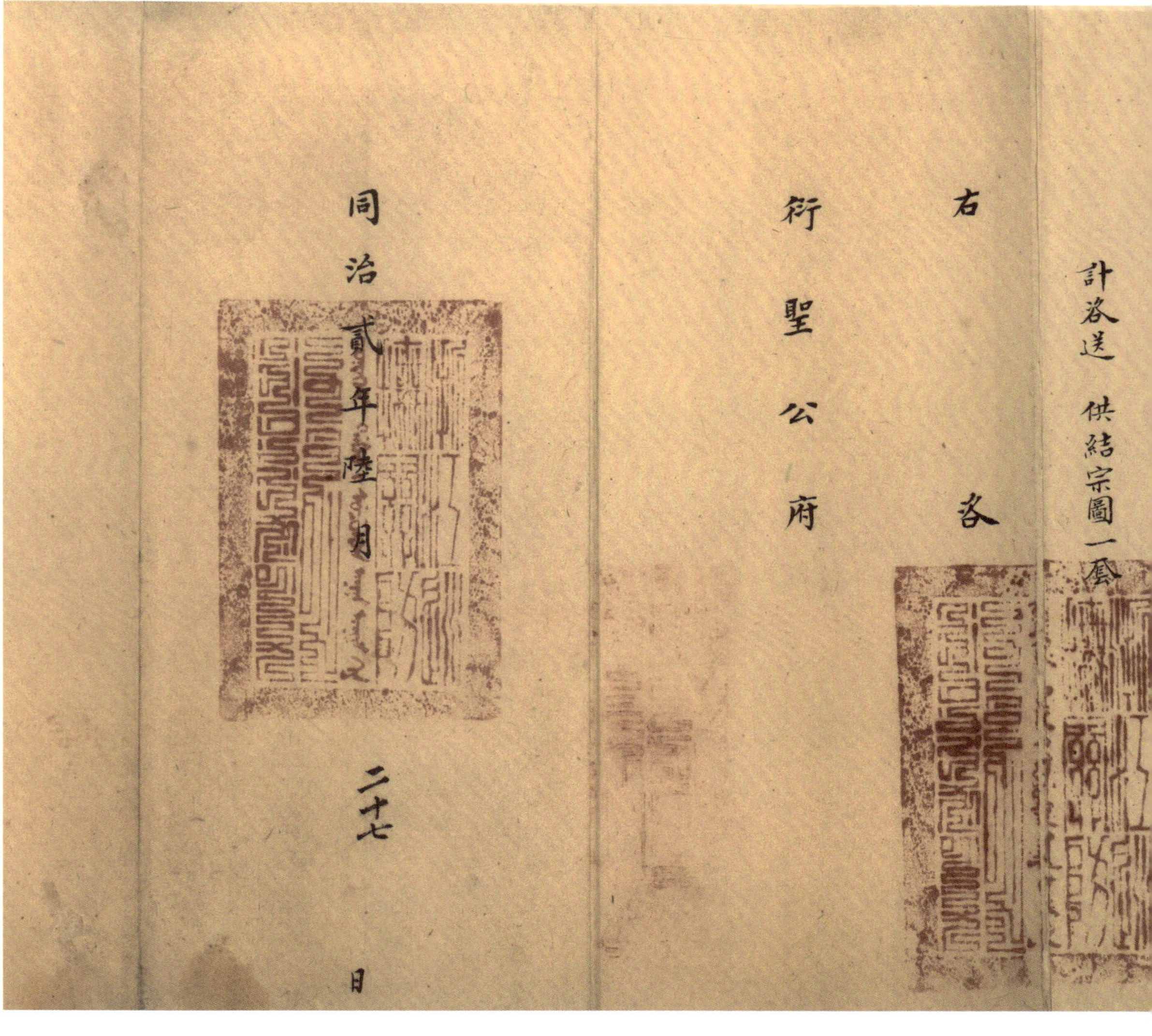
計咨送 供結宗圖一冨
右 咨
衍聖公府
同治貳年陸月 二十七 日

儒童生孔慶壽爲承繼孔憲坤爲嗣事所具親供

清同治二年六月

具親供儒童孔慶壽今於

供得本身年十三歲身中面白無鬚係本縣儒籍今蒙族房公議應身承繼翰博憲坤

為嗣并請承襲在案寔係昭穆相當倫序不紊不敢揑供所具親供是實

同治貳年陸月　日具親供孔慶壽　押

衢州孔氏族長孔毓儒、祀生孔傳清等爲孔慶壽承繼孔憲坤爲嗣事所具切結

清同治二年六月

具切結職員族長孔毓儒 耆民孔傳福 祀生孔傳清 生員孔傳棎 軍功六品孔繼清 等今於

結得儒童孔慶壽承襲翰博憲坤為嗣實係昭穆相當倫序不紊中間不敢混飾並無違碍情弊所具切結是實

同治貳年陸月　日具切結

生員孔傳棎

耆民孔傳福

職員族長孔毓儒

祀生孔傳清

軍功六品孔繼清 十

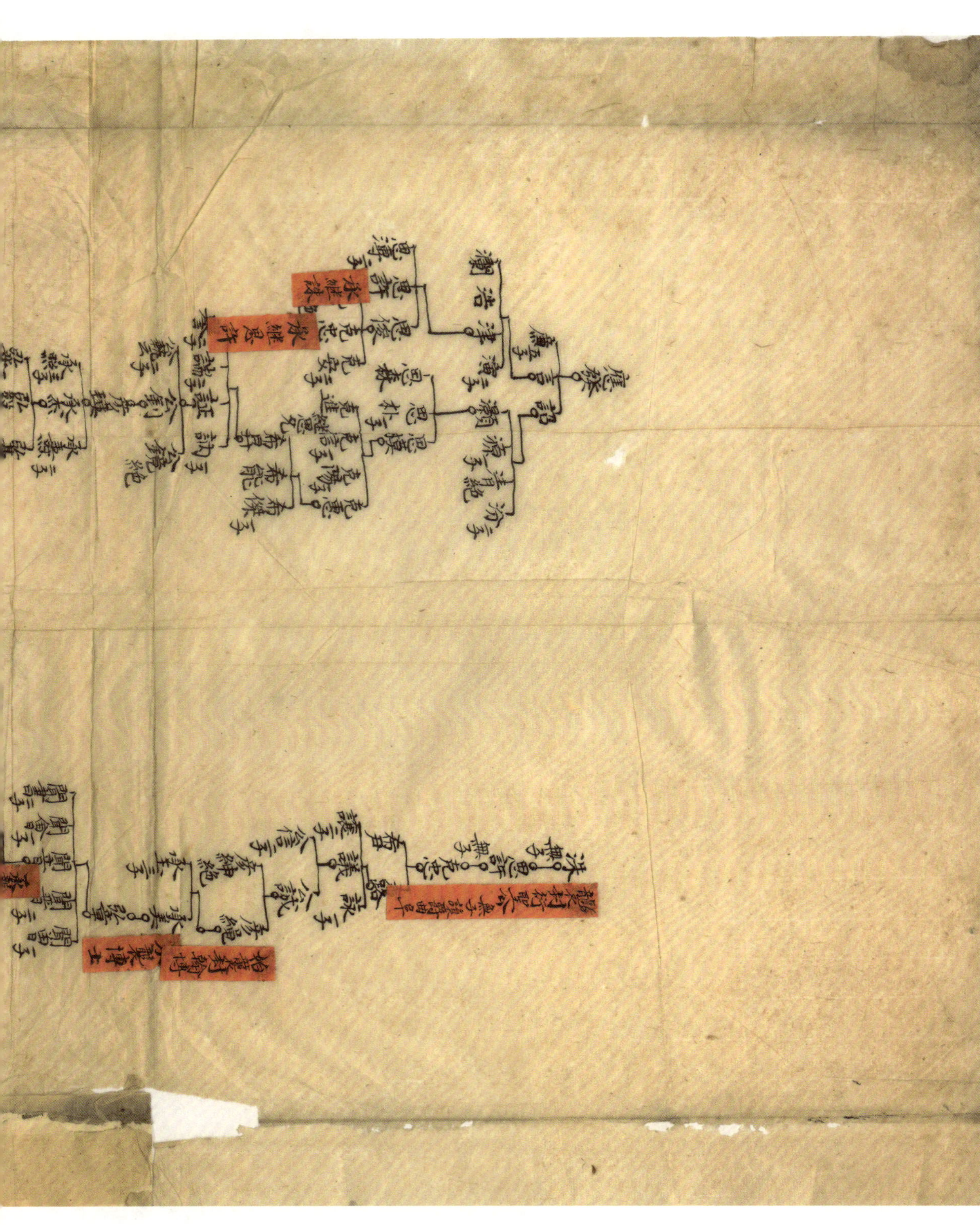

衢州孔氏五十一代至七十三代系圖（部分）

［清同治二年］

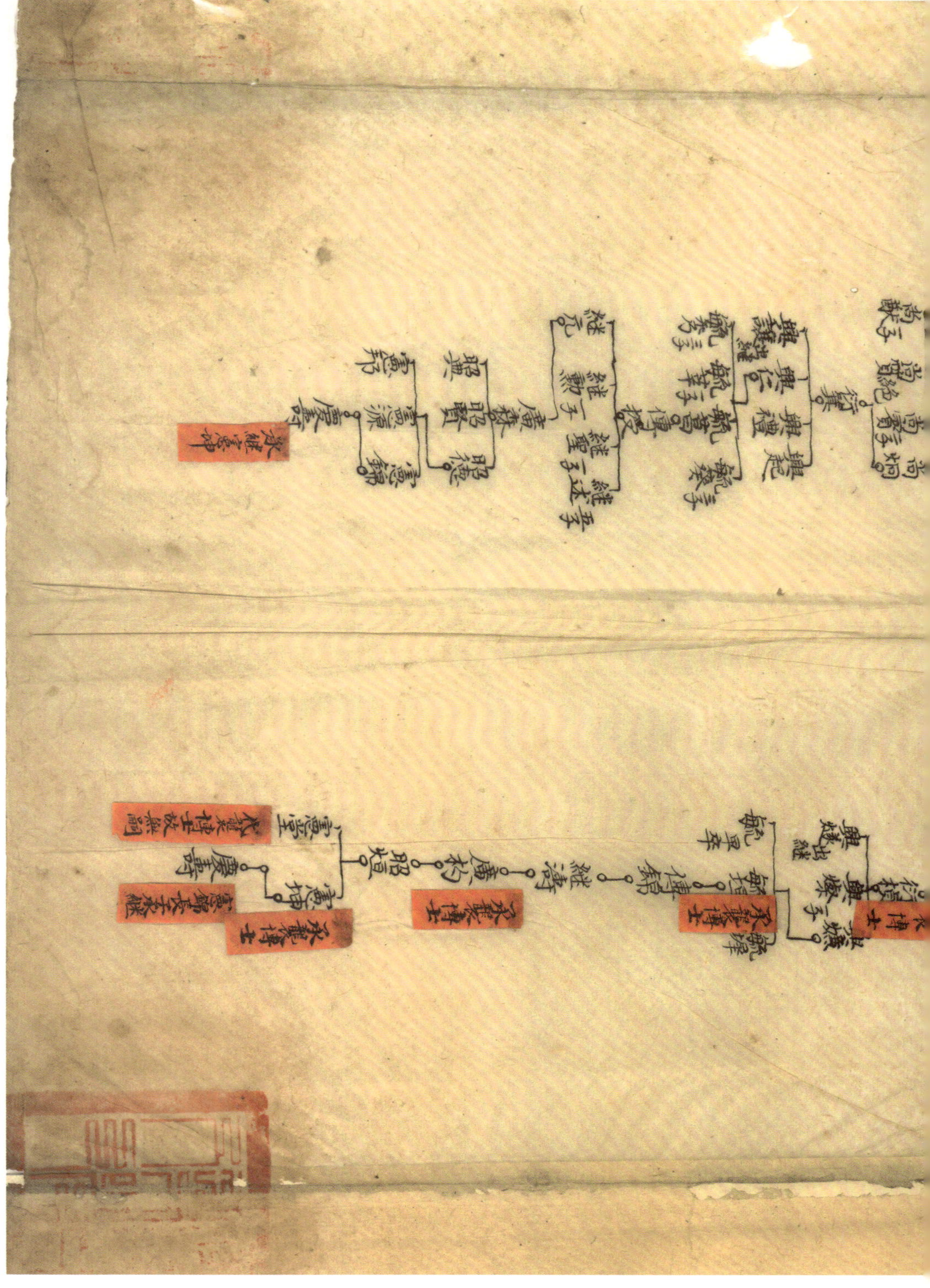

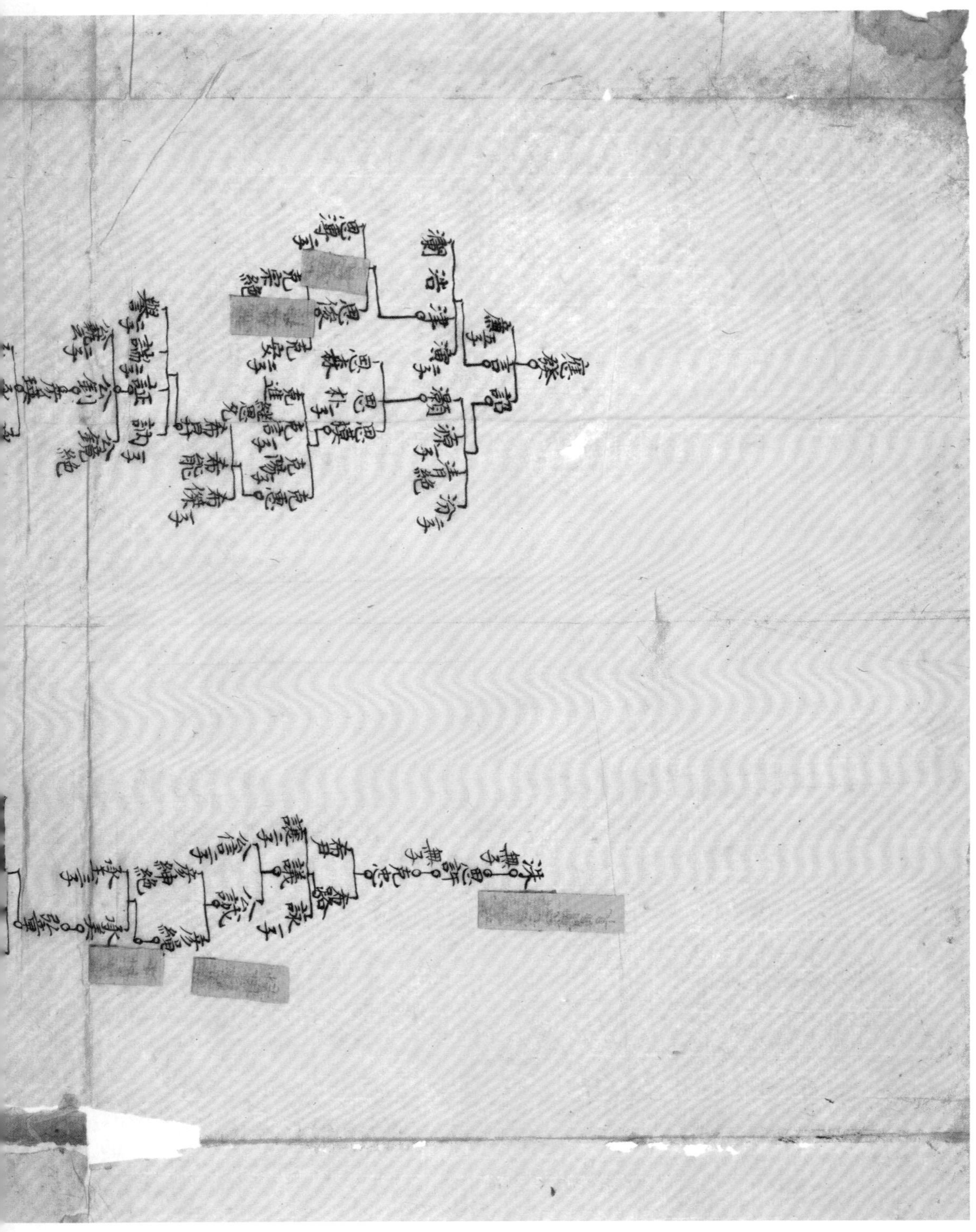

衢州孔氏五十一代至七十三代系圖（部分）

［清同治二年］

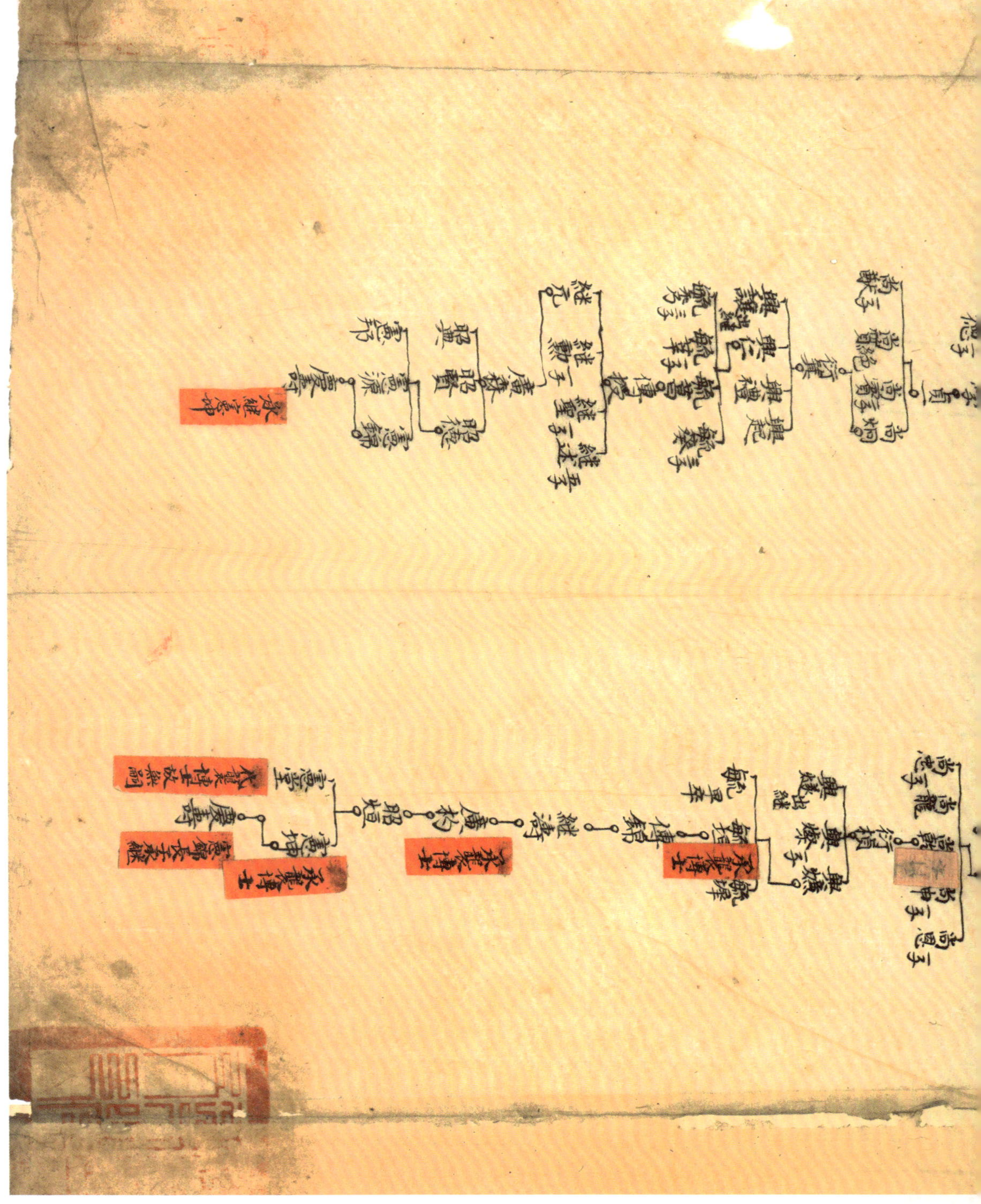

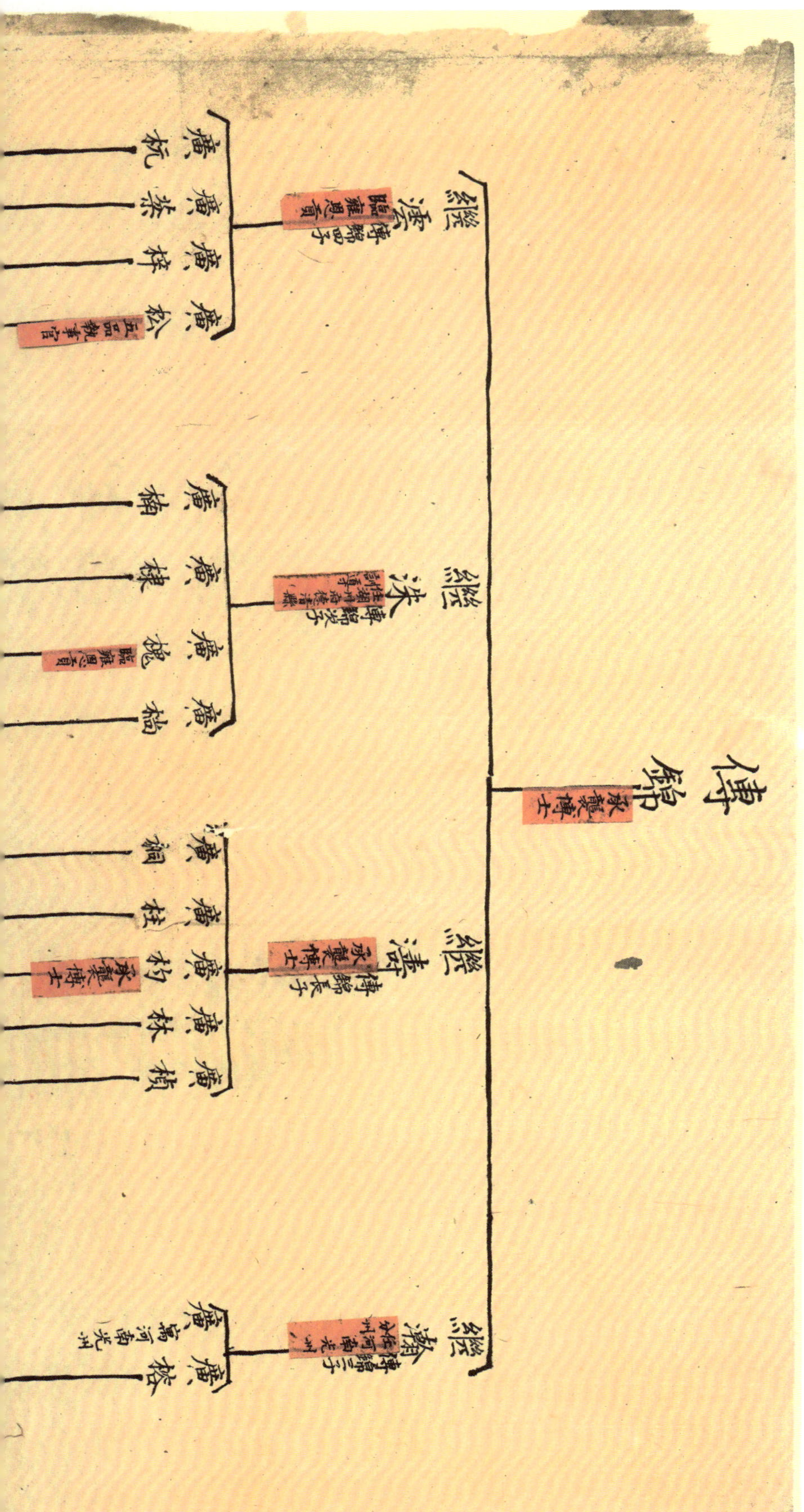
傳錦
承襲博士
繼濤
傳錦長子
承襲博士
廣林
廣杓
承襲博士
廣柱
傳錦三子
傳錦次子
傳錦四子
臨雍恩貢
廣梓
廣松
五品執事官
廣杭
臨雍恩貢

衢州孔氏六十八代至七十三代系圖（部分）

［清同治二年］

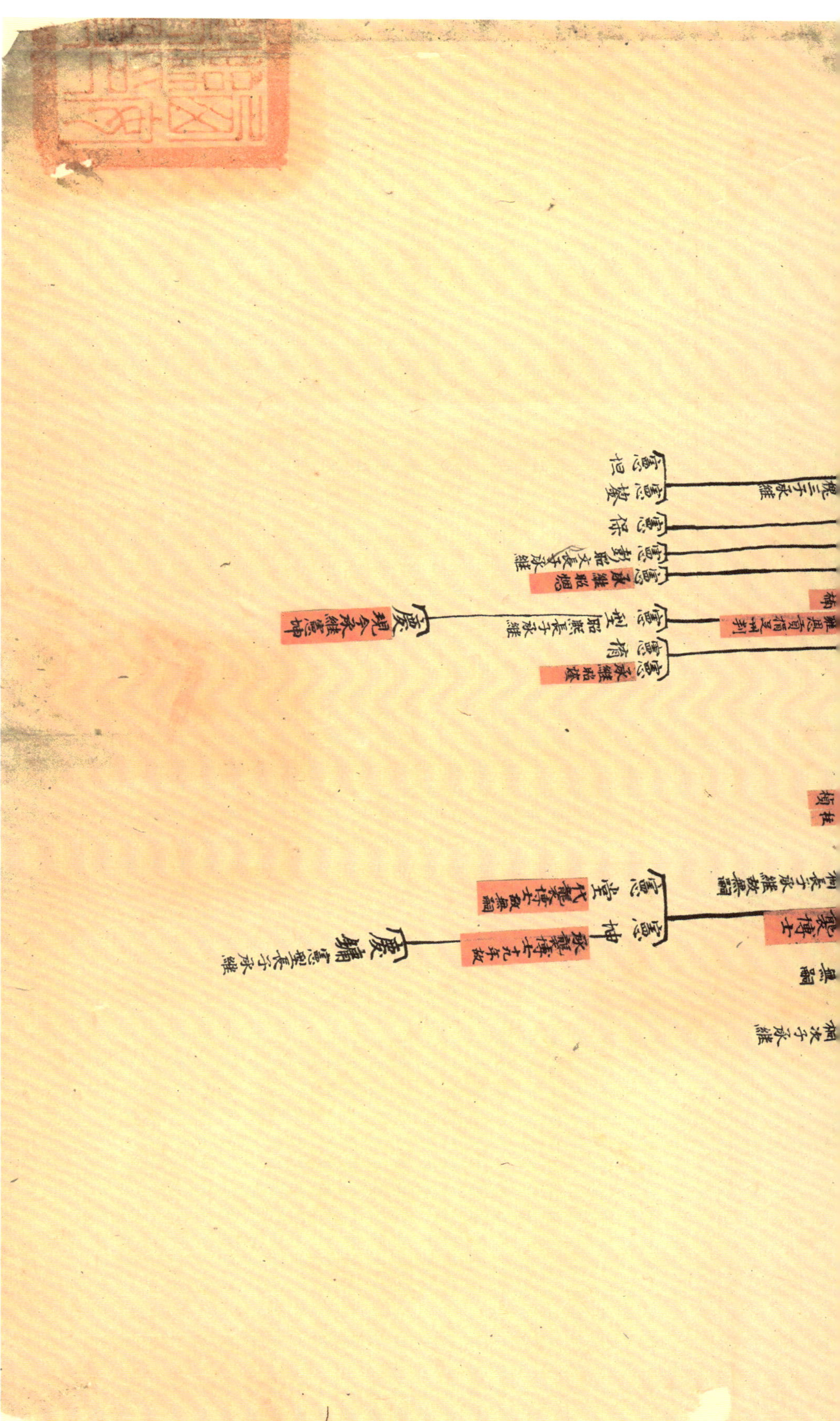

襲封衍聖公府　為咨覆事同治二年八月初九
日准
貴部院咨據代辦布政使署杭嘉湖道蘇式
敬詳稱據衢州府知府林聰彝詳據署西安縣
知縣高世清詳稱本年五月二十二日奉本府札
開據南宗博士族長職員孔毓儒等稟稱竊
本宗翰博孔憲坤身故乏嗣應由伊姪慶鏞承
繼嗣復夭殤當經職等查有族房憲錦之嫡
長子慶壽昭穆相當合應承襲業經備送系
圖并呈供結請縣轉詳在案迄今五載嗣續尚
懸茲復加妥議實應憲錦之嫡長子慶壽承
襲倫序不紊等情一案繪具宗圖並呈供結稟
乞轉詳合將送到宗圖供結備文詳請咨明除咨
禮部外咨會查照等因到本爵准此卷查此案
咸豐九年十一月間准西安縣阮令詳據孔昭德
呈請以伊孫慶壽承繼博士孔憲坤為嗣承襲
翰博並據該族長孔毓儒等查明昭穆相當

衍聖公府爲孔慶壽承繼孔憲坤爲嗣已咨部注册事致浙江巡撫部院咨

清同治二年八月二十一日

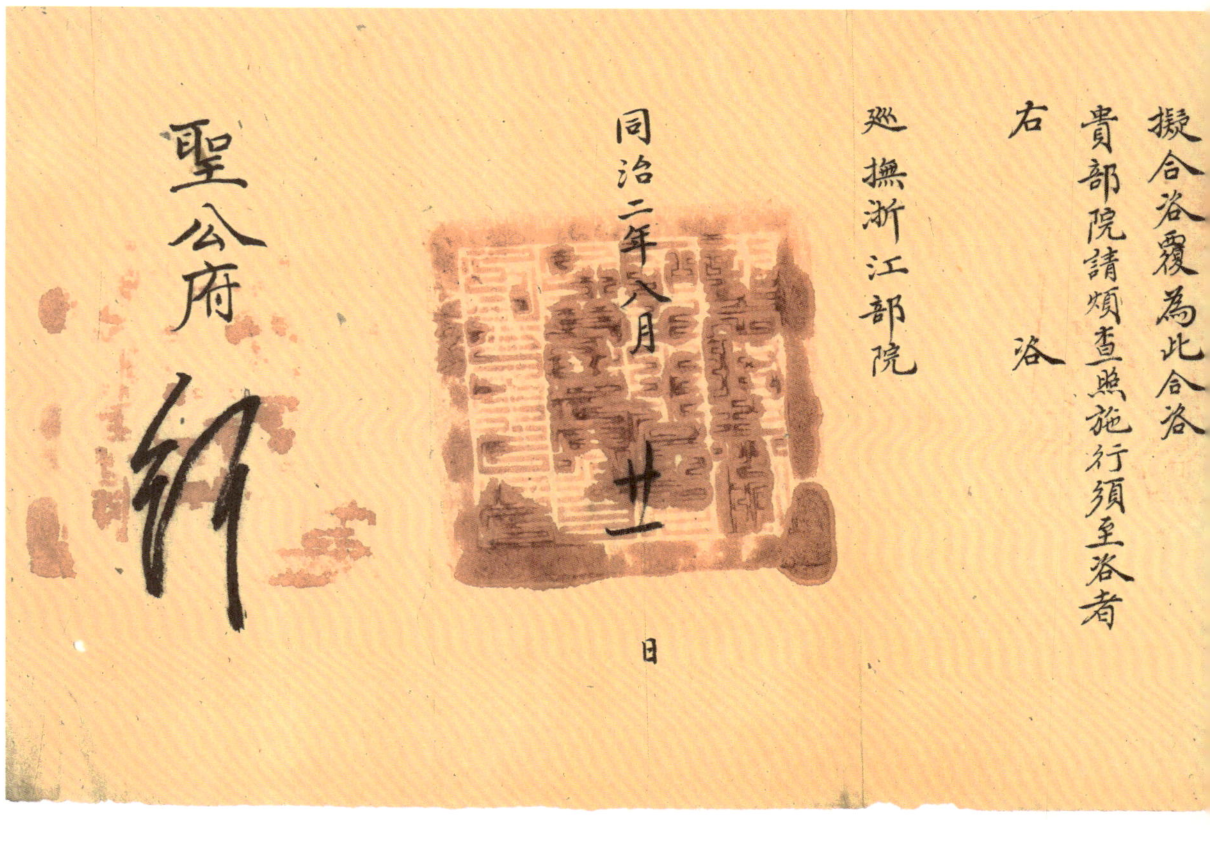
擬合咨覆，爲此合咨
貴部院，請煩查照施行。須至咨者。
右　咨
巡撫浙江部院
同治二年八月廿一日
聖公府
行

咸豐九年八月廿五日到

知州銜衢州府西安縣申報代襲博士孔慶鏞等病故由

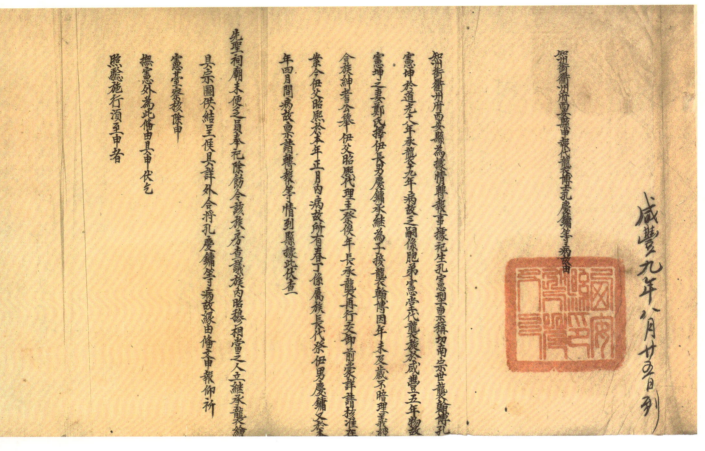

知州銜衢州府西安縣為據情轉報事據祀生孔憲型禀稱切南宗世襲翰博孔憲坤於道光十八年承襲十九年病故乏嗣係胞弟憲堂之代襲旋於咸豐五年物故憲坤之妻鄭氏擇伊長男慶鏞承繼為子接襲翰博因年未及歲不諳理義[illegible]合族紳耆公舉伊父昭熙代理主祭俟年長承襲再行交卸前蒙詳請核准在案今伊父昭熙於本年正月內病故所有春丁係屬族長代祭伊男慶鏞又於本年四月間病故禀請轉報等情到縣據此伏查

先聖祠廟未便乏員奉祀除飭令該族房查議族內昭穆相當之人立繼承襲翰[illegible]具宗圖供結呈候具詳外合將孔慶鏞等病故緣由備文申報仰祈

憲臺察核除申

撫憲外為此備由具申伏乞

照驗施行須至申者

衢州府西安縣知縣阮恩元爲報明孔慶鏞病故緣由事致衍聖公孔［繁灝］申

清咸豐九年八月初六日

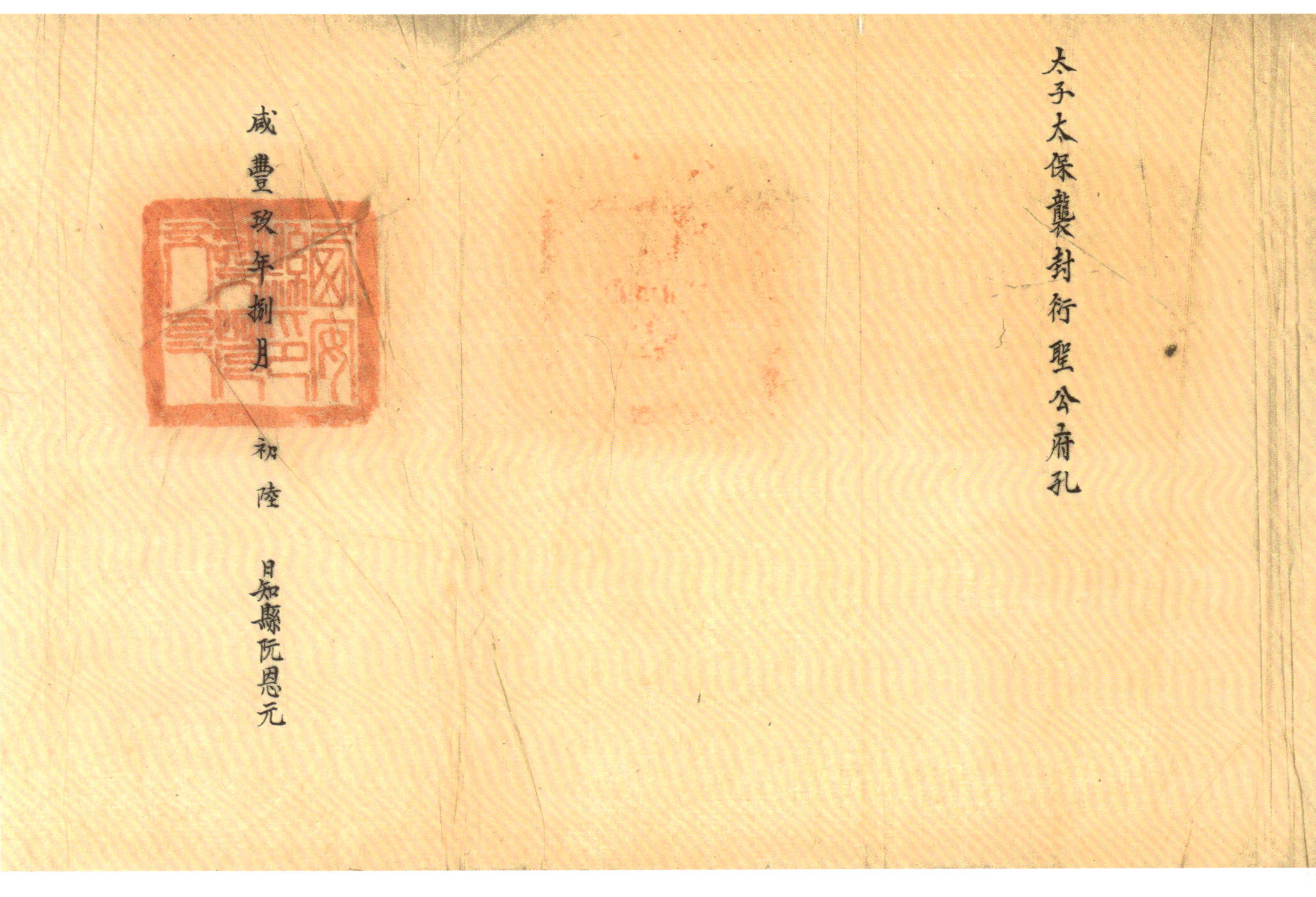
太子太保襲封衍聖公府孔

咸豐玖年捌月初陸日知縣阮恩元

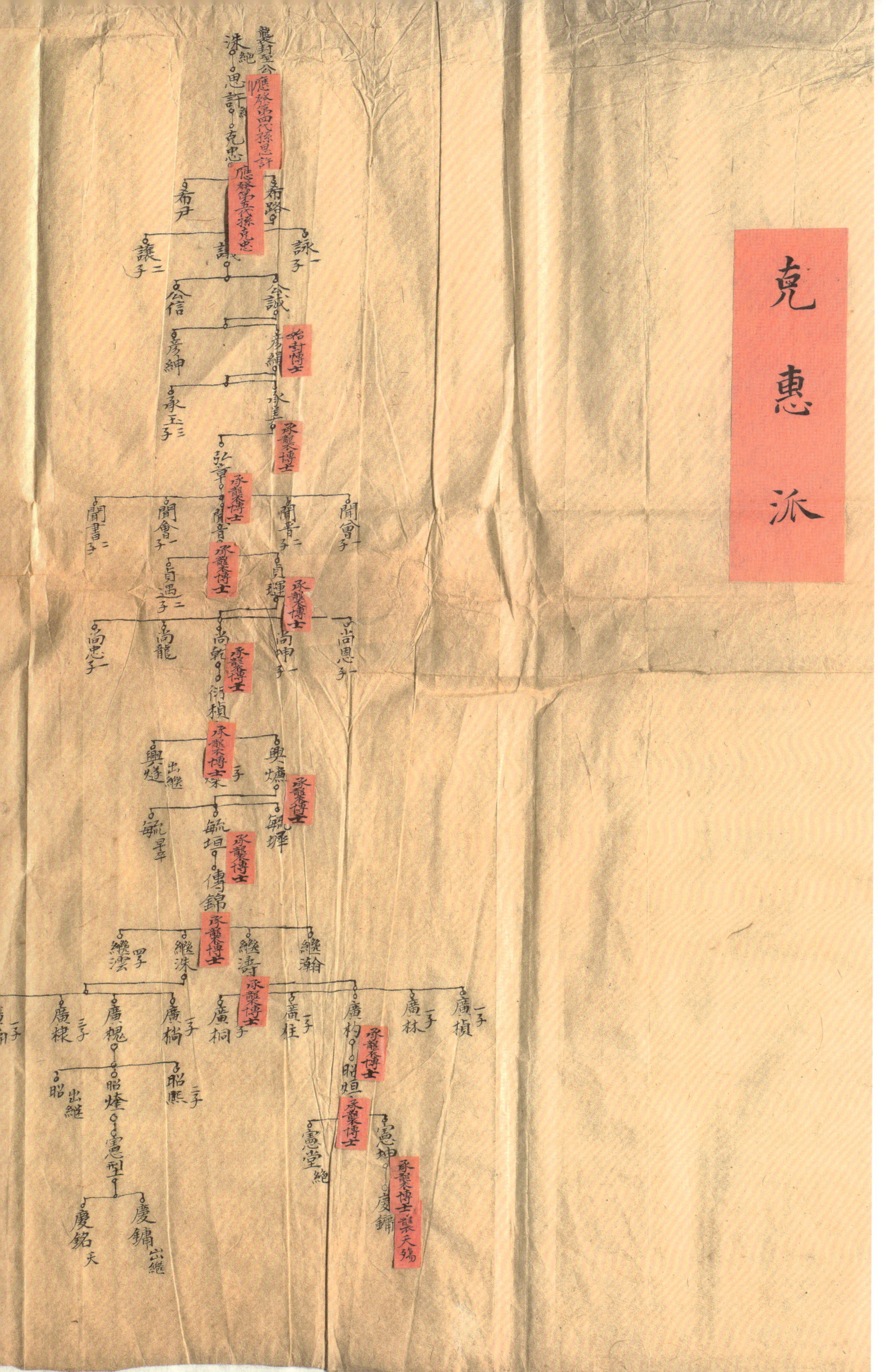
克惠派
襲封聖公
洙絕
思許
克忠
應發第四代孫思許
應發第五代孫克忠
希路
希尹
詠一子
誠
讓二子
公誠
公信
彥繩
彥紳
始封博士
承美
承王三子
承襲博士

衢州孔氏五十一代至七十三代系圖（部分）

無朝年

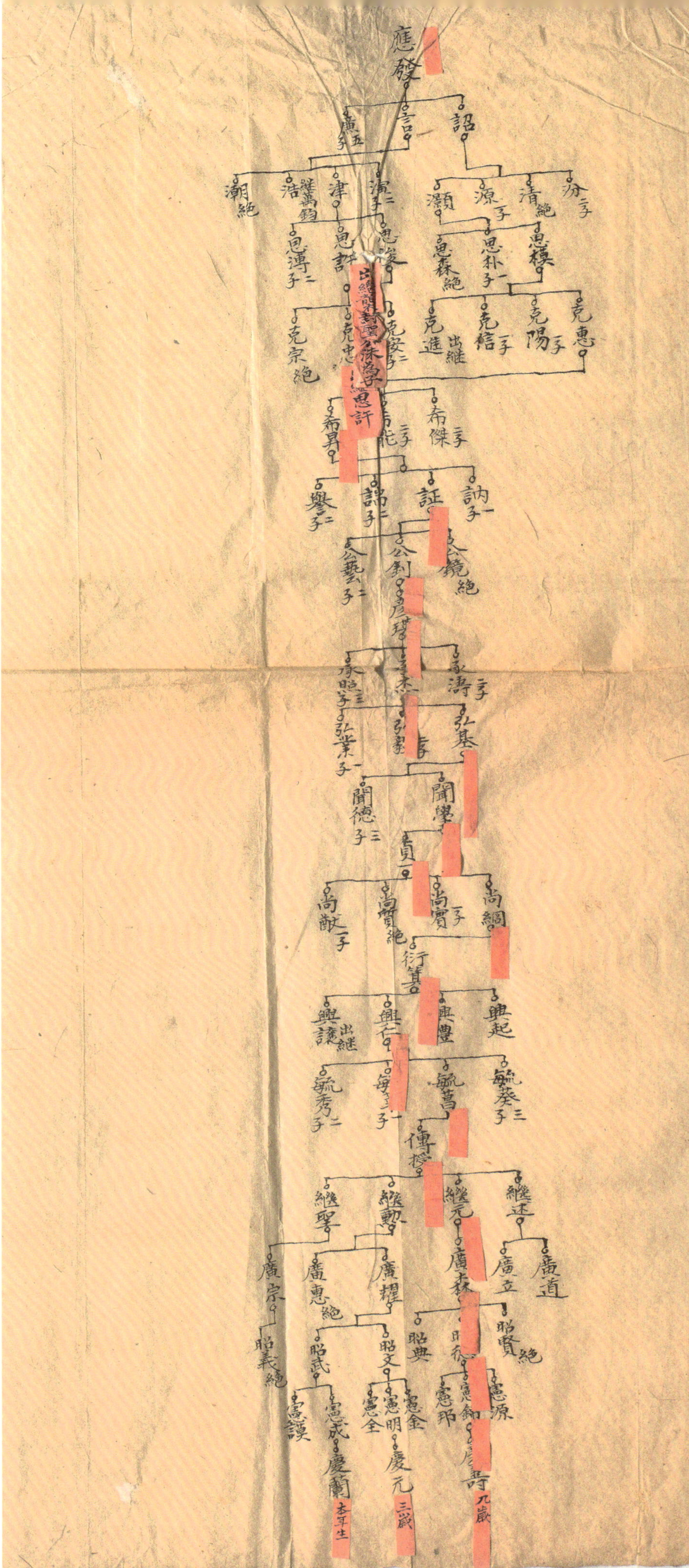

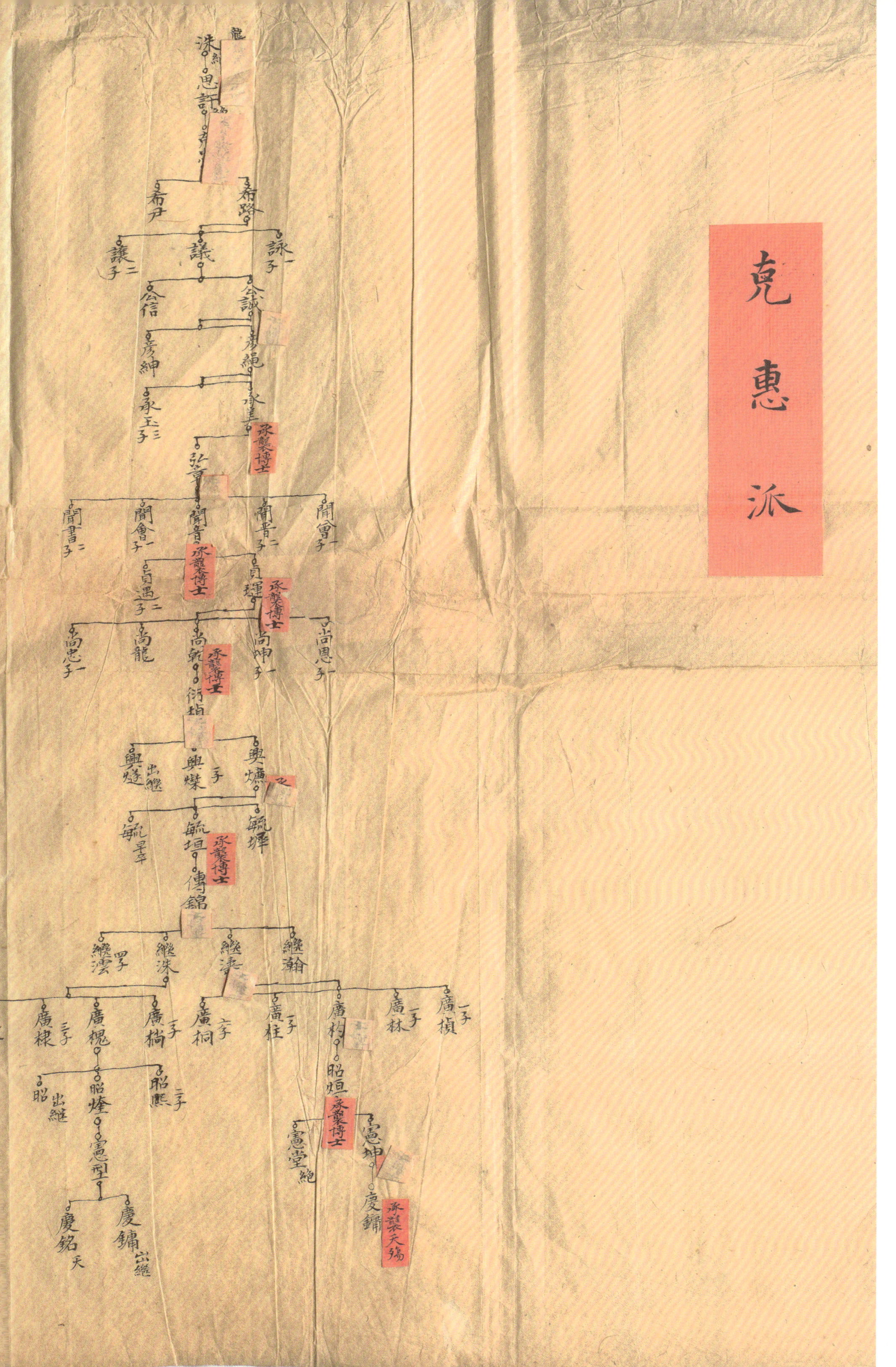
克惠派

衢州孔氏五十一代至七十三代系圖（部分）

無朝年

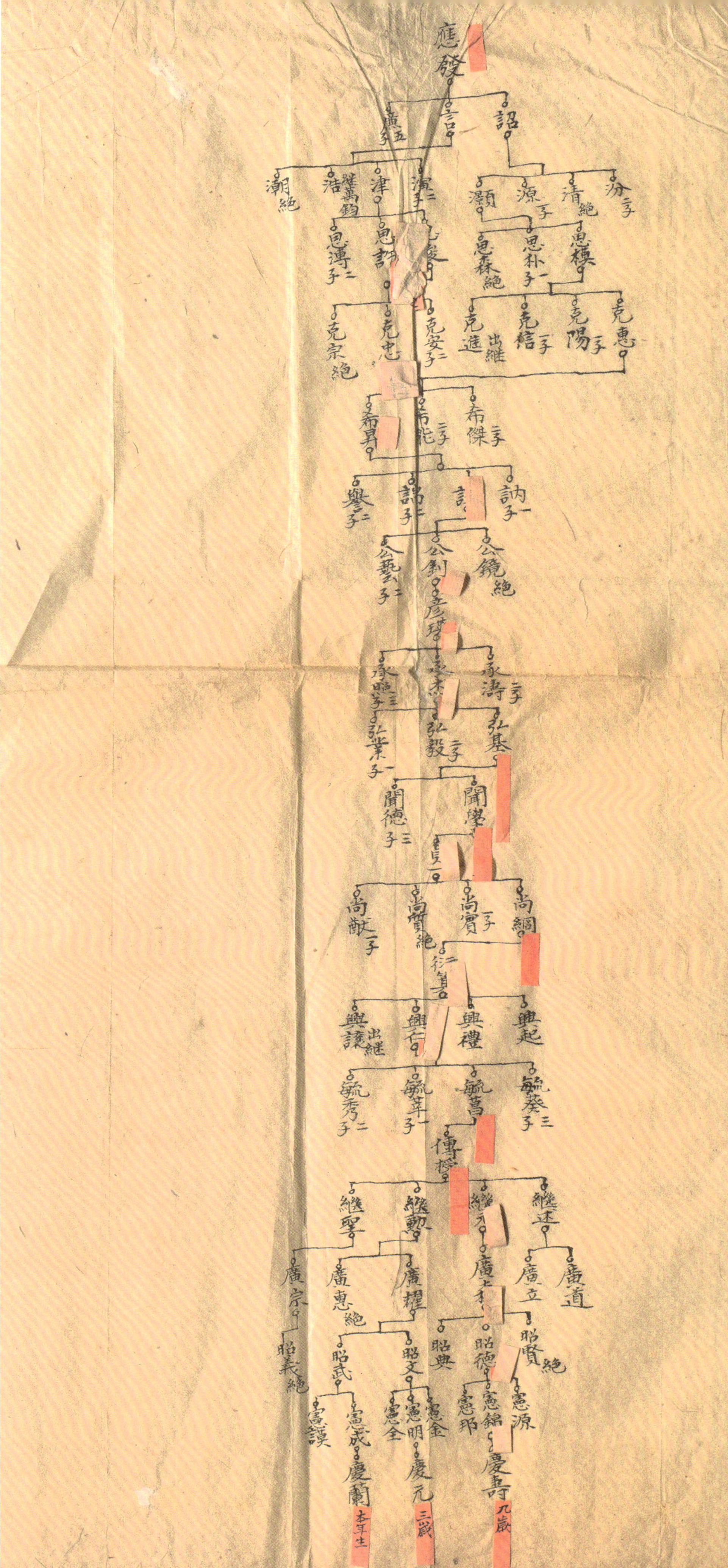

卷〇一一八

孔慶壽爲出繼孔憲坤爲嗣事所具親供

清咸豐九年九月

具親供孔慶壽今於

供得本身現年九歲身中面白無鬚係儒籍生員孔昭德之嫡長孫憲錦之嫡長子今當族房公議應身出繼輸博憲坤為嗣寔係昭穆相當倫序不紊不致揑供所具親供是寔

咸豐九年九月　日具親供孔慶壽十

衢州孔氏孔毓儒、孔毓秀等爲孔慶壽承繼孔憲坤爲嗣事所具切結

清咸豐九年九月

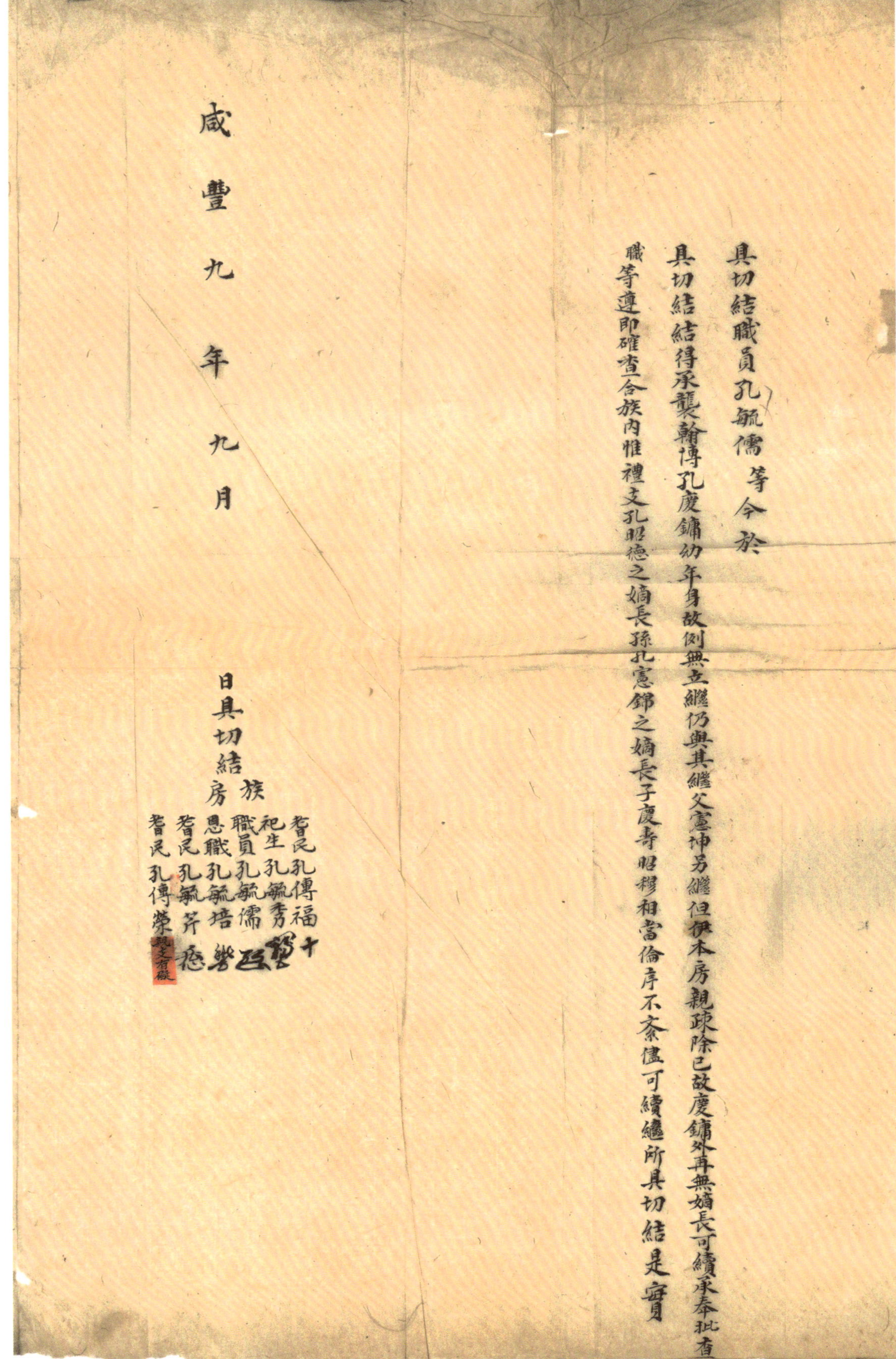
具切結職員孔毓儒等今於

具切結結得承襲翰博孔慶鏞幼年身故例無立繼仍與其繼父憲坤另繼但伊本房親疎除已故慶鏞外再無嫡長可續承奉批查

職等遵即確查合族内惟禮文孔昭德之嫡長孫孔憲錦之嫡長子慶壽昭穆相當倫序不紊儘可續繼所具切結是實

咸豐九年九月

日具切結

族

房

耆民孔傳福 十

祀生孔毓秀

職員孔毓儒

恩職孔毓培

耆民孔毓芹

耆民孔傳榮

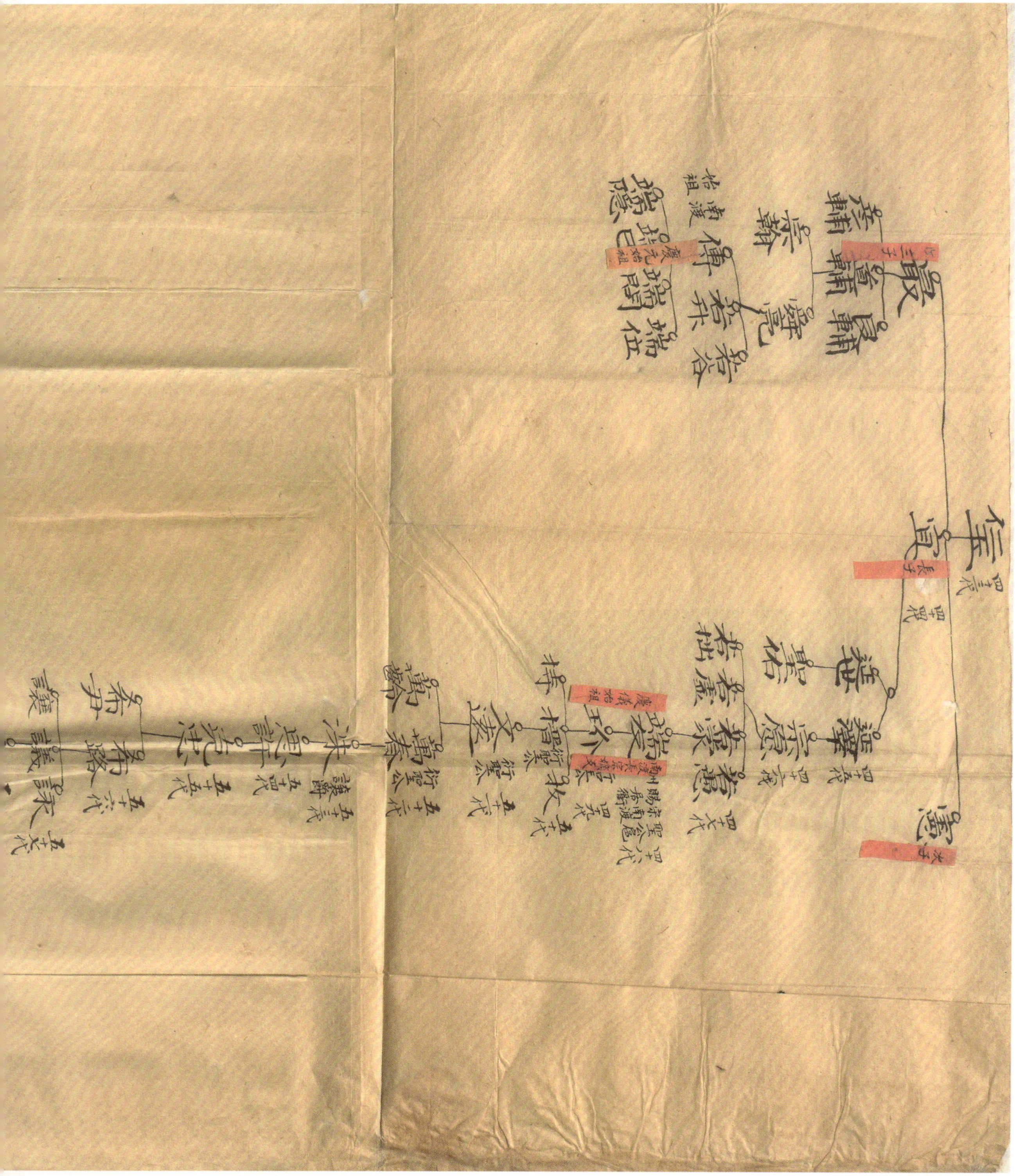

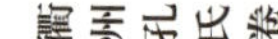

- 仁玉 四十三代
  - 宜 長子 四十四代
    - 延澤 四十五代
      - 宗愿 四十六代
        - 若愚 四十七代
        - 若蒙
          - 端友 四十八代 聖公扈宋南渡賜居衢州 南渡長宗嫡支
            - 玠 四十九代 衍聖公 慶儀始祖
              - 敉 五十代
              - 搢 衍聖公
                - 文遠 衍聖公 五十一代
                  - 萬春 衍聖公 五十二代
                    - 洙 讓爵 五十三代
                      - 思許 五十四代
                        - 克忠 五十五代
                          - 希路 五十六代
                            - 詠 五十七代
                            - 議
                            - 讓
                          - 希尹
                  - 萬齡
              - 持
        - 若虛
        - 若拙
    - 延世
      - 聖佑
  - 憲 次子
  - 最 三子
    - 良輔
    - 道輔
      - 舜亮
        - 若谷
        - 若升
        - 傳 南渡始祖
          - 端位
          - 端問
          - 端已 慶元始祖
          - 端隱
      - 宗翰
    - 彥輔

衢州孔氏四十三代至七十三代系圖（部分）

無朝年

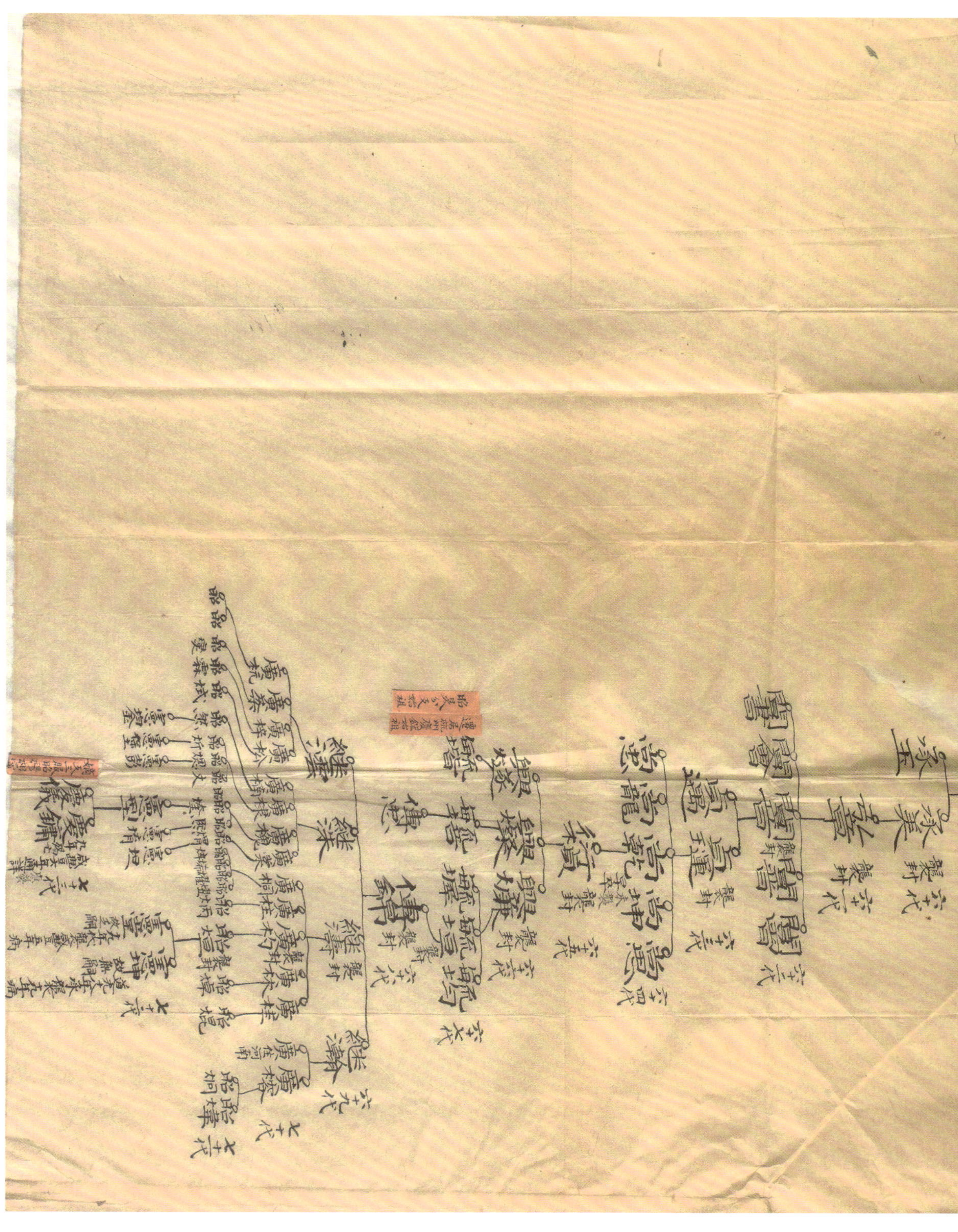

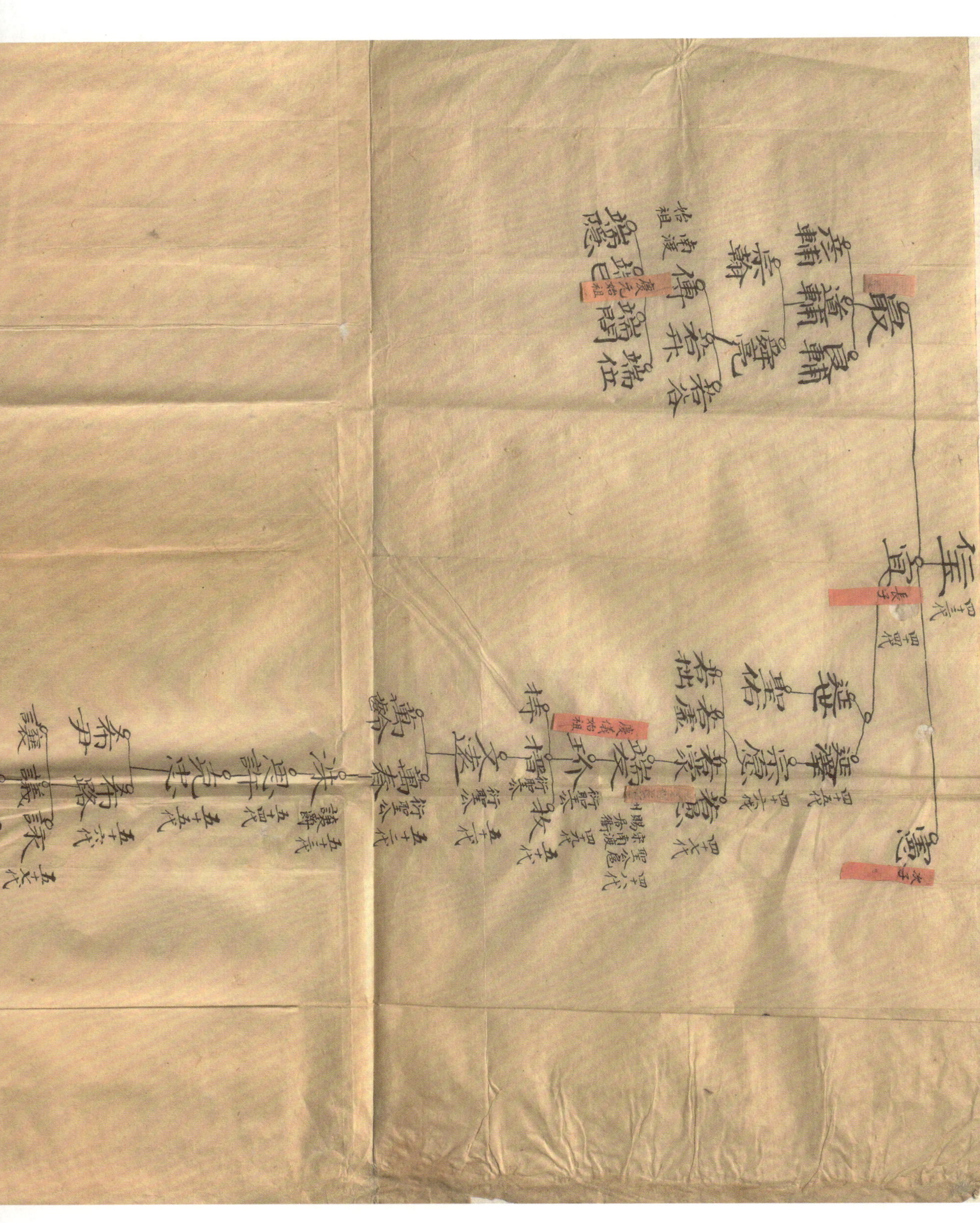

衢州孔氏四十三代至七十三代系圖（部分）

無朝年

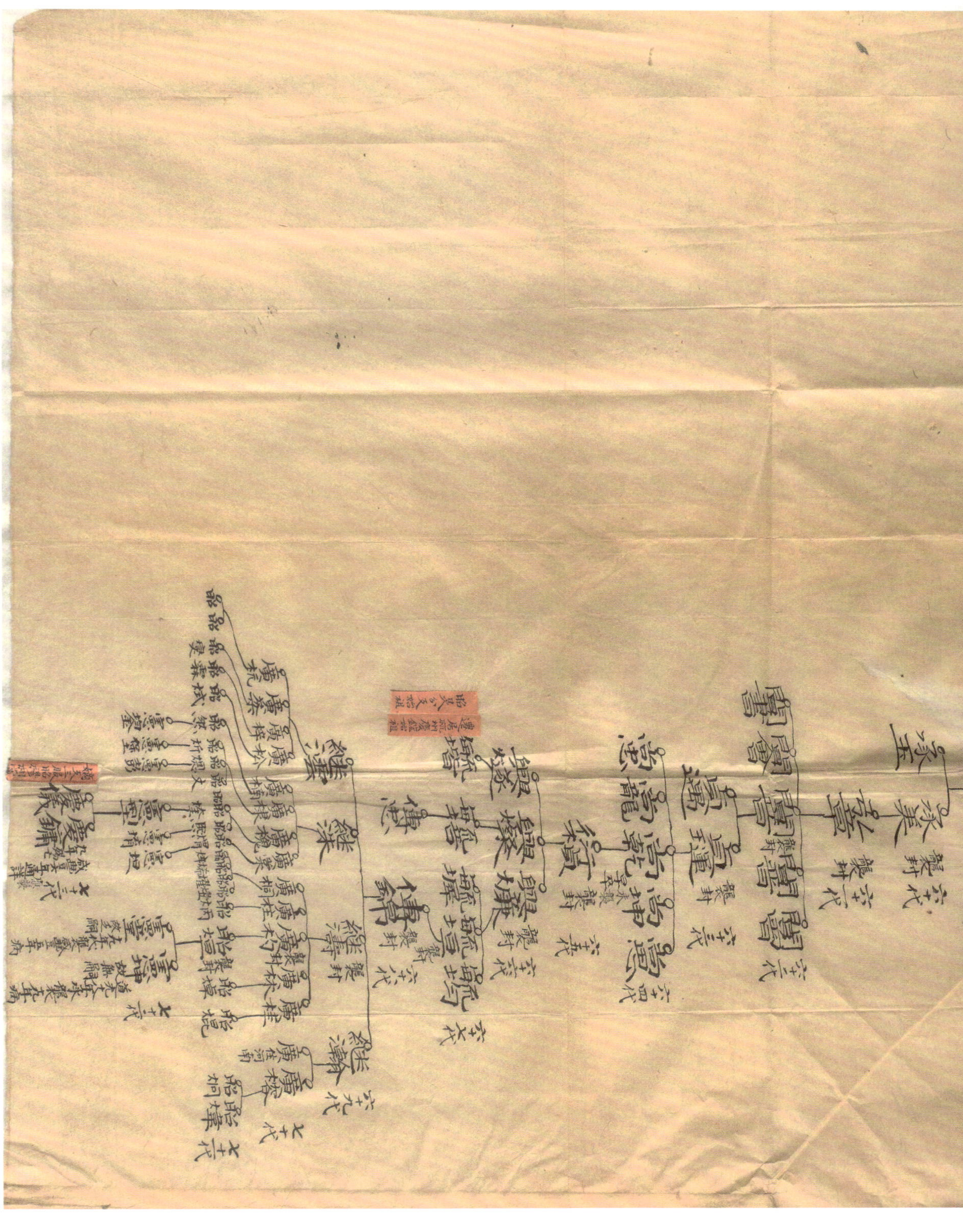

孔鄭氏爲請查明孔慶儀應否繼襲并劄飭各憲及族房長公議事致衍聖公孔［祥珂］禀

清同治三年十月

具稟南宗前故博士孔憲坤妻鄭氏謹稟　同治叁年十二月廿日到

爲呼籲國議滅嫡奪襲，叩求援案察奪，以保嫡支，以抑强宗事。竊氏宗自端友公同從堂叔
父傳公南渡來衢，端友公爲長宗嫡支，孫世字居傳公分仁義禮知四房，爲四次支。瑚有
分支以來，迄今二十餘服矣。所有世襲博士一員，向由端友公至傳銅公派下世世嫡傳，以主宗
祀。自氏夫憲坤於道光十八年承襲，十九年病故無子，援兄終弟及之例，議將氏夫胞弟代襲。
部憲堂於咸豐五年又故無子，維時氏嫡支三服四房叔祖慶松擅詞妄稟，欺官蒙襲，甚至
道府縣憲均已批准牟蒙
前大宗主孔公俞明察，咸豐六年批駁，准將氏三服嫡支次房憲型之子慶鏞繼與氏夫爲嗣應
襲。適詳在案，咸豐九年慶鏞病殤，因嫡支無慶字行，氏萬不得已，乃從長房族公議將禮
支慶壽過繼代襲，俟嫡支生有慶字，仍歸長宗。今慶壽於本年八月二十七日又已夭亡，適值氏
嫡支三服次房憲型於七月間生得一子，取名慶儀，即前襲博士慶鏞胞弟，係是三服嫡
姪，例合繼襲。詎料禮支有傳經、廣勳、昭武等，恃其族衆紳多，捏詞奪理，欲以遠支二十
餘服之慶元亂支搶繼，擅稟
各憲，懇將慶儀年未及週，難以主祀，慶元年已八歲，應嫡五長，纘選氏及嫡支五服叔昭具時卑
宗詳細情由，霞批訊蒙
各憲札飭該房族長等公議出結核辦等因。奉此，無如卑房族長除嫡支惟房長外，皆是禮支
同派之人，所以公議之時，任廣勳一人把持，無敢異議。至今尚未具結，伴稱憲型品以未端，
抑思慶儀襲前襲博士慶鏞，皆憲型之子，豈前日爲慶鏞之父，則品端，而今日爲慶儀之父，即
未端，即使憲型品或未端，想牛子騂角，山川弗舍。
聖祖之明訓昭然，況慶儀例當應繼，即爲氏夫憲坤之子，憲型之品端與未端，可置之不議。氏
思世職乃
朝廷之大典，當首重支派，次論親疏，三則昭穆，不當以長幼賢愚爲論。況慶儀雖僅週歲，係氏夫
三服嫡姪，有系可稽，乃傳經、廣勳、昭武等，罔議廢律，滅嫡奪襲，竟以遠支二十餘服之人奪嫡支
三服應承之襲，寬子雖卑宗之系譜不足憑，豈
聖朝之律例亦不足法乎？氏恐傳經、廣勳、昭武捏詞蒙稟，是以不揣冒昧，謹將慶儀應襲應繼情由，并卑

孔鄭氏爲請查明孔慶儀應否繼襲并劄飭各憲及族房長公議事致衍聖公孔［祥珂］稟

清同治三年十月

宗自翰友公與從堂叔文傳公分支系圖驗爲呈
電是否孔慶儀應繼承襲之處伏乞
大宗主公爺據系奪事迅賜
札飭各憲暨族房長據譜公議俾杜族争襲之風可否即嫡支應承之
命之至頂德上稟
粘呈遺繼分支歷世系圖一紙

同治叁年拾月　日稟

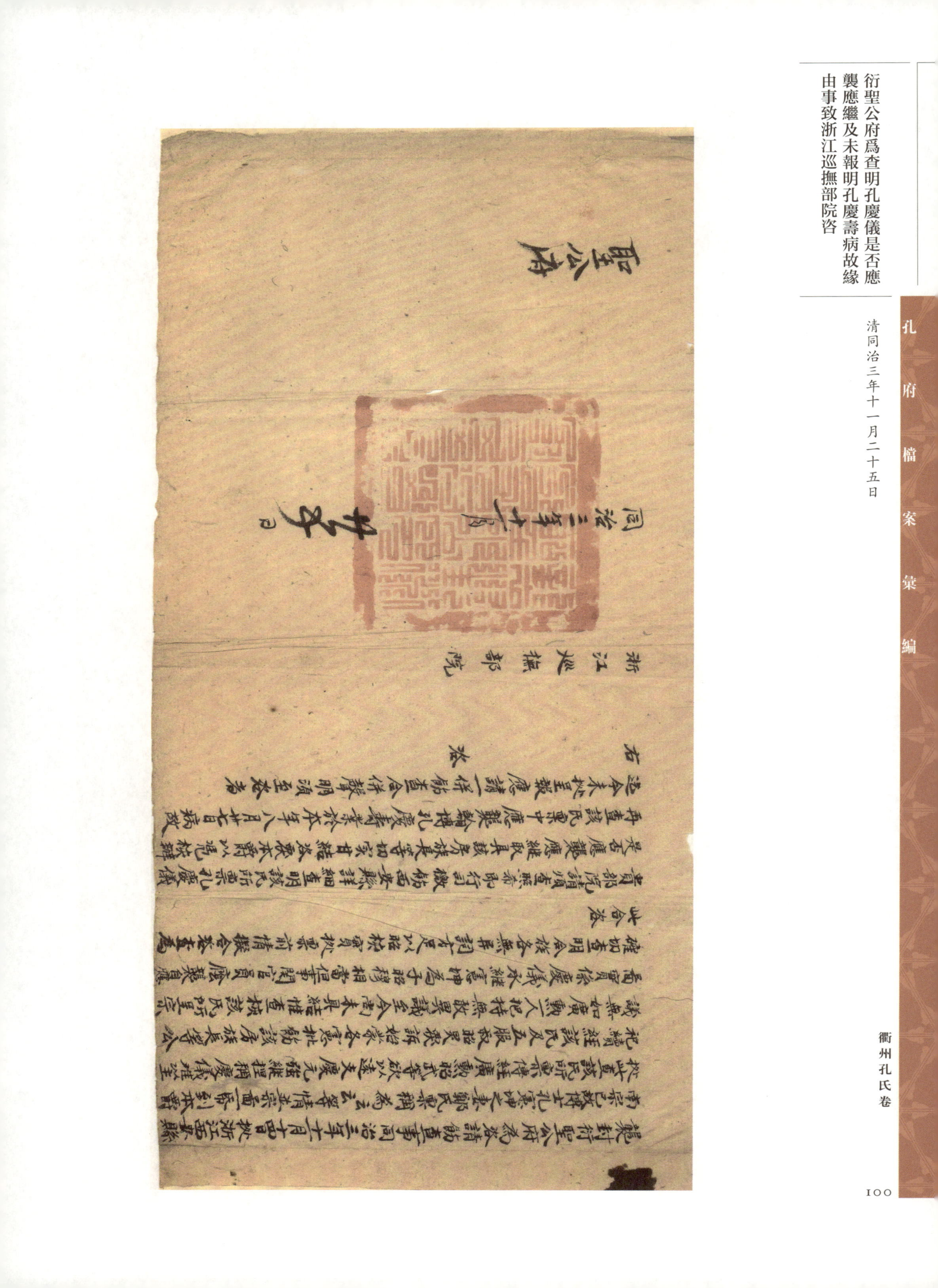

衍聖公府爲查明孔慶儀是否應襲應繼及未報明孔慶壽病故緣由事致浙江巡撫部院咨

清同治三年十一月二十五日

署衢州府知府劉汝璆爲孔慶儀承襲翰博及孔廣斌代爲主祀事致衍聖公府呈

清同治四年閏五月初二日

署衢州府為呈送事案奉

宮保閩浙爵督部堂左　批 撤前府馮守稟孔氏博士承襲請示由奉批

聖裔博士以近支論則慶儀為宜孔族有謂慶元年齒稍長宜立者孔傳樑等又以悍族奪襲具稟主立慶

儀是孔氏族衆議論未能畫一也本部堂督師赴閩經過西安念南宗一脈近頗衰微若因爭襲博士復

起爭端不獨無以風示天下深負詩禮之傳亦且忿戾相加殊非家門之福是於初十日齋戒沐浴備書慶元

慶儀兩名藏率同僚友傳集孔氏族衆肅詣

至聖家廟虔申禱告冀

至聖示以宜立之人比親拔名藏則慶儀實應其兆同時僚友及孔氏族衆僉謂

至聖靈爽實是憑之嗚呼南宗一脈其將衍此五月孤兒乎孔氏之興其在少者乎慶儀既定襲博士應選宗人

之賢者代主祀事以須其成立仰該守秉公核舉稟候核奪可也繳等因奉經轉行西安縣暨府西兩

學暨同孔氏族長秉公核舉稟候轉詳核示嗣於同治三年十二月十二日據署府學教授沈師濂等申

據族長孔傳經等稟稱會同族人悉心詳察擇得族中有行誼者二人一廣勲一廣斌廣勲力辭讓及

廣斌廣斌亦謙遜不出族等再行勸出業已允從查廣斌係附貢生現年三十九歲情性敦篤舉止端

詳父母兄弟稱其孝友人無閒言庶不愧是亦為政之心且克副

大憲鄭重之意公同舉保叩准轉詳以廣斌代主祀事等情稟由該學轉詳到府據經馮前守通詳

各憲旋奉

撫憲馬　批飭取具孔廣斌代主祀事族人甘結詳送備查等因奉經飭取去後茲據署西安縣知縣

雷嘉澍詳據族長孔傳經等稟送孔廣斌代主祀事族人甘結由縣加具印結詳送核轉前來敝府覆

查無異除將送到各結詳送

各憲外擬合備文呈送為此合呈

呈

同治四年又五月廿四日到

署衢州府知府劉汝璆爲孔慶儀承襲翰博及孔廣斌代爲主祀事致衍聖公府呈

清同治四年閏五月初二日

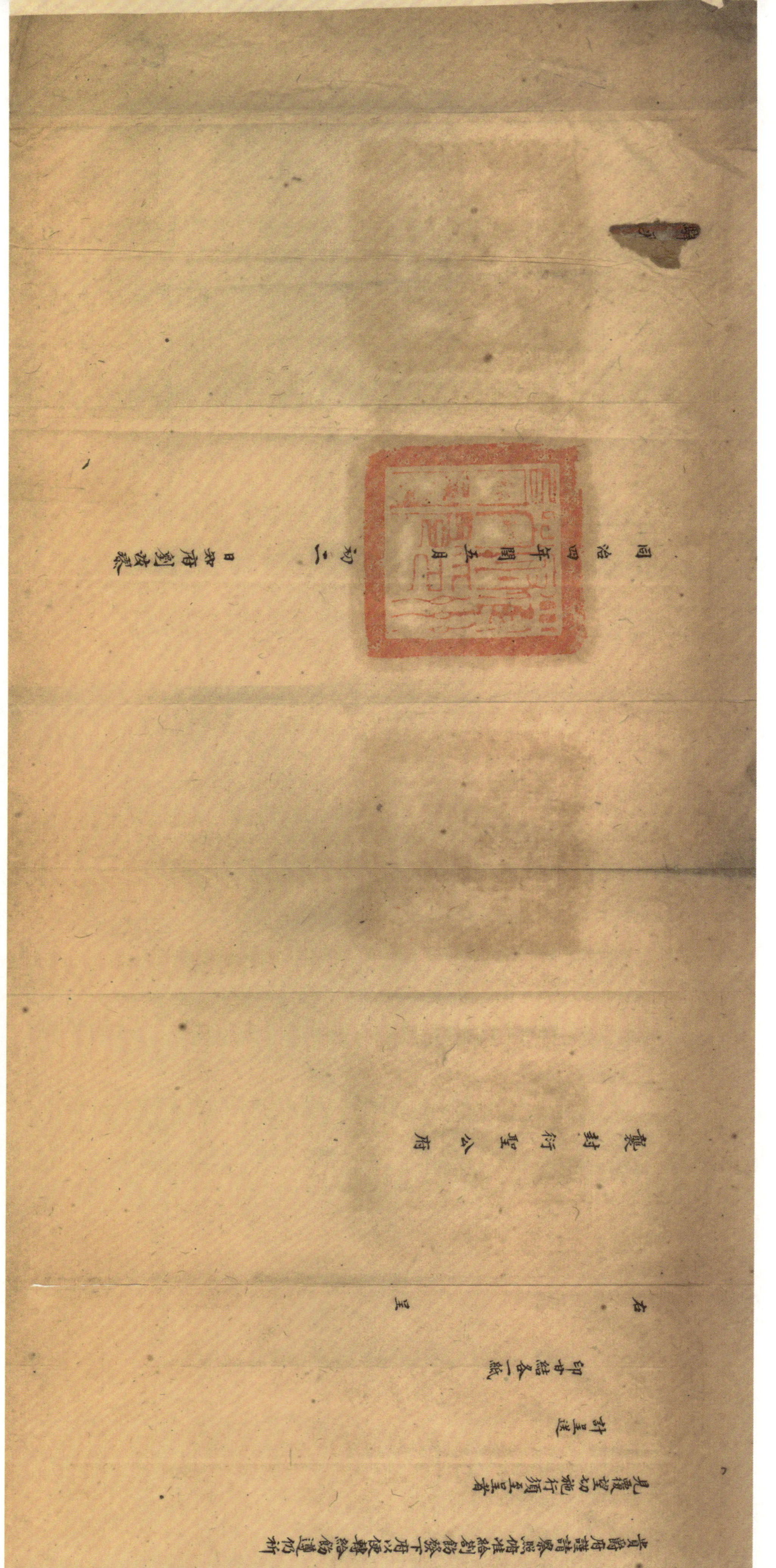

貴爵府請察照備准給劄飭發下府以便轉給飭遵仍祈

見覆望切施行須至呈者

計呈送

印甘結各一紙

右　　呈

襲封衍聖公府

同治四年閏五月初二日

知府劉汝璆

衢州孔氏孔傳經、孔傳本等爲孔廣斌堪以舉代博士承祀事所具甘結

清同治四年五月

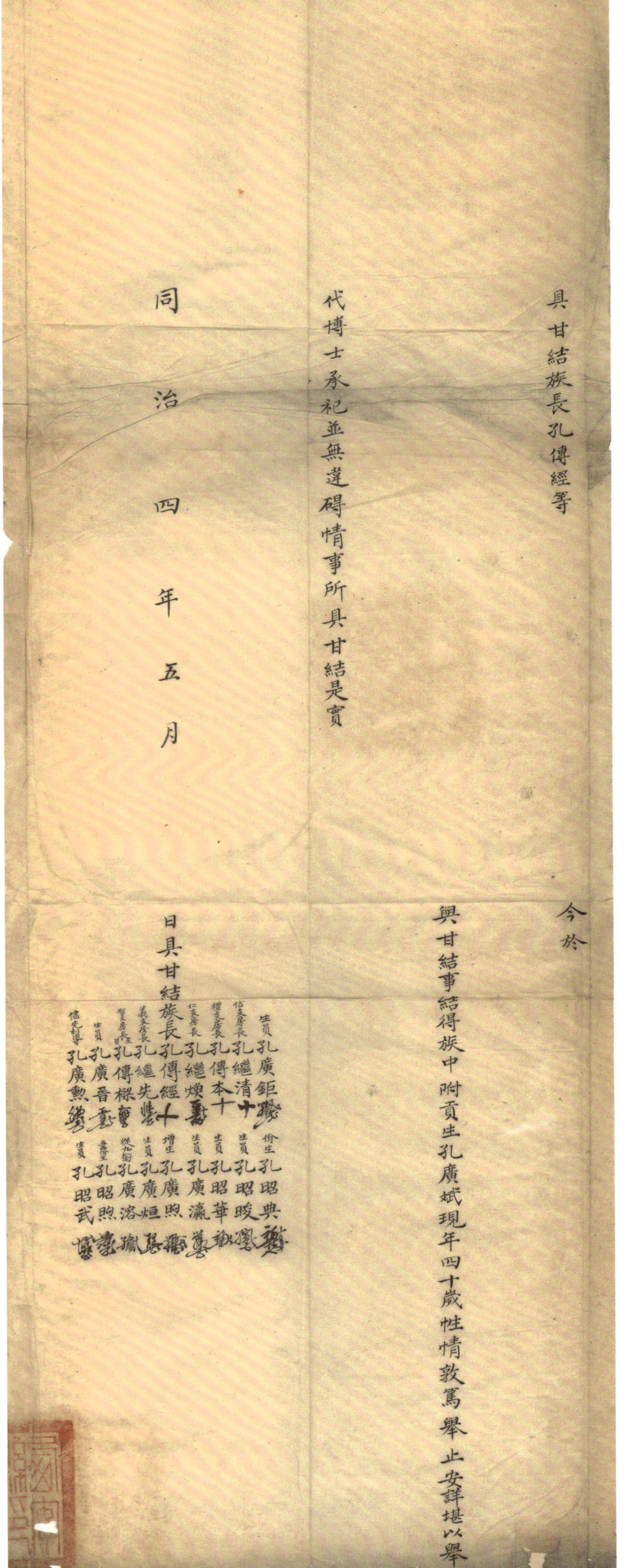
具甘結族長孔傳經等今於

與甘結事結得族中附貢生孔廣斌現年四十歲性情敦篤舉止安詳堪以舉

代博士承祀並無違碍情事所具甘結是實

同治四年五月　日具甘結族長孔傳經

生員孔廣鉅
信支房長孔繼清
禮支房長孔傳本
仁支房長孔繼煥
義支房長孔繼先
智支房長生員孔傳樑
生員孔廣晉
儒學訓導孔廣勳

佾生孔昭典
生員孔昭畯
生員孔昭華
生員孔廣瀛
增生孔廣煦
生員孔廣烜
從九銜孔廣洛
五品佾生孔昭煦
生員孔昭武

署衢州府西安縣知縣雷嘉澍爲孔廣斌可代主祀事所具印結

清同治四年

同知銜署衢州府西安縣　今於

與印結事結得附貢生孔廣斌現年肆拾歲身中面白無鬚確係西安縣儒籍查該生性情敦篤

舉止端詳堪以代主祀事合具印結是實

同治肆年　月　日署知縣雷嘉澍

浙江巡撫蔣［益澧］爲呈覆孔慶儀襲博士緣由事致衍聖公府咨呈

清同治三年十二月十七日

欽命護理浙江巡撫部院兼管兩浙鹽政頭品頂戴[illegible]巴圖魯世襲騎都尉蔣　爲
呈覆事同治三年十二月十五日准
衍聖公府咨開據浙江西安縣南宗已故博士孔憲坤之妻
鄭氏稟稱爲悍族圖議滅嫡奪襲叩求按系察奪以保
嫡支以抑強宗一案希即行司檄飭西安縣詳細查明
該氏所稟孔慶儀是否應襲應繼取具該房族長等
切寔甘結咨覆本爵以憑核辦再查該氏稟中應襲翰
博孔慶壽業於本年八月二十七日病故迄今未據呈報
應請一併飭查等因到本護院准此查此案前據署衢
州府知府馮守詳稱備録呈詞稟奉督部堂批
聖裔博士以近支論則慶儀爲宜孔族有謂慶元年齒稍
長宜立者孔傳㯋等又以悍族奪襲具稟主立慶
儀是孔氏族衆議論未能畫一也本部堂督師赴閩經
過西安念南宗一脈近頗衰微若因爭襲博士復起爭端
不獨無以風示天下深負詩禮之傳亦且忿戾相加慮釁門
之福爰於初十日齋戒沐浴備書慶元慶儀兩名籤率同條支
傳集孔氏族衆肅詣
至聖家廟虔申禱告輿
至聖示以宜立之人比親拔名籤則慶儀寔應其兆同時條支及
孔氏族衆僉謂

浙江巡撫蔣［益澧］爲呈覆孔慶儀襲博士緣由事致衍聖公府咨呈

清同治三年十二月十七日

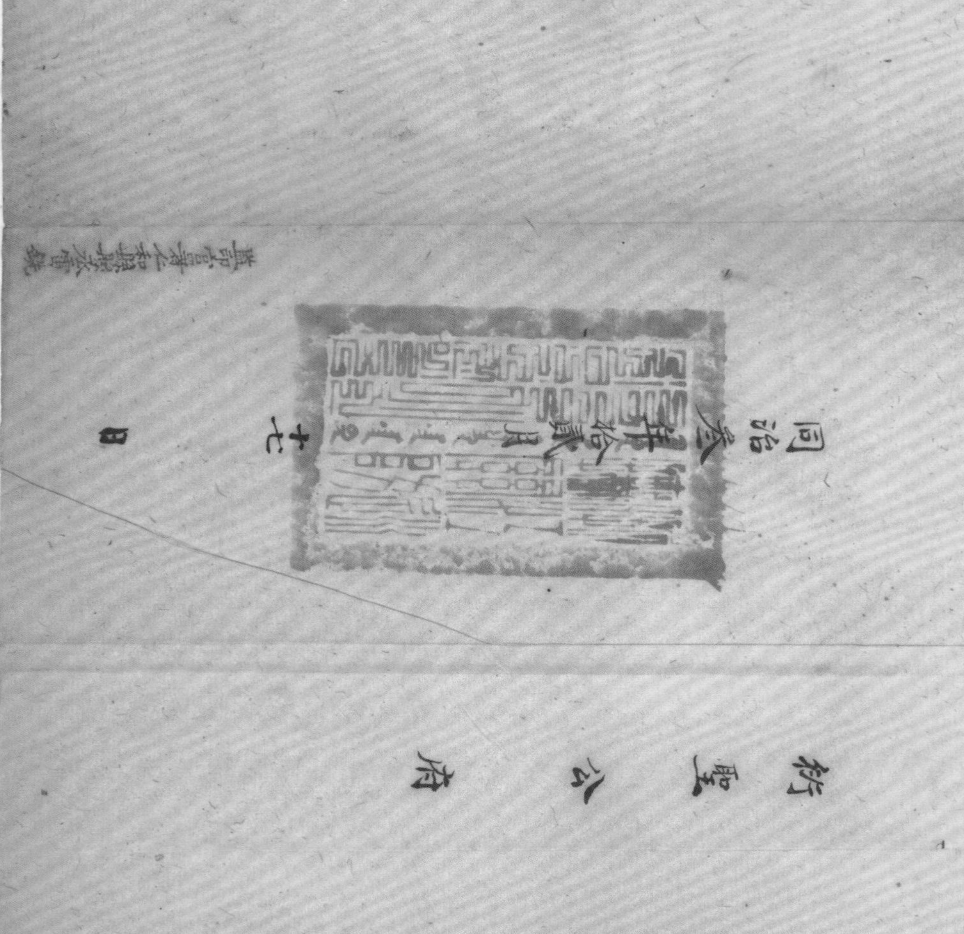

至聖鑒核實式憑允之鳴呼南宗一脈其將託此五月孤兒乎孔
氏之興其在必者乎慶儀既定襲博士應選已示人之賢否者
代主祀事以須其成立仰該守東公核舉并示候核奪可也
繳等因奉此除飭學督同孔氏族長東公核舉代主祀
事之人再行詳請核示外所有奉批緣由理合詳報查核
等情卯經本護院批飭布政司轉飭知照並令核舉代主祀
事之人詳辦在案茲承准前因相應抄錄原詳并票稿備文
呈覆爲此咨呈
衍聖公府謹請察照施行須至咨呈者
計抄錄原詳并票稿

右咨呈
衍聖公府
同治叁年拾貳月　十七　日

孔慶儀襲博士緣由事詳文抄件
衢州孔氏博士承襲請示禀稿抄件

清同治四年正月初四日

卷〇一一八

衢州孔氏博士承襲請示禀稿 抄件

清同治四年正月初四日

暨寄居杭省之西安縣恩貢生孔昭炅先後具禀前來卑前府朱守查博士究應何人承襲當飭府縣各學督同孔氏族長核議去後茲據署教授沈師濂等申稱遵即前赴家廟邀同房族各長核議未定即據族長孔傳經代辦族長孔傳智等禀稱議得慶元與慶壽係堂弟兄年已八齡現在讀書成丁在迩轉瞬即可奉祀慶儀係本年七月甫生成丁尚早且南宗孔氏自端友公與傳公均屬

聖祖嫡派後雖分作仁義禮智信五房本同一支並未有親疏之别何得以信房為嫡支以禮房為遠支等情又據孔鄭氏禀稱自四十八世祖孔端友偕叔孔傳南渡來衢孔端友為大宗嫡支孔傳分仁義禮智為四次支翰博廿一缺係孔端友嫡派子孫承襲世世嫡傳以主祭祀氏夫憲坤病故胞弟憲堂代襲憲堂又故嫡支次房慶鏞承襲慶鏞夭亡房族議將禮支慶壽暫繼代襲俟嫡支生有慶字仍歸大宗今慶壽殤亡憲型又生一子取名慶儀即慶鏞胞弟堪以承繼等情卑學查得孔氏族長與孔鄭氏各執一詞均屬不為無理並附孔氏族長甘結申請察核前來卑府伏查博士為

至聖家廟主祀之官春秋祭祀未便閒曠孔氏族長均以慶元年只八齡成丁在迩轉瞬堪主祭祀慶儀本年七月甫生成丁尚早而前博士孔憲坤之妻鄭氏又以孔端友為大宗向係嫡派相傳以主祭祀欲以慶儀承襲彼此各執一詞事關

聖裔卑府未敢擅專理合禀請

宫保大人查核俯賜批示飭遵寔為公便

咨呈

同治四年正月初四日到

衍聖公府爲給發孔廣斌署劄并申報任事日期事致浙江衢州府正堂移

清同治四年六月初三日

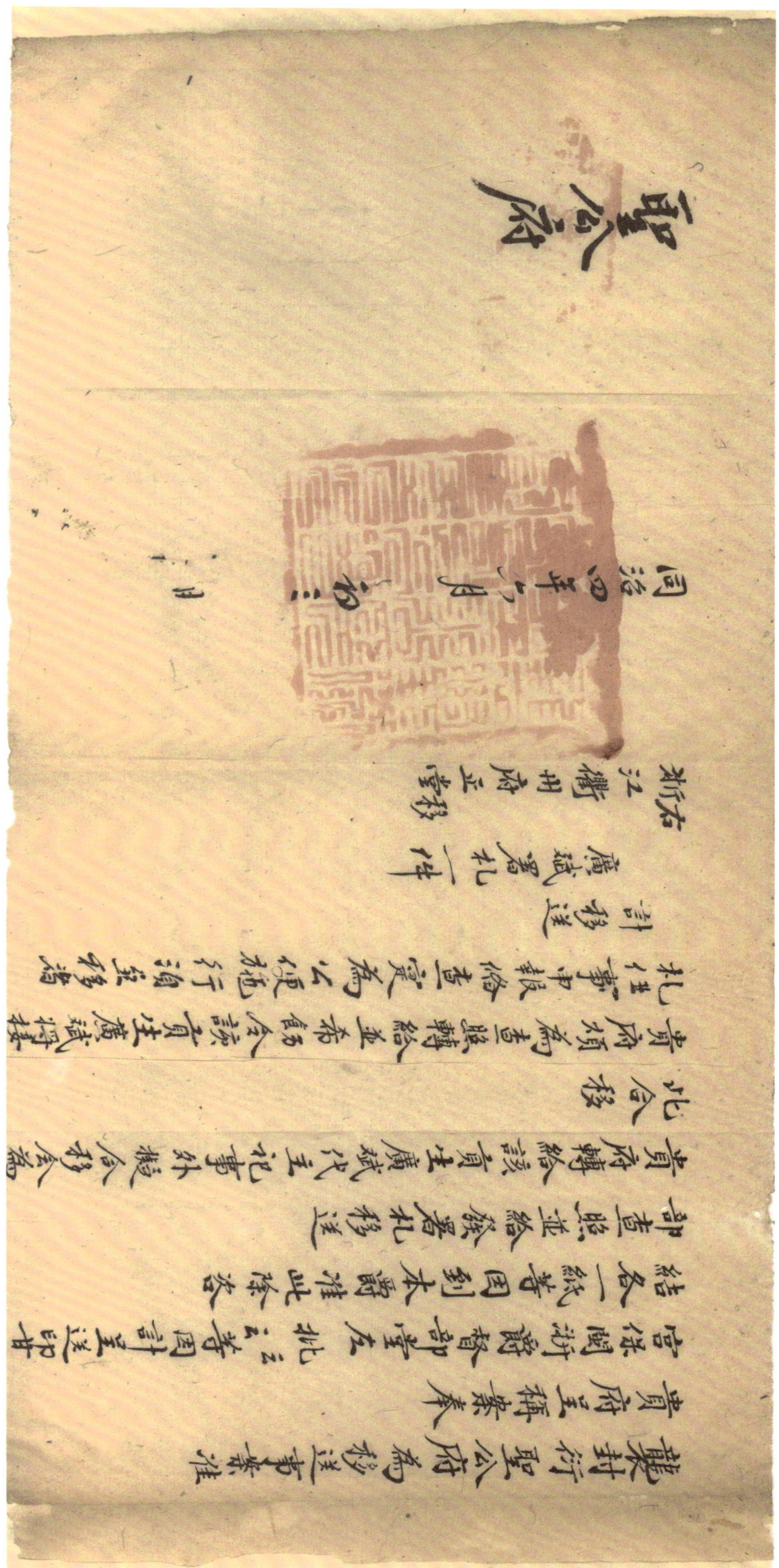

衍聖公府爲給發劄委并申報接劄任事日期事致代管博士附貢生孔廣斌劄

清同治四年六月初三日

襲封衍聖公府札代管博士附貢生孔廣斌

知悉案查一應襲南宗博士孔慶儀年甫二歲

自應揀選族中之賢者代主祀事以專責成茲

准衢州府呈稱該貢生性情敦篤舉止安詳堪以

代主祀事取具印甘各結前來合行給發札委札

到該貢生即便遵照代管博士主奉祀事仍

將接札任事日期申報備查毋違此札

同治四年六月初三日

聖公府

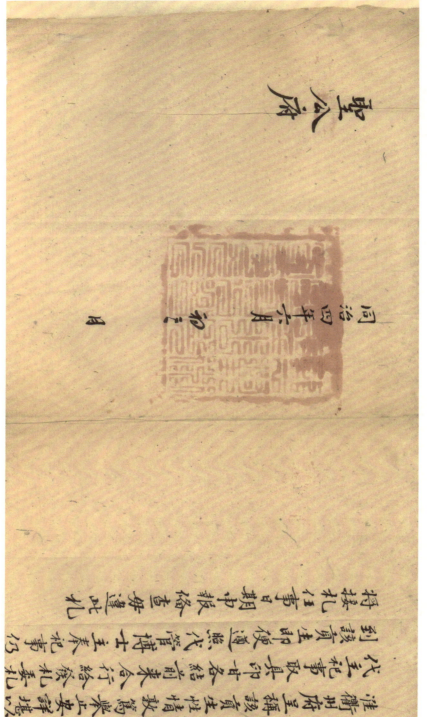

衢州府知府陳魯爲報明孔廣斌接劄任事日期及調劑鈐記代管事致衍聖公孔［祥珂］呈

清同治四年七月二十七日

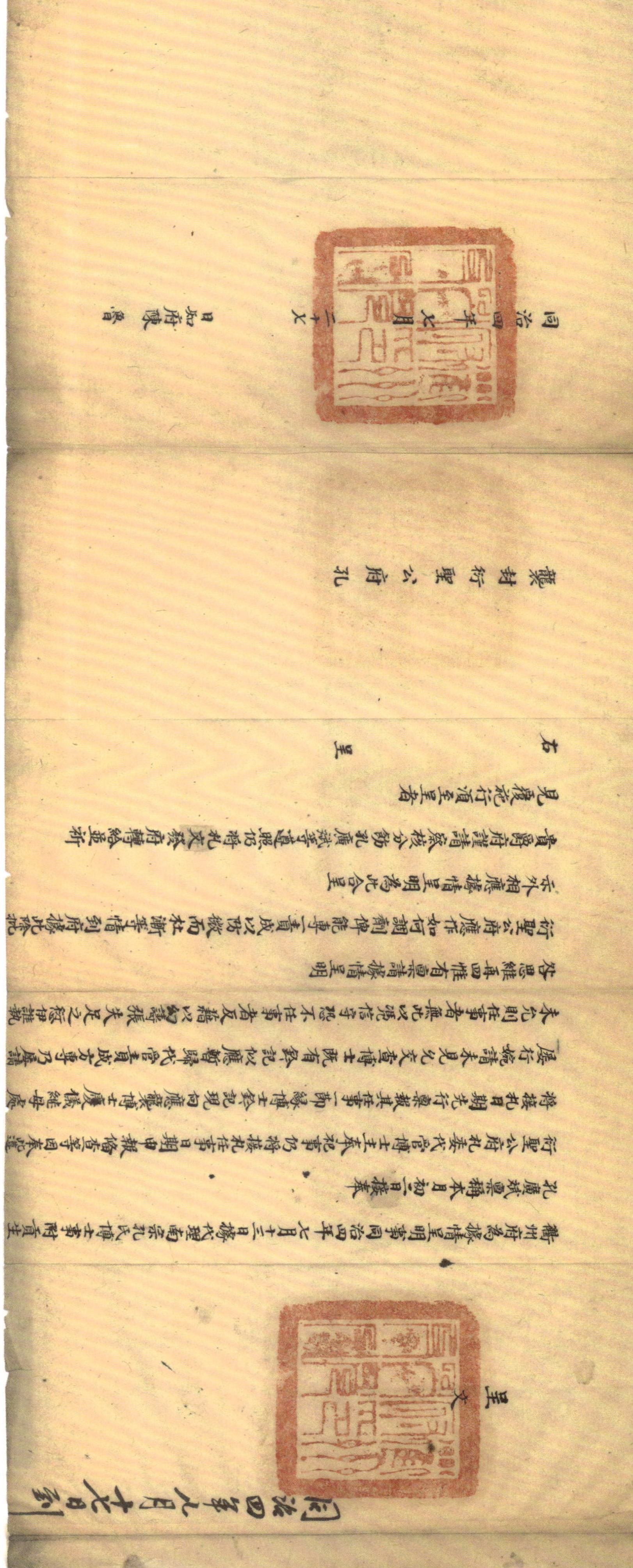

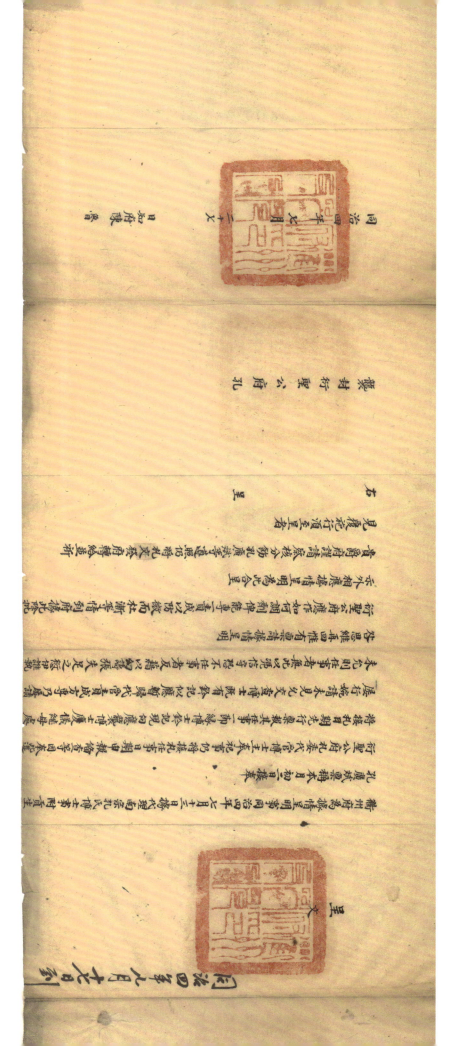

衍聖公府爲移交鈐記事致浙江衢州府正堂移

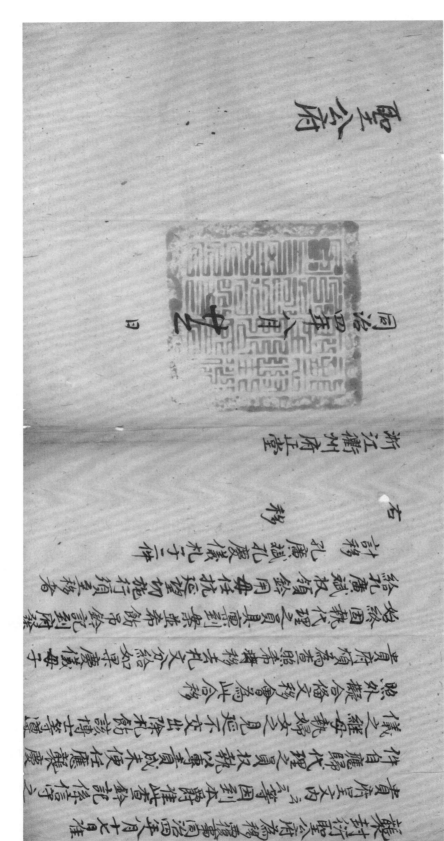

清同治四年八月二十二日

襲封衍聖公府爲移覆事同治四年八月十七日准
貴府呈文内云云等因到本爵准此查鈐記係信守之
件自應歸代理之員收執以專責成未便任應襲慶
儀之繼母執婦女之見延不交出除札飭該博士等遵
照外擬合備文移會爲此合移
貴府煩爲查照希將移去札文分給如果慶儀母子
始終固執代理之員具禀到案並希飭吊鈐記到府發
給孔廣斌收領鈐用毋任抗延望切施行須至移者
計移　孔廣斌孔慶儀札子二件
右　移
浙江衢州府正堂
同治四年八月廿二　日
聖公府

衍聖公府爲飭令移交鈐記并申報開用日期事致代理博士孔廣斌、應襲博士孔慶儀劄

清同治四年八月二十二日

○一一九 ◆ 題授浙江衢州孔氏翰林院五經博士（十四）

清同治四年至十一年

衢州府為呈送事案查上年十一月間據孔氏族長孔傳經等稟稱新襲
博士孔慶壽病故現立慶元承襲但慶元年甫八齡必須教訓族等
公舉孔廣勲代祭又據孔鄭氏稟稱氏夫前任翰博孔憲坤身故
無嗣承襲慶鏞為嗣慶鏞夭亡又繼慶壽承襲不料慶壽於本
年八月間又故有嫡支憲型於本年七月產生一子慶儀即慶鏞
之胞弟昭穆相當理宜承繼各等情具稟到府據經備前署府
馮守當飭府西兩學督同孔氏族長秉公核議並備録兩造稟
嗣稟奉
督憲左　批開
聖裔博士以近支論則慶儀為宜孔族有謂慶元年齒稍長宜立者孔
傳樑等又以悍族奪襲具稟主立慶儀是孔氏族衆議論未能畫
一也本部堂督師赴閩經過西安念南宗一脈近頗衰微若因爭襲
博士復起爭端不獨無以風示天下深負詩禮之傳亦且忿戾相加慮
非家門之福爰於初十日齋戒沐浴備書慶元慶儀兩名籤牵

衢州府知府陳魯爲呈送孔慶儀承襲圖結并俟及歲再行考試事致衍聖公孔［祥珂］呈

清同治四年十月十三日

至聖示以宜立之人比親枝名籤則慶儀實應其兆同時僚友及孔氏族
衆僉謂
至聖靈爽實是憑之嗚呼南宗一脈其將託此五月孤兒乎孔氏之興其
在此者乎慶儀既定襲博士應選宗人之賢者代主祀事以須其成
立仰該守秉公核舉稟候核奪可也繳等因奉此當經敝前署府馮
守録批通詳
各憲一面札飭西安縣暨府西兩學督同孔氏族長遵照
憲批秉公核舉代主祀事之人以須其成立旋據署教授沈師濂
等申據族長孔傳經等稟以附貢生孔廣斌性情敦篤舉止安詳
堪以代主祀事等情由學轉申到府又經馮前署守據情詳明
各憲旋奉
撫憲批飭取具孔廣斌代主祀事族人甘結並孔慶儀承襲博士支
圖供甘結詳送等因奉經敝前署府劉守轉飭遵照去後嗣據西
安縣呈送孔廣斌代主祀事族人甘結復經敝前署府劉守詳送
貴爵府在案奉
撫憲批開孔氏博士既已定襲代主祀事亦已定人向來承襲博士是
否由本部院衙門咨
部抑由
衍聖公府辦理本部院衙門册案蕩然該府城係屬完善必有成
案可稽仰即查抄承襲博士成案送候查核並同承襲圖結一併

詳辦仍候

督部堂

學部院

衍聖公府批示繳等因除飭據西安縣檢查成案開具清摺由敝府

另文申送外茲據西安縣先後取具該族長孔傳經稟送宗圖

甘結前來除將孔慶儀承襲博士圖結備文詳送

各憲外擬合備文呈送為此合呈

貴爵府謹請察照俯賜咨明

吏

禮部查照註冊俟慶儀及歲時再行飭令照例請咨赴

部考試給劄仍祈

見覆以便飭遵望切施行須至呈者

今呈送　圖結各壹套

右

呈

衢州府知府陳魯爲呈送孔慶儀承襲圖結并俟及歲再行考試事致衍聖公孔［祥珂］呈

清同治四年十月十三日

族長孔傳經、代辦族長孔傳樑等爲孔慶儀繼襲事所具遵結

清同治三年十一月二十一日

具遵結合族
簪目族長孔傳經
代辦族長附生孔傳樑等今於
大宗主衍聖公
督憲批聖裔博士以近支論則慶儀爲宜復蒙
督憲會同 各憲親詣家廟並傳合族於
至聖之前簽掣慶儀應繼前翰博憲坤爲嗣況慶儀實係
理合遵結所具切結是實
爵前遵結得繼襲翰博一案今沐
瑞友公嫡派子孫憲坤三服次房嫡長姪例合繼襲，生等合族現已允洽不得爭執

同治三年十一月廿一日具遵結衢州南宗
禮支房長孔傳本十
代辦仁支房長孔繼焕
代辦族長附生孔傳樑
簪目族長孔傳經十
嫡支房長孔繼清十
義支房長孔繼先
知支房長孔傳喜知

衢州孔氏六十八代至七十三代系圖（部分）

清同治三年

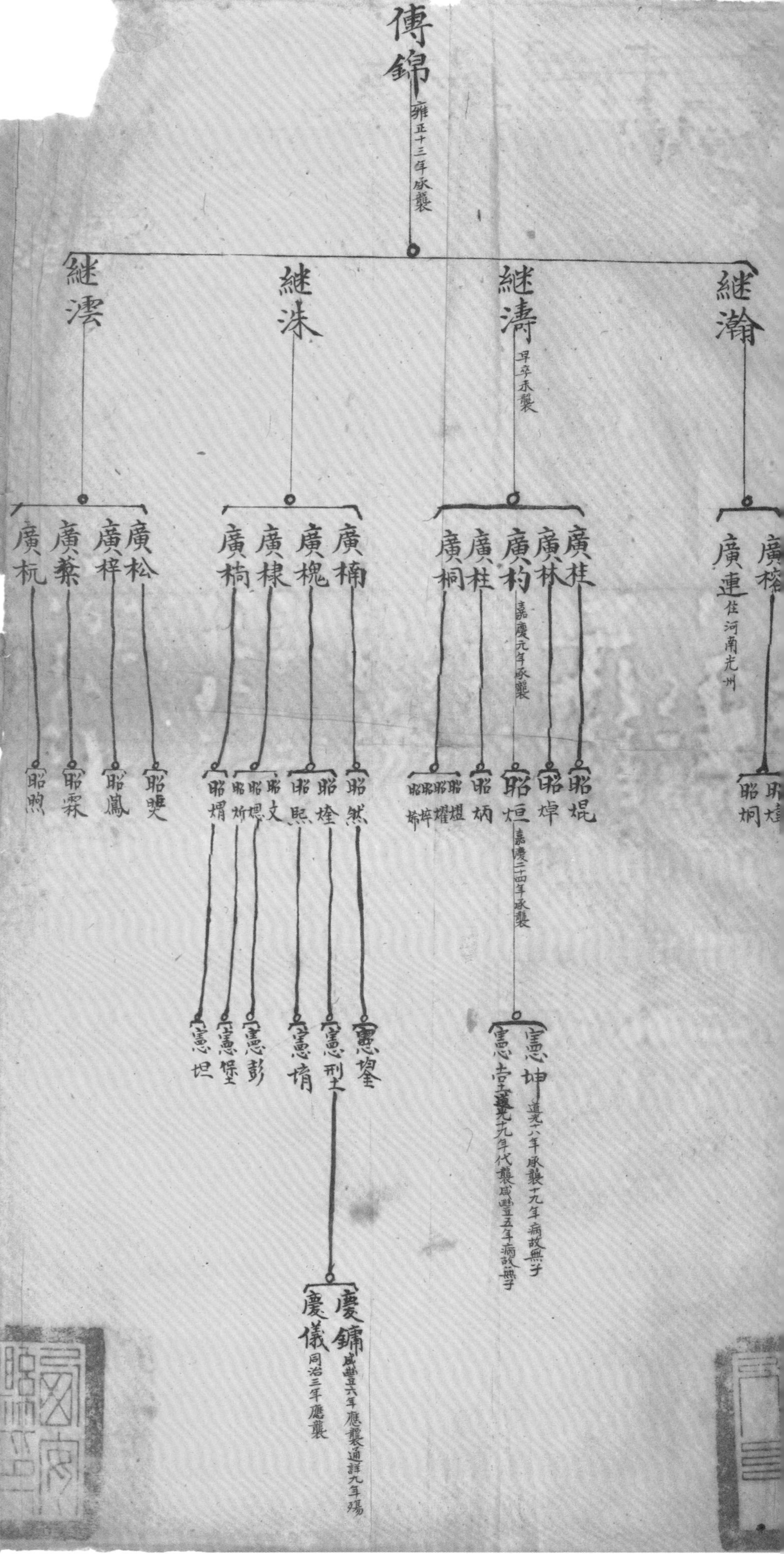

署衢州府西安縣知縣雷嘉澍爲孔慶儀繼襲事所具印結

清同治四年

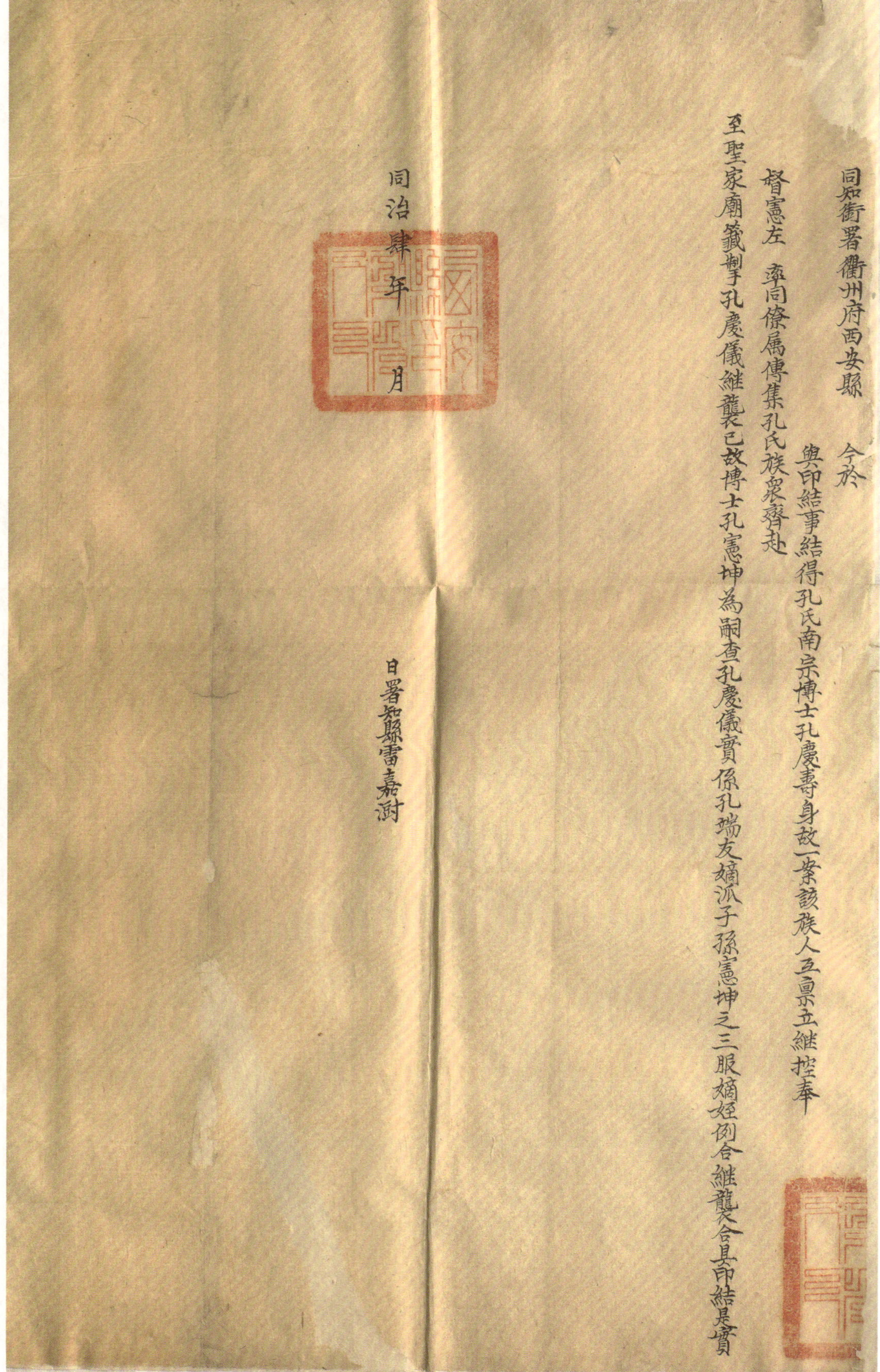
同知銜署衢州府西安縣　今於

與印結事結得孔氏南宗博士孔慶壽身故一案該族人互禀立繼控奉

督憲左　率同僚屬傳集孔氏族衆齊赴

至聖家廟籤掣孔慶儀繼襲已故博士孔憲坤爲嗣查孔慶儀實係孔瑞友嫡派子孫憲坤之三服嫡姪例合繼襲合具印結是實

同治肆年　月　日署知縣雷嘉澍

衍聖公府爲孔慶儀承襲并俟及歲再行請咨考試事致衢州府正堂移

清同治四年十一月三日

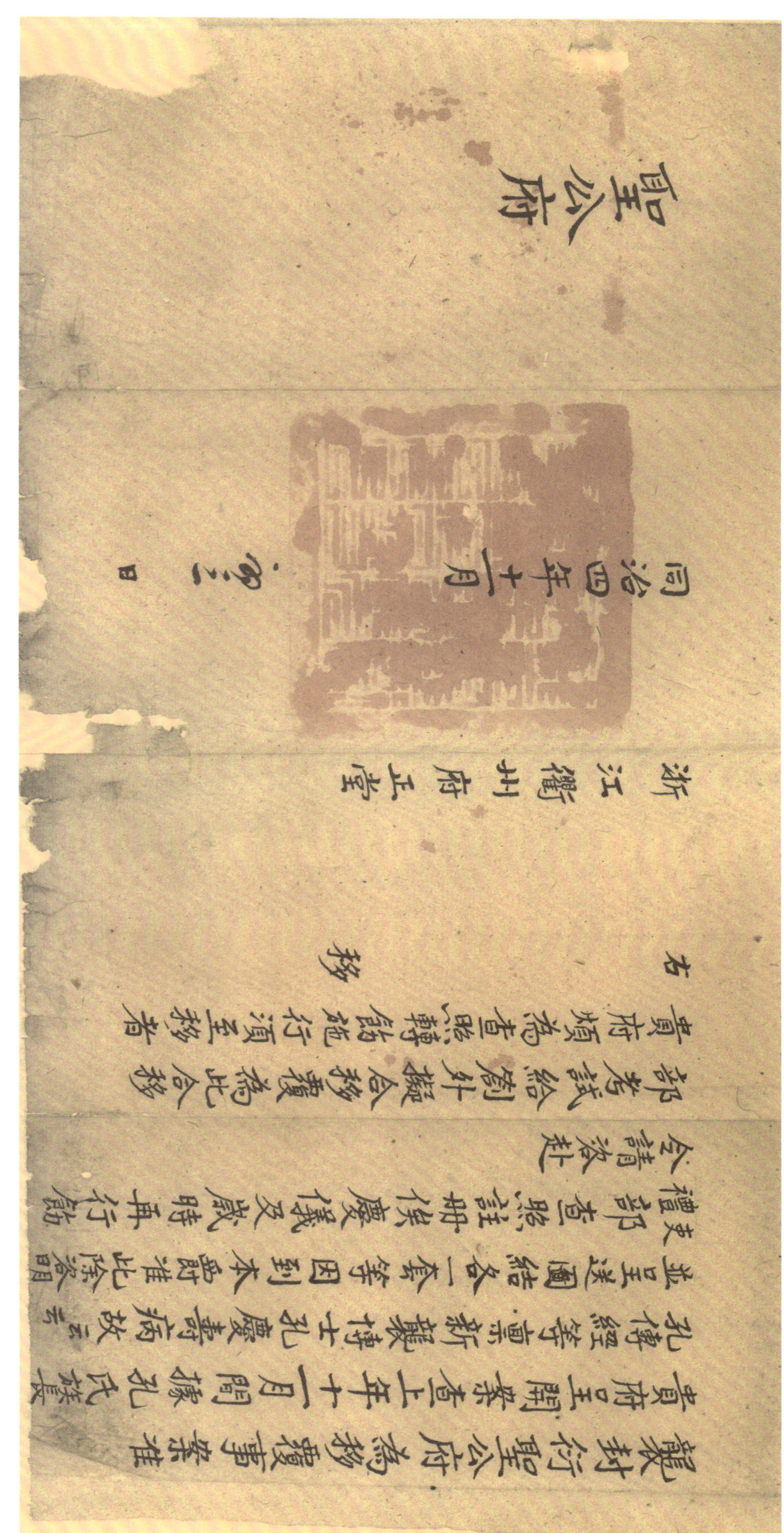
襲封衍聖公府爲移覆事案准
貴府呈開案查上年十一月間據孔氏族長
孔傳經等稟新襲博士孔慶壽病故云云
並呈送圖結各一套等因到本爵准此除咨明
吏禮部查照註册俟慶儀及歲時再行飭
令請咨赴
部考試給劄外擬合移覆爲此合移
貴府煩爲查照轉飭施行須至移者
右移
浙江衢州府正堂
同治四年十一月初三日
聖公府

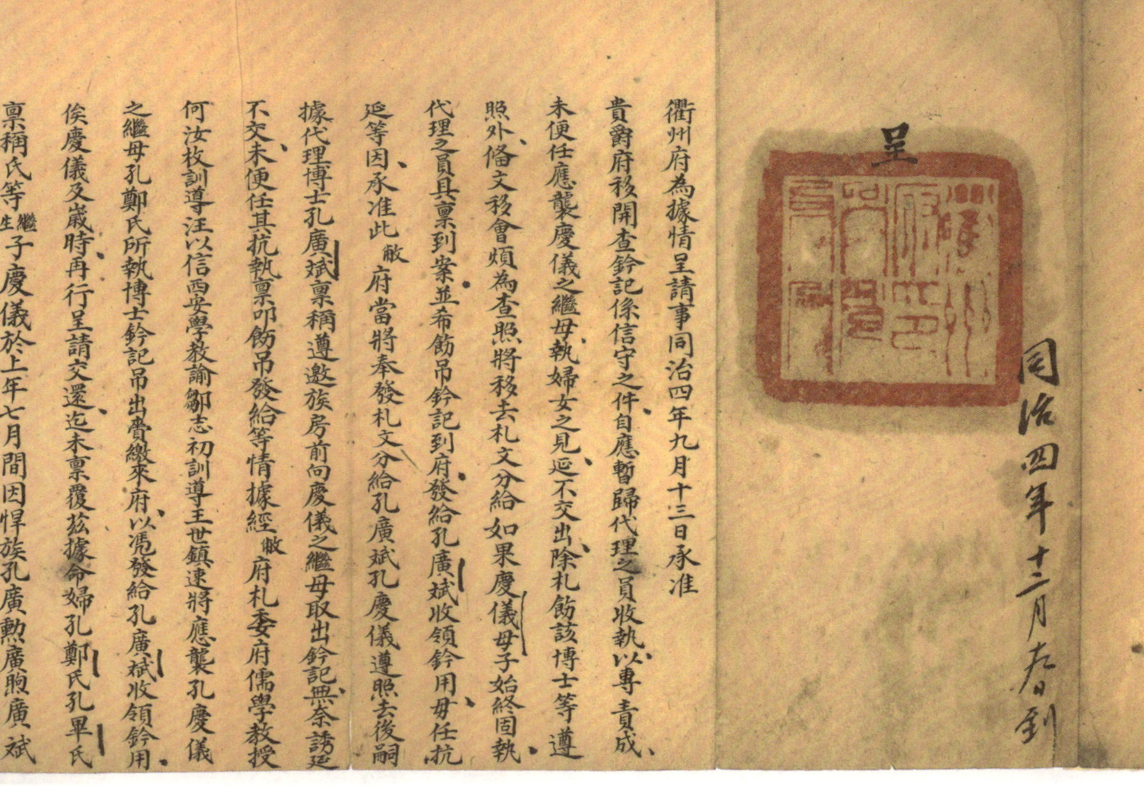
呈

同治四年十二月[illegible]日到

衢州府為據情呈請事同治四年九月十三日承准
貴爵府移開查鈐記係信守之件自應暫歸代理之員收執以專責成
未便任應襲慶儀之繼母執婦女之見延不交出除札飭該博士等遵
照外備文移會煩為查照將移去札文分給如果慶儀母子始終固執
代理之員具稟到案並希飭吊鈐記到府發給孔廣斌收領鈐用毋任抗
延等因承准此敝府當將奉發札文分給孔廣斌孔慶儀遵照去後嗣
據代理博士孔廣斌稟稱遵邀族房前向慶儀之繼母取出鈐記無奈誘延
不交未便任其抗執稟叩飭吊發給等情據經敝府札委府儒學教授
何汝枚訓導汪以信西安學教諭鄒志初訓導王世鎮速將應襲孔慶儀
之繼母孔鄭氏所執博士鈐記吊出賫繳來府以憑發給孔廣斌收領鈐用
俟慶儀及歲時再行呈請交還迄未稟覆茲據命婦孔鄭氏孔畢氏
稟稱氏等生繼子慶儀於上年七月間因悍族孔廣勲廣煦廣斌
廣瀛等奪襲一案蒙

衢州府知府陳魯爲請察核孔慶儀、孔廣斌移交鈐記糾紛事致衍聖公孔［祥珂］呈

清同治四年十一月二十四日

覬覦已久財勢兼優之孔廣斌代祭氏等即欲禀請改選緣身係女流無能
為役且恃
宫保總督部堂左　暨前本府馮　面諭祭則廣斌職歸慶儀二語以為
廣斌雖悍聞此面諭諒不致妄有作為是以未曾禀請改選詎料廣斌貪婪
無厭謀奪愈殷竟以有職無印難昭信守擅禀
衍聖公府轉移交印現奉札諭飭交廣斌伏思世職者世守其職守其職
即守其印今於寡婦孤兒之手失此印職不特辜負
國恩抑將何以見先人於地下況氏等妯娌孀居撫此藐孤守此印信原欲存南
宗嫡派一脉耳若此印信有失即此職不失而自失氏等微命無足重
輕南宗嫡脉必為悍族所篡奪慶儀之命亦在廣斌股掌之上矣嗚
呼印職失矣慶儀休矣南宗嫡派亦由此絶矣除馳禀
衍聖公府外不揣冒昧禀請轉呈
衍聖公府免交印信又據代理博士孔廣斌禀稱接奉
衍聖公府札開該博士既經本爵札委代理主奉祀事所有博士之鈐記
自應付代理之員暫行收執俟將來慶儀及歲時再行交出飭即遵
照向應襲之繼母取出鈐記以昭信守如果仍前延不交出即禀請
衢州府吊給仍將收到開用日期申報等因斌接札後即邀房長前
向慶儀繼母處勸交鈐記以便開用申報奈慶儀繼母一味誘延迫
斌遵飭禀請吊給開用蒙委府西兩學師尊向前吊取殊慶儀繼
母不知聽信誰唆非惟依舊無交且敢聲言斌欲篡奪捏情飾禀伏
查上年七月間孔廣勲等禀求定繼亦為應襲南宗一脉起見時斌

並不在場嗣奉

宮保總督部堂左 籤掣慶儀緣慶儀年未週齡恐難主嗣乃飭

前府馮 揀選族中之賢者暫時代祭復經兩學師及族房長等公

同舉保斌自愧疎庸不敢肩茲鉅任忝承兩學師及族房長等再

三勸出禀准前府馮 通詳

各憲旋奉

撫憲馬 批飭取具孔廣斌代主祀事族人甘結詳送備查復經前縣雷

由縣加具印結詳送本年接奉

聖公札委有將接札任事日期申報備查等論斌思任事必須開用鈐記

以昭信守而專責成若如慶儀繼母所稱是斌深負詩禮之傳不特

無以風示天下亦將為千古之罪人斌縱不才誠何致此既據慶儀

免交鈐記仰懇轉詳

衍聖公府將該鈐記暫時封禁一俟慶儀成立再行呈請承開其斌代

管各事務如何酌用抑將原奉委札繳銷另擇賢能代理禀請轉呈

衍聖公府核示飭遵各等情到府據此敝府未敢擅便合將孔鄭氏

孔畢氏及孔廣斌兩造禀詞備録呈詳為此合呈

貴爵府俯賜察核究應如何定議之處分飭孔慶儀孔廣斌遵

照仍將札文發府轉給並祈

見覆望速施行湏至呈者

衢州府知府陳魯爲請察核孔慶儀、孔廣斌移交鈐記糾紛事致衍聖公孔［祥珂］呈

清同治四年十一月二十四日

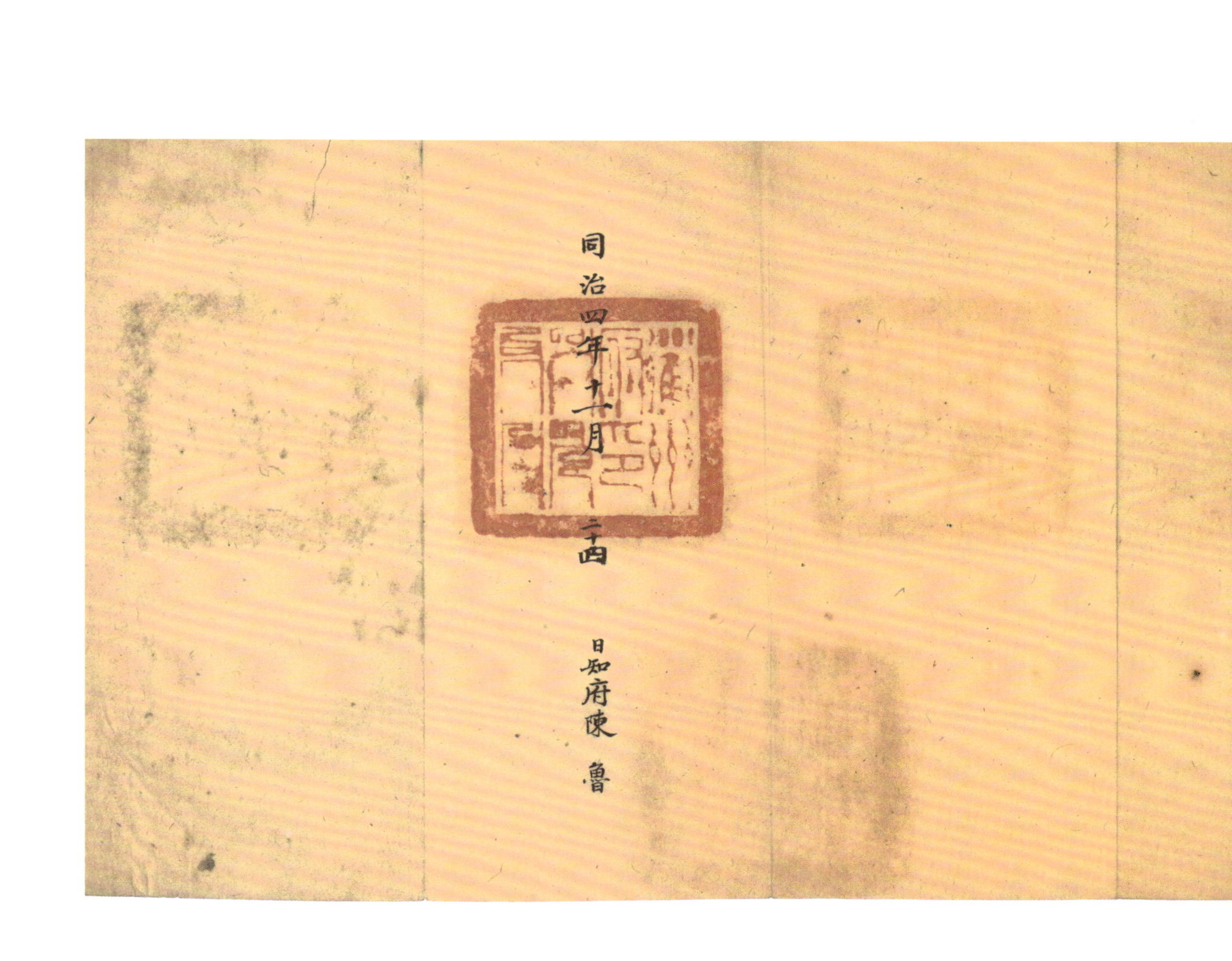

衍聖公府爲鈐記暫由孔廣斌收執事致浙江衢州府正堂移

清同治五年二月十一日

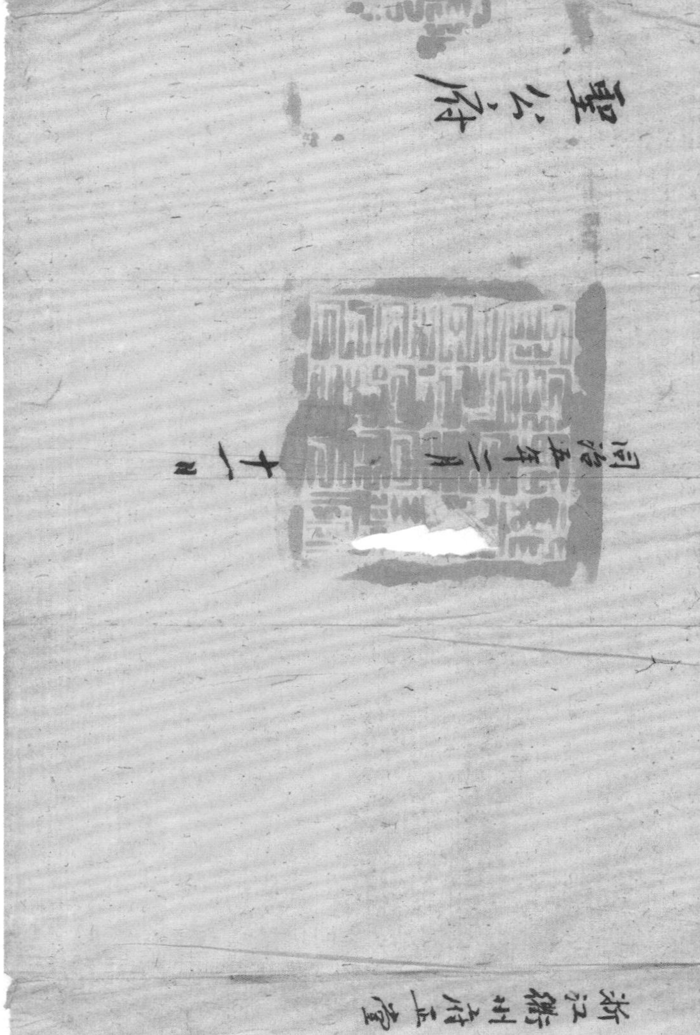

衍聖公府爲孔慶儀承繼注册并俟及歲赴部考試事致吏部、禮部咨

清同治五年三月初九日

襲封衍聖公府為咨會事案准浙江衢州府呈開
案查上年十一月間據孔氏族長孔傳經等稟新襲
博士孔慶壽病故現立慶元承襲但慶元年甫八齡必
須教訓族等公舉孔慶勲代祭又據孔鄭氏稟稱氏夫
前翰博孔憲坤身故無嗣承襲慶鏞夭亡又繼慶壽承
襲不料慶壽於本年八月間又故有嫡支憲型於本年
七月間產生一子慶儀即慶鏞之胞弟昭穆相當理宜承
襲各等情具稟到府批經敝前署府馮守當飭府西
兩學督同孔氏族長東公核議並備錄兩造稟詞稟奉
督憲左 批開
聖裔博士以近支論則慶儀為宜孔族有謂慶元年齒
稍長宜立者孔傳樑等又以悍族奪襲具稟主立慶儀
是孔氏族衆議論未能畫一也本部堂督師赴閩經過
西安念南宗一脉近頗衰微若因爭襲博士復起爭端
不獨無以風示天下深負詩禮之傳亦且忿虔相加慮非
家門之福爰於初十日齋戒沐浴備書慶元慶儀兩
名籤率同僚友傳集孔氏族衆肅詣
至聖家廟虔申禱告冀
至聖示以宜立之人也親拔名籤則慶儀實應其兆同時僚
友及孔氏族衆僉謂
至聖靈爽實是憑之嗚呼南宗一脉其將託此五月孤兒乎
孔氏之興其在少者乎慶儀既定襲博士應選宗人
之賢者代主祀事以須其成立仰該守東公核舉
稟候核奪可也繳等因奉此當經敝前署府馮守
錄批通詳
各大憲一面札飭西安縣暨府西兩學督同孔氏族長
憲批東公核舉代主祀事之人以須其成立旋據
署教授沈師濂等申據族長孔傳經等稟以附貢
生孔廣斌性情敦篤舉止安詳堪以代主祀事等情
由學轉申到府又經馮前署守據情詳明
各憲旋奉
撫憲批飭取具孔廣斌代主祀事族人甘結並孔慶儀
承襲博士宗圖供甘結各詳送等因奉經敝前署府
劉守轉飭遵照去後嗣據西安縣呈送孔廣斌代
主祀事族人甘結後經敝前署府劉守詳送貴爵府

衍聖公府爲孔慶儀承繼注册并俟及歲赴部考試事致吏部、禮部咨

清同治五年三月初九日

在案。據
撫憲批開：孔氏博士既已定襲，代主祀事亦已定人，
向來承襲博士是否由本部院衙門咨
部，抑由衍聖公府辦理，本部院衙門冊案蕩然，
該府城係屬完善，必有成案可稽，仰即查抄承
襲博士成案送候查核，並同承襲圖結一併詳辦。
仍候
督部堂 學部院 衍聖公 批示繳。等因。除飭批西安縣檢查成案開具
清摺由敝府另文申送外，兹據西安縣先後取具
該族長孔傳經稟送宗圖甘結前來，除將孔慶儀
承襲博士圖結備文詳送
各憲外，擬合備文呈送。爲此合呈貴爵府，謹請
察照，俯賜咨明
吏 禮 部查照，註冊，俟慶儀及歲時再行飭令照例請
咨赴
部考試，給劄，仍祈見覆，以便遵照，望速施行。等因。
到本爵。准此，除咨
禮部外，擬合移咨。爲此合咨
貴部，請煩查照，註冊，俟孔慶儀及歲時再行給
咨考試。
題襲施行，須至咨者。
右 咨
吏 禮 部

同治五年三月初九日
聖公府

署閩浙總督英［桂］爲孔慶儀移交鈐記事致衍聖公［孔祥珂］咨

清同治五年十一月十七日

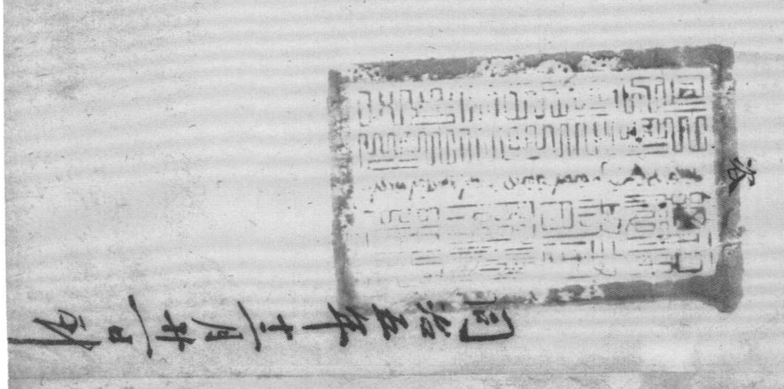

署閩浙總督英[桂]爲孔慶儀移交鈐記事致衍聖公[孔祥珂]咨

清同治五年十一月十七日

東平府因事關
聖裔襲職未敢擅專當將西造冊詞條錄呈詳
衍聖公府務飭遵照嗣准移開查鈐記爲現任
信守之件應襲之孔慶儀既係年幼難主祀事
經會部堂批委前府馮璧定孔慶儀代理則鈐
記即應歸代理之員收執況與地方官代理有
員之職事同一律豈容孔鄭氏等婦女出頭抗
不交出至于所稟夫此印職而宗婦承應爲身
表所爲等語均係牽扯違越之詞未便任
其霸執應將鈐記發行吊出給孔慶瑚暫行收
領鈐用以昭信守一俟孔慶儀及歲後提主祀
事准其稟由本縣府取結詳咨到本部院會札
飭代理之孔慶瑚交還應襲孔慶儀收執查照
嗣行該博士等遵照毋任孔鄭氏等婦女覊執
等因奉經節次札委府西安縣並飭孔氏族房
前往吊給無如孔鄭氏固執己見延抗不交茲
據孔慶儀稟奉憲台批飭前因查役食銀兩該
博士承襲以後究由何人支領當飭孔慶儀令
據實稟覆去後茲據孔慶儀稟稱博士衙署設
役工食銀兩向來由縣給領儀自承襲以後均
經備照舊章備文請領稟已轉詳等情卑府復
查役食銀兩向由各縣編支內西安縣編支看
守孔氏家廟門子工食銀十二兩博士門子工
食銀六兩龍游縣編支博士皂隸工食銀六兩
江山縣編支博士皂隸工食銀六兩常山縣編

署閩浙總督英［桂］爲孔慶儀移交鈐記事致衍聖公［孔祥珂］咨

清同治五年十一月十七日

文博士見蘇工食銀十八兩四錢一分四釐以
上共計額編各役工食銀四十八兩四錢一分
四釐由縣按季給領茲孔慶儀承襲以後既稱
照舊請領其孔廣職並未侵奪已可概見惟博
士鈐記屢次飭交孔鄺氏固執己見揩不交出
究應如何定議之處理合查案據實詳請察核
批示飭遵並請咨明
衍聖公府查照轉飭該博士等遵照并批世襲
五經博士孔慶儀稟稱竊奉
左宮保批孔慶儀之襲博士因孔氏爭襲不決
齋戒禱子
先師之靈而後定者因慶儀方在襁褓代祭需人前
馮守雷令詢之孔氏僉舉孔廣斌謂可相安無
事嗣復據博士孔慶儀稟孔廣斌稟詞鈐記前
來是否意在侵奪役食銀兩批仰衢州府察詢
稟覆核奪以免各務
衍聖公知照等因仰見培植保全之深意惟冰
批並奉府憲札飭前因遵將代理之廣斌謀取
博士鈐記寔在有意侵奪工食銀兩等項迭經
汪學師親詣儀家面諭廣斌向說鈐記必須飭
交代理以便行文務須各等情稟請府憲核詳
在案伏思儀承襲職寔蒙恩賜定奪奈斌以財
勢抑儀既不思代理祭祀原不須用鈐記南宗
歷有舊章前經瀝稟
衍聖公行飭衢州府轉委學師勒吊鈐記今奉

署閩浙總督英[桂]爲孔慶儀移交鈐記事致衍聖公[孔祥珂]咨

清同治五年十一月十七日

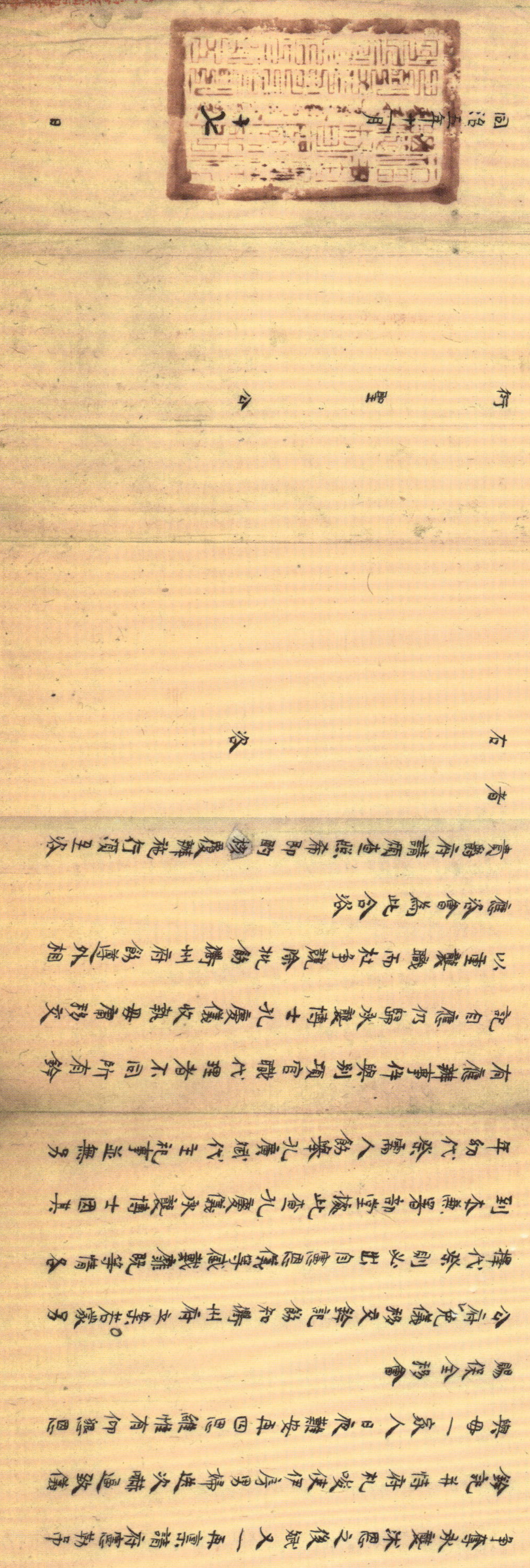

浙江衢州府知府陳魯爲孔鄭氏拒交鈐記請察核定斷事致衍聖公孔［祥珂］呈

清同治五年十月二十一日

浙江衢州府知府陳魯爲孔鄭氏拒交鈐記請察核定斷事致衍聖公孔［祥珂］呈

清同治五年十月二十一日

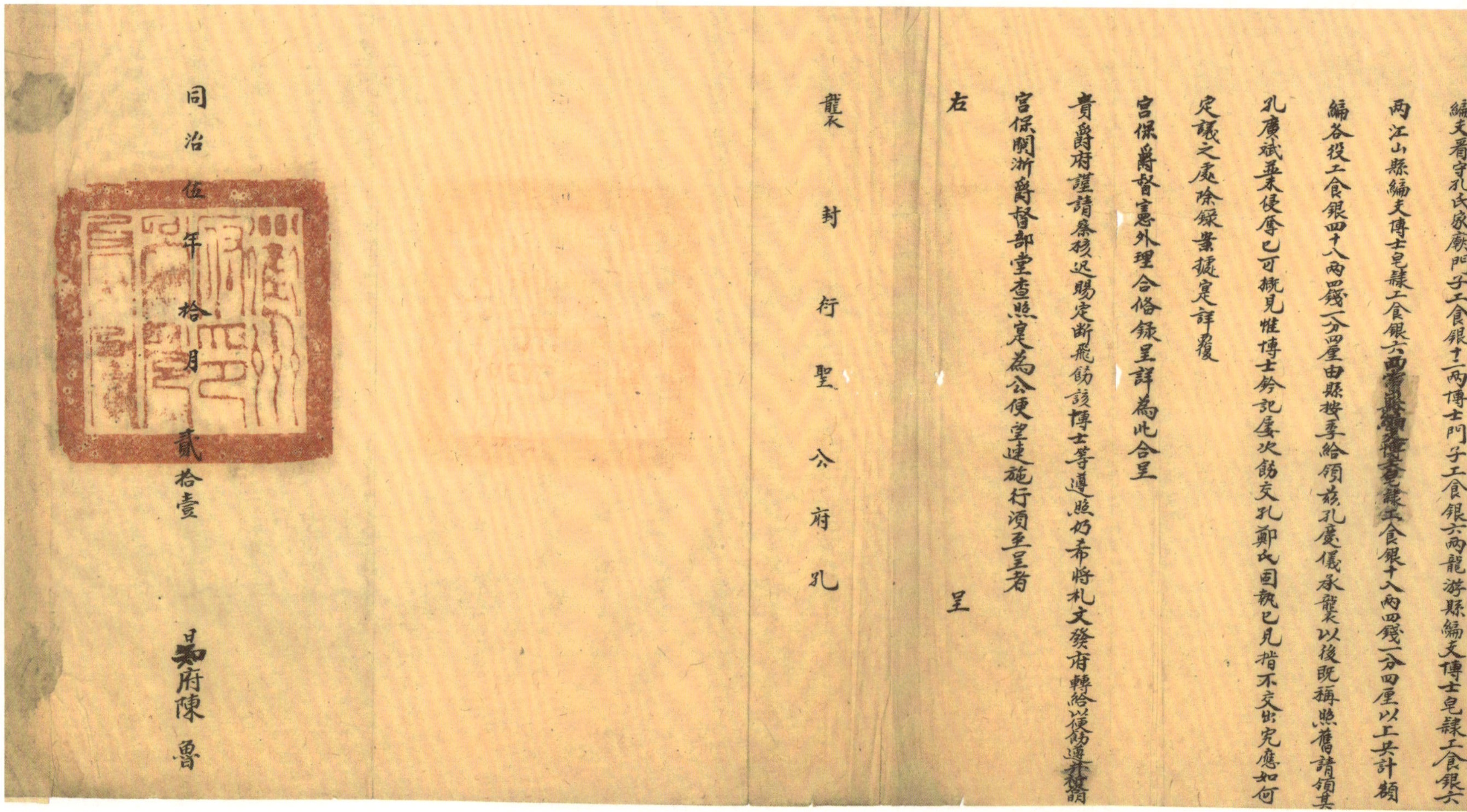

編丈看守孔氏家廟門子工食銀十二兩博士門子工食銀六兩龍游縣編丈博士皂隸工食銀六
兩江山縣編丈博士皂隸工食銀六兩常山縣編丈博士皂隸工食銀十八兩四錢一分四厘以上共計額
編各役工食銀四十八兩四錢一分四厘由縣按季給領該孔慶儀承襲以後既稱照舊請領其
孔慶斌並未侵吞已可概見惟博士鈐記屢次飭交孔鄭氏固執己見措不交出究應如何
定議之處除録案據寔詳覆
宮保爵督憲外理合備録呈詳爲此合呈
貴爵府謹請察核迅賜定斷飛飭該博士等遵照仍希將札文發府轉給以便飭遵并[illegible]請
宮保閩浙爵督部堂查照寔爲公便望速施行須至呈者
右
呈
襲　封　衍　聖　公　府　孔
同治伍年拾月貳拾壹
署知府陳魯

衍聖公府爲博士鈐記仍歸孔慶儀收管事致衢州府正堂移

清同治六年二月初八日

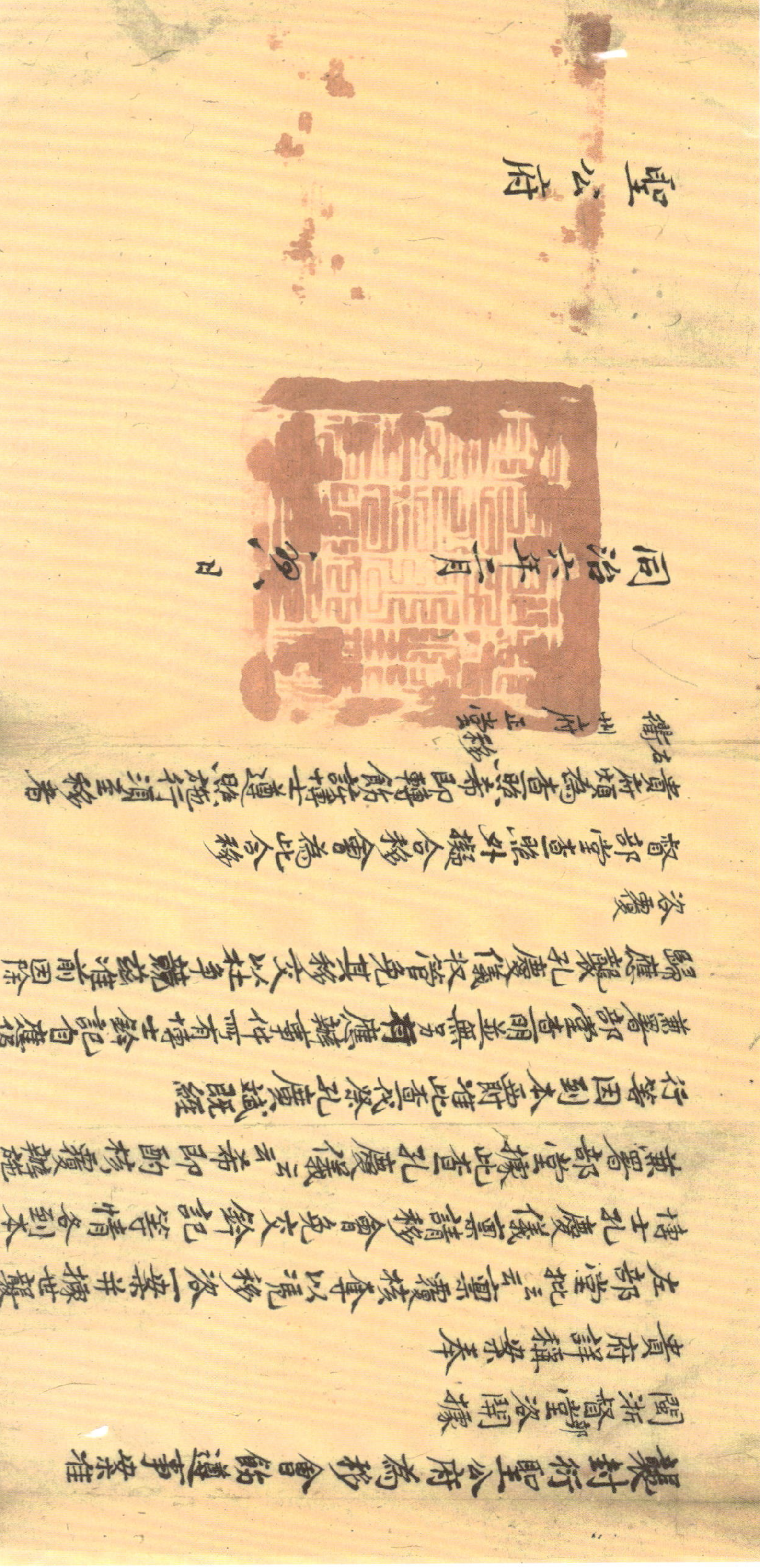

襲封衍聖公府爲移會飭遵事案准
閩浙督部堂咨開據
貴府詳稱案奉
左部堂批云云覆核奉以憑移咨一案并據世襲
博士孔慶儀稟請移會免交鈐記等情各到本
兼署部堂據此查孔慶儀云云希即飭將覆辦施
行等因到本爵府准此查代祭孔慶誠跪經
兼署部堂查明並無另有應辦事件所有博士鈐記自應仍
歸應襲孔慶儀收管免其移交以杜爭端茲准前因除
咨覆
督部堂查照外擬合移會爲此合移
貴府煩爲查照希即轉飭博士遵照施行須至移者
右移
衢州府正堂
同治六年二月初八日
聖公府

衍聖公府爲博士鈐記仍歸孔慶儀收管事致閩浙總督［吴棠］咨

清同治六年二月初一日

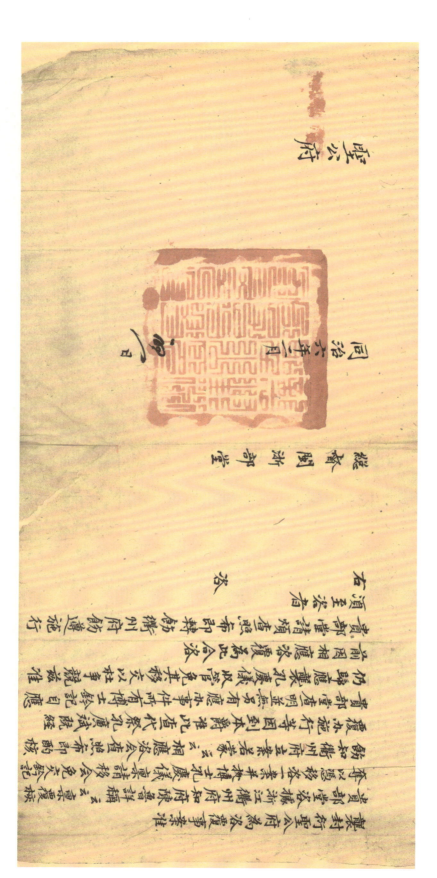

閩浙總督吴［棠］爲博士鈐記仍歸孔慶儀收管事致衍聖公府咨

清同治六年三月二十二日

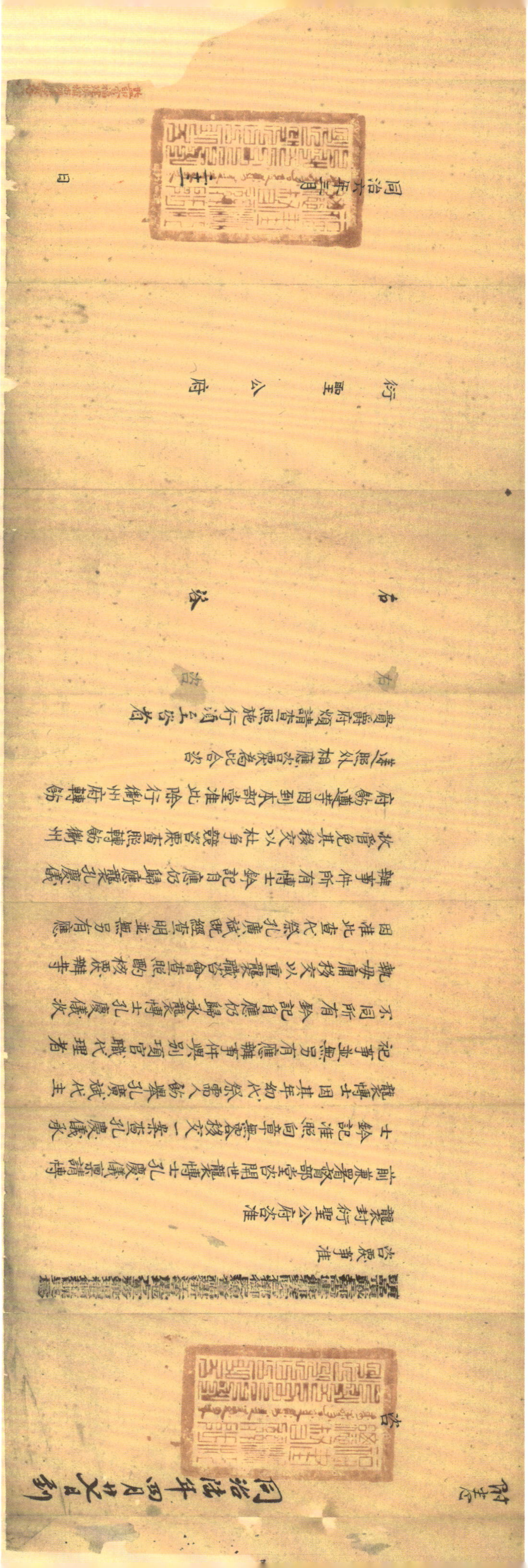

浙江衢州府為録批呈請示覆事案奉
萬署總督部堂英　批敝府詳確查代理博士孔廣斌並未侵奪役食銀兩博士鈐記
如何定議請示飭遵緣由奉批此案現據世襲五經博士孔慶儀具稟業經明晰批
示在案據詳前情仰候一併移咨
衍聖公酌核覆辦並即查照孔慶儀稟内批示飭遵仍候
衍聖公批示繳又奉
萬署督憲英　批世襲五經博士孔慶儀稟請移會
衍聖公免交鈐記並請另擇代理緣由奉批孔慶儀承襲博士因其年幼代祭需人
飭舉孔廣斌代主祀事並無另有應辦事件本與别項官階代理者不同所有鈐
記自應仍歸孔慶儀收執毋庸移交以重襲職而杜争競仰衢州府飭候移咨
衍聖公酌核覆辦繳録案存各等因奉此查是案前奉
爵督部堂左　批孔慶儀稟請博士鈐記准照向章毋庸移交由奉批是否意在
侵奪役食銀兩仰衢州府察詢稟覆核奪等因當經敝府確切查明並無侵奪情
事據實通詳
各憲並呈詳

浙江衢州府知府陳魯爲請察核博士鈐記究應如何定議事致衍聖公孔[祥珂]呈

清同治六年二月十一日

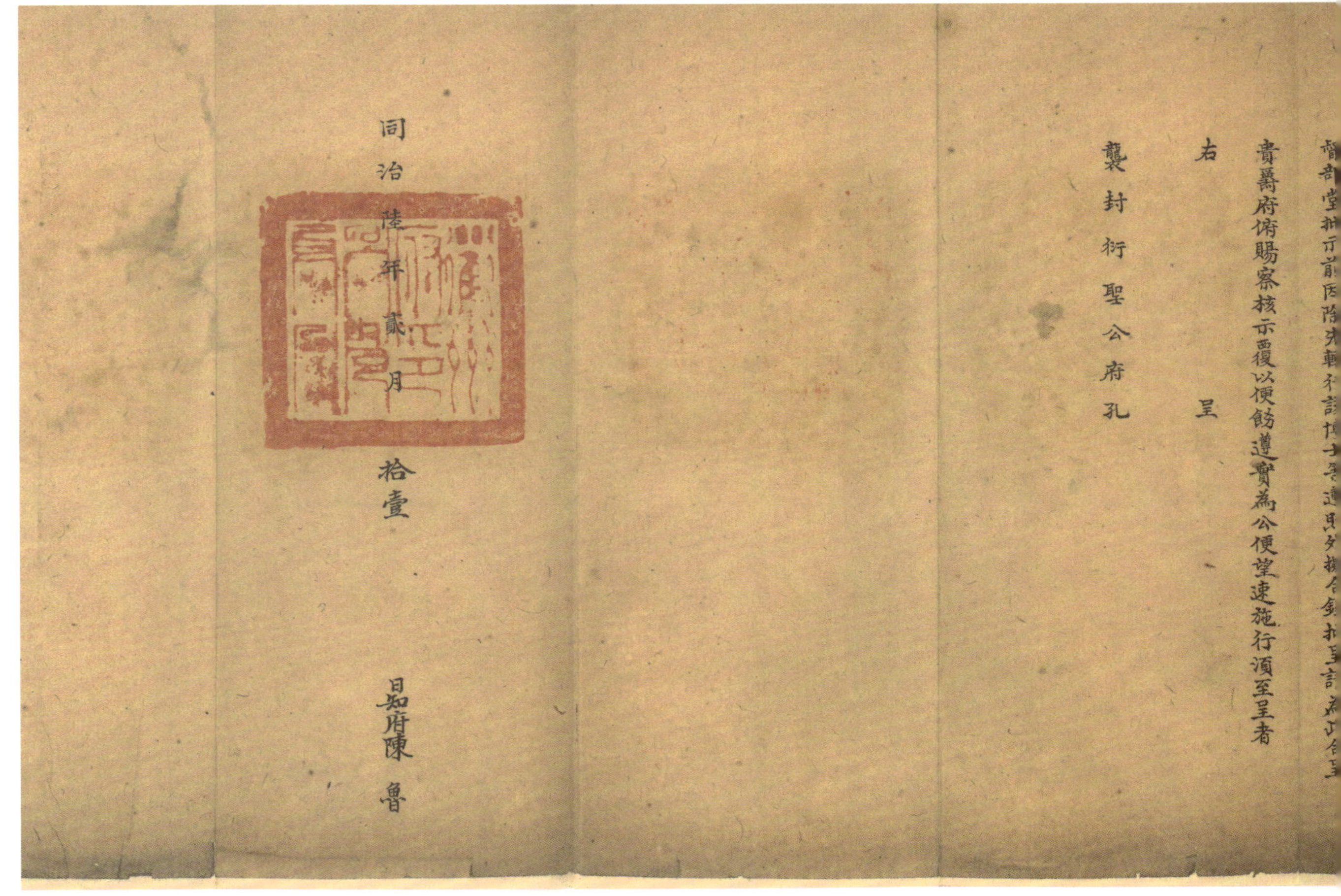

貴爵府俯賜察核示覆以便飭遵實爲公便望速施行須至呈者

右　　　呈

襲封衍聖公府孔

同治陸年貳月拾壹日

署知府陳魯

同治九年十一月初六日到

同知銜浙江衢州府西安縣申報代賞博士孔廣斌丁母憂服滿回任日期由

同知銜浙江衢州府西安縣爲據情轉報事。據代賞博士孔廣斌家人鄭禄稟稱：竊家主孔廣斌，現年四十五歲，係西安縣儒籍，由附貢生於同治三年十二月間，因承襲博士孔慶儀年未及歲，經合族保舉代主祀事，稟蒙

各憲詳奉

憲臺批准代賞博士主奉祀事，遵於四年七月初二日接委任事。於七年七月初一日丁老主母吴氏憂，均已並聲明孔遇春秋丁祭，暫由族長代祭，各在案。今自同治七年七月初一日起至九年十月初一日止，不七個月服滿，並無短喪各項違碍情事，例應起復，仍遵前委代賞博士主奉祀事，俟孔慶儀年及交卸。茲於十月二十二日回任，理合稟請轉報等情。據此，卑職復查無異，理合備文申報，仰祈

憲臺察核。除申

撫學督憲外，爲此備由具申，伏乞

照驗施行。須至申者。

浙江衢州府西安縣知縣張廷璜爲報明代管博士孔廣斌丁母憂服滿回任日期事致衍聖公孔[祥珂]申

清同治九年閏十月十九日

浙江巡撫楊［昌濬］爲孔慶儀丁嗣母憂事致衍聖公府咨

清同治十一年二月初八日

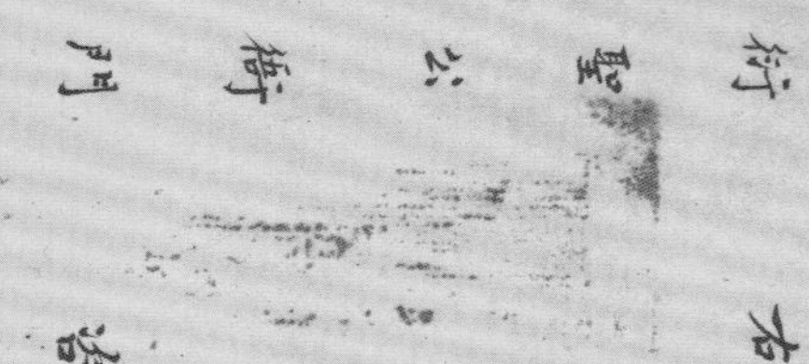

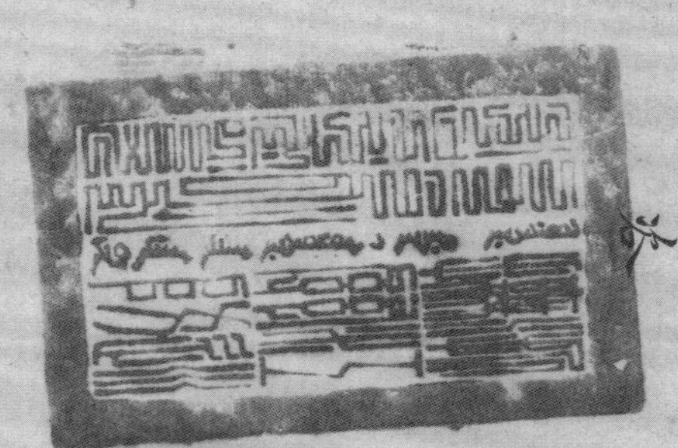

浙江巡撫楊［昌濬］爲呈送孔慶儀丁嗣母憂供結事致衍聖公府咨

清同治十一年五月三十日

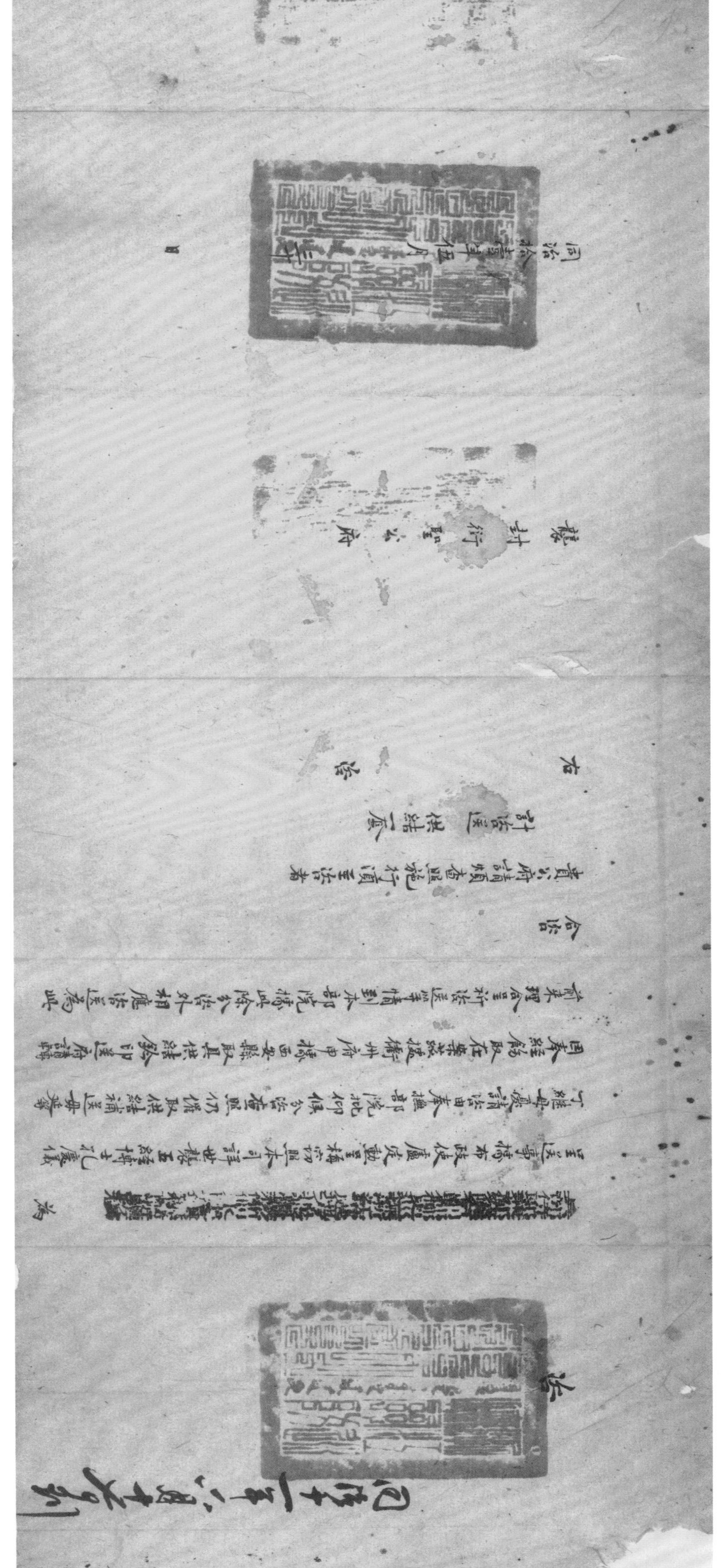

〇一二〇 ◆ 題授浙江衢州孔氏翰林院五經博士（十五）

清光緒十三年至宣統三年

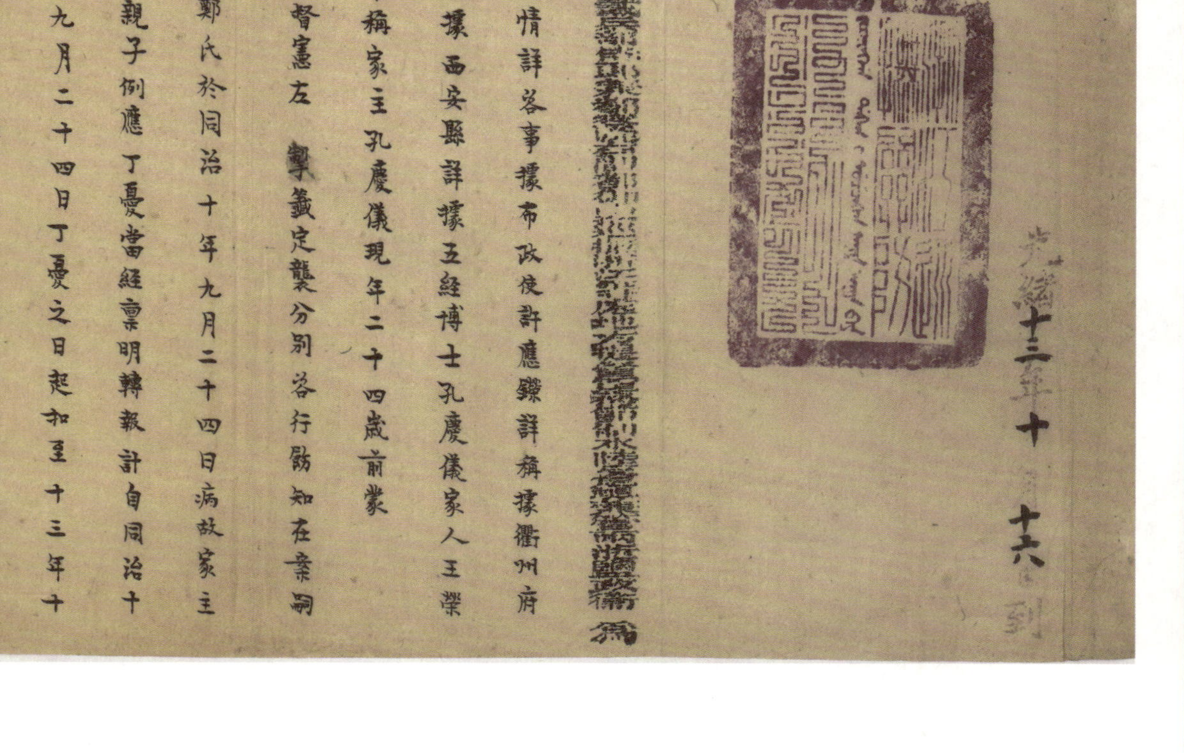

光緒十三年十月十六日到

咨

[illegible]爲

據情詳咨事據布政使許應鑅詳稱據衢州府
詳據西安縣詳據五經博士孔慶儀家人王榮
稟稱家主孔慶儀現年二十四歲前蒙
爵督憲左　奏籤定襲分別咨行飭知在案嗣
母鄭氏於同治十年九月二十四日病故家主
係親子例應丁憂當經稟明轉報計自同治十
年九月二十四日丁憂之日起扣至十三年十
二月二十四日止不計閏二十七個月服滿例
應起復緣老主母病故時家主年甫九齡係由
家主之叔憲墳遣丁闔榮稟報迨後均已身故

浙江巡撫衛[榮光]爲孔慶儀丁嗣母憂服滿補報起復事致衍聖公府咨

清光緒十三年十月初四日

加結詳府轉報到司據此理合詳請咨明

吏
禮二部暨

衍聖公衙門
學院查照等情到本部院據此除分咨外

相應咨明爲此合咨

貴衙門煩請查照施行須至咨者

計咨送　供結一套

右　　咨

衍聖公衙門

光緒拾叁年拾月初四日

光緒十三年十月十六日到

咨

[illegible]兵部侍郎兼都察院右副都御史巡撫浙江[illegible]為

詳咨事據布政使許應鏴詳稱據衢州府詳據
西安縣詳據五經博士孔慶儀家人王榮稟稱
家主孔慶儀現年二十四歲前蒙
爵督憲左　掣籤定襲分別咨行飭知在案光緒
十年歲試考取西安縣學附生本生母畢氏於
光緒十二年九月初三日病故家主係出繼子
例應丁降服憂俻具供結稟乞轉報並聲明家
主因痛親患病殆痊稟報稽延等情由縣加結

浙江巡撫衛［榮光］爲孔慶儀丁生母憂及因病延報事致衍聖公府咨

清光緒十三年十月初四日

禮二部暨
衍聖公衙門
學院查照等情到本部院據此除分咨外相應咨明為此合咨
貴衙門煩請查照施行須至咨者
計咨送供結一套
右咨
衍聖公衙門
光緒拾叁年拾月初四日

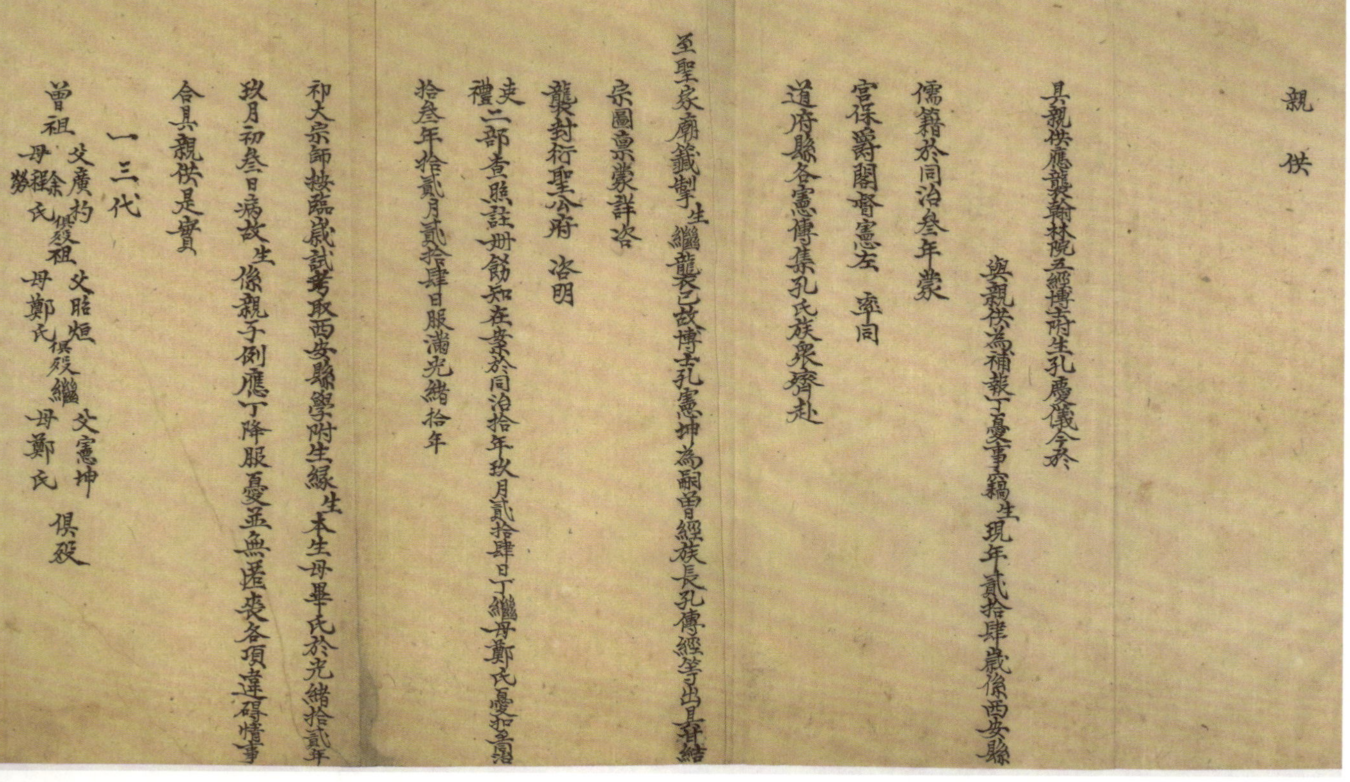

親供

具親供應襲翰林院五經博士府生孔慶儀今於

與親供為補襲丁憂事竊生現年貳拾肆歲係西安縣

儒籍於同治叁年蒙

宮保爵閣督憲左　率同

道府縣各憲傳集孔氏族衆齊赴

至聖家廟議舉生繼襲已故博士孔憲坤為嗣曾經族長孔傳經等出具甘結

宗圖稟蒙詳咨

襲封衍聖公府　咨明

吏

禮二部查照註冊飭知在案於同治拾年玖月貳拾肆日丁繼母鄭氏憂扣至光緒

拾叁年拾貳月貳拾肆日服滿光緒拾年

初大宗師按臨歲試蒙取西安縣學附生緣生本生母畢氏於光緒拾貳年

玖月初叁日病故生係親子例應丁降服憂並無匿喪各項違碍情事

合具親供是實

一三代

曾祖　父廣杓　母程氏　俱歿

祖　父貽烜　母鄭氏　俱歿

繼　父憲坤　母鄭氏　俱歿

衢州孔氏應襲翰林院五經博士孔慶儀爲丁嗣母憂服滿補報及丁生母憂事所具親供

清光緒十三年

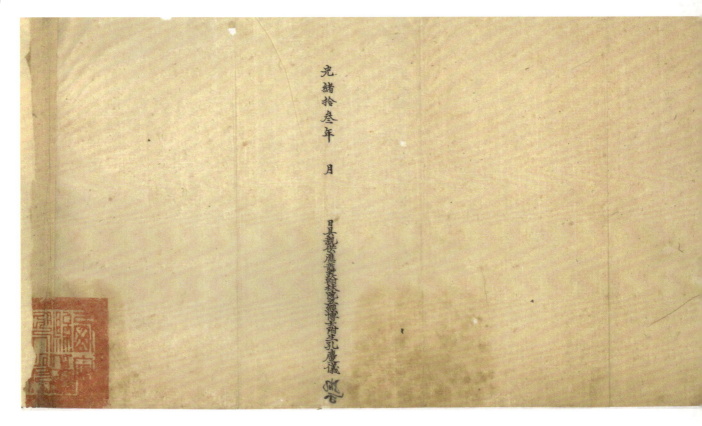

光緒拾叁年　月

日具親供應襲翰林院五經博士附生孔慶儀

具甘結浙江衢州府西安縣壹百肆拾貳莊里隣范登保、孔憲堡，親族鄭承顯、孔昭奭，今於

與甘結為補報丁憂事。結得，應襲翰林院五經博士孔慶儀，現年貳拾肆歲，係西安縣儒籍。於同治叁年蒙

宮保爵閣督憲左　率同

道府縣各憲傳集孔氏族衆齊赴

至聖家廟籤掣慶儀繼襲已故博士孔憲坤為嗣，曾經族長孔傳經等出具甘結宗圖，稟蒙詳咨

襲封衍聖公府　咨明

吏禮二部查照註冊飭知在案。於同治拾年玖月貳拾肆日丁繼母鄭氏憂，扣至同治拾叁年拾貳月貳拾肆日服滿。光緒拾年

祁大宗師按臨歲試，考取西安縣學附生。緣因慶儀本生母畢氏於光緒拾貳年玖月初叁日病故，儀係親子，例應丁降服憂，並無匿喪各項違碍情事，

中間不致扶揑，合具甘結是實。

光緒拾叁年　月

具甘結

里隣　范登保、孔憲堡

親族　鄭承顯、孔昭奭

浙江衢州府西安縣里鄰范登保、親族鄭承顯等爲孔慶儀丁嗣母憂服滿補報及丁生母憂事所具甘結

清光緒十三年

具甘結浙江衢州府西安縣壹百肆拾貳庄里隣范登保、孔憲堡，親族鄭承顯、孔昭熨，今於
與甘結為補報服滿起復事。結得應襲翰林院五經博士孔慶儀，現年貳拾肆歲，係西安縣儒籍，於同治叁年蒙
宮保爵閣督憲左　牽同
道府縣各憲傳集孔氏族衆齊赴
至聖家廟籤掣慶儀繼襲已故博士孔憲坤為嗣，曾經族長□傳經等出具甘結、宗圖，稟蒙詳咨
襲封衍聖公府　咨明
禮吏二部查照註冊，飭知在案。嗣於同治拾年玖月貳拾肆日丁繼母鄭氏憂，業經備具供結報明詳咨在案。光緒拾年
初大宗師按臨歲試，考取西安縣學附生。應自同治拾年玖月貳拾肆日丁繼母鄭氏憂之日起，扣至同治拾叁年拾貳月貳拾肆日止，不計閏，貳拾柒
個月服滿，例應補報起復，並無短喪各項違礙情事。所具甘結是實。

光緒拾叁年　　月　　日具甘結

里隣　范登保　孔憲堡

親族　鄭承顯　孔昭熨

浙江衢州府西安縣里鄰范登保、親族鄭承顯等爲孔慶儀丁嗣母憂服滿補報及丁生母憂事所具甘結

清光緒十三年

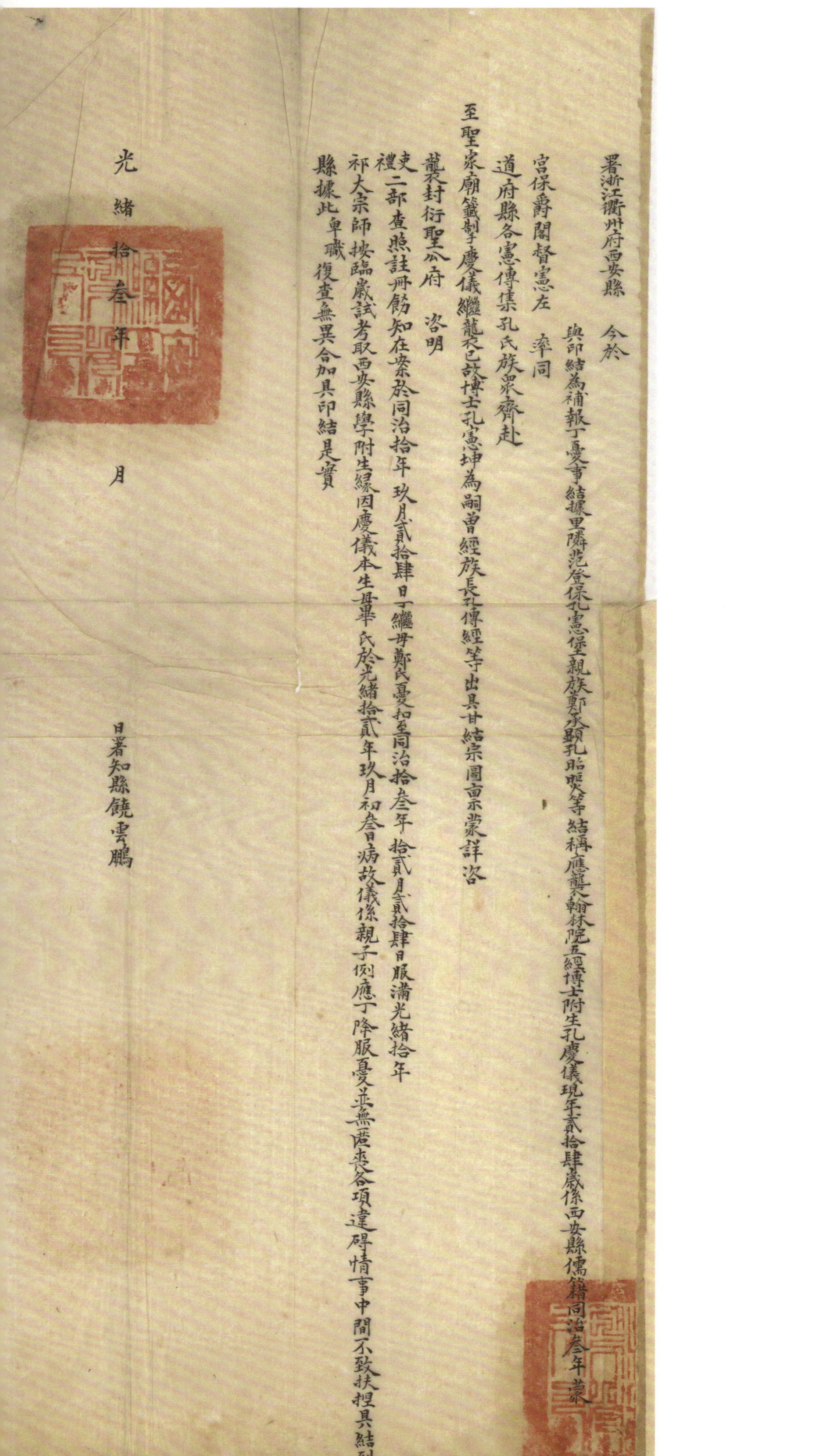

署浙江衢州府西安縣　今於
與印結為補報丁憂事結據里鄰范登保孔憲堡親族鄭丕顯孔昭燮等結稱應襲翰林院五經博士附生孔慶儀現年貳拾肆歲係西安縣儒籍同治叁年蒙
宮保爵閣督憲左　率同
道府縣各憲傳集孔氏族衆齊赴
至聖家廟籤掣孔慶儀繼襲已故博士孔憲坤為嗣曾經族長孔傳經等出具甘結宗圖亩示蒙詳咨
襲封衍聖公府　咨明
吏禮二部查照註冊飭知在案於同治拾年玖月貳拾肆日丁繼母鄭氏憂扣至同治拾叁年拾貳月貳拾肆日服滿光緒拾年
祁大宗師按臨歲試考取西安縣學附生緣因慶儀本生母畢氏於光緒拾貳年玖月初叁日病故儀係親子例應丁降服憂並無匿喪各項違碍情事中間不致扶捏具結到
縣據此卑職復查無異合加具印結是實
光緒拾叁年　月　日署知縣饒雲鵬

署浙江衢州府西安縣知縣饒雲鵬爲孔慶儀丁嗣母憂服滿補報及丁生母憂事所具印結

清光緒十三年

卷〇一二〇

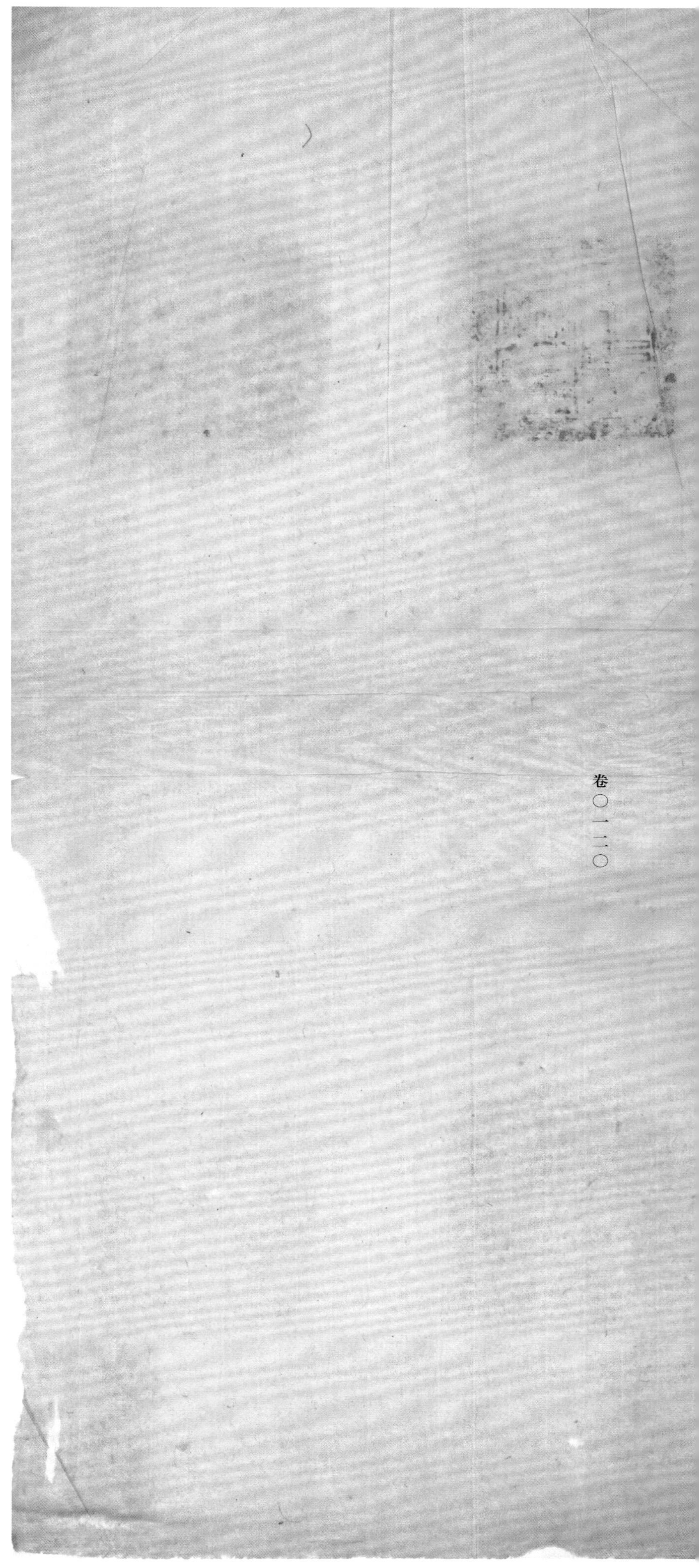

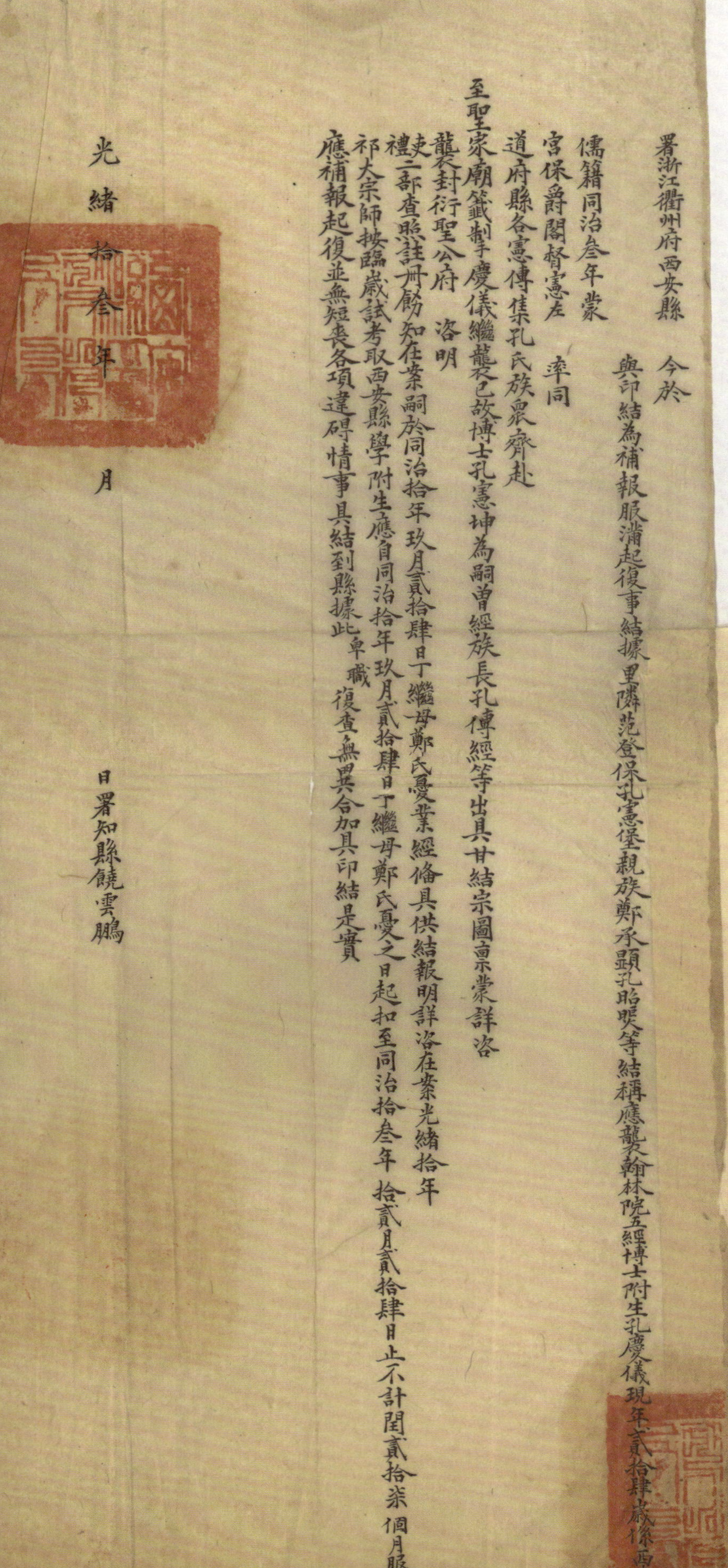

署浙江衢州府西安縣　今於

與印結為補報服滿起復事結據里隣范登保孔憲堡親族鄭承顯孔昭暌等結稱應襲翰林院五經博士附生孔慶儀現年貳拾肆歲係西安縣

儒籍同治叁年蒙

宮保爵閣督憲左　率同

道府縣各憲傳集孔氏族衆齊赴

至聖家廟籤鐵掣慶儀繼襲已故博士孔憲坤為嗣曾經族長孔傳經等出具甘結宗圖稟蒙詳咨

襲封衍聖公府　咨明

吏禮二部查照註冊飭知在案嗣於同治拾年玖月貳拾肆日丁繼母鄭氏憂業經備具供結報明詳咨在案光緒拾年

祁大宗師按臨歲試考取西安縣學附生應自同治拾年玖月貳拾肆日丁繼母鄭氏憂之日起扣至同治拾叁年　拾貳月貳拾肆日止不計閏貳拾柒　個月服滿例

應補報起復並無短喪各項違碍情事具結到縣據此卑職

復查無異合加具印結是實

光緒拾叁年　月

日署知縣饒雲鵬

署浙江衢州府西安縣知縣饒雲鵬爲孔慶儀丁嗣母憂服滿補報及丁生母憂事所具印結

清光緒十三年

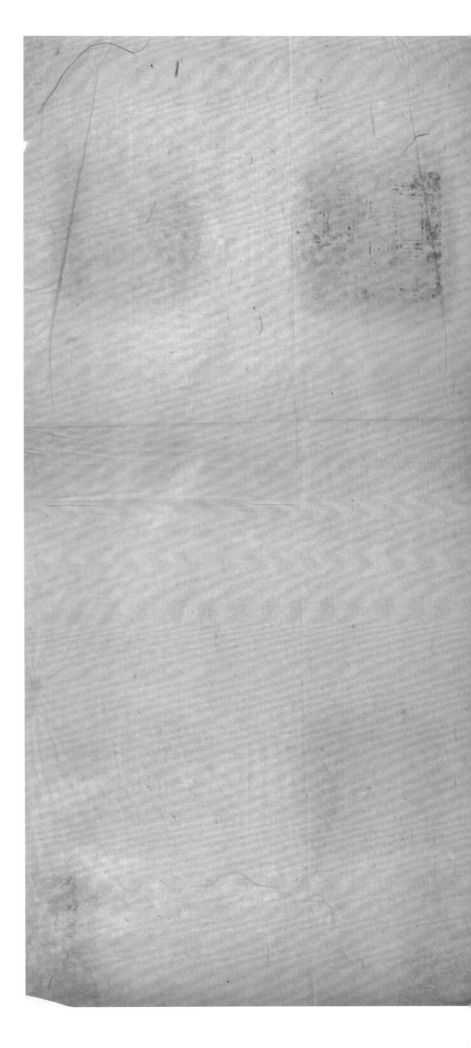

親供

具親供應襲翰林院五經博士附生孔慶儀今於

與親供為補報服滿起復事竊生現年貳拾肆歲係西安縣儒

籍於同治叁年蒙

宫保爵閣督憲左　牽同

道府縣各憲傳集孔氏族衆齊赴

至聖家廟籤掣生繼襲已故博士孔憲坤為嗣曾經族長孔傳經等出具甘結宗圖

稟蒙詳咨

襲封衍聖公府　咨明

吏
禮二部查照註冊飭知在案嗣於同治拾年玖月貳拾肆日丁繼母鄭氏憂業經㑹

具供結報明詳咨在案光緒拾年

祁大宗師按臨歲試考取西安縣學附生應自同治拾年玖月貳拾肆日丁繼母鄭

氏憂之日起扣至同治拾叁年拾貳月貳拾肆日止不計閏貳拾柒個月服滿例應補

報起復並無短喪各項違碍情弊所具親供是實

一三代

曾祖　父廣杓　母余程氏　俱殁

祖　父昭烜　母鄭氏　俱殁

繼　父憲坤　母鄭氏　俱殁

衢州孔氏應襲翰林院五經博士孔慶儀爲丁嗣母憂服滿補報起復事所具親供

清光緒十三年

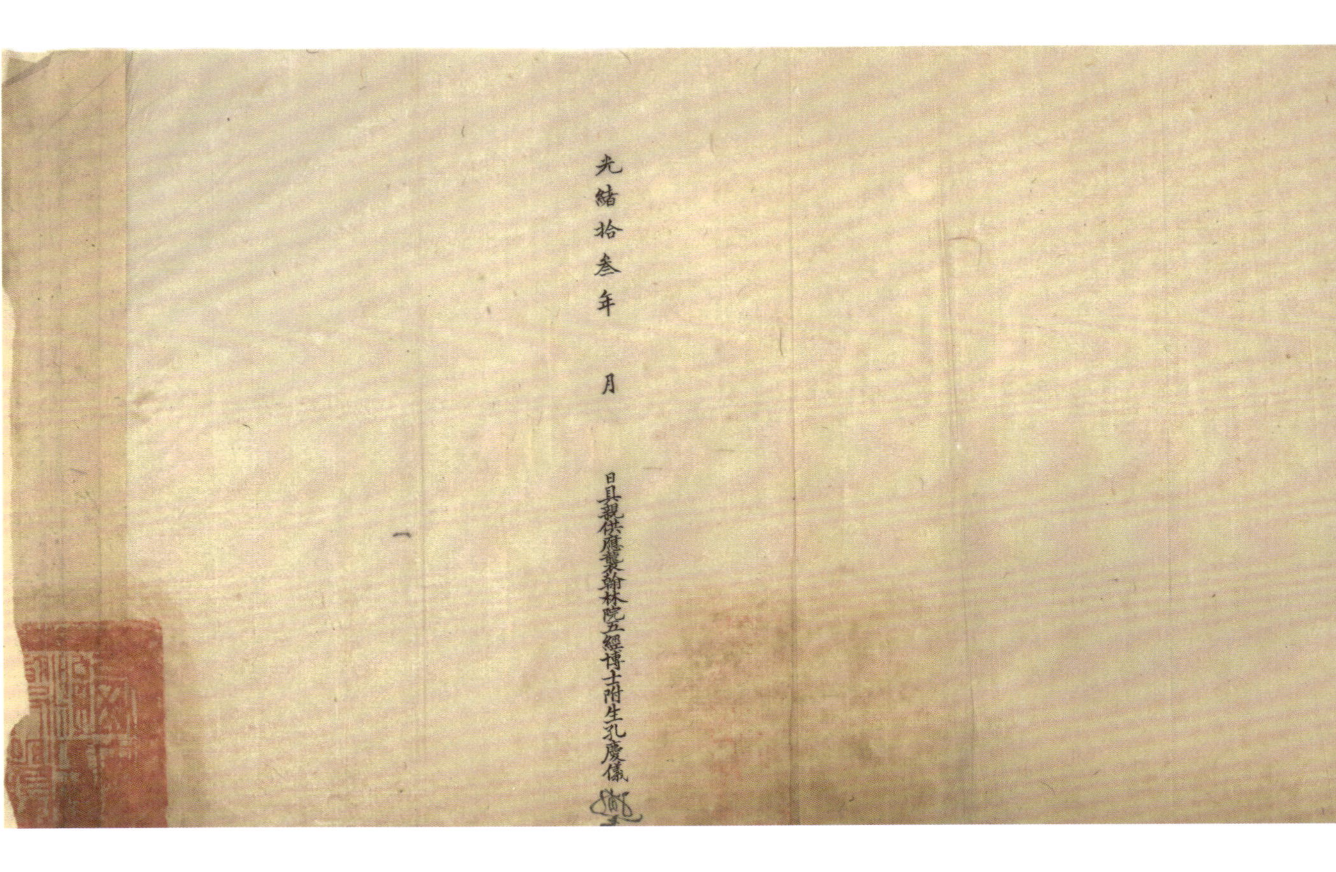
光緒拾叁年　月　日具親供應襲翰林院五經博士附生孔慶儀

卷〇一二〇

衍聖公府爲孔慶儀丁嗣母憂服滿補報起復事致禮部、吏部咨

清光緒十三年十一月十九日

襲封衍聖公府爲補報起復事。光緒十三年十一月十六日，准
浙江巡撫部院衛　咨開：據布政使許應鑅詳，據衢州府詳，據西安縣詳，據五經博士孔慶儀家人王榮稟稱：家主
孔慶儀，現年二十四歲，前蒙
爵府憲咨　劄准承襲，並分別咨行飭知在案。嗣母
鄭氏於同治十年九月二十四日病故，家主係嗣子，例應丁憂，
當經稟明轉報，計自同治十年九月二十四日丁憂之日起，扣至十
三年十二月二十四日止，不計閏，二十七個月服滿，例應起復。緣
先生母病故時，家主年甫九齡，係由家主之叔憲靖遣
下闔家稟報，迨後均已身故，現因呈報丁承主母憂，
始知前案未報服滿，自應遵例補報起復，備具供結稟
乞轉報等情，由縣加結詳府，轉報到司。據此，理合詳請咨
吏禮二部暨
衍聖公覽查照等情到本部院。據此，除分咨外，相應咨明查照施
行等因到本爵。准此，除咨
吏禮部註冊外，合咨
貴部，請煩查照註冊施行。須至咨者。

右　　咨

禮　部
吏

光緒十三年十一月　日

孔　[illegible]

聖公府

行

衍聖公府爲報明孔慶儀丁生母憂事致禮部、吏部咨

清光緒十三年十一月十九日

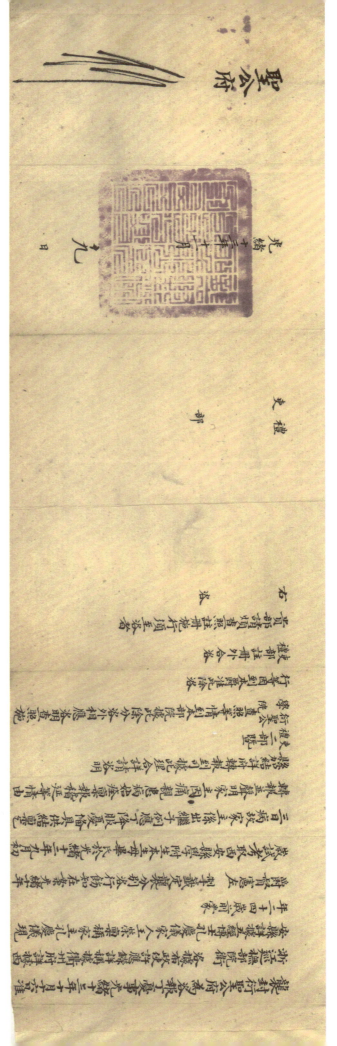

襲封衍聖公府爲咨報丁憂事。光緒十三年十一月十六日准
浙江巡撫部院衛　咨：據布政使詳，據衢州府詳，據西
安縣詳，據五經博士孔慶儀家人王柴禀稱，家主孔慶儀現
年二十四歲，前蒙
爵府督憲左　劄飭承襲外，劄咨行飭知在案。光緒十年
歲試考取西安縣學附生。本生母畢氏於光緒十三年九月初
三日病故。家主係出繼子，例應丁降服憂，備具供結禀乞
轉報，並聲明家主因痛親患病，怠延禀報稽延等情。由
縣加結詳府轉報到司，據此理合詳請咨明
禮吏二部暨
衍聖公　學院查照等情到本部院。據此除分咨外，相應咨明查照施
行等因到本爵府。准此除咨
禮吏部註冊外，合咨
貴部，請煩查照註冊施行，須至咨者。

右　　咨

禮　吏　部

光緒十三年十一月　日

孔

聖公府

申

南宗世襲翰林院五經博士孔為申請更名咨 部立案事恭讀十月二十二日電傳

上諭道光二十六年三月宣宗成皇帝特降諭旨以二名不偏諱將來繼體承緒者上一字

仍舊毋庸改避亦毋庸缺筆其下一字應如何缺筆之處臨時酌定以是著為令

典等因欽此今朕敬遵成憲將御名上一字仍舊書寫毋庸改避下一字敬缺一

撇書作儀字其奉旨以前所刻書籍俱毋庸議欽此伏查 世職 命名慶儀於同治三

年蒙

左文襄題 奏承襲今職主奉衢州

聖祖家廟祀事所有儀字自應恭避現以儀字改為宜字相應備文申請仰祈

公爺察核希請轉咨

大部註冊立案實為公便除呈請浙江

撫部院並飭知各支派族人外伏乞

照驗施行須至申者

右 申

閱過

衢州孔氏翰林院五經博士孔慶儀爲避諱更名事致衍聖公孔[令貽]申

清光緒三十四年十一月初二日

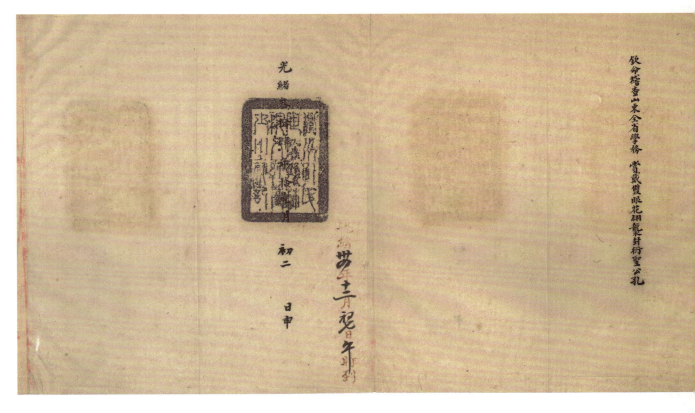

欽命稽查山東全省學務 賞戴雙眼花翎襲封衍聖公孔

光緒 月 初二 日申

光緒卅四年十一月初二日午時到

衢州孔氏翰林院五經博士孔慶宜爲修飾廟制籌充學費仰求分別咨部撥款事致衍聖公孔[令貽]禀

清宣統二年四月初七日

衢州孔氏翰林院五經博士孔慶宜爲修飾廟制籌充學費事致衍聖公孔［令貽］稟

清宣統二年四月初七日

南宗世襲翰林院五經博士孔慶宜謹
稟
公爺大人閣下敬稟者竊宜幼承祀事隕越時虞深受
國恩涓埃未報維是緬懷
祖德典型尚在於西衢而跪誦
綸音感謝實同於東魯此宜所由於恪恭將事之餘不敢不齋宿而陳詞也恭讀光緒三
十二年十一月十五日奉
上諭欽奉
孝欽顯皇后懿旨孔子至聖德配天地萬世師表允宜升為大祀以昭隆重等因欽此
仰見
聖朝尊崇道德有加無已實孔氏南北裔孫同深感戴者也宜主鬯南宗理宜將南
宗歷代所受
恩典及現在應行辦理各節稟呈
公覽溯衢州孔氏為
聖祖之嫡派自四十八代祖端友隨蹕南遷立廟錫田賜家於衢為孔氏南遷之始
五傳而洙公讓爵又六傳而孔彥繩受博士之職沿襲至於
國朝
君恩罔替當
仁皇帝東巡臨雍時宜之太高祖孔傳錦奉
召陪祀厥後
純廟幸魯釋奠宜之曾祖廣杓亦如之是南宗嫡裔本與北宗同在
覆幬之中現逢
曠典特頒日星彪炳亟宜遵
旨謹將廟內一切典禮及通覆黄瓦脩飾見新以副
朝廷尊崇之至意惟工程浩大籌款維艱用特稟陳

衢州孔氏翰林院五經博士孔慶宜爲修飾廟制籌充學費事致衍聖公孔［令貽］稟

清宣統二年四月初七日

公爺臺核迅賜據情咨
部代　奏請
旨遵行抑宜更有請者衢州原有孔氏義塾一所專以教育子弟於光緒二十九年奉
停科舉宜即於家廟旁改設孔氏中小學堂其經費由西安縣留備谷價及串
票項下每歲撥給洋九百數十元又於本祠向充孔氏義塾賓興項內提抽洋
二百數十元合計每歲學款一千二三百元一切需用均在其內每至年終計
算恆見入不敷出無如衢州地瘠民貧籌款不易財政問題窘於他府以故創
設學堂宜承乏有司之後雖云自開辦至今畧有規模而一切科學及標本器
具校舍終難完備當此
國家力行新政廣設學堂廟在聖裔更宜脩明禮教仰體
皇仁奈困經濟困難如斯言念結果實為寒心以上二者皆宜與有責任而不得不
上陳者也惟有叩求
公爺大人俯念學堂為當今要務併乞據情咨
部撥充學款抑或咨商浙撫另籌的款飭委分辦以光祀典而宏教育而宗幸甚無
任惶恐待
命之至專肅寸禀恭請
福安伏乞
垂鑒　襲職慶宜謹禀
宣統貳年肆月初七日禀

申請給咨引見由

南宗世襲翰林院五經博士孔慶宜為申請給咨事竊世職於

同治三年蒙

前爵閣部堂左　題奏承襲維時甫生三月凡春秋祭祀由族

長孔傳經恭代行禮迨及歲後始親自視事伏思自奉祀以來

春禴秋嘗謹敬督率族人各盡追遠之誠以期無忝厥職於光緒

三十三年恭讀

孝欽顯皇后懿旨升孔子大祀興孔氏學堂

曠典特頒有加無已而孔氏子孫受恩深重又何敢自外生成理宜禮

教修明仰酬

聖恩於萬一遵於廟傍創設孔氏學堂以副

朝廷尊孔崇學之至意當此立憲時代力行新政凡地方一切公益

事務無不悉心襄辦矢慎矢勤斷不敢稍耽安逸現在恭逢

皇上聰年御極而

監國又圖治勵精一代昌明於斯為盛世職承襲已閱四十餘年

尚未叩請咨

衢州孔氏翰林院五經博士孔慶宣爲請咨赴部引見事致衍聖公孔[令貽]申

清宣統二年四月十八日

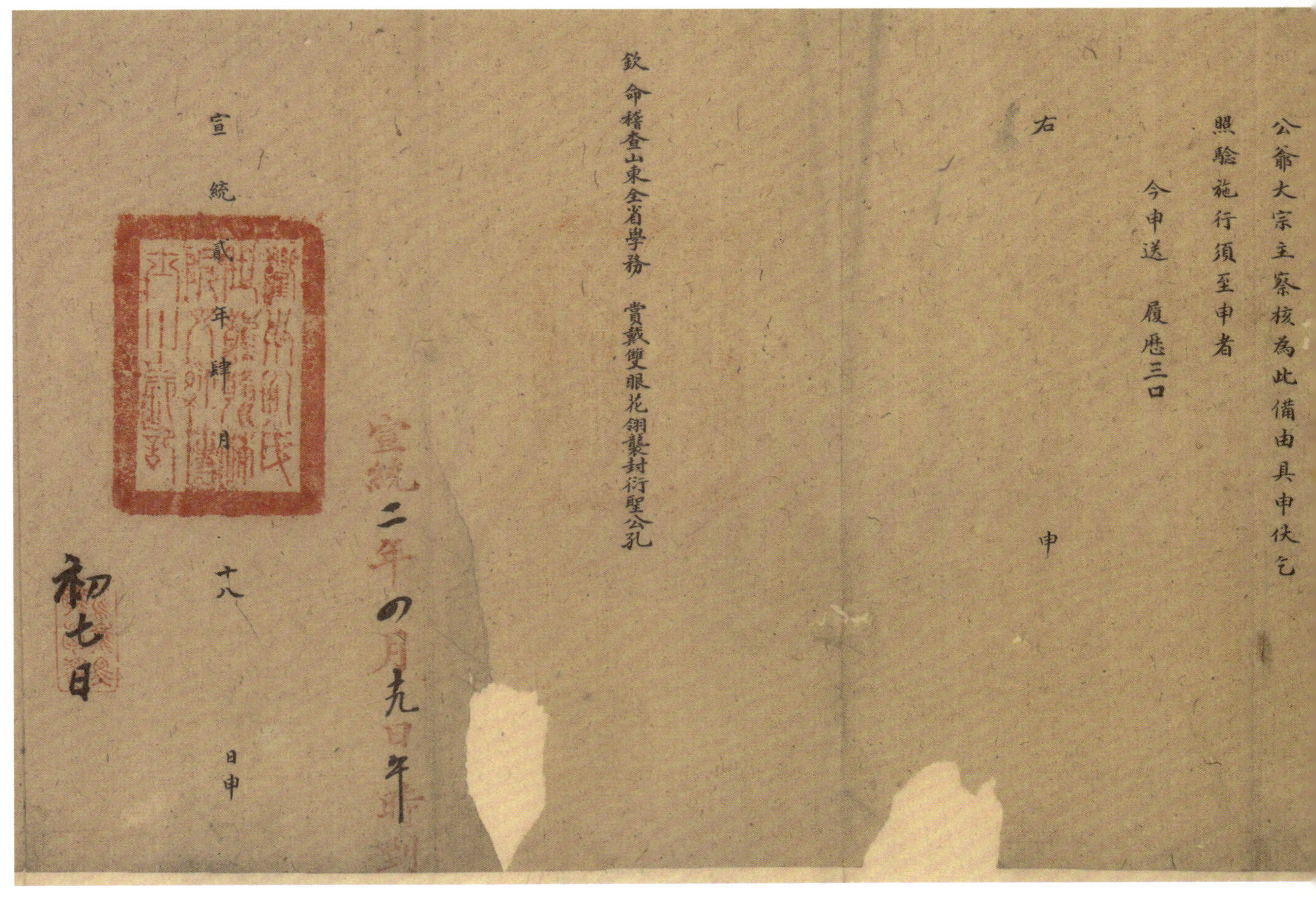
公爺大宗主察核爲此備由具申伏乞
照驗施行須至申者
今申送 履歷三□
右
申
欽命稽查山東全省學務 賞戴雙眼花翎襲封衍聖公孔
宣統貳年肆月十八日申
宣統二年四月九日午時到
初七日

衢州孔氏翰林院五經博士孔慶宜造送世職出身履歷清册

清宣統二年

南宗世襲翰林院五經博士孔慶宜造送世職出身履歷清册

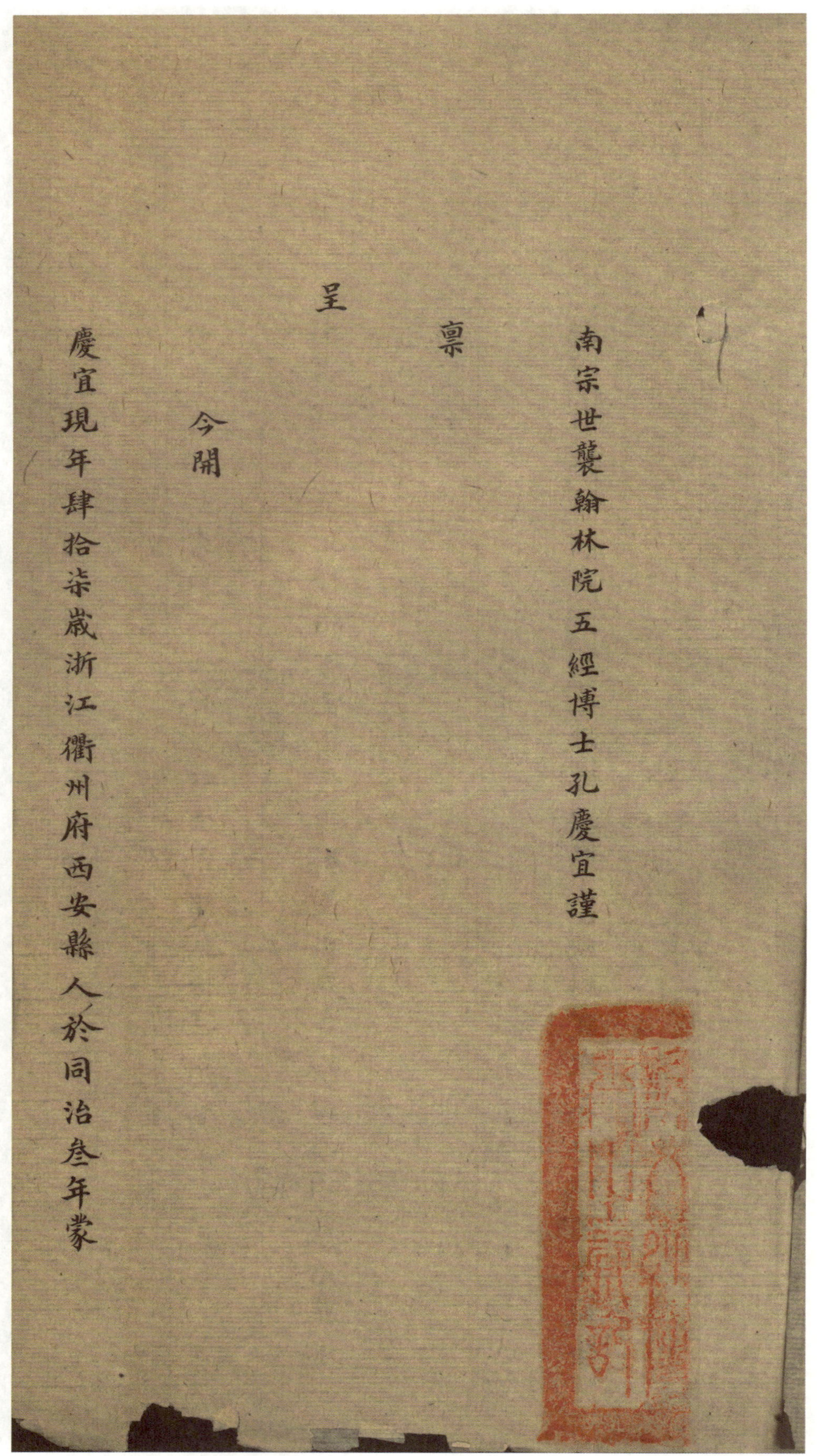

南宗世襲翰林院五經博士孔慶宜謹

稟

呈

今開

慶宜現年肆拾柒歲浙江衢州府西安縣人於同治叁年蒙

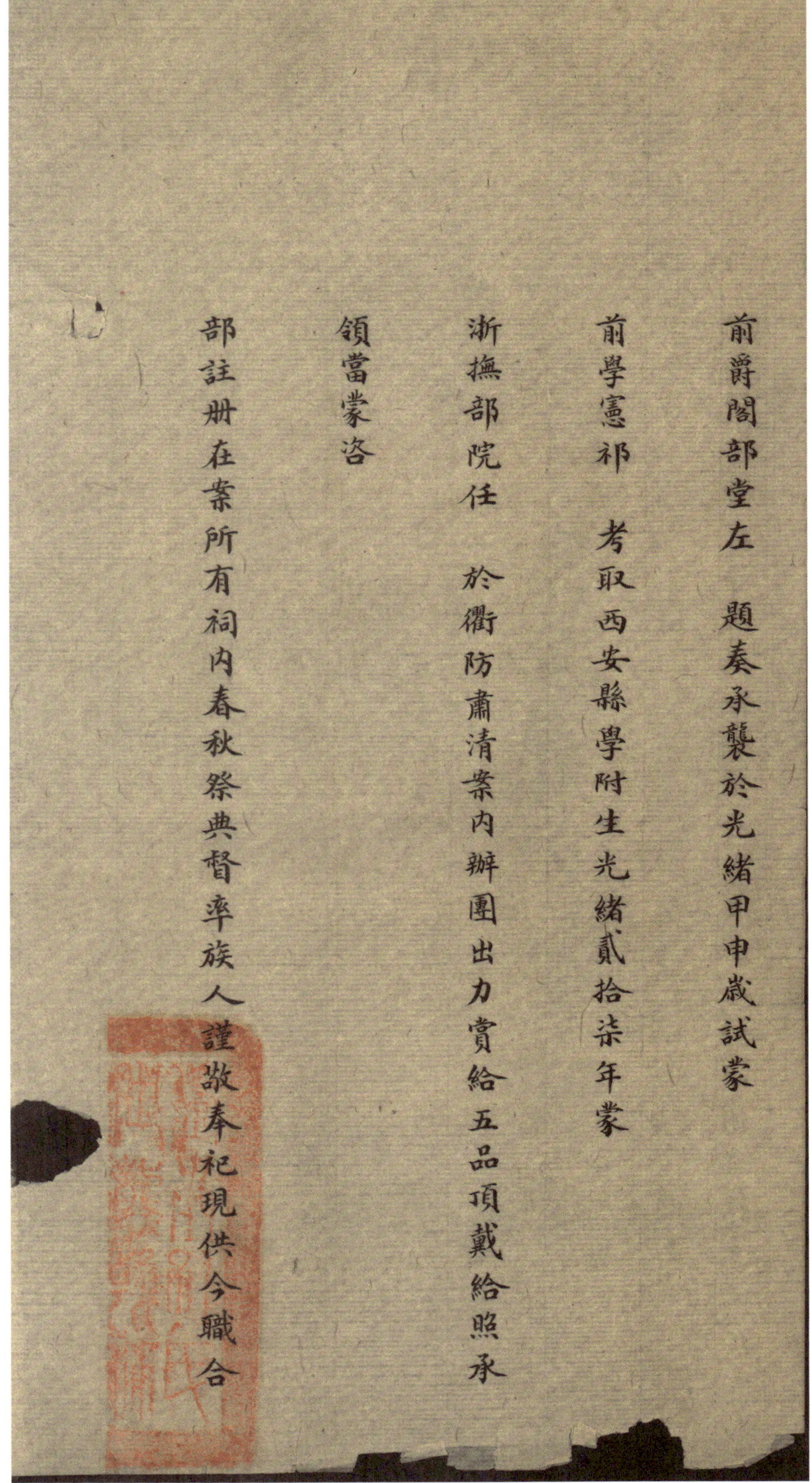
前爵閣部堂左　題奏承襲於光緒甲申歲試蒙
前學憲祁　考取西安縣學附生光緒貳拾柒年蒙
浙撫部院任　於衢防肅清案内辦團出力賞給五品頂戴給照承
領當蒙咨
部註册在案所有祠内春秋祭典督率族人謹敬奉祀現供今職合

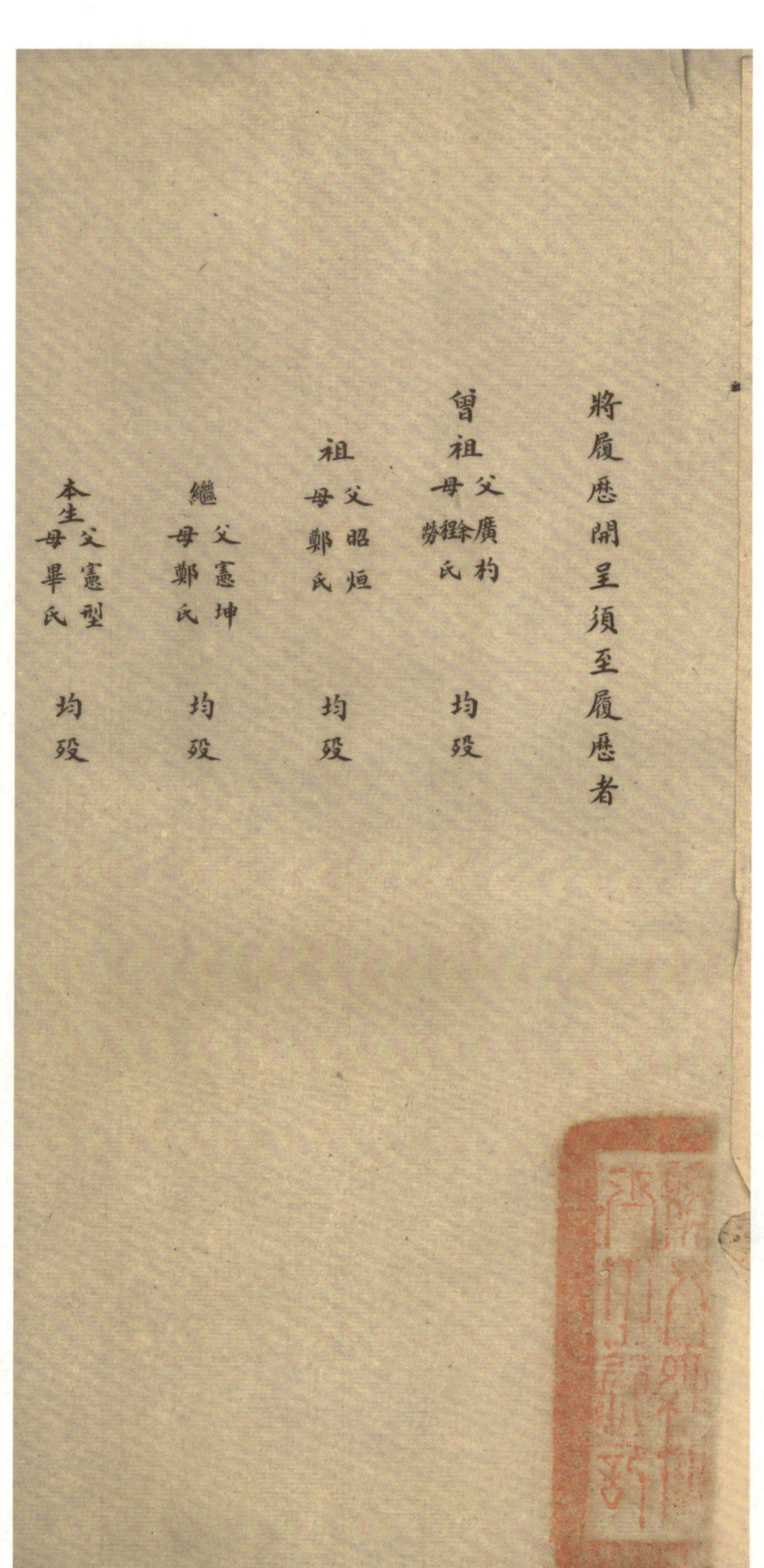

將履歷開呈須至履歷者

曾祖父廣杓
曾祖母余程勞氏　均殁

祖父昭烜
祖母鄭氏　均殁

繼父憲坤
繼母鄭氏　均殁

本生父憲型
本生母畢氏　均殁

宣統貳年　月　日

衢州孔氏翰林院五經博士孔慶宜造送世職出身履歷清册

清宣統二年

南宗世襲翰林院五經博士孔慶宜
造送世職出身履歷清册

南宗世襲翰林院五經博士孔慶宜謹

稟

呈

今開

慶宜現年肆拾柒歲浙江衢州府西安縣人於同治叁年蒙

前爵閣部堂左　題奏承襲於光緒甲申歲試蒙
前學憲祁　考取西安縣學附生光緒貳拾柒年蒙
浙撫部院任　於衢防肅清案内辦團出力賞給五品頂戴給照承
領當蒙咨
部註册在案所有祠内春秋祭典督率族人謹敬奉祀現供今職合

將履歷開呈須至履歷者

曾祖　父廣杓　母余程勞氏　均歿

祖　父昭烜　母鄭氏　均歿

繼　父憲坤　母鄭氏　均歿

本生　父憲型　母畢氏　均歿

宣統貳年　月　日

衢州孔氏翰林院五經博士孔慶宜造送世職出身履歷清册

清宣統二年

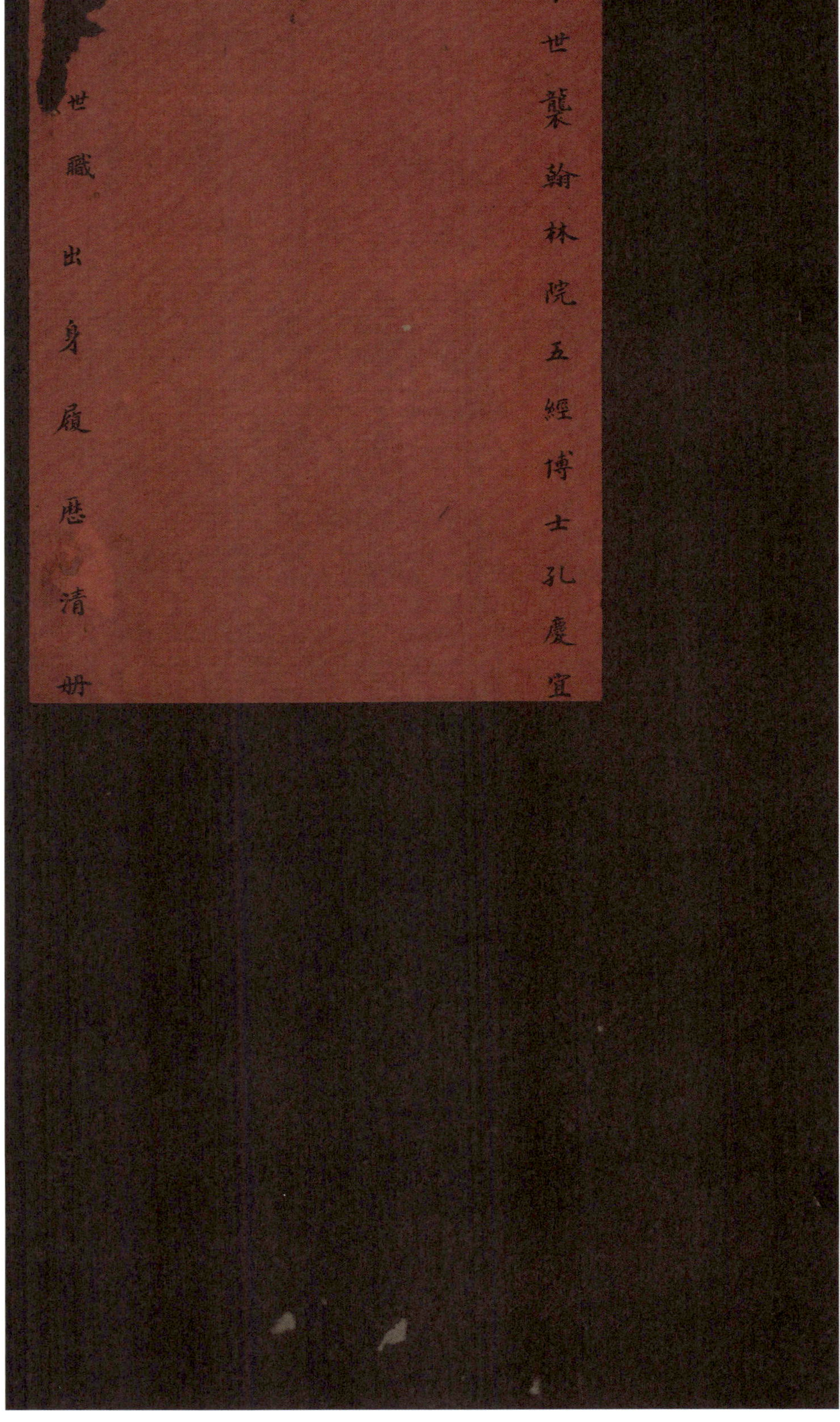

南宗世襲翰林院五經博士孔慶宜謹

稟

呈

今開

慶宜現年肆拾柒歲浙江衢州府西安縣人於同治叁年蒙

前爵閣部堂左　題奏承襲於光緒甲申歲試蒙
前學憲祁　考取西安縣學附生光緒貳拾柒年蒙
浙撫部院任　於衢防肅清案内辦團出力賞給五品頂戴給照承
領當蒙洛
部註册在案所有祠内春秋祭典督率族人謹敬奉祀現供今職合

將履歷開呈須至履歷者

曾祖父廣杓　均歿
母余程氏

祖父昭烜　均歿
母鄭氏

繼父憲坤　均歿
母鄭氏

本生父憲型　均歿
母畢氏

宣統貳年　月　日

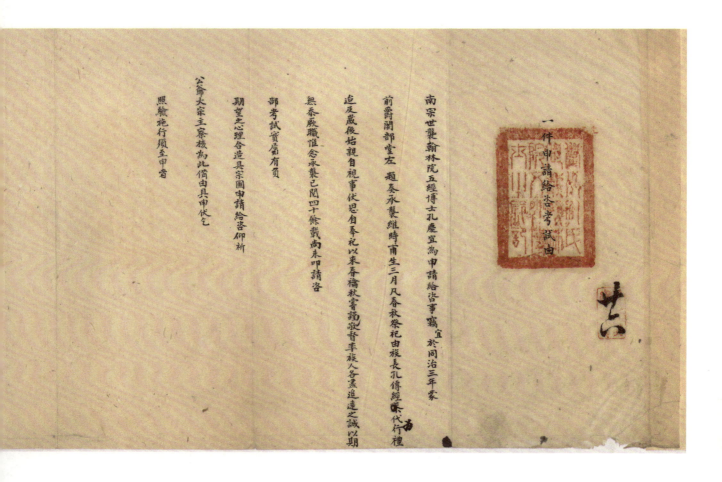

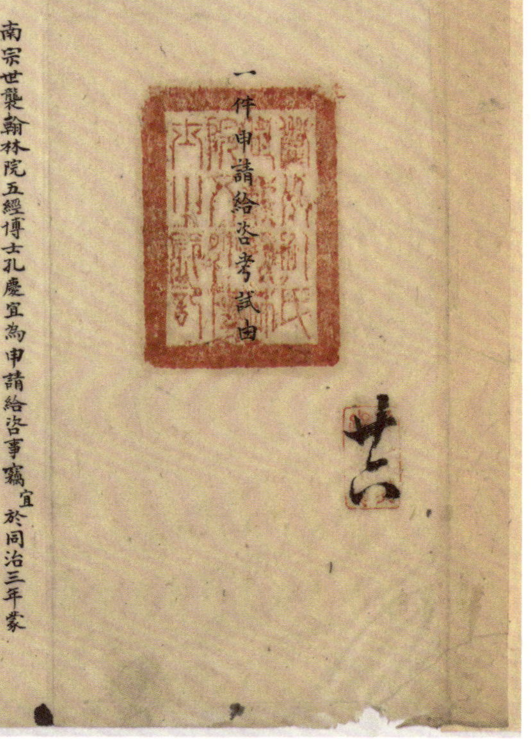
廿六

一件申請給咨考試由

南宗世襲翰林院五經博士孔慶宜為申請給咨事竊宜於同治三年蒙
前爵閣部堂左　題奏承襲維時甫生三月凡春秋祭祀由族長孔傳經[illegible]代行禮
追及歲後始親自視事伏思自奉祀以來春禴秋嘗蠲敬督率族人各盡追遠之誠以期
無忝厥職惟念承襲已閱四十餘載尚未叩請咨
部考試實屬有負
期望之心理合造具宗圖申請給咨仰祈
公爺大宗主察核為此備由具申伏乞
照驗施行須至申者

衢州孔氏翰林院五經博士孔慶宜爲請咨赴部考試事致衍聖公孔[令貽]申

清宣統二年四月二十二日

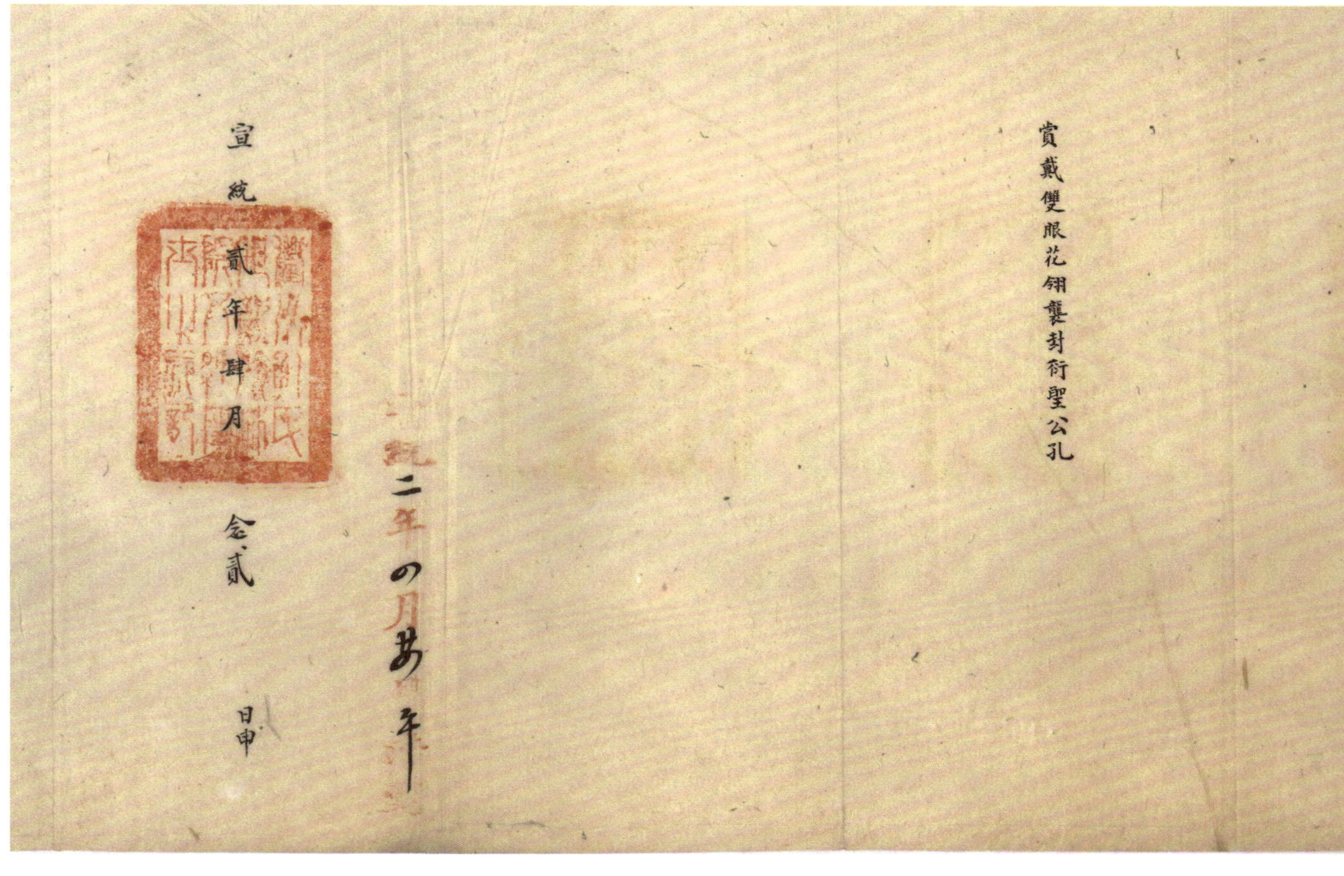
賞戴雙眼花翎襲封衍聖公孔

宣統貳年肆月念貳日申

統二年四月廿二日

南渡始祖 端友 四十八代
玠 四十九代
搢 五十代
文遠 五十一代
萬春 五十二代
洙 讓爵 五十三代
思許 五十四代
克忠 五十五代
希路 五十六代
詠 議 讓 五十七代
公誠 五十八代
彥繩 襲職之始 五十九代
六

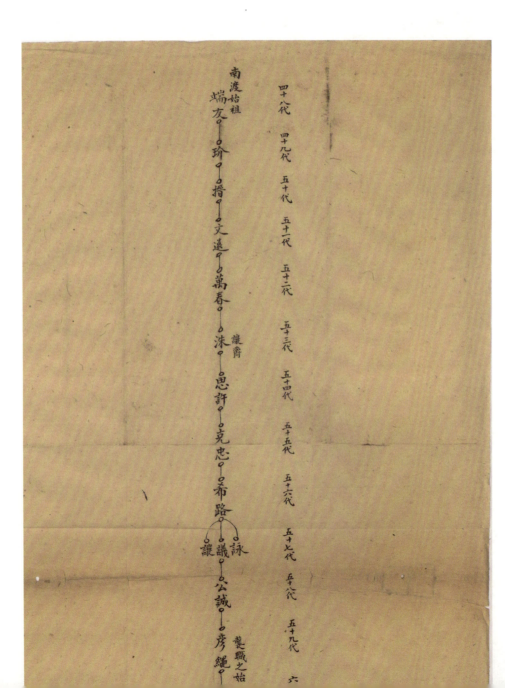

衢州孔氏四十八代至七十三代系圖（部分）

［清宣統二年］

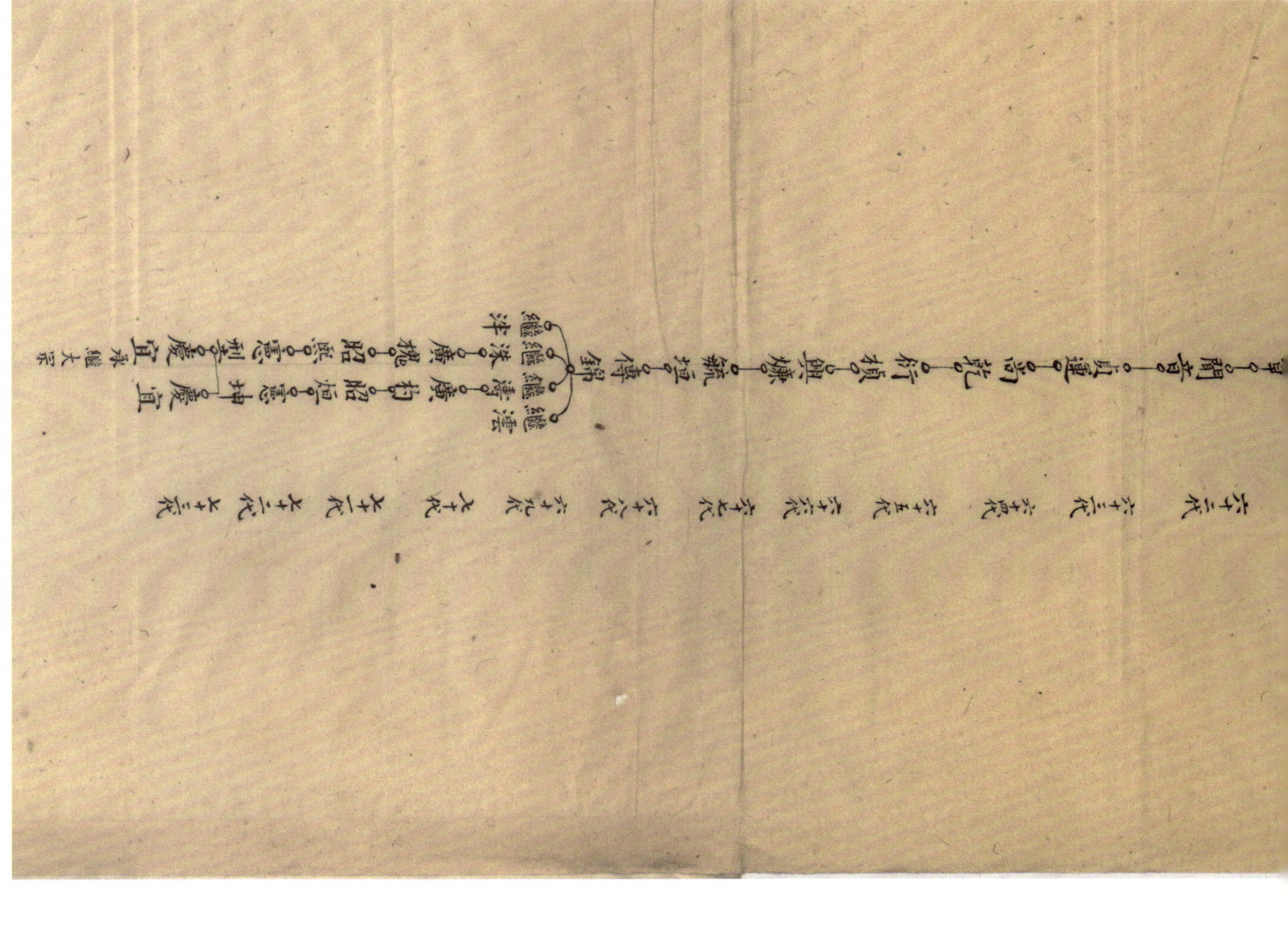

卷〇一二〇

衍聖公孔［令貽］爲孔慶宜赴部考試及避諱改名事致禮部咨

清宣統二年五月二十一日

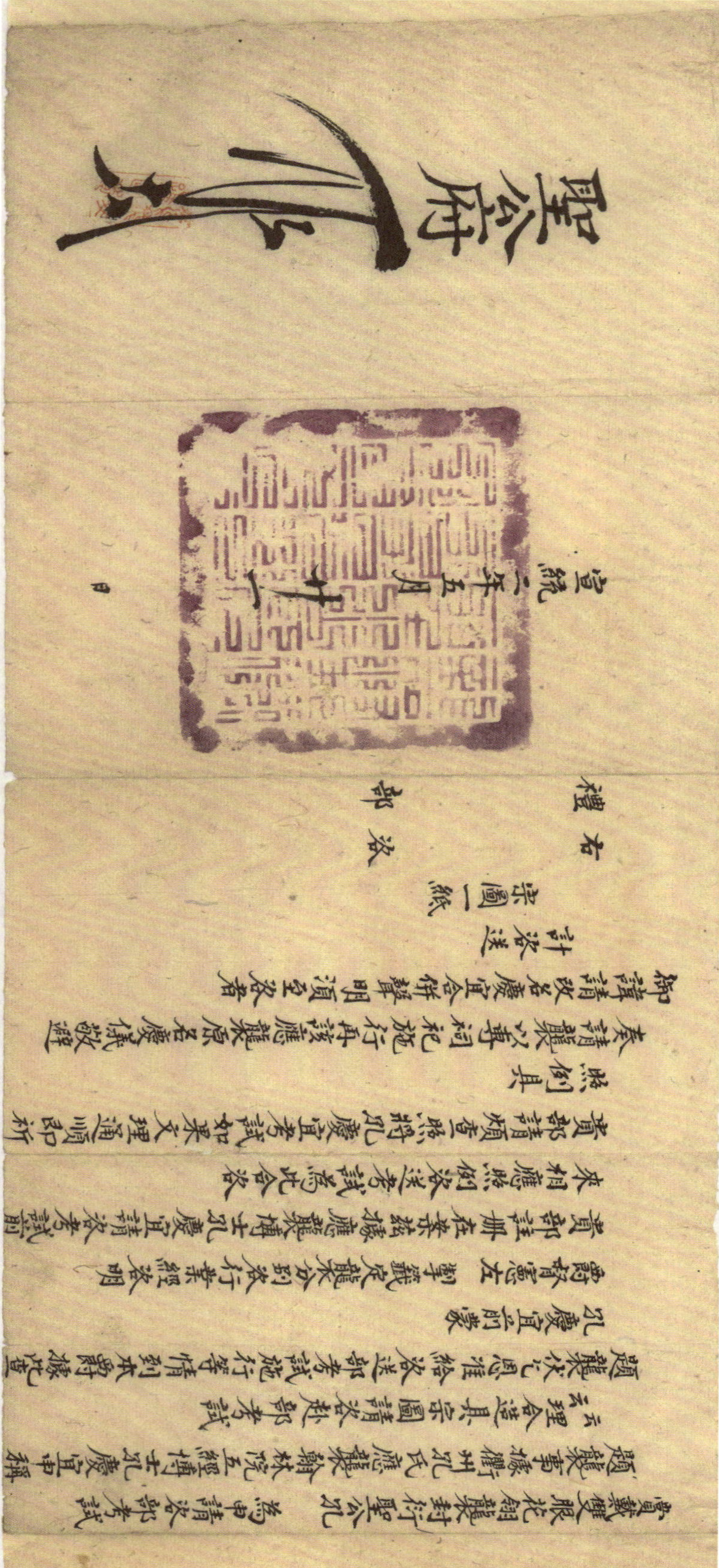

賞戴雙眼花翎襲封衍聖公孔　為申請咨部考試
題襲事據衢州孔氏應襲翰林院五經博士孔慶宜申稱
云理合造具宗圖請咨赴部考試
題襲伏乞恩准給咨送部考試施行等情到本爵據此查
孔慶宜前蒙
爵督憲左　掣籤定襲分到咨行業經咨明
貴部註册在案茲據應襲博士孔慶宜請咨考試前
來相應照例咨送考試為此合咨
貴部請煩查照將孔慶宜考試如果文理通順即祈
照例具
奏請襲以專祠祀施行再該應襲原名慶儀敬避
御諱請改名慶宜合併聲明須至咨者
計咨送
宗圖一紙
右　咨
禮　部
宣統二年五月廿一日
聖公府

禮部爲孔慶宜考襲五經博士事致衍聖公孔［令貽］咨（附原題抄單）

清宣統二年七月初九日

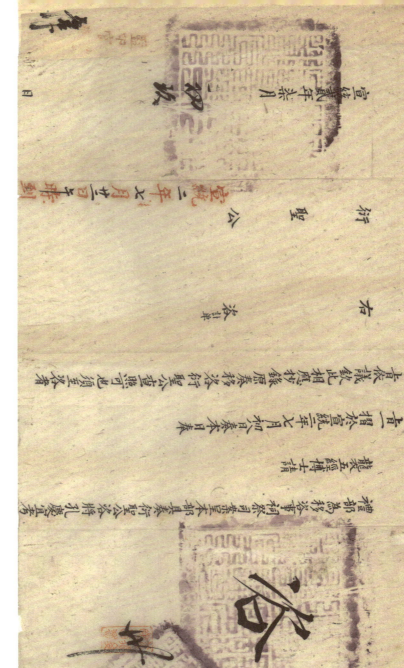

禮部爲移咨事祠祭司案呈本部具奏衍聖公咨將孔慶宜考襲五經博士請

旨一摺於宣統二年七月初八日奏本日奉

旨依議欽此相應抄錄原奏移咨衍聖公查照可也須至咨者

右　咨

衍

聖

公

宣統貳年柒月　初九　日

咨

宣統二年七月廿三日午時到

吏部爲奉旨准孔慶宜承襲并給發劄付事致衍聖公孔［令貽］知照

清宣統二年八月十七日

吏部為知照事文選司案呈准禮部咨稱
本部具奏准衍聖公咨孔慶宜考襲五經博
士請
旨一摺於宣統二年七月初八日奉
旨依議欽此相應移咨吏部照例給劄並鈔錄原
奏前來查原奏稱臣部准衍聖公文稱衢
州孔氏應襲翰林院五經博士孔慶宜於同
治三年經前閩浙總督左宗棠題准承襲並
咨部注冊在案彼時年未成丁春秋祭祀由族
長孔傳經代為行禮現今年已及歲相應循
例送部補行考試並將宗圖一併咨送前來
查例開五經博士有奉祀祠廟之責凡本支
應襲之人年十五歲以上者由衍聖公給咨送部
考試如果文理明順令其承襲等語今應襲
五經博士孔慶宜既據衍聖公咨送到部臣等
於六月二十三日公同出題考試委係文理明順

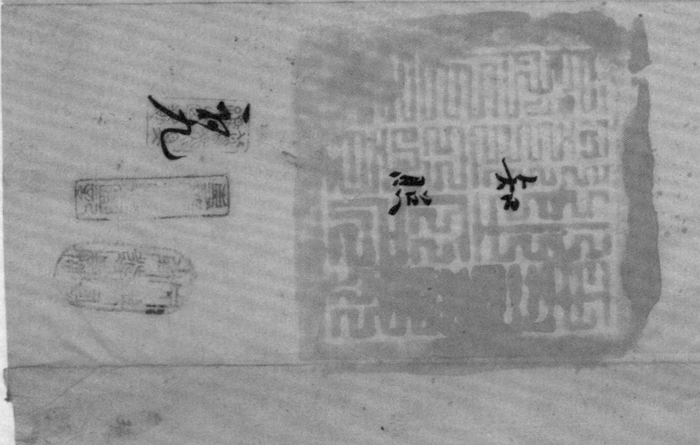

吏部爲奉旨准孔慶宜承襲并給發劄付事致衍聖公孔［令貽］知照

清宣統二年八月十七日

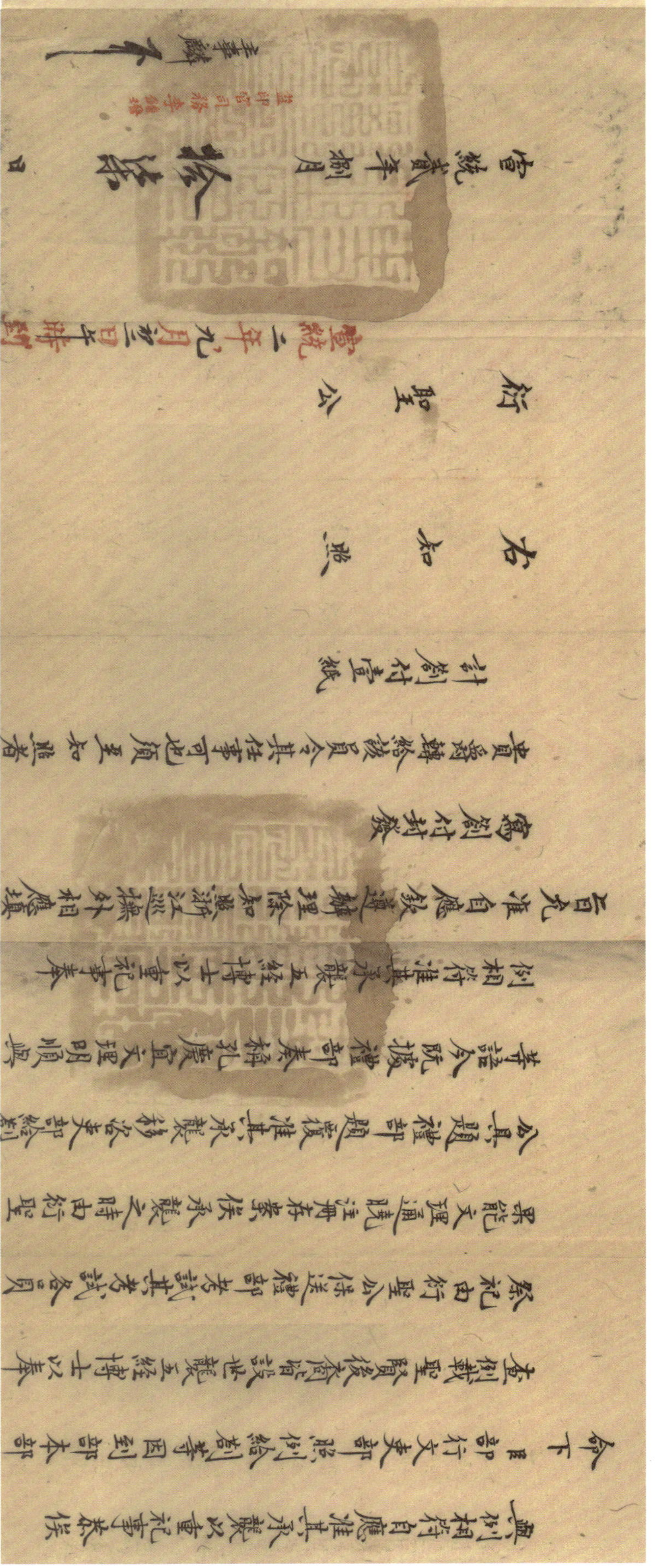

衍聖公孔[令貽]爲給發劄付及申報任事日期事致衢州孔氏翰林院五經博士孔慶宜劄付

清宣統二年九月十七日

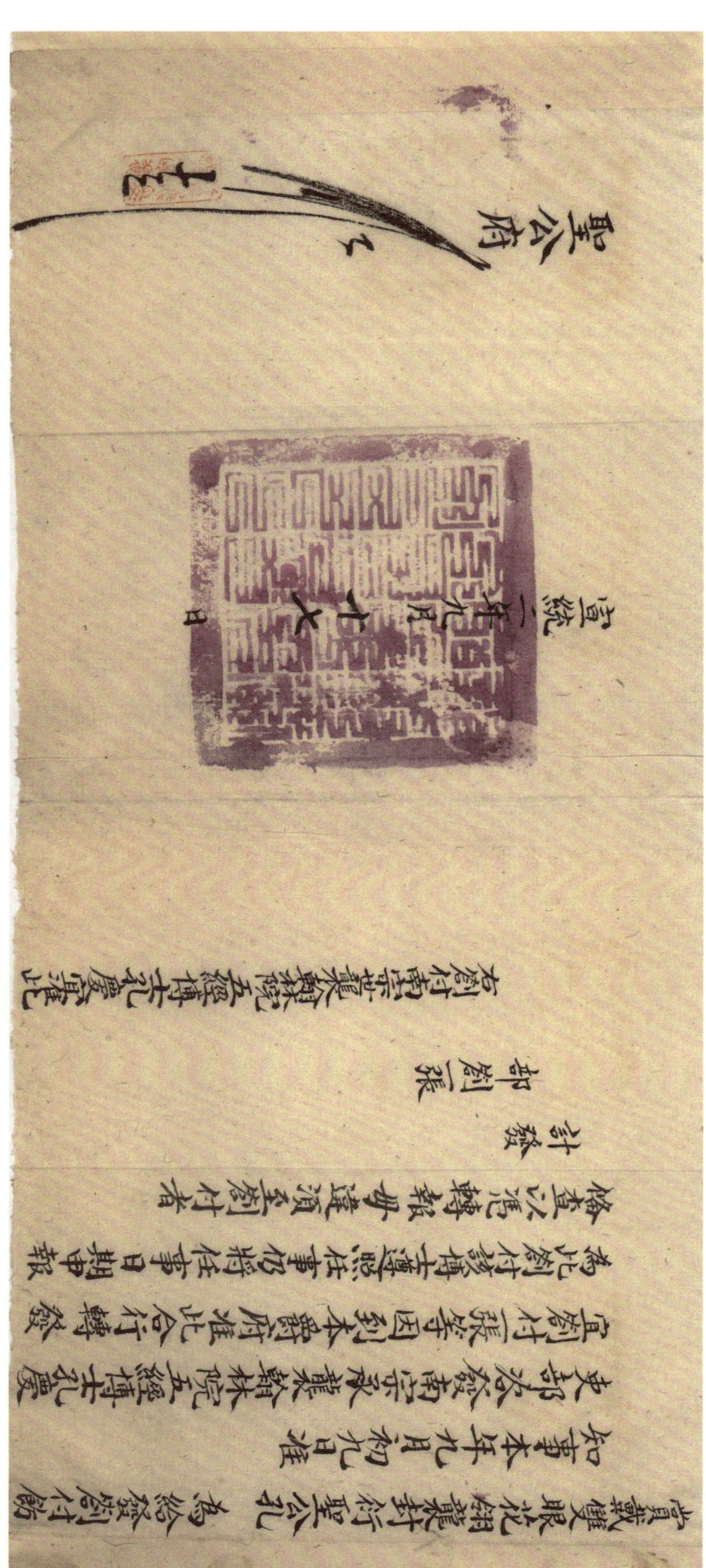

賞戴雙眼花翎襲封衍聖公孔　為給發劄付飭
知事本年九月初九日准
吏部咨發南宗承襲翰林院五經博士孔慶
宜劄付一張等因到本爵府准此合行轉發
為此劄付該博士遵照任事仍將任事日期申報
備查以憑轉報毋違須至劄付者
計發
部劄一張
右劄付南宗世襲翰林院五經博士孔慶宜准此
宣統二年九月十七日
聖公府　行

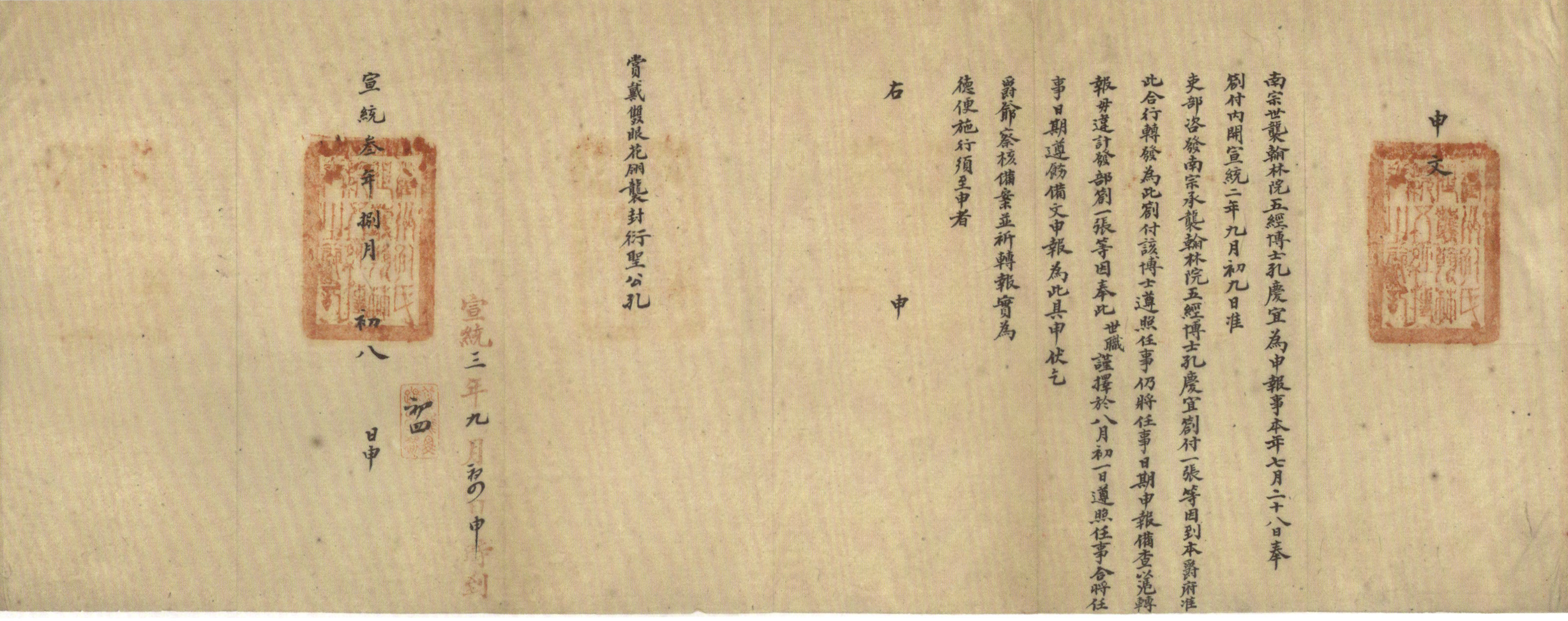

申文

南宗世襲翰林院五經博士孔慶宜爲申報事本年七月二十八日奉
劄付內開宣統二年九月初九日准
吏部咨發南宗承襲翰林院五經博士孔慶宜劄付一張等因到本爵府准
此合行轉發爲此劄付該博士遵照任事仍將任事日期申報備查以憑轉
報毋違計發部劄一張等因奉此世職謹擇於八月初一日遵照任事合將任
事日期遵飭備文申報爲此具申伏乞
爵爺察核備案並祈轉報實爲
德便施行須至申者

右　　　　申

賞戴雙眼花翎襲封衍聖公孔

宣統叁年捌月初八日申

宣統三年九月初四日申時到

衢州孔氏翰林院五經博士孔慶宜爲報明任事日期事致衍聖公孔［令貽］申

清宣統三年八月初八日

衍聖公孔［令貽］爲報明孔慶宜到任日期事致内閣叙官局、典禮院咨

清宣統三年九月

賞戴雙眼花翎襲封衍聖公孔　爲咨報到任日期事准
吏部咨發世襲翰林院五經博士孔慶宜劄付一張等
因到本爵准此當經轉發任事去後旋據該博士申
報遵照於宣統三年八月初一日任事等情前來
除咨
典禮院
內閣敘官局註册外擬合咨報爲此合咨
貴局
貴院請煩查照註册施行須至咨者
右　　　咨
內閣敘官局
典禮院
宣統三年九月　　日
聖公府

〇一〇三 ◆ 浙江衢州孔氏族人争襲五經博士檢附西安縣明朝弘治、正德年間原檔證明宗支源流（一）

清康熙四十年

狀浙江衢州府故世襲翰林院五經博士衍禎繼室吳氏為旁枝倚勢攙襲急叩按律

配徐氏胞生三子長興燦次興燫三興燧不幸長男興燦與孫毓培俱經早殁痛夫千

意今正痘症殞亡是夫之嫡長子孫已絕按律照嫡長子孫有故嫡次子孫承襲庶

倚謀族梟閻用勢仗宦舅楊德官胆將五歲稚子傳詩攙越圖襲唆媳詹氏孫媳楊氏

懇主新蒞茲土未悉親疎止據兩詞並請繼承襲自有定例無俟瀆呈但大典攸關靈爽

嫡派子孫諱彥繩兩襲至氏夫衍禎皆係嫡派相承從無旁枝奪嫡者也今毓芬之子

妄以傳詩指為兄終弟及不知兄終弟及之義止在同胞至親原非疎遠族屬所可假冒奈朝

本支百世不易似此勢謀攙襲非徒氏夫之子孫嫡派之世官不得永叨襲典即氏夫以上二十

大宗主垂念泗浙同源按律咨題庶上不負設官重嫡至意下不失本房嫡派血脉主鬯得人　聖

太子少師襲封衍聖公大宗主臺下施行

康熙肆拾年拾月

衢州孔氏故翰林院五經博士孔衍楨繼室吴氏爲孔傳詩攙襲事致衍聖公［孔毓圻］呈狀

清康熙四十年十月

六十二代嵩衢族長西安縣儒學廪膳生員聞行聞遠聞元合族士民等為　聖祖蒸嘗重
房律例嚴攙越之條春秋載嗣爵之經煌煌大典孰敢弁髦從未有以旁奪嫡以殊閭
蹕南遷賜居衢郡勅建家廟欽賜祭田六襲公爵事載通鑑迨至元朝一統召第
道真聖人後也賜諱洙國子祭酒提舉浙東學校歸守江南廟墓明季弘治年間郡
瑞友嫡裔孫諱彥繩特授世襲翰林院五經博士尚主衢廟祀事此承襲博士之由
興朝定鼎襲蔭之始也衍楨生子三長興燦次興燫三興燧長男興燦早亡孫毓培繼殁衍楨
大宗主恩賜咨部題請于三十八年受職矣不虞今正瘟症殤亡系係单傳並無弟侄是衍楨之
會同紳士赴明倫堂從公確議遵律呈覆　府縣以待申詳不料族梟聞用桼規賊祖始刖畫押縣
大典律重親支兄終弟及止在同胞至親倫查律例宗譜並無遠繼攙襲可稱昭穆相當者
宗譜載註五十一代諱元措以親侄之囿之子諱湞嗣爵後湞因有故褫爵仍以諱元措從兄諱元
立嫡長子之子孫曾元同如無立嫡長子同母弟曾元同如無立繼室所生如無立次室所生如絕嗣
律何云以祖繼孫且衍楨骸骨未冷繼室現存親子若孫不獲郎膺世職而唇揭兩氏妄听主唆忍
大宗主垂念木本水源本支百世按律賜咨具題邀恩承襲正嫡庶而斬唆誣妄　先靈而光
太子少師襲封衍聖公大宗主　臺下　施行

康熙肆拾年拾月

衢州孔氏孔聞行、孔聞遠等爲請咨具題孔興𤐲承襲事致衍聖公［孔毓圻］呈

清康熙四十年十月

具呈狀故博士孔傳鍾祖母唐氏生母楊氏係浙江衢州府西安縣住北隅先義坊
呈爲滅　祖篡襲倫常異變叩題正繼以維　聖教事子承弟及繼世常經承襲承祧清律大典痛氏兩寡生命
宗主栽培題沭
皇恩承襲五經博士主祀家廟不幸本年正月初六日疾卒理宜序繼主祀緣傳輩之下無人親族照例公議序挨毓芬之子
派爲旁支妄肆刪削　祖序置傳祖於不認輒敢僞造系圖甚至遍賄無賴孔閈行孔尚榮徐學英等朋比連誣欺誑
父傳者均出中興仁玉一派同寓衢地端友無子其弟端操以四子玠爲端友後相沿四世洙又乏嗣遂以傳之八代孫思許繼
考在衢孔姓孰非傳後奚容遠滅親祖捏稱族屬旁支相隔二十六世圖襲謀篡理法弁髦且傳鏞侄也毓
況即其僞圖按之序端操不註爲玠生父列許忠而隱匿其從来是价職得之天降而許忠之身生自空桑矣一味
宗主大老爺垂念
聖祖萬世師表百代儀型歷今有餘傳焉容此大惡悖逆不道恩賜懲除正繼永祀以慰　聖靈在南宗派生卵死結
太子少師襲封衍聖公宗主大老爺臺下　施行

康熙肆拾年拾壹月

衢州孔氏故翰林院五經博士孔傳鍾祖母詹氏、生母楊氏爲以孔傳鏞襲繼事致衍聖公（孔毓圻）呈狀

清康熙四十年十一月

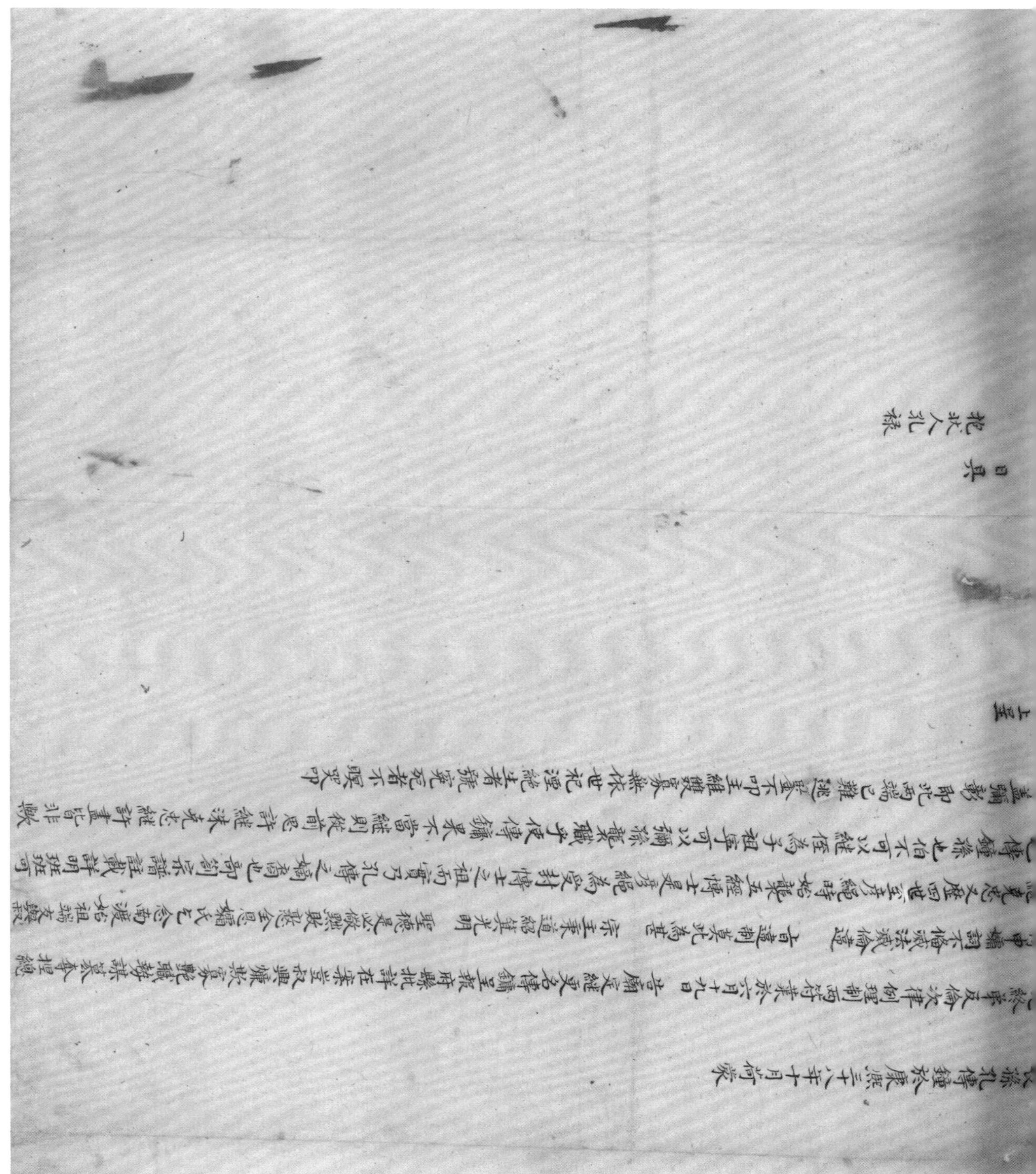

衢州孔氏族長孔聞用爲孔興燫僞圖紊祧謀襲事致衍聖公[孔毓圻]陳狀

清康熙四十年十一月

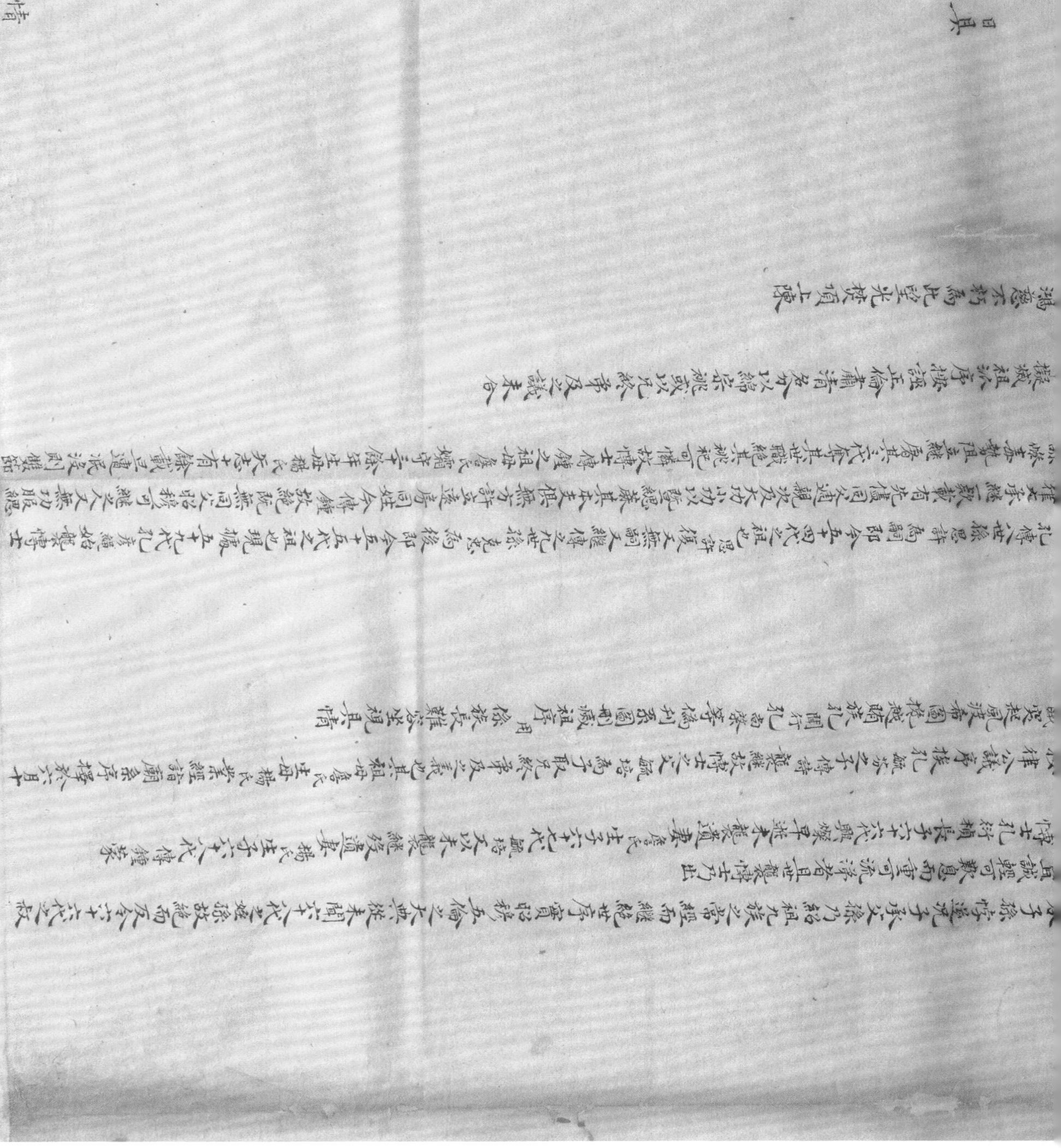

具呈狀故博士孔傳鍾祖母詹氏生母楊氏係浙江衢州府西安縣住北隅先義坊爲滅祖墓襲倫常異變[illegible]
荷蒙　宗主裁培題冰
皇恩承襲五經博士主祀家廟不幸本年正月初六日疾卒理宜序繼主祀以延長脉緣傳鍾之下未有生育親
縣批詳在案豈出廢叔孔興爌欺寡艷戰勢謀篡奪僞造系圖删滅　祖序誣捏派爲旁支置孔傳於[illegible]
沭　宗主恩差行查舉族公議水落石出揣難逃掩復敢于朝京埠頭勢行攔阻不容　公役責電萬不
傳之八代孫思許繼洙思許無子毋繼克忠又歷四世至彥繩時始襲五經博士是彥繩爲受封博士之祖而
傳鏞侄也毓培伯也興爌祖也傳鍾孫也侄不可以繼伯爲子祖豈可以稱孫襲職乎若傳鏞竟不當[illegible]
得之天降而思許克忠之身出自空桑矣即此數端欺篡顯然揑之艷戰圖謀一味改頭換面罔顧廢[illegible]
宗主大老爺秉道紹箕光明　聖德是必儆黜亂倫恩全孀氏伏乞垂念
聖祖萬世師表百代儀型歷今千有餘傳焉容此悖逆恩賜遣除正繼承祀以慰　聖靈在南宗派生啣
太子少師襲封衍聖公宗主大老爺臺下　施行

康熙肆拾年拾貳月

衢州孔氏故翰林院五經博士孔傳鍾祖母詹氏、生母楊氏爲以孔傳鏞襲繼事致衍聖公（孔毓圻）呈狀

清康熙四十年十二月

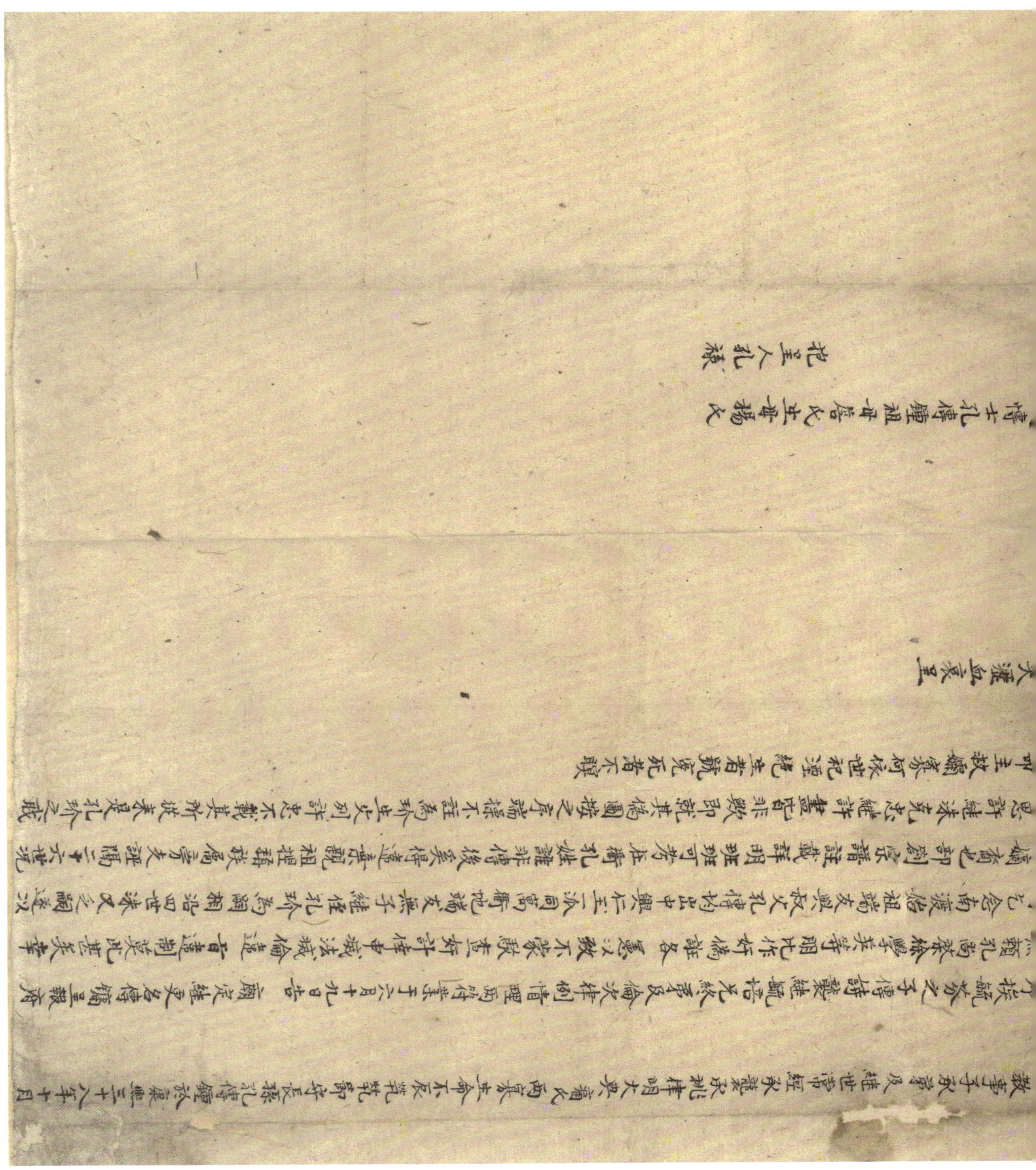

具結狀南渡聖裔浙江衢州府西安縣在城東南等隅孔氏子孫孔聞用孔聞達孔貞泰孔貞馥等爲遵查結覆褒崇 聖裔以隆治化事依奉保結得本宗六十八代嫡長宗孫孔傳鏞見年柒歲貫係西安縣孔都一啚
民籍始由四十八代祖襲封 衍聖公孔端友原係山東曲阜人氏於宋建炎年間同侄孔玠并四十七代祖中奉開國男孔傳俱扈從高宗南渡賜居衢州紹興年間詔立家廟賜田五頃以供祭祀自四十八代孔端友至五十三
代孔洙襲封公爵歷傳六代宗歿建元至元十九年世祖召洙赴闕里議襲公爵因本枝祖墳俱在衢州不忍廢離懇辭爵與山東弟孔治承襲賜洙國子祭酒兼提舉浙東學校歸守江南承奉廟祀祭掃祖塋備載誌鑑綱目
等書及御奉
詔書勘合事例優免差役蒙賜祭田宋元之時俱免粮額迨至故明洪武年間勅造黃冊以輕則民田入額後于十九年因有民人王希達隨母改嫁來家爲事累及前田入官以致歲祀不敷後蒙沈府主到任查見孔洙辭爵之後一向
有缺官職奉祀深加憫恤具本內閣闕里子孫承襲公爵已有定制外乞將衢州孔端友嫡派子孫一人比照宋臣朱熹事例添授五經博士一員以主祭祀正德元年孔彥繩始襲博士歷傳至今自奉
宗主行查取結本宗公同遵查結覆自南渡始祖孔端友繼侄孔玠玠生搢搢生文遠文遠生萬春萬春生孔洙孔洙無嗣立孔傳八世孫孔思許思許無子立親弟思俊子克忠承繼克忠生希路希路生孔議議生公誠公誠生
彥繩彥繩生承美承美生弘章弘章生聞音聞音生貞運貞運生尚乾尚乾生衍禎衍禎生興燦興燦生毓培毓培生傳鍾康熙三十八年蒙 恩題襲主祀二載不幸病故繼輩未育合族循例兄終弟及序挨傳鏞襲
繼的係六十八代正派裔孫譜系備具並非疏遠旁枝身家狀無過犯理應遵查據寔具結乞賜主裁題咨不失奉祀爲此連名結覆中間不致扶同如虛甘罪執結是實

康熙肆拾年拾貳月 日具結狀南渡聖裔宗長合族等

孔聞用
聞達
貞泰
貞馥
貞亮
貞志
尚鈞
尚林
尚棟
尚拱
尚任
尚位
尚壽
尚求

浙江衢州府西安縣孔聞用、孔聞遠等爲孔傳鏞襲繼事所具結狀

清康熙四十年十二月

衍文 衍璋 衍珪 興仁 興禮 興基 興泰 興隆 興植 興讓 興社 興栢 興正 毓進 毓瑞 毓楨 毓棟 毓林 毓蕃 毓拝 毓芳 毓[illegible] 毓時 毓葵

南支族長孔閒忭等為纂修家譜事康熙肆拾年拾貳月初肆日蒙

太子少師襲封衍聖公府聖牌內開照得家之有譜上以述

祖德揚宗功下以叙昭穆序一本也故蘇老泉曰觀吾之譜者孝弟之心可以油然生矣吾

中興祖後同出大宗非為甚遠而慶弔不聞名字不悉本府忝承

廟祀念念能不愴然今閱南來舊譜一本合載南北兩宗最為明晰而自承字輩以下

入譜現在人丁名字及爵里並宗派圖樣詳悉開列裝釘成冊併取舊例七條呈

法為此合行牌諭等因蒙此為查纂修家譜一節洵鉅典也自承字輩以下未

並宗派圖樣詳悉開列裝釘成冊呈送緣衢地荒涼人丁星散兼之歲暮乏員啟外

宗主爵臺施行須至呈者

計送七條家規壹冊

右

呈

太子少師襲封衍聖公府

康熙肆拾年拾貳月

初陸

清康熙四十年十二月初六日

浚分爲兩支歷四百年風殊路迥幾成秦越邇自
[illegible]雖復叠斯瓜瓞繁衍絕振何憑紀載以成鉅觀爲此檄仰南宗族長舉事等速將本支未
鋟板彙成全書毋致滲漏踈畧其有違犯家法不應入譜者亦毋得徇情濫載一人以亂宗
[illegible]今蒙明諭舉行是誠惇本之至意理應即行遵照將本支未入譜現在人丁名字爵里
此遣送先將舊例家規七條送　電餘懇寬期俯俟來春與癘晉謁一並交付呈　電聽候
聞行等

南支族長孔聞行等為行查事康熙肆拾年拾貳月初貳日蒙

太子少師襲封衍聖公府聖牌内開准

浙江撫院洛移故翰傳承襲緣由到府查得襲蔭大典如長支已絶應援嫡長子孫有

隔二十餘世之别派於禮未恊但衢魯遼遠支派親疎難以懸定仰南支族長孔聞

洛請毋得狥執偏私致紊家規等因蒙此為查孔興燫委係故博士孔衍楨嫡次

部題補在案今傳鍾告殂長支已絶且傳鍾之祖若艾並無嫡次庶長之子孫應援

拾貳月初肆日傳集本族衣冠人等在於

聖祖家廟公同備具連名結狀壹本理合呈送覆核洛　題至於孔傳詩係南渡開國

結狀壹本理合一並聲明聽候

宗主裁奪施行須至呈者

計送連名結狀貳本

右　　　　　　　　　　　　呈

太子少師襲封衍聖公府

康熙肆拾年拾貳月　初陸

衢州孔氏族長孔聞行等爲行查孔興燫、孔傳詩争襲并出具結狀事致衍聖公府呈

清康熙四十年十二月初六日

具結狀南支族長孔聞行聞遠聞元等今於

與結狀為行查事實結得孔興爐係故博士孔衍

中間並無偏私徇執扶捏情弊所具結狀是實

康熙肆拾年拾貳月

衢州孔氏族長孔聞行等爲孔興燫承襲事所具結狀

清康熙四十年十二月

衍楨嫡長曾孫孔傳鍾物故其祖父並無嫡次庶長子孫長支已絕序應衍楨嫡次子興燫承襲

與結狀為行查事實結得孔傳詩係南渡開國

具結狀南支族長孔聞行聞遠聞元等今於

康熙肆拾年拾貳月

衢州孔氏孔聞行、孔聞遠等爲行查孔傳詩所屬支派事所具結狀

清康熙四十年十二月

與　聖公派相隔貳拾陸世中間並無偏私徇執扶捏情弊所具結狀是實

族長孔聞行　聞遠　聞元　貞淑　貞俊　貞兆　貞瑩

貞才　尚禮　尚戎　尚琛　尚楫　尚渭　尚逵

尚益　尚棨　尚譆　尚魁　尚璠　尚奎　衍珩

衍孫　衍相　衍煜　衍恍　衍庠　衍枝　衍蕃 十

衍藻　衍桓　衍愷　衍俊　衍昺　衍熙　衍慶

衍煋　衍楠　衍杞　衍芬　興讓　興正　興斯 十

興熾　興㷧　興燧　興喩　興禮 十　興烱　興炳

毓棟

具稟故博士孔傳鍾祖母詹氏生母楊氏係浙江衢州府西安縣住北隅先義坊為泣呈巔末瀝訴
哀情伏冀垂慈俯詳宗派以定繼嗣以綿
聖祀事竊惟白露漫空青天易障妖形可現秦鏡難瞞痛〻生命不辰係故博士孔衍楨嫡長媳氏夫孔
興燦不幸早喪苦守氏男孔毓培撫養成立不幸毓培又遭淪沒可憐一夫一子三十年內兩見慘傷
氏與毓培之妻楊氏一姑一媳兩世之中全悲失所幸毓培有子孔傳鍾年甫髫齡荷蒙
洪慈得叨
恩綸承襲方謂趙孤猶在則
聖祀可延詎知三日之哭一綫頓絕嗚呼兩寡相依為命者僅此區區而又罹此慘折也興言及此能不
痛哉是以蒙族公議詳考系圖傳鍾之下已無繼輩之人而傳字之行只有兄終弟及之義序
族孔毓芬之子孔傳詩改名傳鏞接襲傳鍾卜日告
廟僉議詢同此於理制為兩符於昭穆為不紊況氏翁孔衍楨係孔克十一世孫一脉相傳而孔傳鏞
即係孔克忠十四世姪孫揔屬孔傳之後流派分明並非相隔二十六世何期族叔孔興燫貪謀欺
寡罔顧倫常倒置向年氏夫身亡已蓄陰謀篡襲所憚者氏翁尚存及氏男身故更欵欺心謀
篡幸賴
皇命已臨得保無虞今見孀氏立繼傳鏞不思恤寡憐孤反思弱肉強食豪載四十七代孔傳及削去五
十二代孔言一脉同流之祖妄指孔傳鏞為隔屬疎遠之支篡身攙入不容氏立後咆哮凌逼孤命
难存煢煢兩寡有苦誰訴不思四十八代祖孔端友與叔父孔傳自宋南渡住衢端友五代孫孔
洙無嗣已取孔傳八代孫思許為後思許復又無嗣又繼孔傳九代孫克忠為後由克忠以至彥
繩由彥繩以至今日其世沭
恩綸者同為端友之嫡支其寔皆孔傳之一派也何興燫偽造系圖于孔傳之下減去孔言孔康孔詔兄弟
三人不序思許克忠出繼緣由泣思傳鏞若不當繼則從前思許繼洙克忠繼許全是孔傳之

衢州孔氏故翰林院五經博士孔傳鍾祖母詹氏、生母楊氏爲呈訴孔傳鏞接襲、孔興燫篡襲事致衍聖公［孔毓圻］稟

清康熙四十年十二月

欲逆承六十八代之孫戕千秋萬世無此倫常即
聖祖之靈亦不歆此逆祀之享
宗主大人海内斗山
聖門柱石凡在
聖裔悉沭培扶伏乞憫憐奇变而宗長孔聞行等又受興爆賄囑不彰公道幸沭俾差査序
倫定繼涇渭有分哀望俯電系圖并對歷朝襲劄結狀外有宗譜另人賚覧主持紹祀
則氏與媳楊氏雖瞑目而氏翁故夫故男冥冥戴德
聖祖在天之靈自日鑒於兹也哀切瀝稟

宗主聖公大老爺　施行

康熙四十年十二月　日具稟

浙江衢州府儒學生員孔衍忱爲孔興爙病故事致衍聖公［孔毓圻］稟

無朝年

浙江衢州府儒學生員南宗衍忱謹

稟

宗主 台下切忱偕含姪興爙因歸閭里家

宗主垂愛飲食教誨有加靡已昌勝銘感第南北修阻曰獲時伸敬候爲歉茲稟者含姪

向因遭家多難蒙

賜力主持不至紊亂宗支舉家契頂恭門衷祚薄質病交加承襲一十二載杜門守

拙一無善狀難以備悉前兩届

覲典曰違就道隨班慶賀今因

皇上六旬萬壽誤執己見以身爲臣子分所難辭不遠千里困顧自病于本省請勘合自正月

二十四日西邑起程至杭省途路風霜病日沉重醫治不痊病故在省臨危伏枕哀鳴不能

仰報

高深終天抱恨父柩在堂未曆男大女長未婚未娶一無就緒遺囑稟明聞見唏噓所幸者

長子毓垣年已二旬有一藉以仔肩巨任其名與系圖前經呈報在案理宜率其親叩

臺端面懇一切奈長途質斧一時倉卒無措先遣家丁呂祥馳訃伏冀

指南即當踵懇伏念姪與姪孫子父兩世沐恩帑俾一門啣結俎豆千秋即

聖祖九天亦默慰

紫庇南宗靡既矣羽便泐稟敬候

台禧仰希

柔照俯切冰兢臨稟昌勝悚惶尚禱

無朝年

立議約孔聞行等，今因四十八世祖衍聖公孔端友扈宋來衢，六襲公
爵，至元朝受命召五十三世祖孔洙歸魯，復封洙以聖祖家廟及五
代聖公墳墓在衢，不忍離棄，辭封歸魯，迨至明孝宗弘治十八年，聞郡
守沈公以衢有廟無官，則主鬯無人，非所以妥 聖靈而光俎豆也，特請
世襲翰博一員主祭，自孔彥繩始，至孔衍楨又已六代，不幸長子興爍孫
毓培俱經早故，以嫡長房孫孔傳鍾襲職，不料未及載餘，又故，誠可哀也。
無怪乎鍾之祖母詹氏、生母楊氏有迫欲得繼之懷，若嫡以外，庶次可
繼，五服內亦可繼，無如目前皆無應繼之人，則二家終養果何所依乎？
鋕，詹氏燫之長嫂也，燫之子，詹氏嫡兒也，詹氏不已有後乎？有子兆不
有孫，楊氏後日不又有後乎？則照詹鍾之祖母主母，非燫其誰任之？不
得舍親而及疏，舍近而求遠，若夫況宗廟設官以主鬯而妥 聖靈，嫡
長以外，惟嫡次可承襲，族不可得而越也。是立繼者以情而論，一孫
已故，兩家無依，有不容而措之者，非人也；世官者以律而論，由嫡及次，以次
承嫡，有不遵而行之者，豈理也哉？迨燫世官以及子，若孫是詹氏無孫
而有孫，楊氏無子而有子，其忍同秦人之肥，視越人之瘠，取西江之水
潤涸轍之急，即今兩寡悲燫，但陳情各憲，以公論出于學校，轉送即
庠學 學師，敦請諸紳士，并傳律族衆，齊集明倫堂，從公妥議，以
兩氏不可無繼，若仁人恤寡之心，以世官不可終絕，若孝子事親之意，
因議得必欲立繼，則嫡之外不可以撥越，紳士之公論僉同，必議立繼，則
鍾之下恩可以相承，族長之私心雖同，是繼可待而襲不可待也，夫以
不可待之官而燫襲之，當思宜自狀襲二寡，當哉依也，則其所以周旋
植恤，奉長嫂如母，而爲之終養，不致有向隅之泣，是在燫竭力以周之，
以全一家之誼，以敦一本之情，在兩寡又皆出自名門，自宜靜聽大公之
論，以全至戚之誼，庶大節無虧，芳名愈著矣。倘燫日後而有背議，在
族衆皆得而公責之，此一舉而全之道也。同立議約各執其一云。

孔氏合族公討孔聞用檄

無朝年

孔氏合族公討斃鱷孔聞用檄

爲違律滅嫡奪家親挽與公論章叩闔門以正倫常事國家首重倫常書
惡雖逃彰遁遁罔赦傅士孔衍禎嫡長子孫有故早應嫡次子孔興廉承
襲今廉與其妻詹氏在媳楊氏以立繼承襲奪控
各憲將家
守寓挽衍宥禕衍　縣主進發　開庠會同族衆兩學紳衿從公酌議詎晨
族衆孔聞用等僉述衆議之會同並無私心之可用理應四畀覆以待申詳詎詹氏
楊氏不揣閨閫觀妄念爭世襲仗主策而興詞聽奸謀而抗控嫡次而受奪丈夫挽越
繼過子國興倚牝鳴而張虎翼忽雎不良乎主章萬惡不肖族鱷孔聞用暴
若豺狼毒如蛇蝎何也不孝以子而告父已經懲責於府堂今也不悌以弟而
僭兄乃將逞威于族衆紊亂家規而忍棄嫡倚力教婦訟而強抱螟蛉奪人孤
子已欺圖其後人又絕其嗣違衆公評既獲罪於紳衿復招尤於宗族不思興廉之
繼房猶存詹氏嫂媳兄媳在堂之父柩未厝興廉行是嫡胄乃長支已絕所當以弟而
承兄次嫡無從正合以父而傳子世官無容他覬本立繼亦在親房惡胡初念稍明花
押已僉於　縣結既而存心反覆復挺身抵誣以浮詞逞刁竟在閨中敢化惟遏惡二
婦立繼不過族衆主謀僉出一人一人是則衆人非通族兩庠豈皆昧禮驟者而親
者聋嫡叉五服豈肯耳心在惡之作孽多端即此之敗倫已甚何如狗彘着裘
巾似此愚奸殊堪痛絕不孝不悌不智不仁天地所不容鬼神所共殛人心所同共王法
所必誅不徒鳴鼓以攻合共操戈以逐豈容僭晉之宗嘗冀所當盛擯之庸門族百與
不挽於巾幗而曾畀孫永紹于簪纓上振家聲無噺
祖訓公驅族鱷用妥
先靈

孔氏合族公具

〇一〇四 ◆ 浙江衢州孔氏族人争襲五經博士檢附西安縣明朝弘治、正德年間原檔證明宗支源流（二）

清康熙四十一年

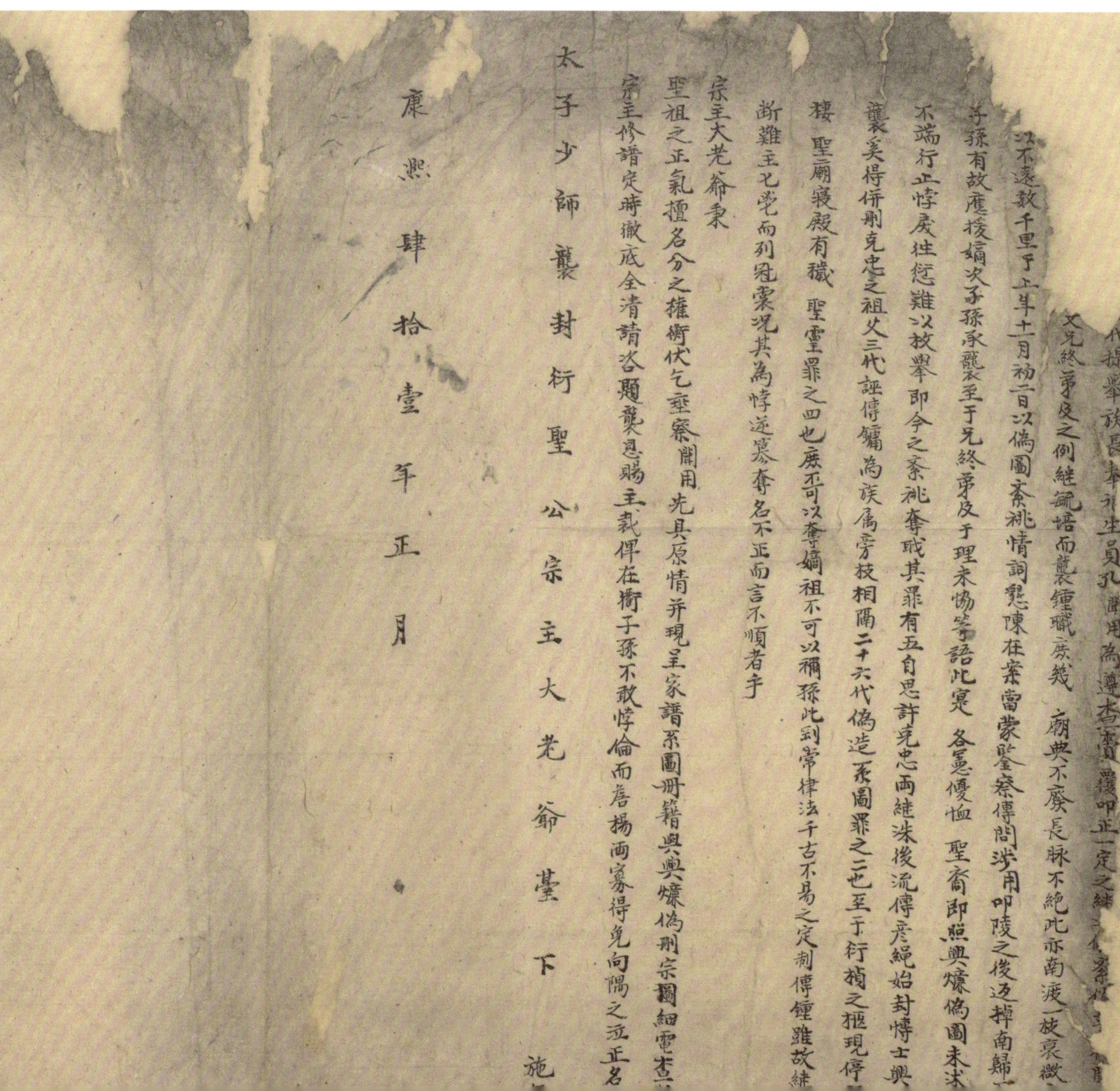

代提舉族長奉祀生員孔□用為遵查實覆叩正一定之緒……
文允終弟及之例繼統語而襲鍾職處幾　廟典不廢長脉不絕此亦南渡一枝衰微
以不遠數千里于上年十一月初二日以偽圖紊祧情詞懇陳在案當蒙鑒察傳問涉用叩陵之後迺掉南歸一
子孫有故應援嫡次子孫承襲至于兄終弟及于理未協等語此冤　各憲優恤　聖裔即照興𤆬偽圖未洣
不端行止悖戾往愆難以枚舉即今之紊祧奪職其罪有五自思許克忠兩継洙後流傳彥繩始封博士與
襲奚得併刪克忠之祖父三代誣傳鏞為族屬旁枝相隔二十六代偽造系圖罪之二也至于衍楨之拒現停
褸　聖廟寢殿有職　聖靈罪之四也庶不可以奪嫡祖不可以禰孫此到常律法千古不易之定制傳鍾雖故緒
斷難主匕鬯而列冠裳況其為悖逆篡奪名不正而言不順者乎
宗主大老爺秉
聖祖之正氣擅名分之權衡伏乞垂察開用先具原情并現呈家譜系圖冊籍與興𤆬偽刪宗圖細電查
宗主修譜定時徹底全清請咨題襲恩賜主裁俾在衢子孫不敢悖倫而詹揚兩家得免向隅之泣正名
太子少師襲封衍聖公宗主大老爺臺下　施

康熙肆拾壹年正月

衢州孔氏族長孔聞用爲孔興燫僞圖紊祧并請咨題孔傳鏞襲繼事致衍聖公［孔毓圻］呈

清康熙四十一年正月

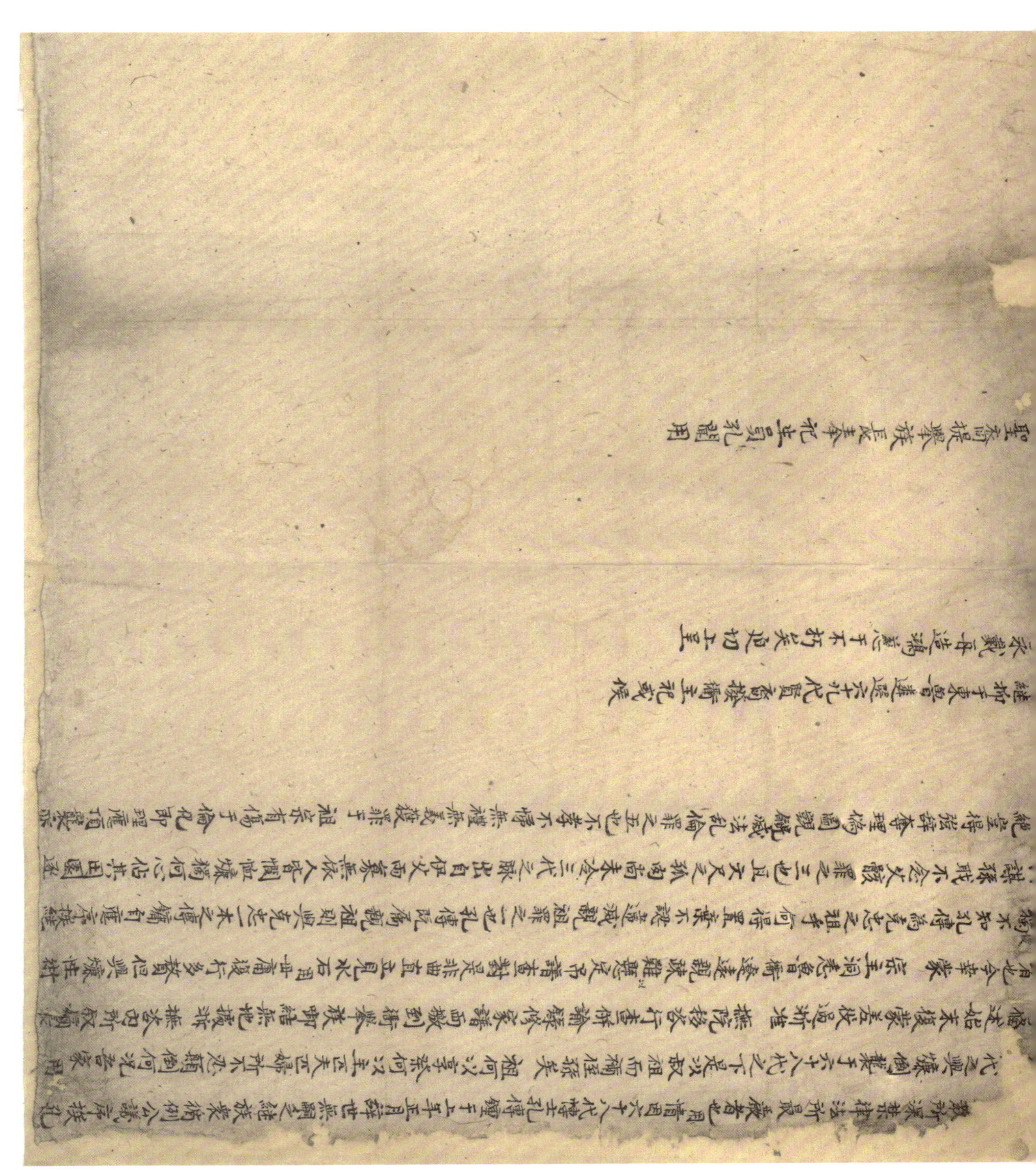

衢州孔氏族長孔聞用爲賫交襲繼文書事致衍聖公［孔毓圻］稟（附東魯碑文抄件一紙）

清康熙四十一年正月

故博士孔傳鍾祖母詹氏、生母楊氏稟呈清單一份

無朝年

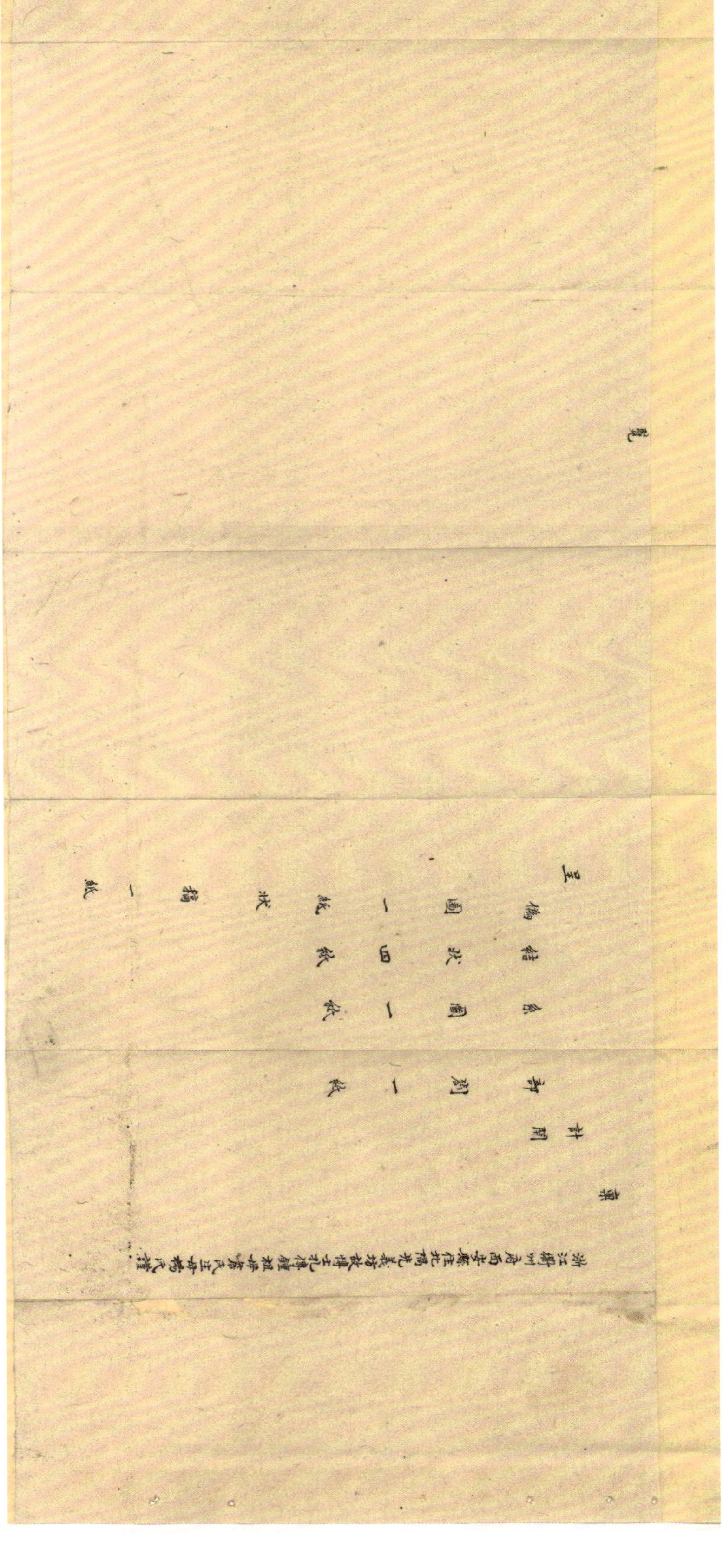

四十八代祖

孔端友 — 玠 — 搢 — 文遠 — 萬春 — 洙 — 思許 — 克忠 — 希路 — 議 — 公誠 — 彥繩 — 承美 — 弘章

洙：襲封賜爵之祖

彥繩：已始襲博士之祖

端友：此南渡襲封衍聖公始祖

弘章 — 聞魯　聞晋　聞音　聞會　聞書

聞魯 — 貞學
聞晋 — 貞衍　貞時
聞音 — 貞運
聞會 — 貞䧹
聞書 — 貞璉

尚三　尚琳　尚彬　尚息　尚乾　尚坤　尚忠　尚灝　尚謙　尚顏　尚魁

衍馨　衍相　衍霖　衍昺　衍蕃　衍椋　衍庠　衍椿　衍枝　衍桓　衍棋　衍桂　衍禕　衍桁　衍祐　衍愷　衍俊　衍祜　衍禛　衍祢　衍祥　衍祈

興詩　興焞　興熾　興爆　興俊　興傑　興佐　興起　興燫　興爍　興燧　興禮　興麟　興焊

毓垣

早卒 毓培

早卒 傳鍾

衢州孔氏四十三代至六十八代系圖（部分）（一）

無朝年

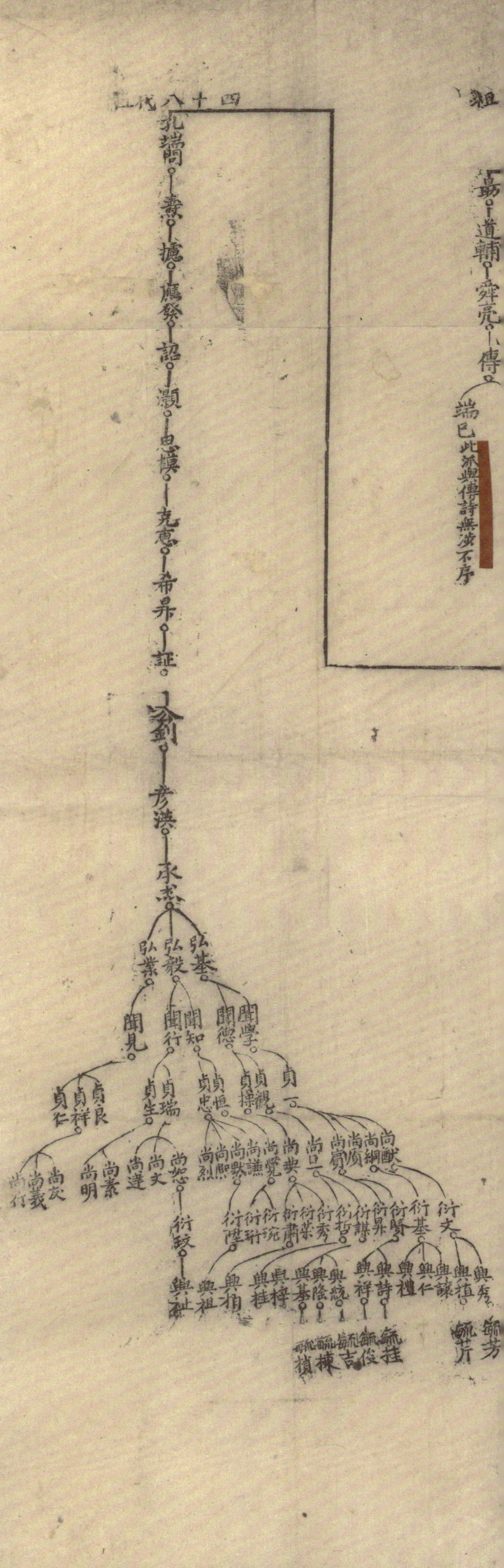

四十八代祖

孔端友—玠—搢—文遠—萬春—洙—思許—克忠—希路—議—公誠—彦繩—承美—弘章

端友 此南渡襲封衍聖公始祖

洙 此讓封歸曲阜之祖

彦繩 此始襲博士之祖

弘章—聞會、聞晉、聞音、聞會、聞書

貞學、貞衍、貞時、貞運、貞應、貞璉

尚三、尚琳、尚彬、尚恩、尚乾、尚坤、尚忠、尚灝、尚謙、尚顥、尚魁

衍聲、衍相、衍震、衍昌、衍植、衍庠、衍椿、衍枚、衍桓、衍楨、衍桂、衍禧、衍祈、衍愷、衍俊、衍祜、衍棋、衍祚、衍梓、衍祈

興詩、興埒、興熾、興爆、興俊、興傑、興佐、興起、興燫、興燦、興燧、興禮、興麟、興烽

毓垣、廣培、昭煥、繼鐘

衢州孔氏四十三代至六十八代系圖（部分）（二）

無朝年

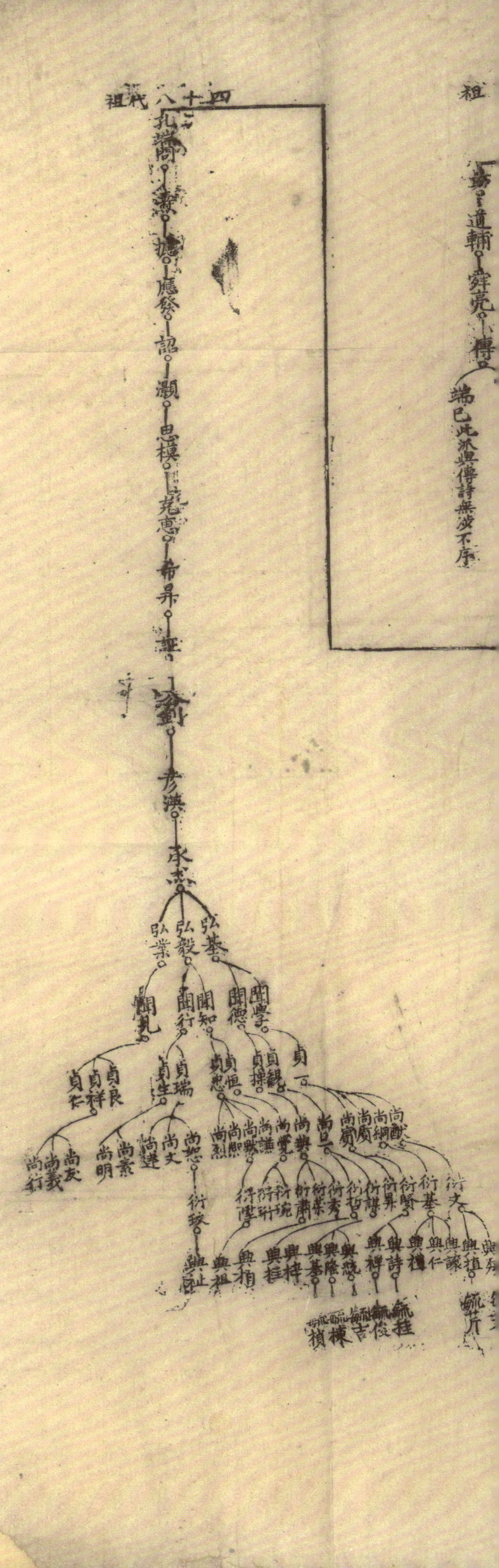

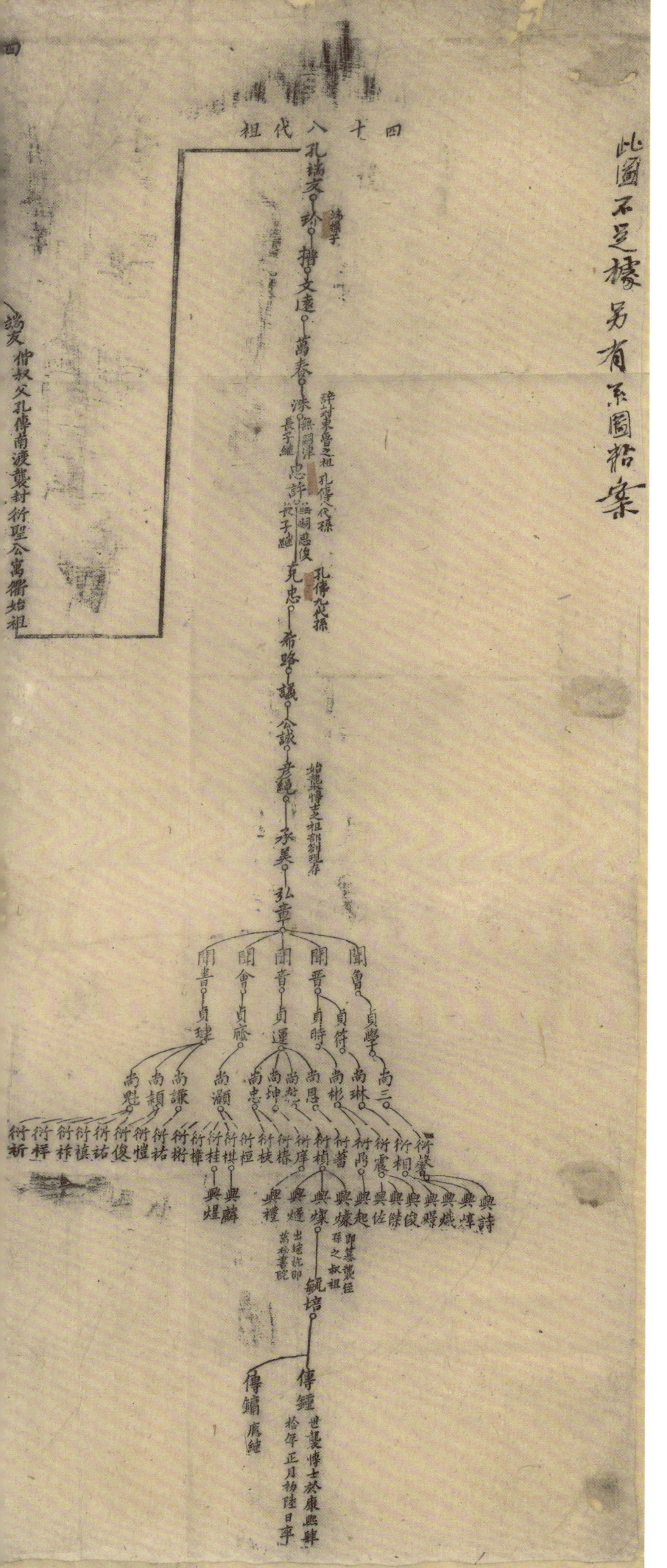

衢州孔氏四十三代至六十八代系圖（部分）（三）

無朝年

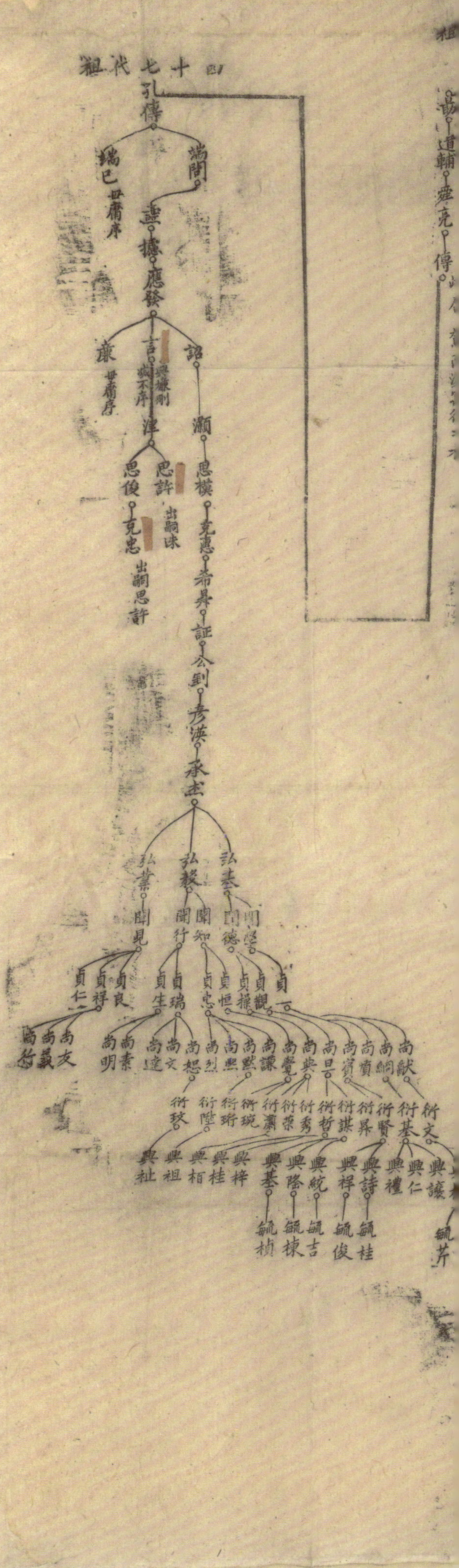

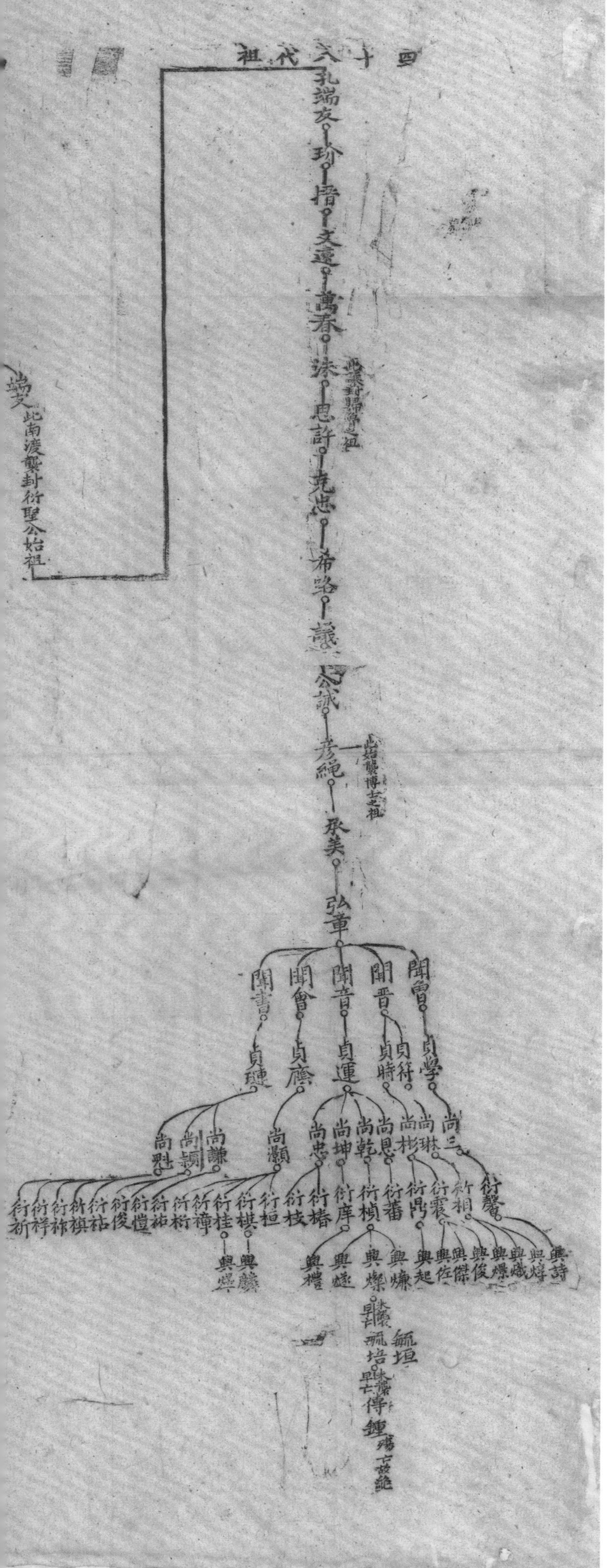

衢州孔氏四十三代至六十八代系圖（部分）（四）

無朝年

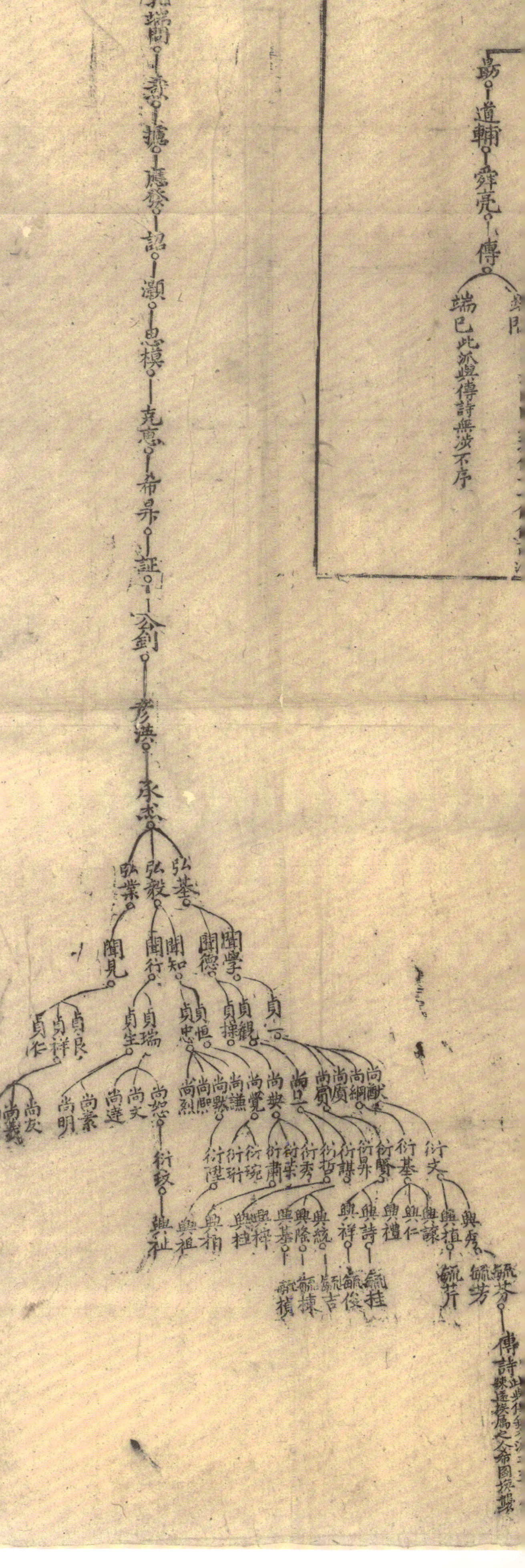

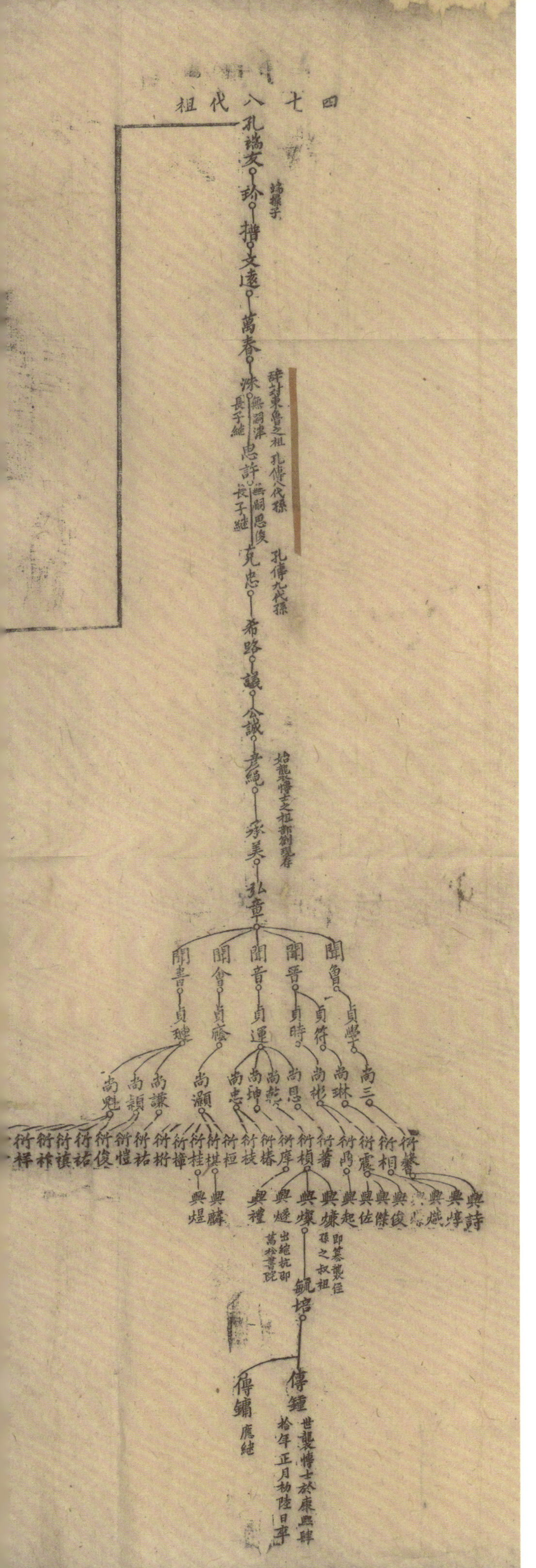

衢州孔氏四十三代至六十八代系圖（部分）（五）

無朝年

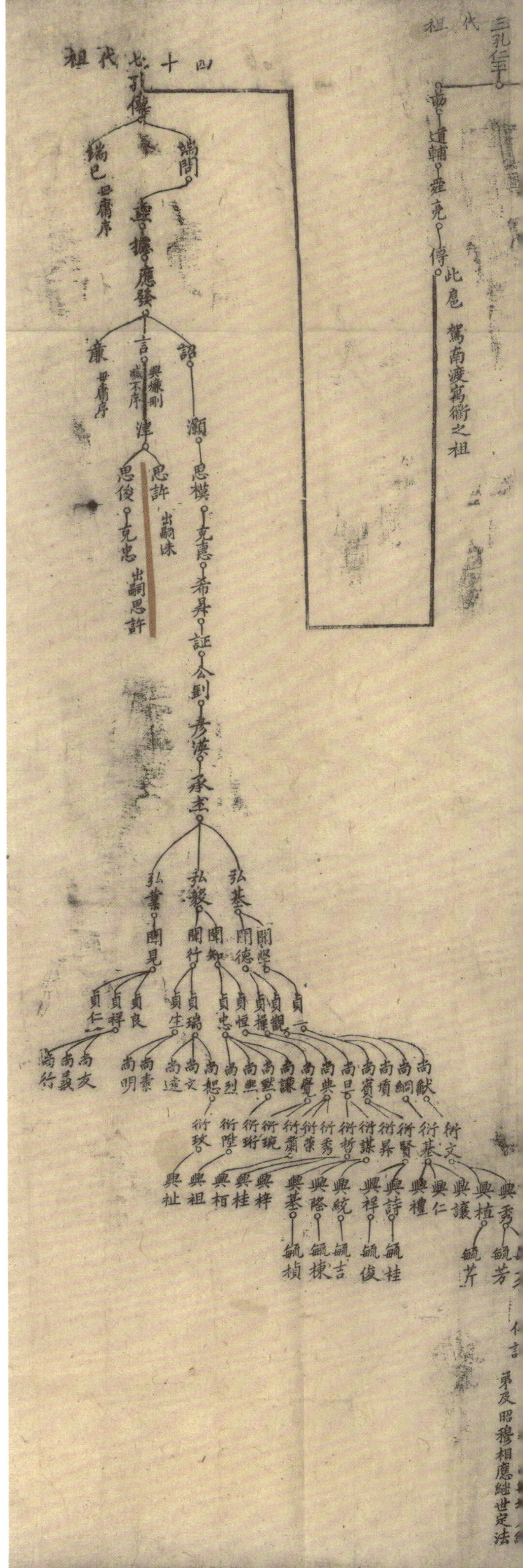

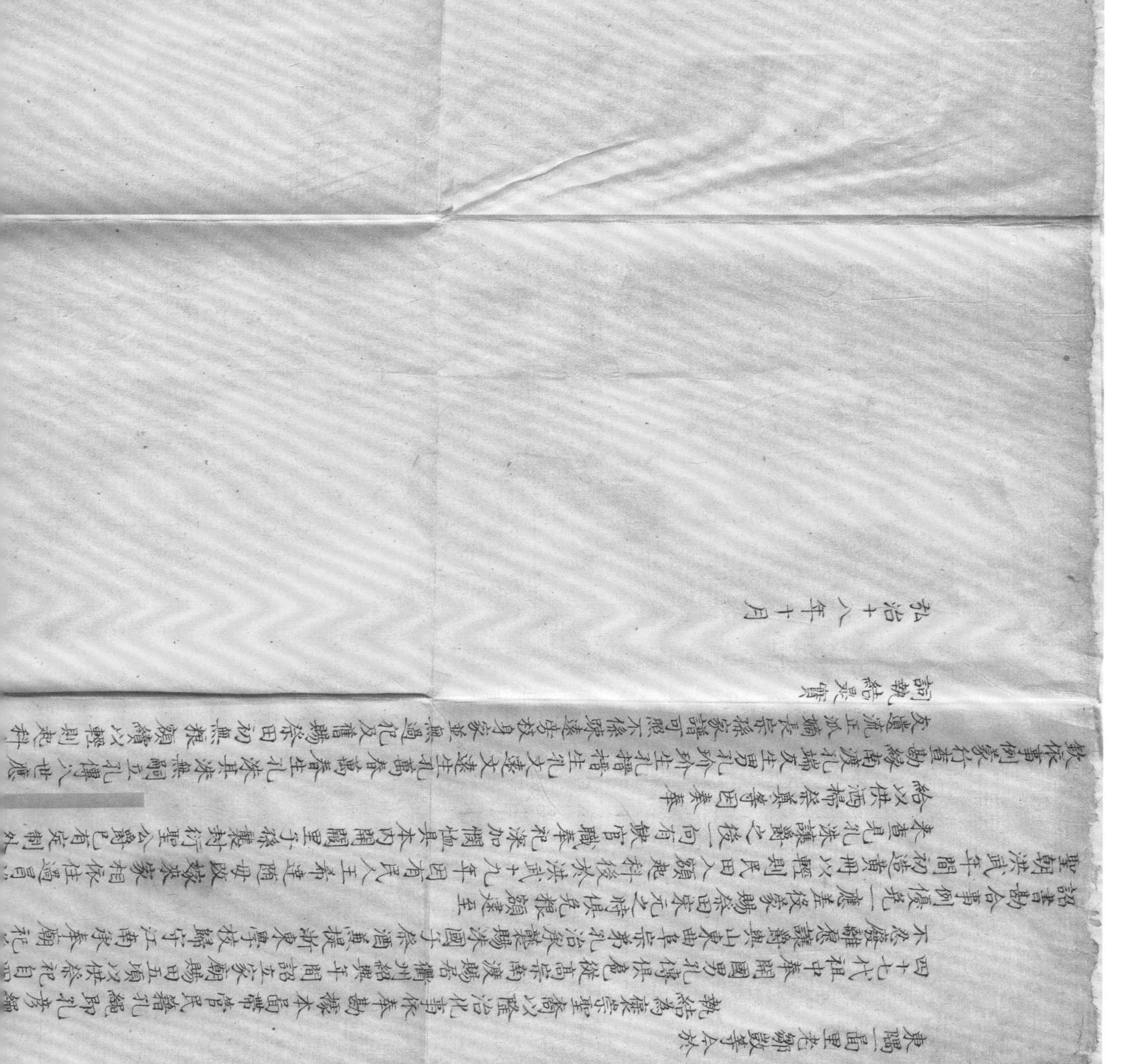

東隅一圖里老鄭鼓等今於

執結爲褒崇聖裔以隆治化事依奉勘據本邑帶管民籍孔繩助孔彥繩

四十七代祖中奉開國男孔傳俱扈從高宗南渡賜居衢州紹興年間詔立家廟賜田五頃以供祭祀自

不忍廢離懇辭襲爵與山東曲阜宗弟孔治承襲賜洙國子祭酒兼提浙東學校歸守江南承奉廟祀之

詔書勘合事例優免一應差役家賜祭田宋元之時俱免糧額逮至

聖朝洪武年間初造黃冊以輕則民田入額起科後於洪武十九年因有民人王希達隨母改嫁來家相依住過冒以

來查見孔洙讓爵之後一向有缺官職奉祀深加憫恤具本内開闕里子孫襲封衍聖公爵已有定制外

給以供酒掃祭奠等因奏奉

欽依事例蒙行查勘緣南渡孔端友生男孔玠玠生孔搢搢生孔文遠文遠生孔萬春萬春生孔洙其洙無嗣立孔傳八世應

友遺流正派嫡長宗孫家譜可憑不係頂遠步投身家並無過犯及舊賜祭田初無糧額續以輕則起科

詞執結是實

弘治十八年十月

衢州里長鄒𢾺、里老趙麟等爲證孔彦繩係孔端友正派嫡長宗孫事所具執結

明弘治十八年十月

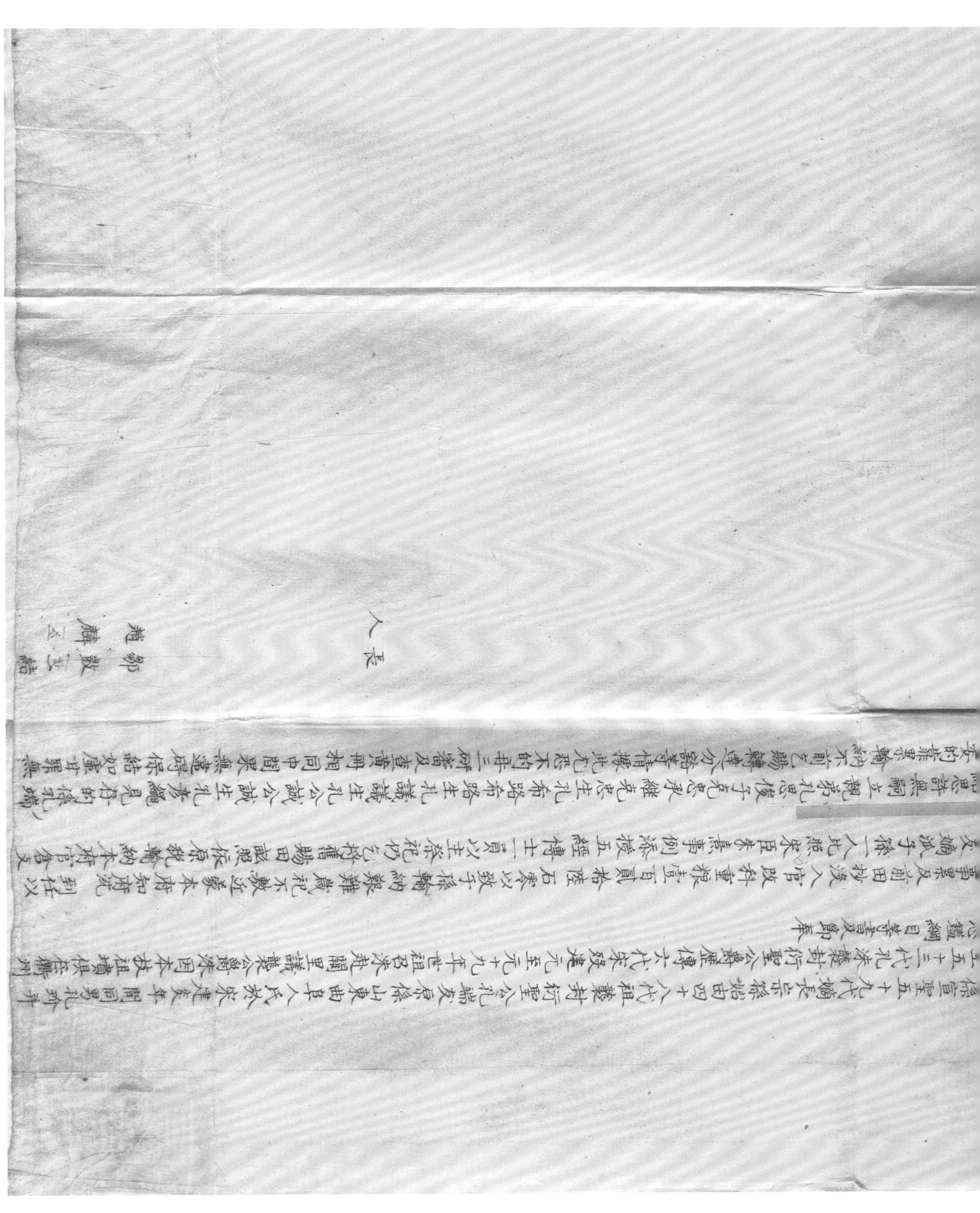

西安縣東南等隅孔氏子孫孔希武等今於
執結爲褒崇聖裔以隆治化事依奉保勘得本宗五十九代嫡長宗孫孔彥繩見年五十三歲曾
開國男孔傳俱扈從高宗南渡賜居衢州紹興年間詔立家廟賜田伍頃以供祭祀自四十八代孔端友至五十一
宗弟孔治承襲賜洙國子祭酒兼提浙東學校歸守江南承奉廟祀祭掃祖墓備載志鑑綱目等書及節奉
詔書勘合事例優免一應差役蒙賜祭田宋元之時俱免糧額遞至
聖朝洪武年間初造黄册以輕則民田入額起科後於洪武十九年因有民人王希達随母改嫁来家相依住過冒捉同籍本人
一向有缺官職奉祀深加憫恤具本内開闕里子孫承襲公爵已有定制外乞將衢州孔端友嫡派子孫一人
欽依事例蒙查勘緣南渡始祖孔端友生男孔玠玠生孔搢搢生孔文遠文遠生孔萬春萬春生孔洙其洙無嗣立孔傳八世應
正派嫡長宗孫譜牒備具不以疎遠旁枝身家並無過犯理應起送及查勘得舊賜祭田初無糧額續以輕則

弘治十八年十月

西安縣孔希武、孔希紳等爲證孔彥繩係孔端友正派嫡長宗孫事所具執結

明弘治十八年十月

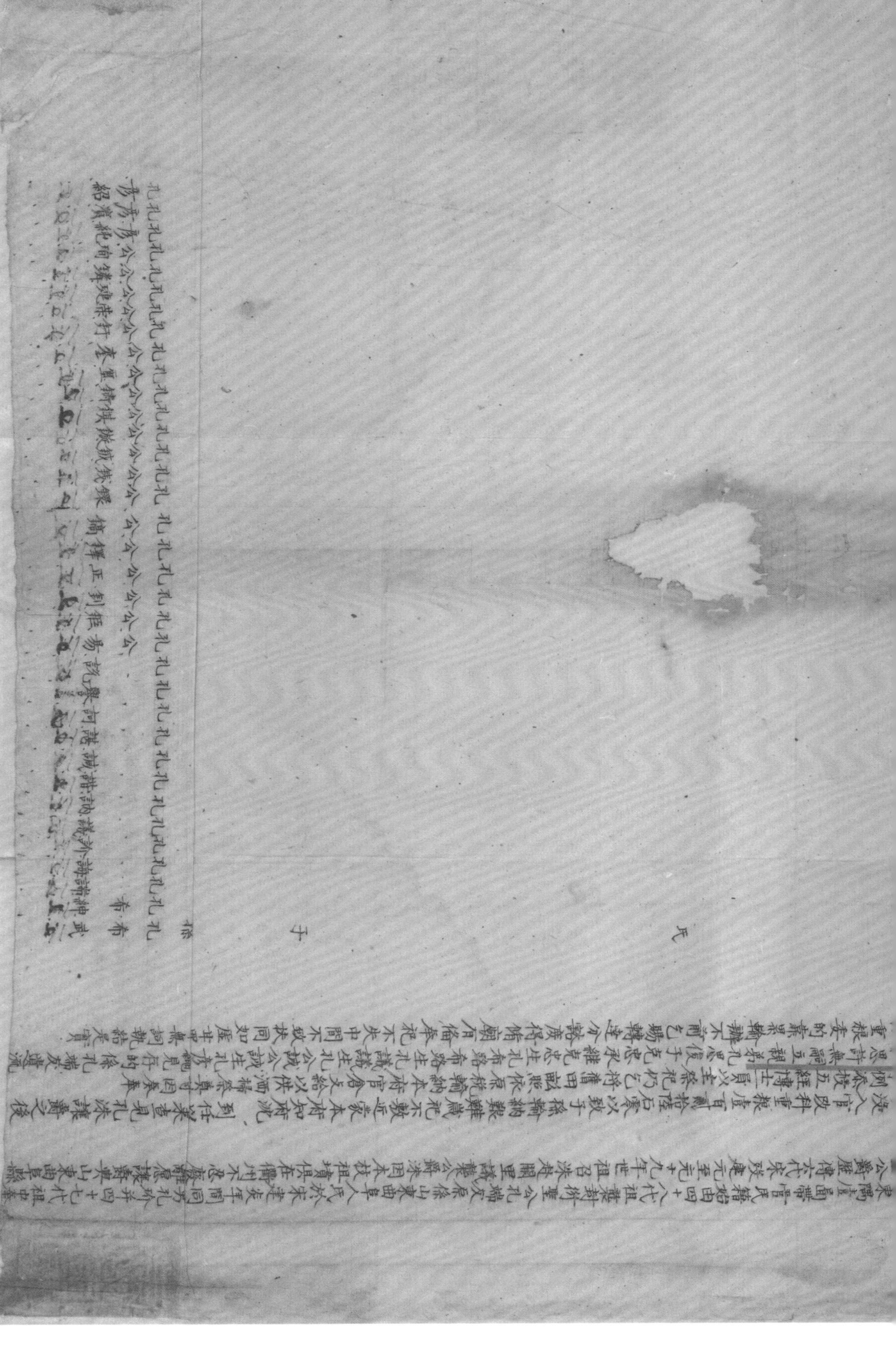

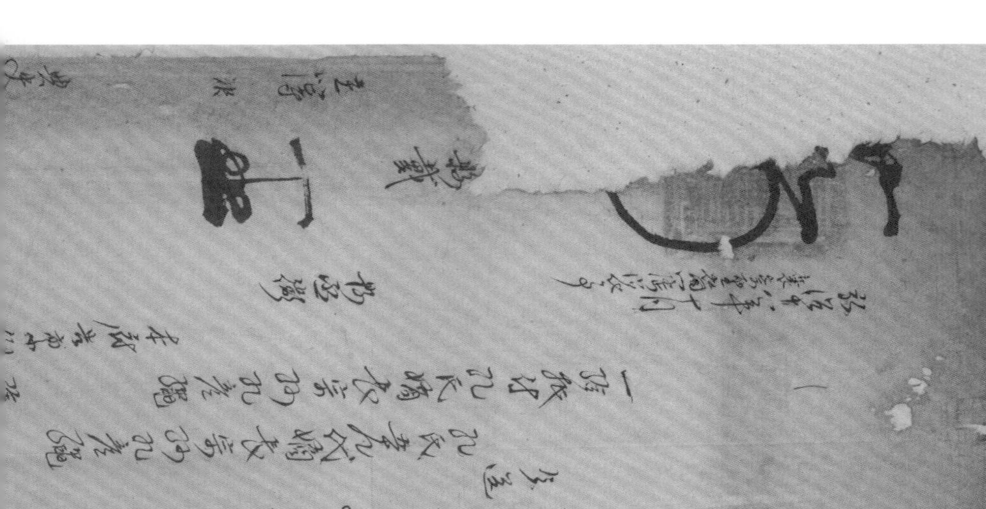

衢州府西安縣爲授孔彦繩五經博士及舊賜田畝照依原稅輸納事致衢州府并同知姚[鳳]申

明弘治十八年十月

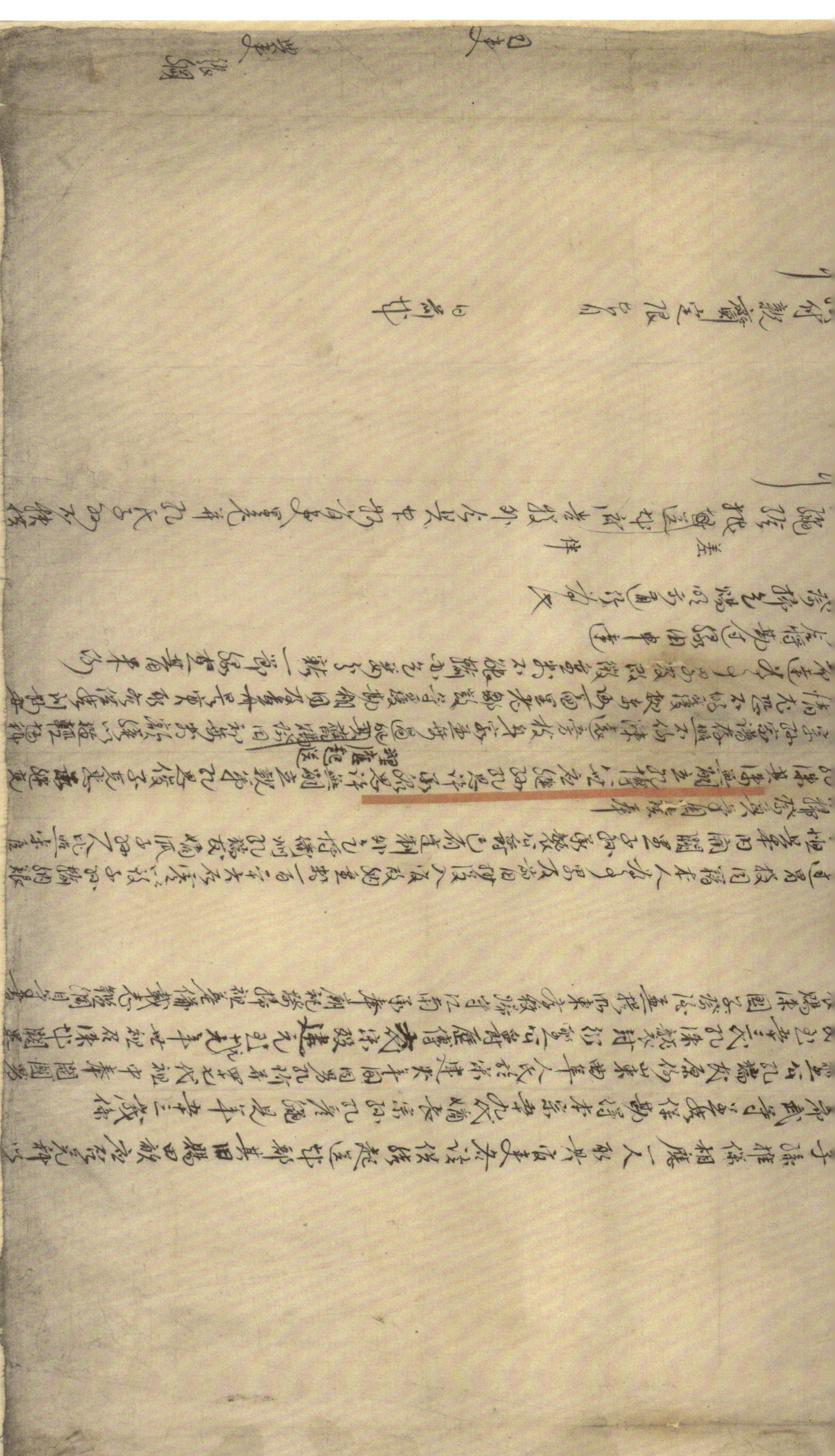

供狀人孔承美年肆拾歲係

宣聖嫡派伍拾玖代孫翰林院世襲五經博士孔彥繩嫡長親男承父祖貫浙江衢州府西安縣東隅壹啚免差

曲阜人氏於宋建炎年間因扈從高宗南渡寓居衢州紹興年間詔立家廟賜田伍頃供奉祭祀

俱在衢州不忍廢離愿讓爵與山東曲阜縣宗弟孔治承襲賜洙國子祭酒兼提浙東學校

後一向有缺官職奉祀深加憫恤具本爲褒崇聖裔以隆治化事比照宋臣朱熹事例乞將

欽依事理轉行府縣查勘得南渡始祖孔端友生男孔玠玠生孔搢搢生孔文遠文遠生孔萬春萬春生孔洙

誠公誠生孔彥繩的係孔端友遺流嫡派長房子孫保勘送部銓授翰林院世襲五經博

具呈本縣申達合干上司蒙行勘驗父年柒拾以上血氣衰敗已成痼疾卒難醫療

官今蒙審供緣承美果係孔端友遺流正派孔彥繩嫡長親男即不係疏遠旁枝並無

正德拾叁年叁月　　日供

孔承美爲替父職事所具供狀

明正德十三年三月

〇一〇五 ◆ 浙江衢州孔氏族人争襲五經博士檢附西安縣明朝弘治、正德年間原檔證明宗支源流（三）

清康熙五十四年至五十八年

今將處故孔興燫該詞於是

恩憲

呈狀據博士世襲翰林院孔衍楨嫡次子西安縣儒學生員孔興燫爲族皇欺剗奉

左衢不忍遂離襲封歸宗族弟孔治承襲公爵自茲以後遂與魯氏無異迄至故明

上旨查勘孔端友嫡派之孫孔彥繩授以翰林院五經博士以主廟祀歷傳至生曾祖孔

三異遂長兄大亡任職繼襲不幸先大人孔衍楨于三十九年六月間病故本處序嫡長

繼思已于三十八年十月間受職矣不意今歲正月初六日忽疾亡年僅一十二歲禮曰

衆公議遵詔呈覆在案詳對族長孔毓芳襲職世職以年方六歲之子孔傳諍謹奉

端友嫡派之子孫方可承襲非端友嫡派子孫不可承襲況本

朝定律凡文武官員應令襲者廃職事並令嫡長子孫承襲如嫡長子孫有故

與同姓或異姓之人冒襲承已經到部襲過者其同襲之人罪能職稍者治罪諸以鞭

而長次遞異若隔閱見或襲職者亦收使止令猶在故絕之孫冒頂歷祖嫡派之裔不

孫傳誨係四十七代祖開國男孔傳[illegible]枝之子孫今派已經二十六代明明謀遠族蓄

憲天鑒電伏乞敕[illegible]上賜以安　聖靈而下足以杜覬覦矣爲此迫切上呈

單切祖於宋衍聖公孔端友扈蹕南渡，敕建家廟于衢，六世襲公爵，傳至孔洙，因以五代聖公陵墓
之洪公，以衢有廟無官，先聖嫡派子孫，混同流俗，轉懇具題奉
承文公繼生父孔衍楨，因大父孔尚乾早殁，以嫡孫承祖，繼生子三人，長子興燫，次即生男興[illegible]
之承襲，生族具結請詳題述
補主 之員，廟祀無主，生是嫡次，亦難緘默，因具呈恩賜轉詳 新襲主祀，俾嫡派族
人承襲是從 公署切念三衢家廟，因衍聖公孔端友而建，三衢博士，查孔端友嫡派之子而設是文
龍文查定例內開一軍職將亡[illegible]
其嫡長男[illegible]排列[illegible]如[illegible]天同文孰敢不遵，且先大人現今停柩在堂，尚未安厝
承襲律例相違，亦大非國家設官專嫡之意，況生係南渡四十八代祖衍聖公孔端友嫡派之子
孫，亂宗亦支[illegible]今將生族具結[illegible]本呈送

令將逆僕丁頭冒名毓垣亂宗匿報各 憲駁查詳覆抄錄

呈

電　計抄

杭州府看詳

為報明事康熙五十二年四月二十六日奉 巡撫部院加三級又加二級王 憲牌內開本月二
十二日據衢州府呈報五經博士孔興燫進京慶賀起程到省因感冒風寒醫治不痊于二月
十五日病故所領勘合已于本省繳訖等情前來據此為查孔興燫係承襲博士之員領有
勘合循例進京道過省城病故因何地方官不行呈報合行飭查仰府即使轉飭查明孔
興燫在何處地方于何日病故其勘合繳在何衙門収存并將該縣不行呈報情由一並詳覆
毋得遲延等因奉此遵即備行仁錢二縣確查去後隨據仁和縣申稱案查二月初七日據伊家
丁孔毓垣呈為患心病危篤懇賜詳繳勘合事切主世襲翰林院五經博士孔興燫例應三載入覲
又值慶賀 萬壽聖誕已經請給勘合由浙江山東曲阜至北京止剋期甚促不敢逗留自胥
三十日到省奈禮弱一路感冒風寒痰悶氣喘汗出神昏氣短臥床病勢危險不能前往為
此據實報明伏叩電情驗明恩賜詳繳幸得生全感佩靡既等情具繳勘合前來當即著仝
醫生查驗去後隨據醫生鄭平具結呈稱結得五經博士孔興燫係久患虛弱脉息急數今復
發暈即用補中益氣湯減升麻加遠志棗仁醫治但病勢凶危恐难痊愈寔係患病不敢
扶捏如虛甘罪等情又據房主太和院僧起凡結稱結得世襲翰林院五經博士孔興燫于正月
三十日帶病歇寓僧處請醫調治所患虛弱症候不敢扶捏各等情具結前來據此隨將繳到
兵部戌字三百八十三號勘合一道印簿一本于二月初十日申繳鹽驛道在案嗣後並未據伊親屬
主呈報病故今奉前因遵經確查去後今據太和禪院住僧起凡稟為叩天電情申覆事
切于本年正月三十日有五經博士孔興燫因赴京朝賀到杭患病不能前往緣僧貼居萬松嶺孔
廟太和菴係屬伊香火院故爾來往前于二月初七日蒙差仝醫生看驗已經具結在案隨于二月
十五日身故彼時僧欲具報因伊家人孔毓垣口稱向例止報 衍聖公不用呈報地方官況住居衢
州不必報之杭省等語當日又無子侄在廟僧係愚人且住居伊菴惟命是從未經呈報今奉行
查為此據寔稟覆伏乞電賜申覆等情前來據此該縣職查得過往官員中途病故例
據親屬具報地方官方可轉報今世襲五經博士孔興燫今春自衢起程路經省中患病不
能進京家丁于二月初七日來縣抱呈繳明勘合隨經卑縣遣醫驗病轉繳鹽驛道在案以後並
未據伊親屬呈報病故而房主僧起凡亦不報聞則卑縣憑何轉報是不報之咎在伊家屬而非
卑縣不報也查定例內家屬如無具報免其議處等語相應據寔申覆伏候轉覆等因奉此

杭州府、衢州府等爲行查孔興爊病故未報及孔毓垣是否應襲事抄件

無朝年

任僧起孔稟稱據伊家丁孔毓垣口稱向例止報　衍聖公不用呈報地方官居住衢郡不必報

之杭省等語緣由具詳奉批仰布政司查例速詳奪繳奉此合亟粘單飛飭查詳爲此

仰府文到即查五經博士承襲請咨以及病故等項是否不由地方官呈報應否飭取病故地

方結逐一查例詳覆至孔興爊住居衢郡該府迅速詳覆慎毋刻遲致干未便等因奉此

合行飛檄嚴查爲此仰縣官吏查明來牌粘抄事理文到即查五經博士承襲請咨以及

病故等項是否不由地方官呈報應否飭取地方官結逐一查例詳府以憑查核轉詳此係

奉　憲批查該縣迅即查例詳覆毋得刻遲致干提究經承未便

浙江等處承宣布政司使加五級紀錄十二次滁　爲報明事本年四月十三日據衢州府申據西

安縣申稱具呈家人孔毓垣呈孔興爊於二月十五日病故省城所領勘合已於本省繳訖

等因到司據此爲查該員既故在省則所領勘合係繳送何衙門一再報故呈詞自應親

屬在病故地方官出結報明並未聲說明白延今四月二十三日始據該府呈報是何緣故

有無別項情隱除現在詳報　督撫二院察奪外合行飭查爲此仰該府官吏即便遵

照指駁覆行確查據寔詳司以憑轉詳院奪毋得遲延致干提催未便

西安縣詳

看得西邑博士孔興爊於本年二月十五日在杭省病故於二月初十日止據家人孔毓垣稟繳

勘合在省隨經仁邑具文申報訖今蒙　撫憲檄查病故地方據杭府詳覆批行二藩司查例

速詳粘單轉飭查例詳覆遵即行查茲據家人覆稱病故日期已報　聖府咨部具

題不日見諳即報等語並無親屬子侄呈報前來家丁之言難以遽信因檢查舊案

一件報明事博士孔衍楨於康熙三十七年六月在本邑病故由縣申詳通報在案又查一件

懇賜轉詳承襲事奉本府帖文奉布政司案驗奉前院張案驗康熙三十七年十二月准吏

部咨開五經博士孔衍楨病故應處嫡長孫孔傳鐘承襲查事隸　衍聖公相應知

照候咨又查一件前事康熙三十八年閏七月奉本府帖文奉布政司趙奉前院張案驗

奉　衍聖公咨開准浙江撫院咨送冊結查孔傳鐘例應承襲除移咨吏部外擬合移

覆等因又查一件承襲事康熙三十八年閏七月奉本府帖文奉布政司案驗奉前撫院

張案驗准吏部咨開奉　衍聖公咨議得博士員缺俱照　衍聖公咨送題補

于三十八年七月題奉　旨依議欽遵行咨知照孔傳鍾在案孔衍楨病故孔傳鍾
承襲之原案也　再查一件稟報事博士孔傳鍾于康熙四十年正月在本邑病故由縣申
府通報在案又查一件違例篡襲事奉前布政司趙憲牌奉前院張批本司呈詳
孔氏争襲一案既係　聖門家事應否請咨　衍聖公裁奪緣由奉批仰候移咨
聖公繳知照到縣又查一件承襲事康熙四十一年十二月奉署府帖文奉布政司案驗蒙
·護理院事郎案驗奉　衍聖公咨開准院咨博士孔傳鍾病故已查應嫡次子孫
孔興燫承襲于四十一年七月移咨吏部本年八月奉　旨依議欽遵行咨知照孔興
燫在案此孔傳鍾病故孔興燫承襲之原案也　查五經博士應候
聖公主裁而承襲請咨以及病故等項仍由地方官呈報兩案俱在定例久循今孔興
燫病故杭省其家人口稱不用呈報居住衢郡不必報之杭省等語終非確論緣
奉行查事理擬合備叙詳覆更有請者本　朝設立博士已經有年在上憲自有
成案惟祈　憲台轉詳賜查一樣奪等因到府為查此案未奉飭查之前已據孔
興燫家人繳明勘合在省嗣後並無親屬報故前來今奉憲檄行查隨經轉飭
去後茲據該縣備録從前博士病故承襲情由擬合據情具文請覆憲台聽
候核轉
　布政司批　仰候據詳轉請　撫院移咨
衍聖公酌奪繳
　布政司詳覆為報明事奉巡撫部院加五級王批本司呈詳查得西安縣五經博
士孔興燫居住衢郡慶賀進京由衢至杭病故省城孔廟據伊家丁孔毓垣稱
係向例止報　聖府不必呈報地方官據杭府具詳奉憲批司查例詳奪奉經
行據衢府詳覆前情并録從前博士病故承襲原案到司覆查從前承
襲博士孔衍楨于康熙三十七年六月十四日病故據衢州府并西安縣申報到司
前司趙于康熙三十七年七月十五日詳奉前撫憲張批仰候咨部在案又查世

杭州府、衢州府等爲行查孔興燫病故未報及孔毓垣是否應襲事抄件

無朝年

聖府並無親屬報明咨部似與從前成有違背言詐作偽日甚

衍聖公并賜咨明吏部可也　據院批　仰候據詳分咨繳

具呈各憲現奉提審原詞抄錄

呈

電

具呈狀世襲翰林院五經博士孔貞運嫡孫孔興詩為滅典亂宗冒主匿故急

叩憲剪以彰　國法事竊閩大貫遺孽嬴秦失國小吏暗生興午系本是

以律重篡宗嗣蔽假冒編户尚別螟蛉　聖裔安容非種故兄博士孔興燫

慶賀進京病故杭省塞乏子嗣序應身子孔毓埍繼襲承祀通族公議

未及呈報堂料隨役逆僕丁頭幾乘機送勘合擅稱毓垣名不入譜毋非立

妾招吉之妻月桂私生妄冒兄嗣在杭不報到衢匿故暗款冒兄為父明又

不敢報故托言遠報山東希圖掩耳盜鈴亂宗滅嫡通族呈明府縣嚴提遁

匿三月二十日控鳴憲天蒙發守道提審豈逆畏與逃避迄今無獲審結以致不

蒙出結轉詳承襲　聖祀蕪薔缺員主奉上年八月韋蒙據憲將逆隱故不

報情弊移咨　東魯宗主并咨大部在案似此逆孽暗冒亂宗明抗法

典百計狡延無從提究致祀久懸難以詳覆伏非奉憲賜剪降勢必羈延不

結為此毋叩憲天俯念　聖祖祀典嫡派有主難容逆孽亂宗親提迅勒裁

培奕世迫切上呈　提督閩浙部院范　五十三年十月初九日批　速赴

衍聖公呈明以便提究

具呈狀世襲翰林院五經博士孔傳鍾祖母詹氏生母楊氏為家僕冒嗣　聖祀

倒懸事切氏生命不辰夫亡子故遺孫孔傳鍾髫年甫襲職旋遭夭亡一線之

緒頓絕兩寡煢煢無告以致故叔孔興燫接襲主祀滿望生子育孫日後序繼

復寡百年有靠不幸又塞乏嗣本年二月十五日禍緣進京慶賀中途病故

杭有詎出從嫁婢女月桂私生之子丫頭隨役在杭巧借繳送勘合為由捏
名毓垣冒為叔嗣紊乱宗支冠履倒制乞詳伊母月桂乃從嫁使婢家僕
招喜之妻所生三子長元喜次丫頭三進喜合郡週知通族共見逆僕丫頭豈
容假冒　聖裔匿故不報似此大憝　國法安在廹叩　憲天律提親剪正名肅
法世世頂恩望光上呈

具呈狀孔氏通族親房孔衍愷孔衍技房長孔衍庠族長孔聞用等為公舉不法
事切緣身族本源東魯由祖扈宋南遷寓衢勅建家廟荷蒙
宗主衍聖公咨題世襲翰林院五經博士奉祀主祭欽賜七條家規歷
無奪嫡亂宗紊越宗派今博士孔興燫乏嗣無繼病故杭有宣出贈嫁婢女
月桂私生異種捏稱毓垣冒為　聖裔紊亂宗祧賄結族蠹孔衍桃
孔尚楫孔貞烈等藐視王章扶同容隱不由本邑印結申詳計圖假冒欺
頂律法顛危亘古異变身等親技房族律有知情不舉之條分难坐視
為此不得不公叩　憲天大振乾綱剪除逆惡正嫡承襲德同再造連名呈
呈

提督閩浙部院范　五十三年十月初九日批　承襲博士事関大
典應赴
衍聖公呈查

具訴狀人孔毓垣為辯明嫡庶援古証今懇憲原詳事正出曰嫡婢妾
所生曰庶嫡與庶有分庶與庶無異庶之云者衆之謂也分而用之曰卑曰

杭州府、衢州府等爲行查孔興燫病故未報及孔毓垣是否應襲事抄件

無朝年

[illegible]博士孔興燫奉　旨承襲十有餘年年二

年恭逢

皇上六旬萬壽例應赴都隨班朝賀抱病就道中途轉劇殞命于杭立身

爲子業經具呈賫繳勘合在案身母胞生弟兄三人身名毓垣次名毓埥

三名毓均現今修譜通報族房孔貞烈等編名載入何爲冒認據伊等捏

言私生之說尤爲怪誕服中生子爲私生外寓漏種爲私生家庭婢妾故父

之婢妾也婢妾所養故父所生也故父所生即故父庶子也名正言順曷爲

私生伏叩憲天原情俯察通詳移咨永免污蔑頂德不朽迫切上呈

五十二年八月初七日縣批　奉憲批查案件候當堂訊明可杜爭冒詳結

其憲行承襲應另具當襲呈詞以憑并圖結詳覆候轉若入

辯呈不便據詳致干駁詰

衢州府正堂馬爲祖聖祀典缺員等事據孔氏族房長孔衍愷孔衍枝等故

博士孔傳鍾祖母詹氏故博士孔貞運孫孔興詩各詞稱孔毓垣係故博士

孔興燫婢女月桂私生冒濫　聖裔紊亂宗枝當[illegible]異議制各詞首控到府

隨經批令該縣確查去後迄今三月有奇竟置膜外不審不覆屢催罔應

嗣後據該縣詳覆博士病故以及承襲請咨等項仍由地方官呈報查承襲

之員事關　大典難容久懸合亟飛催爲此仰縣官吏文到立查孔氏家譜系序

承襲務與律例相符該爲何人并查孔毓垣是否婢女月桂私生有無冒濫等弊

逐一確取切實看詳以憑查核通詳各憲聽候咨達現奉憲檄迭催勢難刻緩

敢再玩延[illegible]經承重究不貸

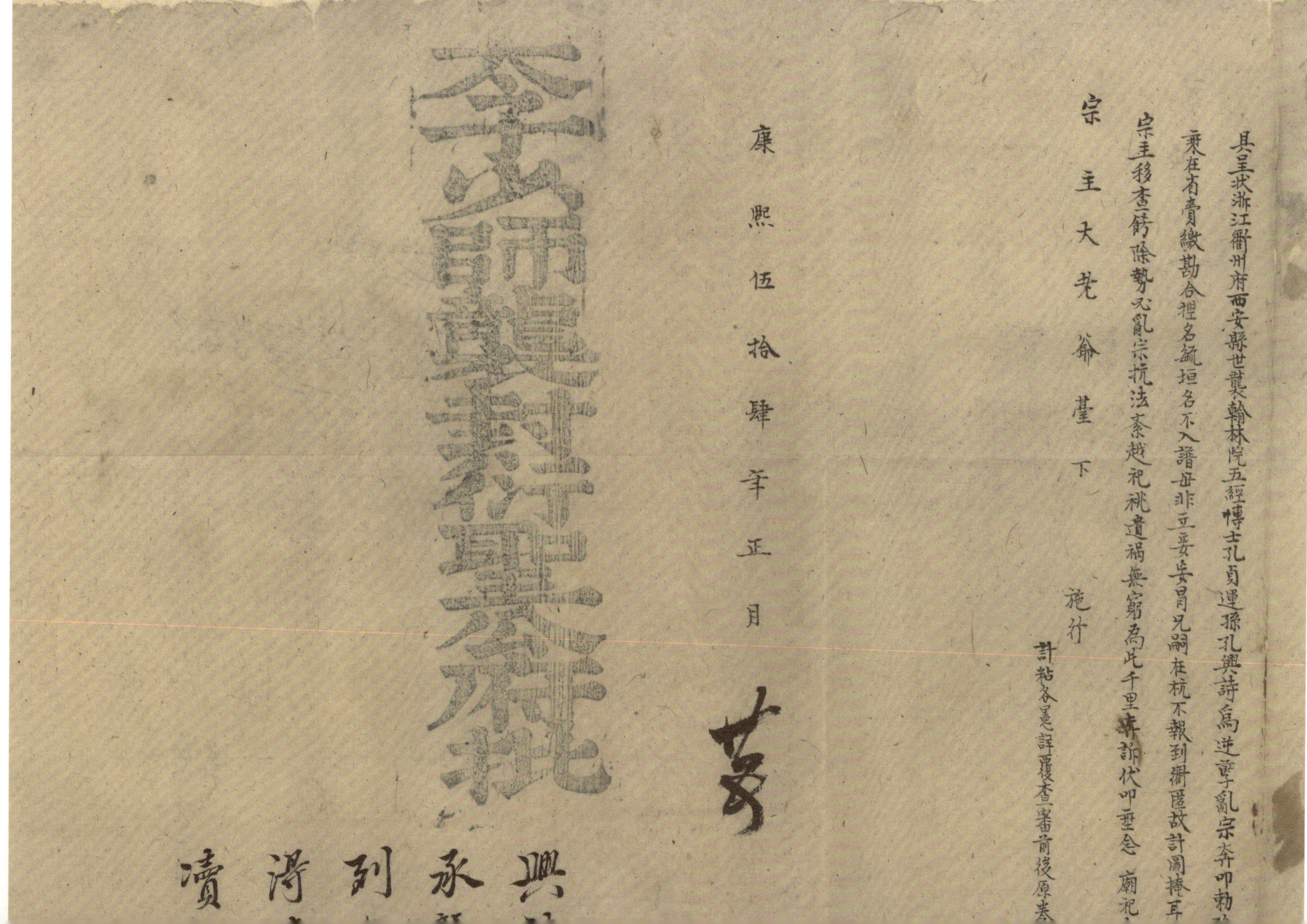

具呈狀浙江衢州府西安縣世襲翰林院五經博士孔貞運孫孔興詩爲逆孽亂宗奔叩勅
乘在省賣繳勘合捏名毓垣名不入譜毋非亞妾妾冐兄嗣在杭不報到衢匿故計圖捧耳
宗主移查飭除孽冗亂宗抗法紊越祀祧遺禍無窮爲此千里奔訴伏叩垂念 廟祀
宗 主 大 老 爺 臺 下 施行
計粘各憲詳覆查一番前後原案

康 熙 伍 拾 肆 年 正 月

衢州府西安縣孔興詩爲移查孔毓垣是否假冒事致衍聖公（孔毓圻）呈狀及批

清康熙五十四年正月二十五日

……緣故兄博士孔興燫病故，杭省褰之子嗣序應身子孔毓埴繼襲承祀，褰緣婢女月桂私生之子丫頭襪
業經呈明，暨合族公鳴，各憲嚴提，適匿無從審結，致祀久懸，難以詳覆，非奉
迄尊毓垣是否假冒亂宗，應否身子毓埴繼襲，雖具宗譜，通族府縣印結，裁培正派，奕世留恩，迫切呈

狀孔興詩

批

戕宗支，情詞可惡。查毓垣以庶長子
據南宗族長貞烈等公呈，尔興詩亦
興詩之祖為貞學，並非貞運之孫，何
今生肯認祖禰？希圖非分，如再妄
家法重處。仍遞解回籍，不准。

衢州孔氏族長孔聞用爲覆明孔傳鍾以來衢州孔氏翰林院五經博士承襲始末及請賜承襲人選事致衍聖公［孔毓圻］呈及批抄件

［康熙五十□年］三月二十二日

粘抄

具呈覆狀至聖六十二代族長奉祀貢生孔聞用爲遵批呈覆僭冒篡襲

事切緣身族本源東魯由祖扈宋南遷寓衢

勅建家廟世襲博士奉祀蒸嘗荷蒙

皇清恩隆 先聖叨沐 欽定賜輩十字興毓傳繼廣昭猷慶繁祥因第六十

八代傳字輩世襲博士孔傳鍾疾亡乏嗣應序六十九代繼字輩承襲彼緣

繼字輩合族未有生育而傳鍾上有祖母生母兩世孀居守 廟承祧孔傳鐈年

甫六歲未諳奉祀以致六十六代孔興燫攙越六十八代故博士孔傳鍾員缺

攙主祀事至康熙五十二年二月十五日孔興燫又故缺員應第六十九代繼

字輩孔繼正頂襲係傳鐈之子年始三歲未能主祀詎出族送孔衍忱孔貞叔

孔貞北

孔貞璠孔衍杞孔毓楨等扶同滅嫡胆將燫妾隨嫁婢女名喚月桂私生異種

衢州孔興詩爲孔毓垣假冒亂宗事致衍聖公［孔毓圻］呈狀及批抄件

［康熙五十□年］三月二十二日

部劄文憑不由憲檄知照不從本邑印結申詳竟用身爲族長律有不舉
之條不得不爲于上年十月初九日幸逢憲駕臨衢極控作主蒙准批示
承襲博士事關大典應赴
衍聖公呈查遵奉鈞批前往山東 衍聖公呈查隨有孔興詩以逆孽亂
宗詞控 宗主衍聖公于本年正月二十五日蒙批毓垣既屬假冒准俟移懲
以正家法尔興詩子毓埴應序承襲亦難遽
題閱詞已經宗族公鳴督撫有案仍速赴呈明咨会并系 圖印結前來庶便頂補
不得逗留致祀員缺遵批不敢久延奔叩呈展伏乞俯賜
題請世襲嫡長賜文咨会東省衍聖公扶倫正化重光祖廷永祀蒸嘗等情
三月初二日批所襲博士係何衙門具 題
衍聖公既批有移懲之語候東省移咨到日奪
具呈狀世襲翰林院五經博士孔貞運嫡孫孔興詩爲覇憲恩題永杜肖
纂以綿 聖祀事竊聞大胥遺孽羸秦失國小吏瘠生典千系秦編户

尚别螟蛉　聖裔安容非種故兄孔兴燫權主祀事

萬壽入覲中途病故乏嗣無繼本處身子孔毓垣承襲祖職以正祀派豈出使婢之

子丁頭檯稱毓垣名不入譜母非立妾冒爋為父妄冀亂宗纂襲寔又不敢成

服守制屢喪屢故不報地方公祖出結議言遠報山東決經呈控各憲暨一宗

族公鳴在案復蒙　撫憲咨　題屢故到　部奔控

憲轅蒙批宗族處赴

衍聖公呈查本年正月呈蒙批示仍速赴呈明咨會并繫圖印結前來

以便項補理合呈明伏乞俯念　聖祀攸關假冒亂宗名教首重剪除咨會

奕世蒙恩等情

三月初二日批　已于孔聞周呈内批示矣

故世襲翰林院五經博士孔衍楨繼室孔吴氏呈為違

旨據襲侮　聖斬祀急懇移查確寔嚴究訟師以正

國法以維　聖嫡事切惟子承父蔭普天一例無嫡立庶今古同揆徒無宗子兒

孫繞膝球遠旁支伏恃訟方主持捏造批語欺天妄人如訟方徐敦憲革逆

衢州孔氏已故翰林院五經博士孔衍楨繼室孔吳室爲説明孔毓垣理合承襲及請查明衍聖公是否批示事致衍聖公［孔毓圻］呈及批抄件

［康熙五十□年］三月二十二日

早逝曾孫傳鍾襲職殤亡無佰叔終鮮兄弟此即所謂嫡長子孫有故是
也本應嫡次承襲前族長廪膳生員孔聞衍暨通族援例保舉次子毓壎
襲職前族匪閱用從中構釁蔓訟二載前府縣並無真知灼見兩詳游請
不得已赴省公呈蒙前藩司即今現任大撫憲趙　看詳鑒鑒奉前撫憲
張　移咨　衍聖公委員詣衢告　廟本宗支長咸集廟庭僉議皆仝取族結
系圖咨　題授職此即所謂嫡次子孫承襲是也氏孫毓垣之名當即註載圖
譜通報在案可查五十二年恭逢
萬壽大慶例屆　覲賀氏男吳壎抱病赴都不幸中途病篤殞命于杭州省城
返本歸源敢不遵例赴　公府報明咨　題在案即氏曾孫傳鍾襲應當蒙
浙撫憲咨　部　大部駁咨
衍聖公查覈侍年承襲之例亦係
衍聖公保舉　題授是以氏孫毓垣承襲赴該管衙門呈報蒙
衍聖公查取族結系圖咨　部由　吏部　題請奉
旨襲職　吏部給憑限康熙五十三年二月十二日到任任事越今一載無異殊武

爲徐敘憲懸不畏充娶財唆騙目不識丁之孔興詩杼厞俞經奉單之
孔聞用胆捏私生假冒玷辱 聖門聞之駭異痛男娶媳元配周氏病軀
乏嗣氏夫命男納妾韋生三子長毓垣次毓埰三毓均氏長孫毓垣年已
二旬有二況氏三子興燧現存亦生孫毓堦年已成童豈容旁支攙越紊
亂家支況毓垣襲職衆
衍聖公咨移 浙撫憲衆 撫憲知照在案炳赤豈有妄信讒人今昔懸
殊至此據送僞造呈稱毓垣既屬假冒准候移懲以正家法等語伏念假
冒命官當服上刑以正
國法豈移懲乏以盡其辜此等荒唐不稽
衍聖公係何等衙門竟肯輕易徇此按計路程曲阜至衢不過三千里置
郵傳命之速風雨無阻據誣正月二十五日批發送文回衢誣告越今二月
竝無隻字隔面到衢並無咨文移憲則其僞造假批欺天與僞造印信大
移同罪伏乞賜咨

衢州孔氏已故翰林院五經博士孔衍楨繼室孔吴室爲説明孔毓垣理合承襲及請查明衍聖公是否批示事致衍聖公［孔毓圻］呈及批抄件

［康熙五十□年］三月二十二日

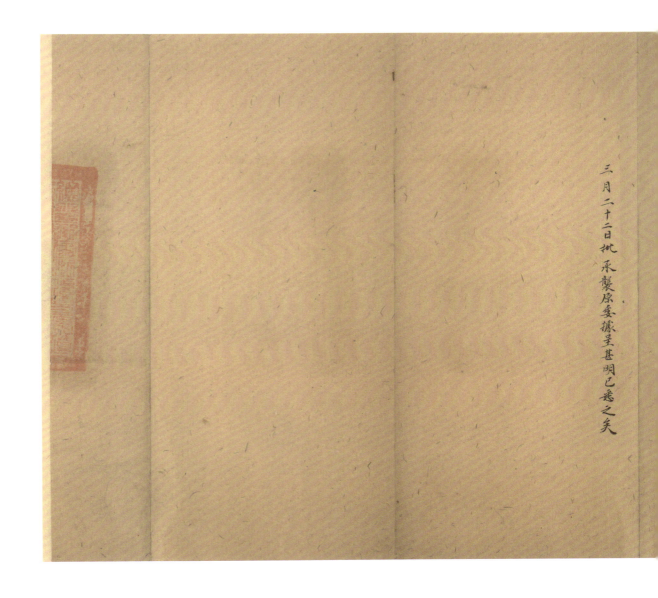

三月二十二日批 承襲原委據呈甚明已悉之矣

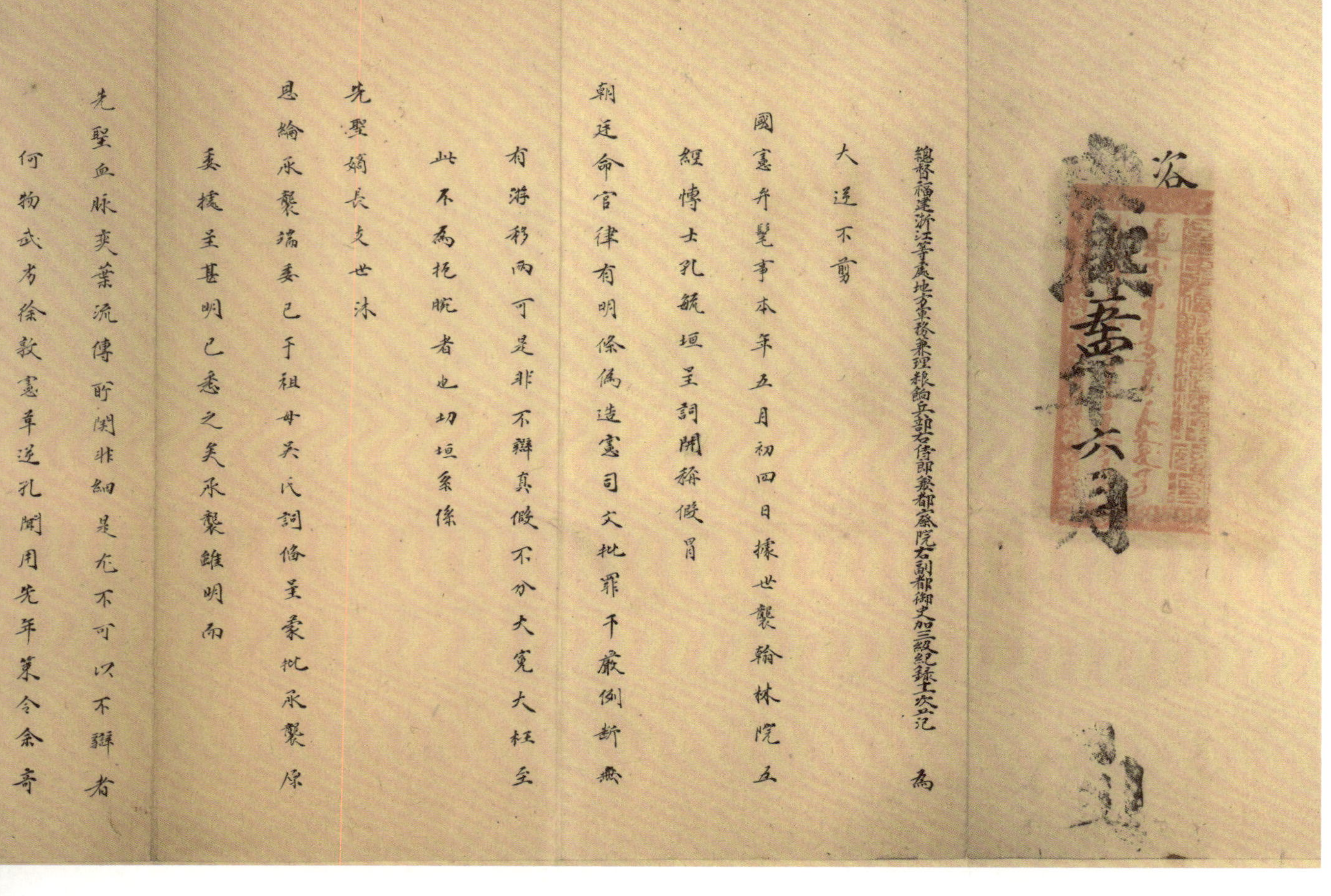

咨

[illegible]六月

總督福建浙江等處地方軍務兼理糧餉兵部右侍郎兼都察院右副都御史加三級紀錄十次六記　爲

大逆不剪

國憲弁髦事本年五月初四日據世襲翰林院五

經博士孔毓垣呈詞開稱假冒

朝廷命官律有明條僞造憲司文批罪干嚴例斷無

有游移兩可是非不辯真假不分大寬大枉至

此不爲扼腕者也切垣系係

先聖嫡長支世沐

恩綸承襲端委已于祖母吳氏詞係呈蒙批承襲原

委據呈甚明已悉之矣承襲雖明而

先聖血脉奕葉流傳所關非細是尤不可以不辯者

何物武考徐款憲革逆孔開用先年某令余奇

福浙總督范［時崇］爲查孔毓垣、孔興詩等互控各情節及衍聖公批文内容事致衍聖公孔［毓圻］咨

清康熙五十四年五月十一日

以大胥小吏千古所僅見千古所罵名叱擬禮
義所由出之
聖門只圖行險徼倖聳動駭聽不顧
王章恐心害理極矣夫士可殺而不可辱垣受一命
之榮名列冠裳若不誓死徹底澄清何以靦顏
在位何以向日人世何以入廟視名告虔主鬯
上而列祖何以享祀下而子孫何以接武及尤
蒙垢貪生畏死敢負吾
君敢負吾祖乎是不得不剖肝露胆冒昧激切陳詞
于仁人君子臺前也痛垣嫡母無出生母胞生
三子孟即垣仲弟毓垿季弟毓均同胞兄弟三
人漸次成立痛祖雖故祖母吳氏在堂現主痛
父雖故胞叔興燧現在可質嫡親有胞弟嫡堂
有親弟本支子孫衆多旁支何能遽倒覬覦垣
應義讓親支承襲主祀請
旨解任審明定罪庶名分正而大寬雪泣念垣父與

燼身爲臣子日以尊
君親上爲念五十二年恭逢
萬壽大慶例屆
覲賀抱病赴都中途病劇殞命杭州省城垣貧寒徹
骨至今不能歛喪五内崩裂骸骨未冷何難執
結各認罪名伏祈移咨
衍聖公會
題候
旨定奪以便開棺滴血且前奉批既
衍聖公有移懲之語候東有咨到奪如果假冒
垣罪莫逭今越兩月並無咨文移臺則其僞造
批語欺妄劣等竟視憲法如兒戲罪寧可縱
聖祖云不爲已甚爲子孫者敢不遵祖訓但小事可
糊塗大事必不可以糊塗如武劣款憲言僞而
險行僻而奸誘人犯法亂宗滅祖罪孽滔天兩
觀之誅雖仁如聖人亦不宥也垣泣訴冤情遍

福浙總督范[時崇]爲查孔毓垣、孔興詩等互控各情節及衍聖公批文内容事致衍聖公孔[毓圻]咨

清康熙五十四年五月十一日

聖教爲垣伸冤雪憾者今芳逞揑造假批誣聳臺前
批示彰著垣不肯叩呈明目無大公祖覆罪多
多矣爲此瀝血縷呈伏乞老祖臺垂念
聖脉攸關大振乾綱賜咨
衍聖公查核有無是否批呈按律並移學臺褫
革正倫肅典以正人心情詞激迫不無徑直尤
希鑒原不特垣舉家生充啣結即
聖祖九天亦感忭懞靡旣矣等情到本部院據此爲
照此案先據孔閏月孔興詩呈控孔毓垣篡亂
聖脉假冒承襲等詞俱經本部院批示在案今復據
孔吳氏孔毓垣具控前來相應咨查爲此合咨
貴爵煩請查照希將孔毓垣等互控各情節逐
一查明并將
貴爵曾否批孔興詩呈詞有准俟移懲等語迅祈
示覆以便核奪施行須至咨者
計粘抄

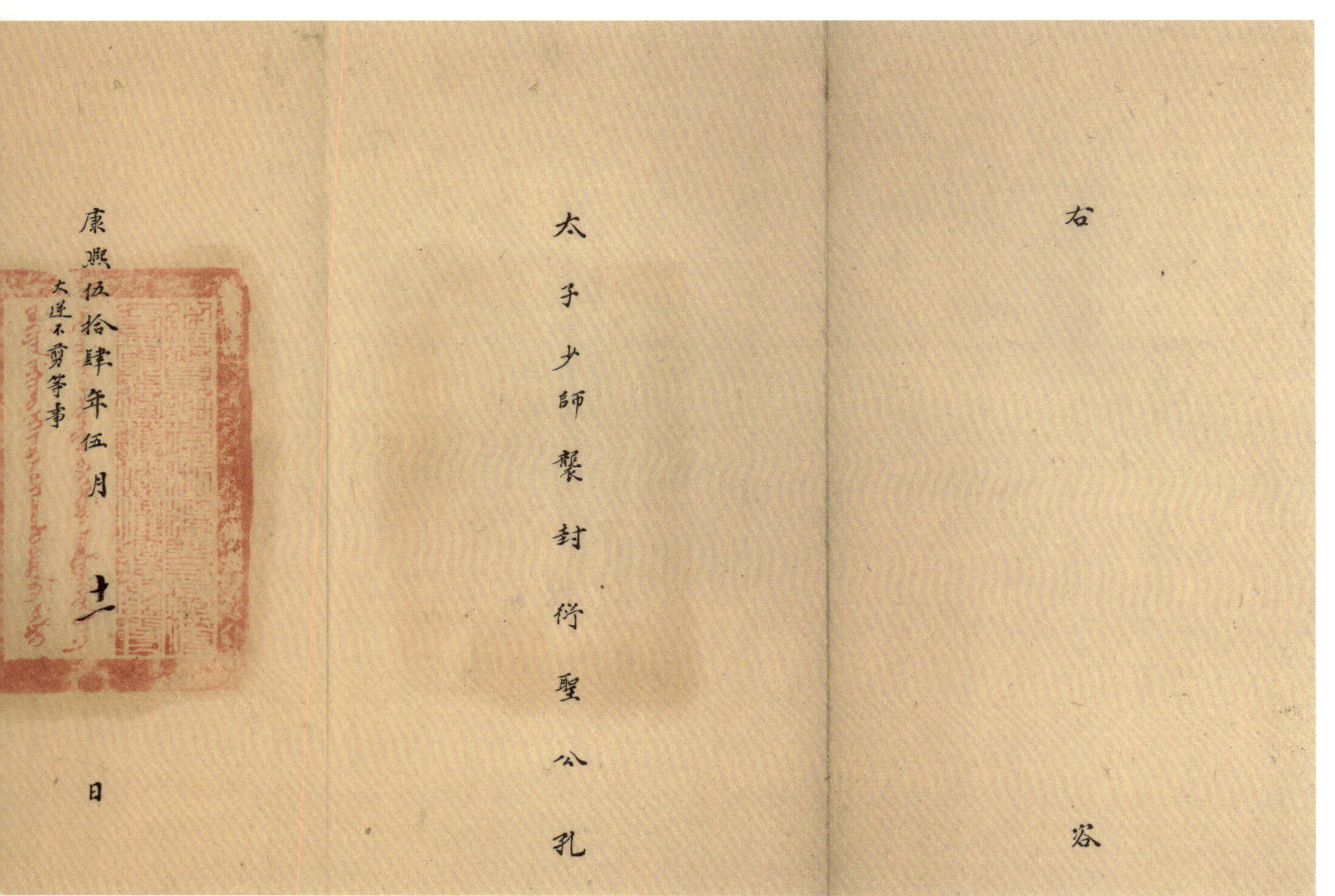

右　　　　咨

太子少師襲封衍聖公孔

康熙伍拾肆年伍月　十一　日

大逆不勇等事

福浙總督范［時崇］爲查孔毓垣、孔興詩等互控各情節及衍聖公批文内容事致衍聖公孔［毓圻］咨

清康熙五十四年五月十一日

衍聖公府爲已查明孔毓垣襲職情由并請將孔興詩、孔聞用等治罪事致福浙總督咨

清康熙五十四年六月二十六日

太子少師襲封衍聖公府為大逆不剪
國憲弁髦事康熙五十四年六月二十日准
總督福浙部院咨前事內開希將孔毓垣等五掇情節逐一查明并將貴爵曾否批孔興詩呈詞有准侯移懲等語迅祈示覆以便核辦等因到爵准此照查一世龍太翰林
院五經博士孔毓垣係已故博士孔興燫嫡長子前經本爵核查再三取具族結承圖咨遵
律例咨送到 部由 吏部 題請奉
旨襲職給領文憑到任忽於本年五月間有目無三尺之孔興詩者紊亂宗支駕控前來情詞可恶聞之髮指本爵怒其狂悖不寃已極從寬現有批詞嚴飭逐回原籍在案今准
大咨抄粘孔興詩控詞內有蒙批毓垣既屬假冒准侯移懲以正家法等語全屬子虛毫無影響似此狡詐百出毋論違
旨戕
祖聚眾凌孤罪不勝誅即其假造批詞誑聳
鈞聽已干法紀且查當日通族公保孔毓垣應襲原結內孔興詩亦列名並無異詞何敢忽起釁端一口兩舌前後悖謬擬合移寃為此抄錄譜系印圖並本爵原批粘連咨
文前去
貴部院煩請查照希將誣告之孔興詩及扶同呈覆之孔聞用親提法處並究假批情由是否訟棍徐聚恩造謀一併依律治罪事關宗法切望示
覆以憑存案須至咨者 計粘抄

一 五 案

福浙 總督

康熙五十四年六月

太子少師襲封衍聖公 押

衍聖公府爲催移孔興詩、孔聞用等審過供招律擬備録事致福浙總督咨

清康熙五十四年十月

[illegible]

國憲弁髦事康熙五十四年六月二十一日准
總督福浙部院咨前事内開希將孔毓垣等互控情節逐一查明並將貴爵曾否批孔興詩呈詞有准俟移懲等語迅祈示覆以便核奪等因到
爵准此查照世襲翰林院五經博士孔毓垣係已故博士孔興燫嫡長子前經本爵核查再三取具族結系圖恪遵
律例咨送到　部由　吏部　題請奉
旨襲職給領文憑到任忽於本年正月間有目無三尺之孔興詩者紊亂宗支駕控前來情詞可惡閱之髮指本爵恕其狂悖不究已極從寬現有批
詞嚴飭逐回原籍在案今准　大咨抄粘孔興詩投詞内有蒙批孔毓垣既屬假冒准俟移懲以正家法等語全屬子虛毫無影響似此狡詐百出妄論違
旨藐　祖欺寡凌孤罪不勝誅即其假造批詞誑聳
鈞聽已干法紀且查當日通族公保孔毓垣應襲原結内孔興詩亦列名並無異詞何故忽起釁端一口兩舌前後悖謬擬合移究為此於本月二十九日抄錄
諸系印圖並本爵原批粘連咨文前去煩將誣告之孔興詩及扶同呈覆之孔聞用親提法處並究假批情由是否訟棍徐歆憲造謀一併依律治罪切望示覆
咨明在案乃經今日久未准示覆恐有沉閣挨捺之處合行咨催為此合咨
貴部院煩請查照先今文内事理希將孔興詩孔聞用等審過供招律擬備録賜覆前來以憑存案事關宗法毋遲滯須至咨者

右　咨

福　浙　總　督

康熙五十四年十月

太子少師襲封衍聖公

衍聖公府爲再催移孔興詩、孔聞用等審過供招律擬備録事致福浙總督咨

清康熙五十五年四月

太子少師襲封衍聖公府爲大逆不剪

國憲弁髦事康熙五十四年六月二十一日准

總督福浙部院咨前事內開希將孔毓垣等互控情節逐一查明並將貴爵曾否批孔興詩呈詞有准俟移懲等語迅祈示覆以便核

奪等因到爵准此照查世襲翰林院五經博士孔毓垣係已故博士孔興爌嫡長子前經本爵核查再三取具族結宗圖恪遵

律例咨送到部由吏部題請奉

旨襲職給領文憑到任忽於本年正月間有目無三尺之孔興詩者系孔宗支駕控前來情詞可惡閱之髮指本爵恕其狂悖不究已極從寬

現有批詞嚴飭逐回原籍在案今准大咨抄粘孔興詩投詞內有蒙批孔毓垣既屬假冒准俟移懲以正家法等語全屬子虛毫無影響似

此狡詐百出毋論違

旨蔑

祖欺寡凌孤罪不勝誅即其假造批詞誑聳

鈞聽已干法紀且查當日通族公保孔毓垣應襲原結內孔興詩亦列名並無異詞何致忽起釁端首鼠兩舌前後悖謬擬合移究爲此於本月二十九日抄錄諸呈印圖並本爵

原批粘連咨文前去煩將誣告之孔興詩及扶同呈覆之孔聞用親提法處並究假批情由是否訟棍徐敦憲造謀一併依律治罪切望示覆等因移咨去後恐有沉閣

被捺之處族匪得以漏網復於本年十月初一日咨催提審在案經今日久未准示覆合再移催爲此合咨

貴部院煩請查照先今文內事理迅提孔興詩孔聞用等一干人犯到案親賜嚴審依律定罪仍希備錄審過供招律擬示覆過爵以憑結案

事関 國憲宗支勿更遲滯貯切禱切須至咨者

一 文 案

右 咨

福浙總督滿

康熙五十五年四月

太子少師襲封衍聖公

福浙總督覺羅滿［保］爲案犯逃脱及孔毓垣陛見未回尚未審理事致衍聖公孔［毓圻］咨

清康熙五十五年六月初六日

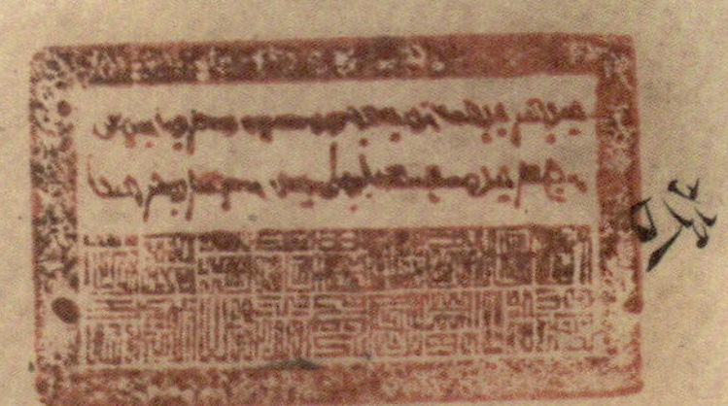

咨

總督福建浙江等處地方軍務兼理糧餉兵部右侍郎兼都察院右副都御史仍帶紀錄二次覺羅滿　為

大逆不剪等事本年六月初三日准

貴爵咨開前事煩請迅提孔興詩孔聞月等一

干人犯到案親賜獲審依律定罪仍希備錄審

過供招律擬示覆等因到本部院准此為查孔

案先于四月十二日據布政司具詳案犯孔興

詩徐敬憲脫逃孔毓垣

陛見未回俟獲犯并孔毓垣回日審詳緣由經本部

院批飭逸犯到案俟孔毓垣回日究擬詳奪去

後今准前因除行布政司外合就咨覆為此合

咨

貴爵煩請查照施行須至咨者

右　咨

太子少師襲封衍聖公孔

康熙伍拾伍年陸月　初六　日

衍聖公府爲約束族人事致衢州孔氏翰林院五經博士孔毓垣劄付

清康熙五十八年四月初六日

太子少師襲封衍聖公府爲申飭家範事。照得南宗子姓世居衢之西安，始自宋朝南渡，即其地建

聖祖專祠，以世襲翰林院五經博士主之，所以承奉祀晉，率族衆，任至重也。一切規模儀禮，悉照闕里遵行，其來已久。自遭明季

兵燹，蓋因年來故翰博三世承襲，不久而歿，以致體統漸失，其故卽通族老幼弁髦宗法，罔知禀承，疏屬不合，擬亟申

飭。爲此劄付該翰博毓垣知照，嗣後約束族人，務照闕里事宜。卽如

慶賀拜牌，以及春秋大祭，翰博統率居首，其餘自家長而下，悉隨班行禮，毋得挾崇行之尊，輒尔僭越。如敢

故違，非但有乖家範，實則大干

國紀，許該翰博指名申報，以憑究處。該翰博亦須敬共祀典，敦崇族誼，罔或有違，慎之慎之。須至劄付者。

一立案劄付

衢州博士

康熙五十八年四月

初六

太子少師襲封衍聖公

〇二〇一 ◆ 選補浙江衢州孔氏家廟兩廡配享及書院奉祀生

清乾隆十三年至二十七年

世襲翰林院五經博士加三級孔傳錦爲飛催事案蒙

襲封衍聖公府　劄付内開浙江南宗

至聖祠廟書院奉祀生已未給照分別造册送府咨　部等因到職蒙此爲查四十八代祖端友從宋高宗南渡賜家於浙江

之衢州府建立耑祠　家廟書院世奉蒸嘗後子姓繁衍散居於杭州省會及金華府屬之永康縣并與衢接壤之

鄰省江西建昌府新城縣等處亦建有書院共額設奉祀生二十四名理合將額設名數先行分別造册送咨其奉祀

各生俟陸續選補另行送咨給照爲此備由具呈仰祈

大宗主准賜咨　部查核施行須至呈者

計呈送册二本

右

呈

衢州孔氏翰林院五經博士孔傳錦爲呈送額設奉祀生名數清册事致衍聖公府呈

清乾隆十三年四月初六日

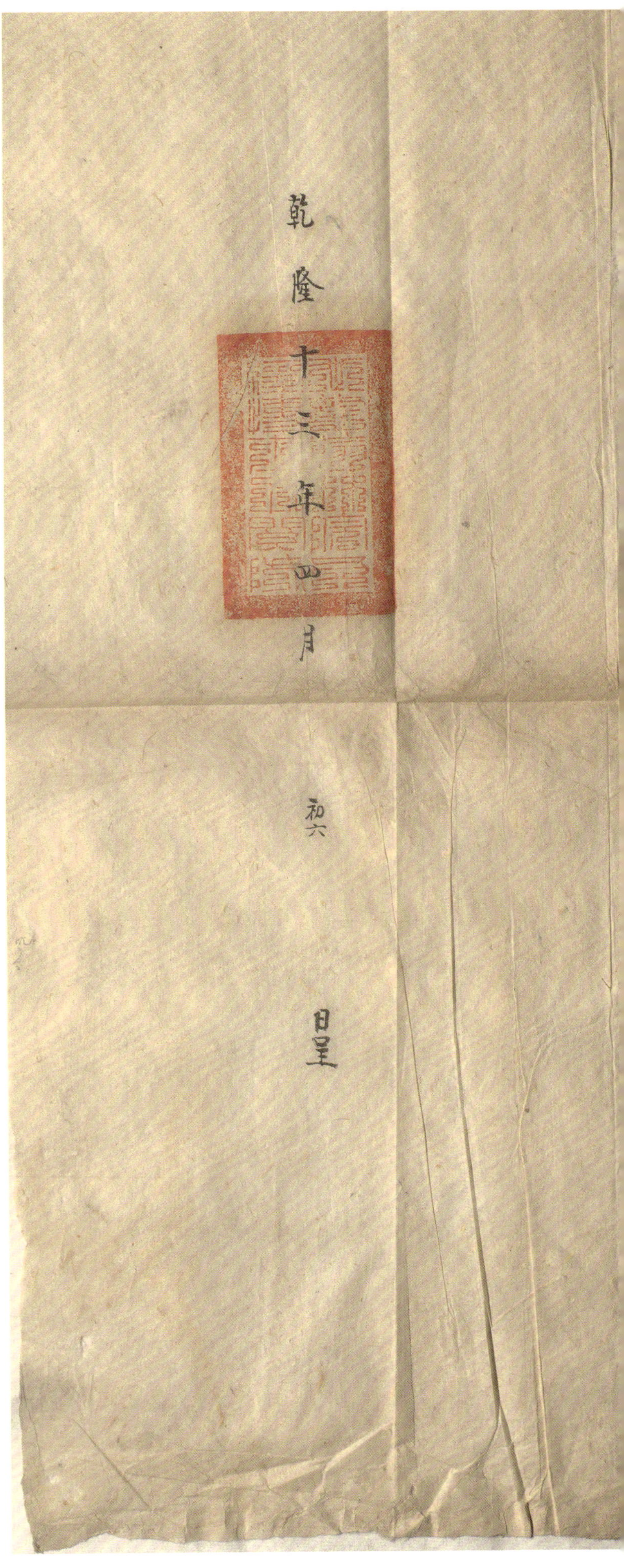
乾隆十三年四月初六日呈

衢州孔氏翰林院五經博士孔傳錦造送衢州至聖祠廟書院額設奉祀生名數清册

清乾隆十三年四月

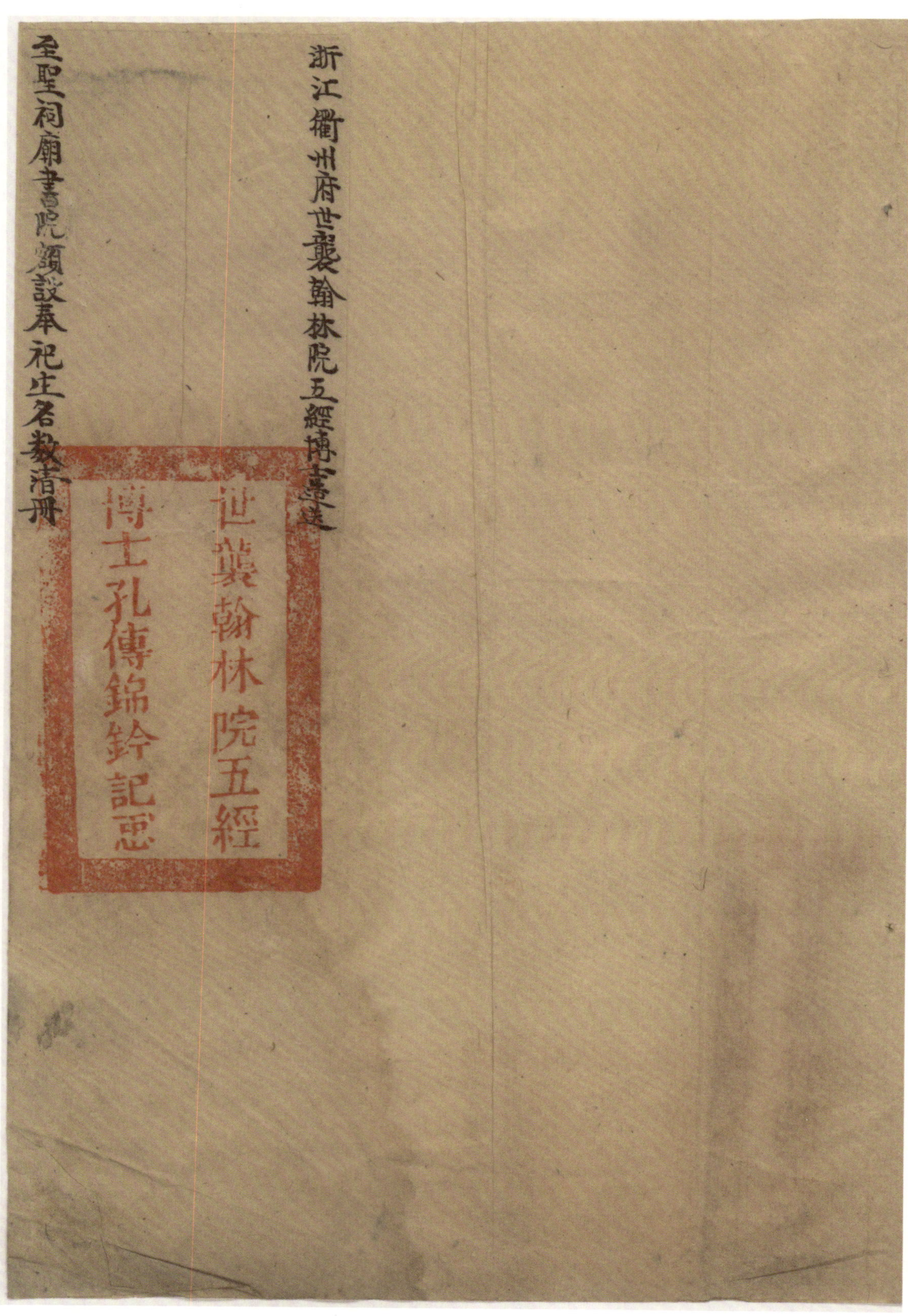
浙江衢州府世襲翰林院五經博士孔傳錦造送

至聖祠廟書院額設奉祀生名數清册

世襲翰林院五經博士孔傳錦鈐記

清乾隆十三年四月

世襲翰林院五經博士加三級孔傳錦造將
至聖祠廟并各處書院奉祀生額設名數分別造具清冊
呈送核咨施行須至冊者
計開
衢州府西安縣
至聖西祠正殿額設奉祀生壹名東配額設奉祀生壹名西配額
設奉祀生壹名東哲額設奉祀生貳名西哲額設奉祀生貳名
東廡額設奉祀生貳名西廡額設奉祀生貳名
五王祠額設奉祀生五名
杭州府錢塘縣

衢州孔氏翰林院五經博士孔傳錦造送衢州至聖祠廟書院額設奉祀生名數清册

清乾隆十三年四月

勅建敷文書院正殿額設奉祀生壹名寢殿額設奉祀生壹名

金華府永康縣信安書院係前明勅建正殿額設奉祀生

壹名寢殿額設奉祀生壹名

江西建昌府新城縣賢溪書院係前明勅建正殿額設奉祀

生壹名東配額設奉祀生壹名西配額設奉祀生壹名

寢殿額設奉祀生壹名

世襲翰林院五經

右
具
博士孔傳錦鈐記

衢州孔氏翰林院五經博士孔傳錦造送衢州至聖祠廟書院額設奉祀生名數清册

清乾隆十三年四月

衢州孔氏翰林院五經博士孔傳錦造送衢州至聖祠廟書院額設奉祀生名數清册

清乾隆十三年四月

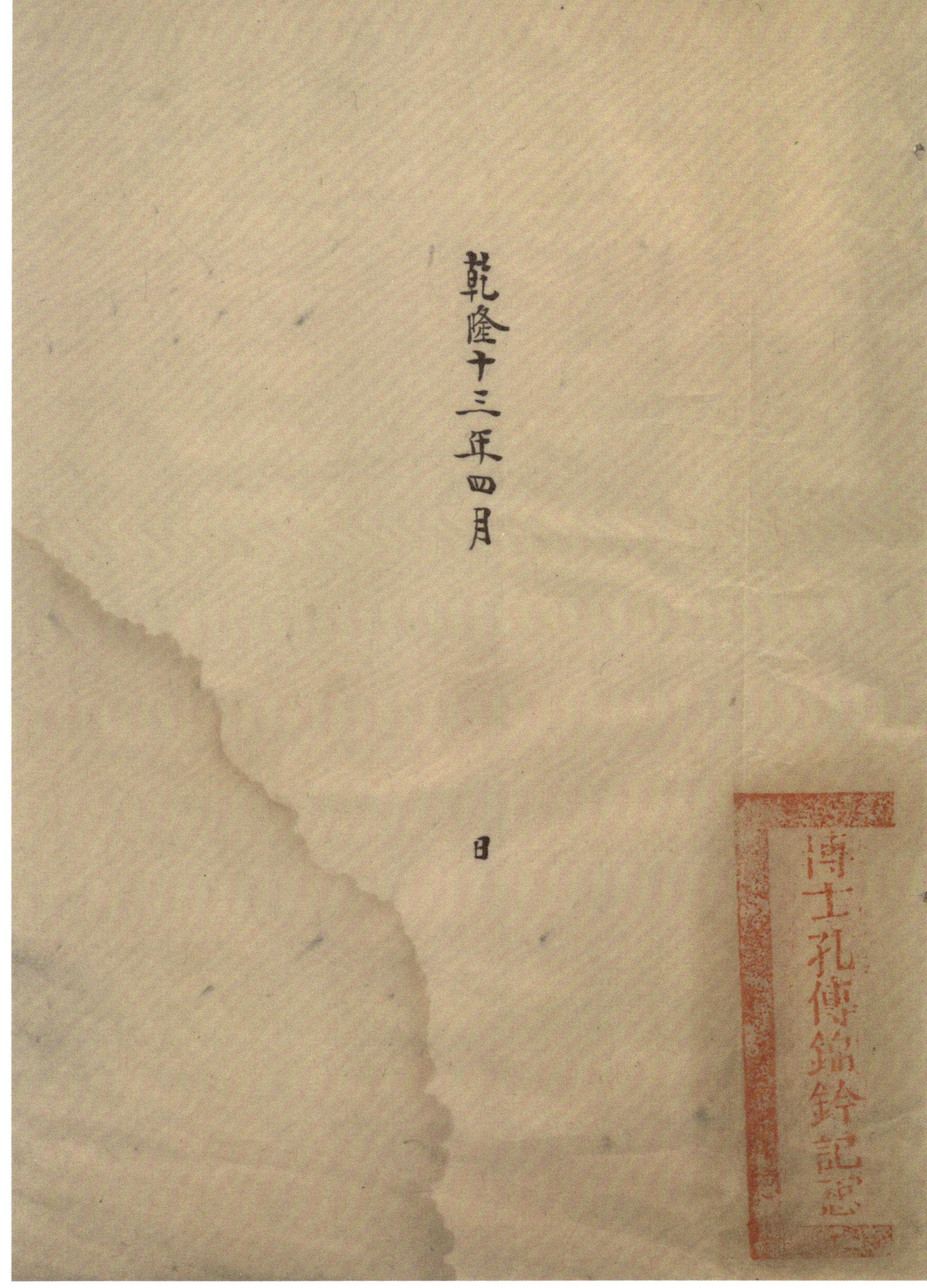

襲封衍聖公府為呈請轉咨存案事據世襲[illegible]院五經博士孔傳錦呈前事呈稱案蒙襲封衍聖公府劄付內開

浙江南宗

至聖祠廟書院奉祀生已未給照飭別造冊送府咨　部等因到職蒙此為查四十八代祖端友從宋高宗南渡賜家

於浙江之衢州府建立家祠家廟書院世奉蒸嘗後子姓繁衍散居于杭州省會及金華府屬之永康縣并與衢

接壤之隣省江西建昌府新城縣等處亦建有書院共額設奉祀生二十四名理合將額設名數先行分晰造冊送

咨其奉祀各生俟陸續選補另行送咨給照以此備由具呈仰祈准賜咨　部查核施行計呈送冊二本等情前來

據此合行移咨

貴部煩請查照備案施行須至咨者

計咨送

冊一本

衍聖公府爲呈送額設奉祀生名數清册事致禮部咨

清乾隆十三年四月十八日

世襲翰林院五經博士孔傳錦為敬呈管見事案蒙
襲封衍聖公府　劄付准
禮部　咨開奉祀生一項嗣後
先聖先賢祠宇有設立奉祀關涉衍聖公者今衍聖公會同該撫學臣照例查核咨報禮部移明給與印照准其為奉祀生等因在案爲
查衢州
先聖家祠額設奉祀相應請給印照今選得本宗俊秀孔傳蘭禮儀嫻習堪膺項補正殿奉祀生孔傳參[illegible]年老故堪膺項補東
廡奉祀生為此取具三代年貌籍貫造具清冊呈送伏祈
大宗主咨部請給印照施行須至呈者
計呈送清冊一本
右　　　呈

衢州孔氏翰林院五經博士孔傳錦爲呈送孔傳蘭、孔傳參頂補衢州先聖專祠奉祀生清册事致衍聖公府呈

清乾隆十三年四月十六日

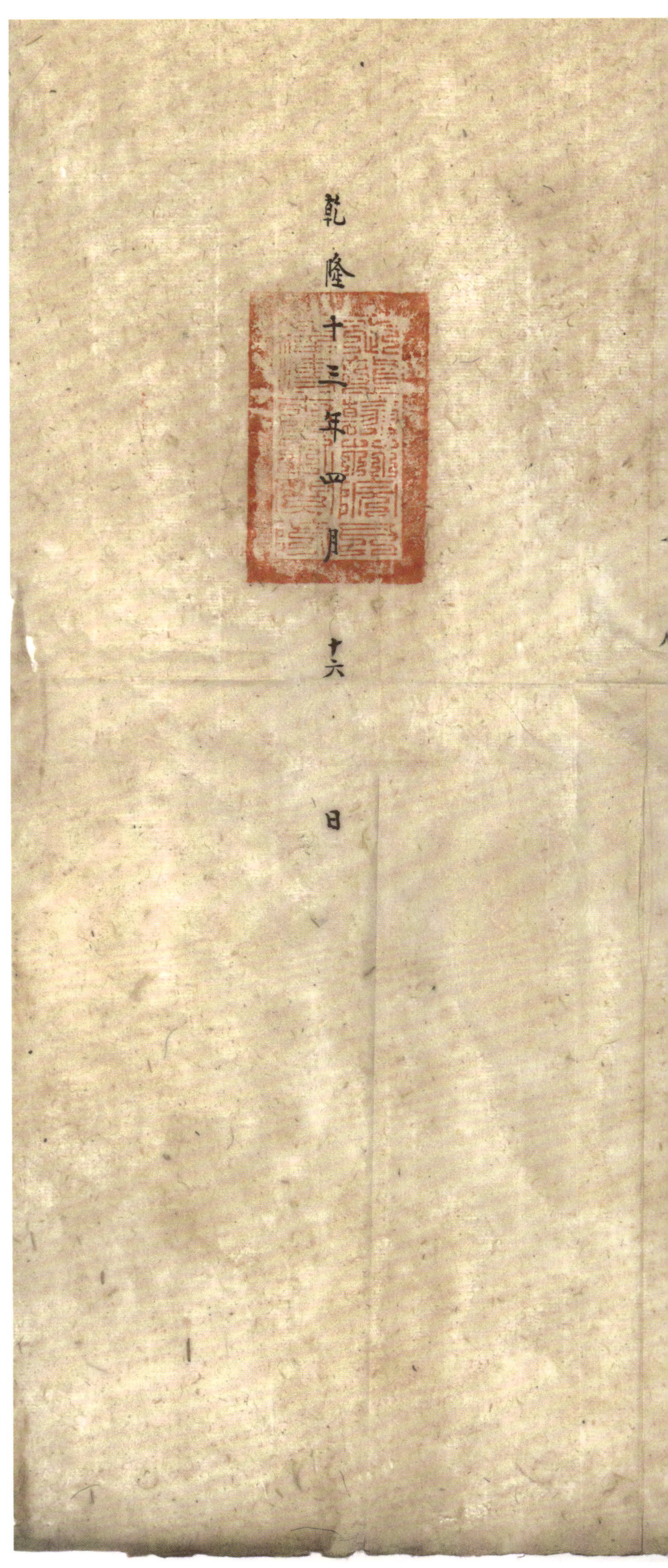
乾隆十三年四月十六日

衢州孔氏翰林院五經博士孔傳錦造送頂補奉祀生清册

清乾隆十三年四月

浙江衢州世襲翰林院五經博士

造送頂補奉祀生清册

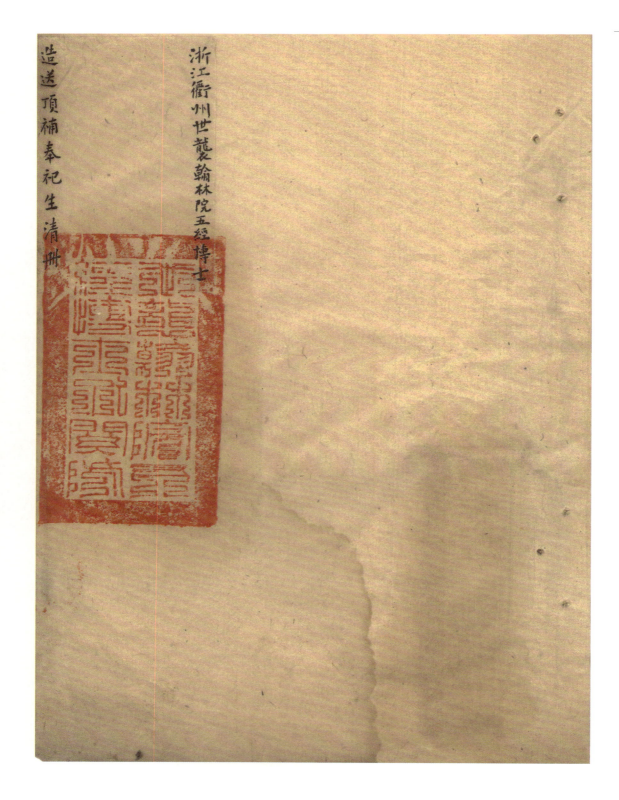

清乾隆十三年四月

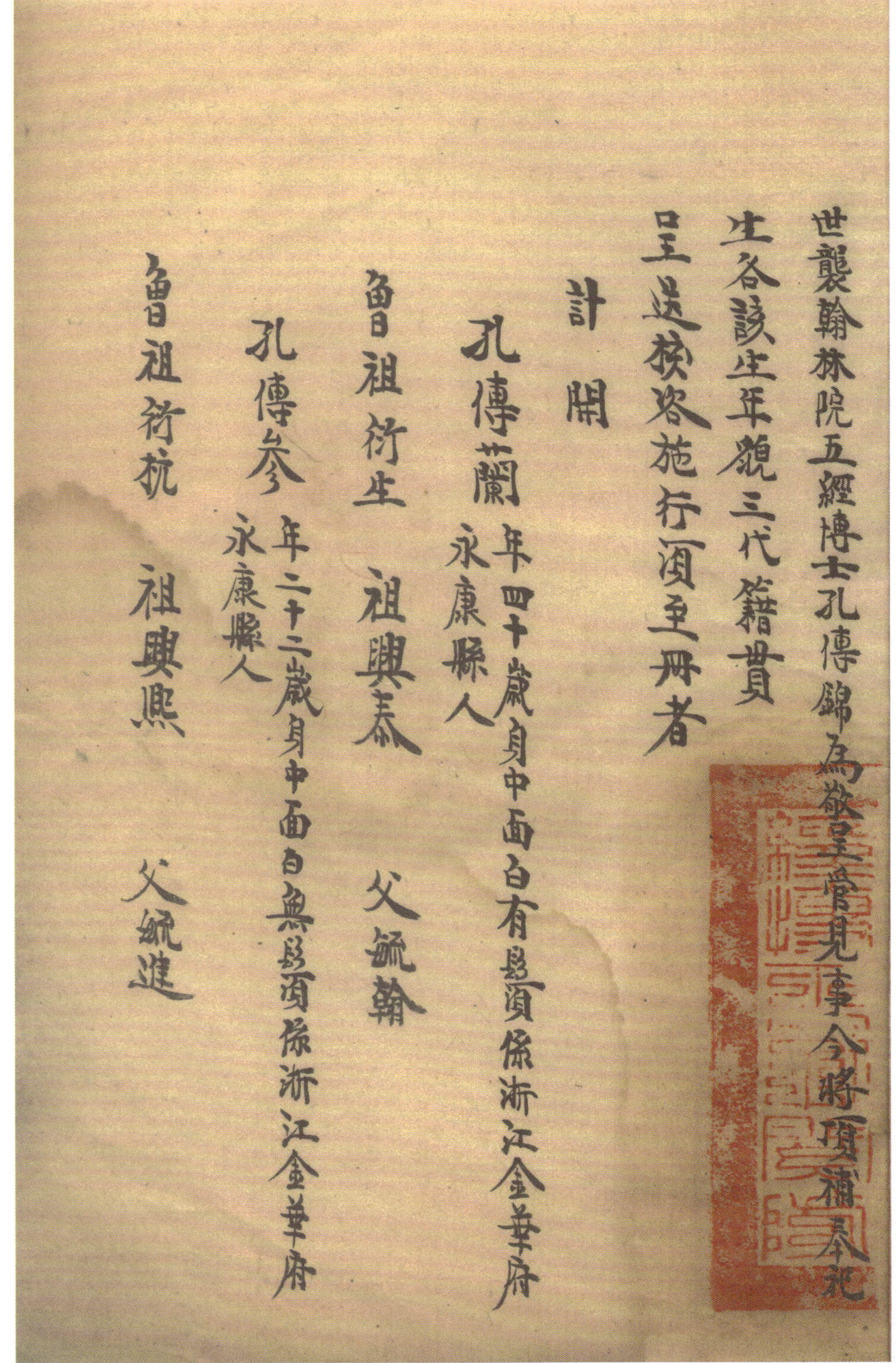

世襲翰林院五經博士孔傳錦爲敬呈管見事今將頂補奉祀
生名該生年貌三代籍貫
呈送核咨施行須至冊者

計　開

孔傳蘭　年四十歲身中面白有髭須係浙江金華府
永康縣人
曾祖衍生　祖興泰　父毓翰

孔傳參　年二十二歲身中面白無髭須係浙江金華府
永康縣人
曾祖衍杭　祖興熙　父毓進

清乾隆十三年四月

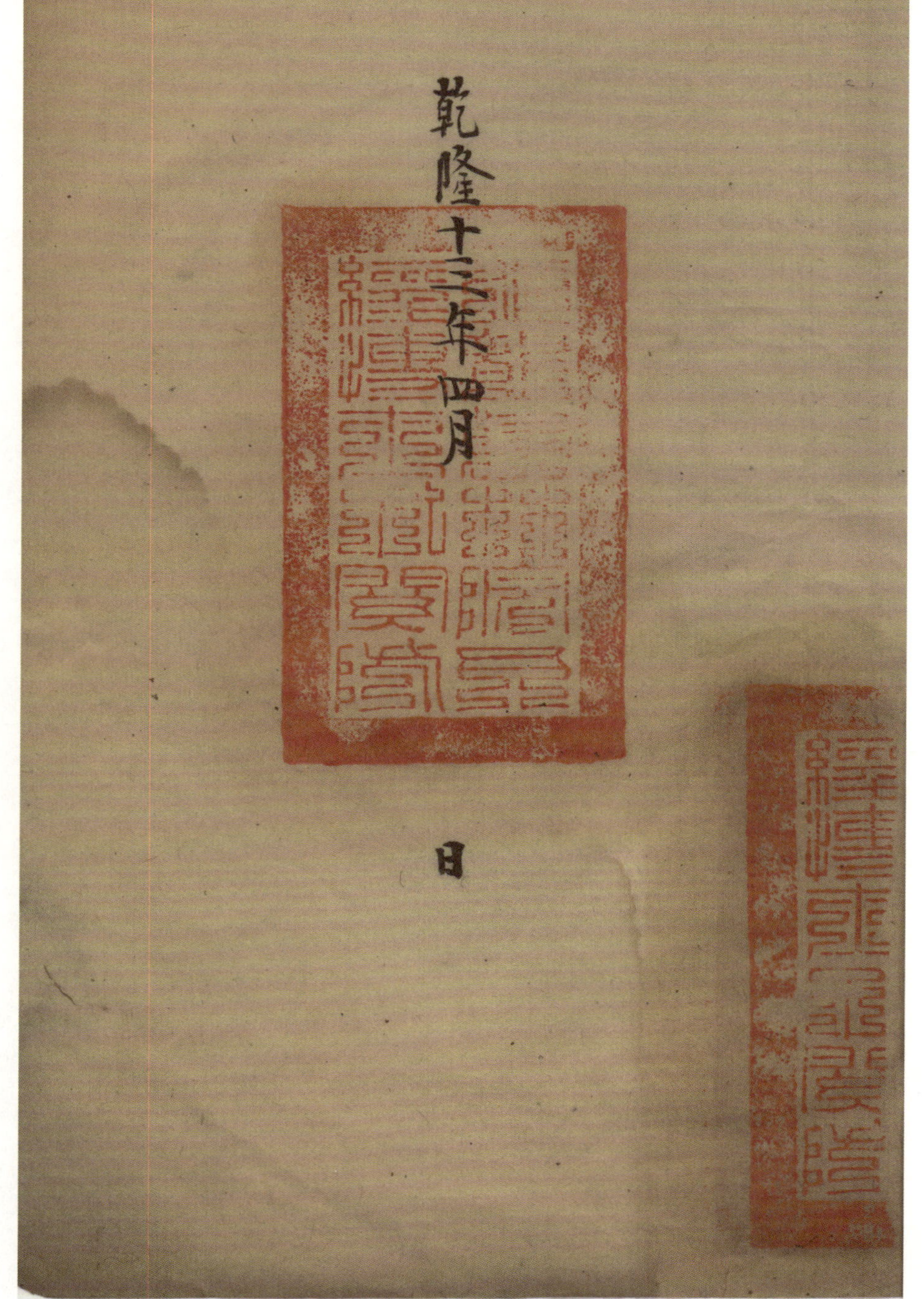

衍聖公府爲孔傳蘭、孔傳參頂補衢州先聖專祠奉祀生請給印照事致禮部咨

清乾隆十三年四月

禮部咨開奉祀生一項嗣後
先聖先賢祠宇有設立奉祀聞設衍聖公者令衍聖公會同該撫學臣照例查核咨報禮部給與印照准其爲奉
祀生等因在案爲查衢州府
先聖專祠額設奉祀相應請給印照今選得本宗俊秀孔傳蘭禮儀嫻習堪以頂補正殿奉祀生孔傳參少年老成
堪以頂補東哲奉祀生爲此取具三代年貌籍貫造具清册呈送伏祈咨會撫學兩院並咨大部請給印照施行等
呈送清册一本等情前來據此除咨會浙江撫學兩院外擬合移咨
貴部煩請查照註册給照施行須至咨者

計開　衢州府

先聖祠正殿奉祀生孔傳蘭永康縣人　曾祖衍生　祖興泰　父毓翰
東哲奉祀生孔傳參永康縣人　曾祖衍杭　祖興照　父毓進

一　咨

禮部

乾隆十三年四月

二十九

襲封衍聖公

衢州孔氏翰林院五經博士孔傳錦爲孔傳時、孔繼榮頂補新城縣新城書院奉祀生事致衍聖公府呈

清乾隆十三年四月十八日

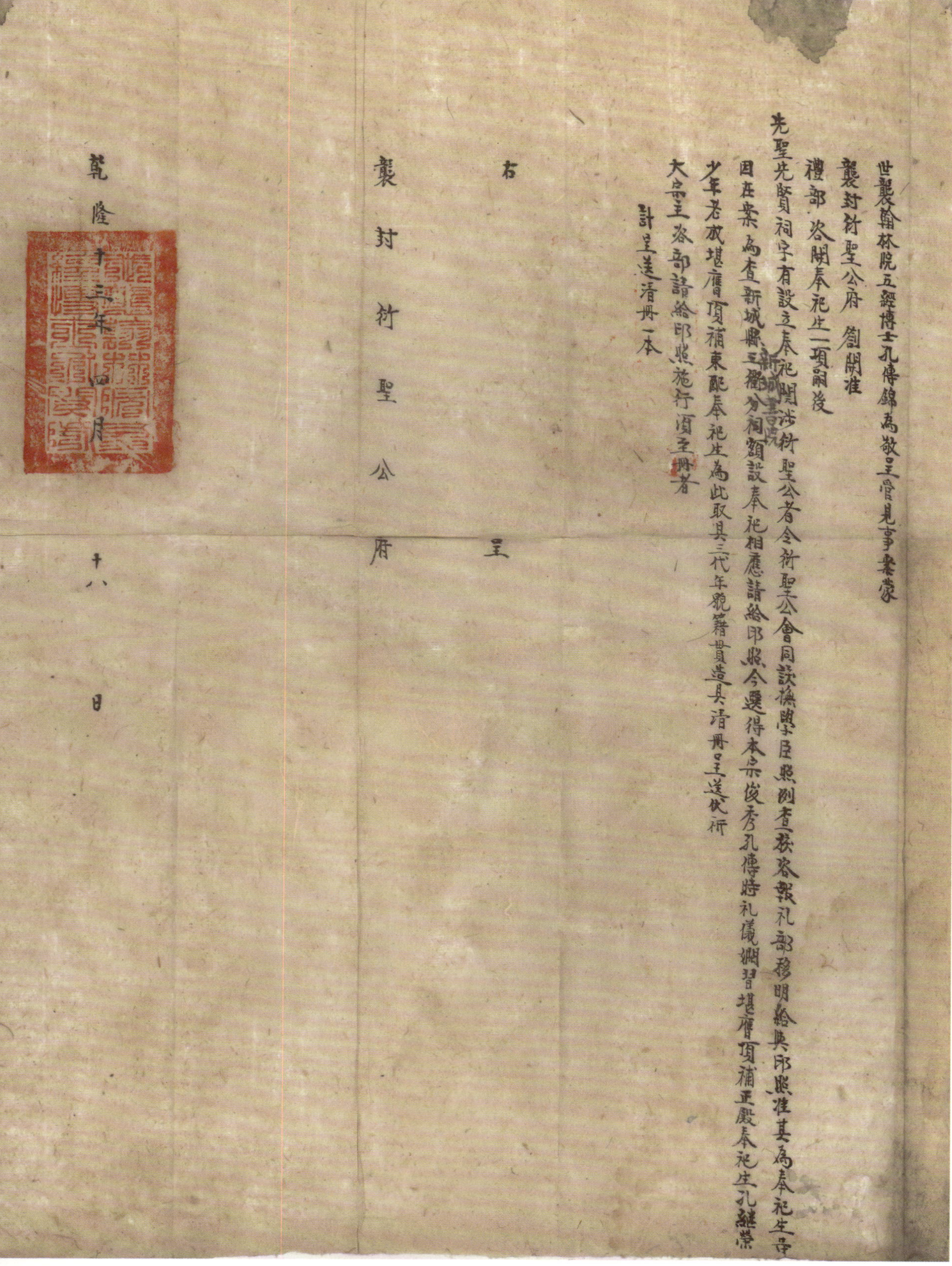
世襲翰林院五經博士孔傳錦爲敬呈管見事案蒙

襲封衍聖公府 劄開准

禮部 咨開奉祀生一項嗣後

先聖先賢祠宇有設立奉祀關涉衍聖公者令衍聖公會同該撫學臣照例查核咨報禮部移明給與印照准其爲奉祀生等

因在案爲查新城縣新城書院三衢分祠額設奉祀相應請給印照今選得本宗俊秀孔傳時禮儀嫻習堪膺頂補正殿奉祀生孔繼榮

少年老成堪膺頂補東配奉祀生爲此取具三代年貌籍貫造具清冊呈送伏祈

大宗主咨部請給印照施行須至冊者

計呈送清冊一本

右 呈

襲封衍聖公府

乾隆十三年四月 十八 日

衢州孔氏翰林院五經博士孔傳錦造送頂補奉祀生清册

清乾隆十三年四月

浙江衢州世襲翰林院五經博士
造送頂補奉祀生清册

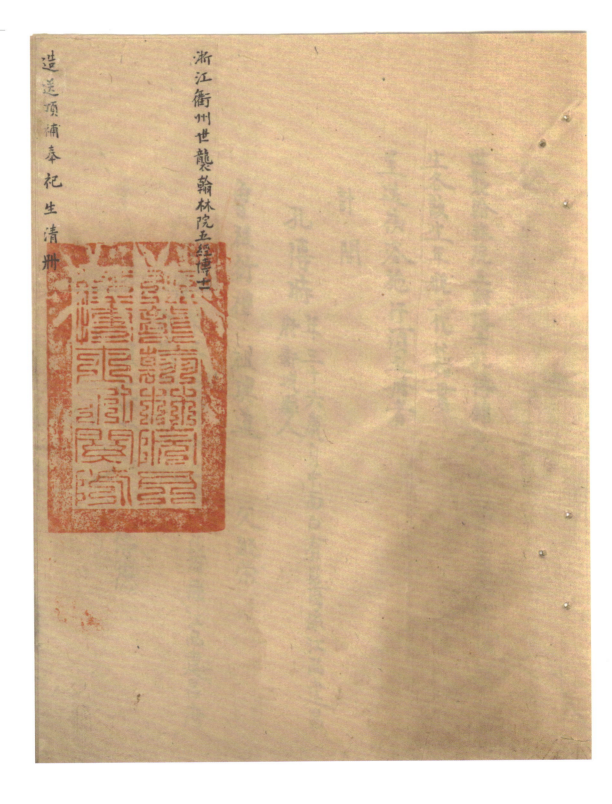

衢州孔氏翰林院五經博士孔傳錦造送頂補奉祀生清册

清乾隆十三年四月

世襲翰林院五經博士孔傳錦爲造送頂補奉祀

生各該生年貌三代籍貫

呈送核咨施行須至册者

計開

孔傳琦年三十六歲身中面白有髭須係江西建昌府新城縣人

曾祖衍禮　祖興道　父毓榮

孔繼榮年三十歲身中面白微髭須係江西建昌府新城縣人

曾祖興仁　祖毓恭　父傳德

清乾隆十三年四月

衍聖公府爲孔傳時、孔繼榮頂補新城縣新城書院奉祀生請給印照事致禮部咨

清乾隆十三年四月

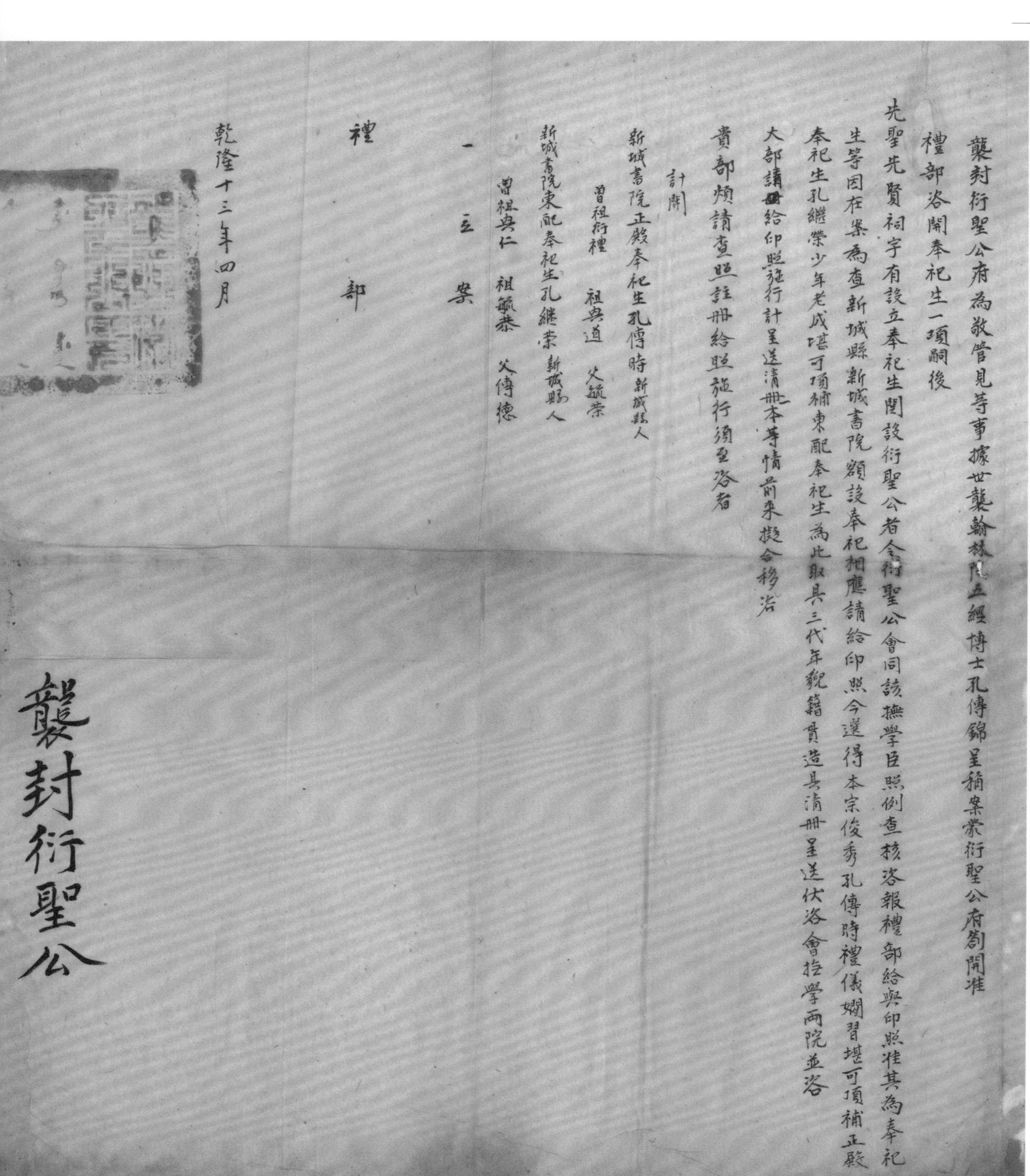

襲封衍聖公府爲敬管見等事據世襲翰林院五經博士孔傳錦呈稱案蒙衍聖公府劄開准
禮部咨開奉祀生一項嗣後
先聖先賢祠宇有設立奉祀生閒設衍聖公者令衍聖公會同該撫學臣照例查核咨報禮部給與印照准其爲奉祀
生等因在案爲查新城縣新城書院額設奉祀相應請給印照今選得本宗俊秀孔傳時禮儀嫻習堪可頂補正殿
奉祀生孔繼榮少年老成堪可頂補東配奉祀生爲此取具三代年貌籍貫造具清册呈送伏咨會指學兩院並咨
大部請准給印照施行計呈送清册一本等情前來擬合移咨
貴部煩請查照註册給照施行須至咨者

計開
新城書院正殿奉祀生孔傳時　新城縣人
曾祖衍禮　祖興道　父毓崇
新城書院東配奉祀生孔繼榮　新城縣人
曾祖興仁　祖毓恭　父傳德

一　立　案

禮　部

乾隆十三年四月　日

襲封衍聖公

衍聖公府爲覆明新城縣賢溪書院前文訛寫爲新城書院事致［禮部］咨

［清乾隆十三年］

襲封衍聖公府爲敬陳瞽見等事。准

禮部咨開儀制司案呈，准衍聖公[illegible]到日

[illegible]等因到爵，准此，隨行文衢州博士

確飭查去後，茲據該博士孔傳錦覆稱：實係

新城縣賢溪書院，從前文內訛寫新城縣新城書院，伏

祈咨明

大部，請將給照等情，據此，相應咨明。爲此

合咨

貴部煩請查照，希即請將給照可也。須

至咨者。

禮部爲給發孔傳蘭、孔傳參頂補衢州先聖專祠奉祀生執照事致衍聖公[孔昭煥]咨

清乾隆十三年五月二十二日

禮部爲原報書册内并無新城書院事致衍聖公［孔昭焕］咨

清乾隆十三年五月二十二日

六月初六日到

禮部為欽陳管見等事儀制司案呈
准衍聖公咨稱據五經博士孔傳錦呈
稱蒙衍聖公劄開奉祀生一項嗣後
先聖先賢祠宇有設立奉祀生關涉衍聖
公者令衍聖公會同該撫學臣照例
查核咨報禮部給與印照准爲奉
祀生等因在案查新城縣新城書院
額設奉祀生相應請給印照今選得
本宗俊秀孔傳時禮儀嫻習堪以頂補
正殿奉祀生孔繼榮少年老成堪以
頂補東配奉祀生為此取具三代籍貫
履歷呈送伏祈咨會撫學兩院並咨
大部請給印照等情據此除咨會撫
學兩院外擬合移咨貴部煩請查
照註册給照等因前來查先經衍聖
公册開新城縣書賢溪書院正殿東配各
設奉祀生一名今據衍聖公將孔傳時
孔繼榮咨請頂補新城縣新城書院
正殿東配奉祀生本部查原報册内並
無新城書院未便遽准充補相應咨覆
衍聖公查明到日再議可也須至咨者

右咨

衍聖公

乾隆十三年五月二十二日

襲封衍聖公府為敬陳管見等事准

禮部咨開儀制司案呈准衍聖公咨稱據五經博士孔傳錦呈稱蒙衍聖公劄開奉祀生一項嗣後

先聖先賢祠宇有設立奉祀生關涉衍聖公者令衍聖公會同該撫學臣照例查核咨報礼部給與印照准為奉祀生等因在案查新城縣新

城書院額設奉祀生相應請給印照合遂得本宗俊秀孔傳時禮儀嫻習堪以頂補正殿奉祀生孔繼棠少年老成堪以頂補東配奉祀

生為此取具三代籍貫履歷呈送伏祈咨會撫學兩院並咨

大部請給印照等情據此除咨會撫學兩院外擬合移咨。貴部煩請查照註冊給照等因前來查先經衍聖公册開新城縣賢溪書

院正殿東配各設奉祀生一名今據衍聖公將孔傳時孔繼棠咨請頂補新城縣新城書院正殿東配奉祀生本部查原報冊內並無

新城書院未便遽准充補相應咨覆衍聖公查明到日再議可也等因到爵准此随行文衢州博士飭查去後茲據該博士孔傳錦

覆稱實係新城縣賢溪書院從前文內訛寫新城縣新城書院伏乞咨明

大部註冊給照等情據此相應咨明為此合咨

貴部煩請查照希即註冊給照施行須至咨者

衍聖公府爲覆明新城縣賢溪書院前文訛寫爲新城書院請給執照事致禮部咨

清乾隆十三年閏七月二十四日

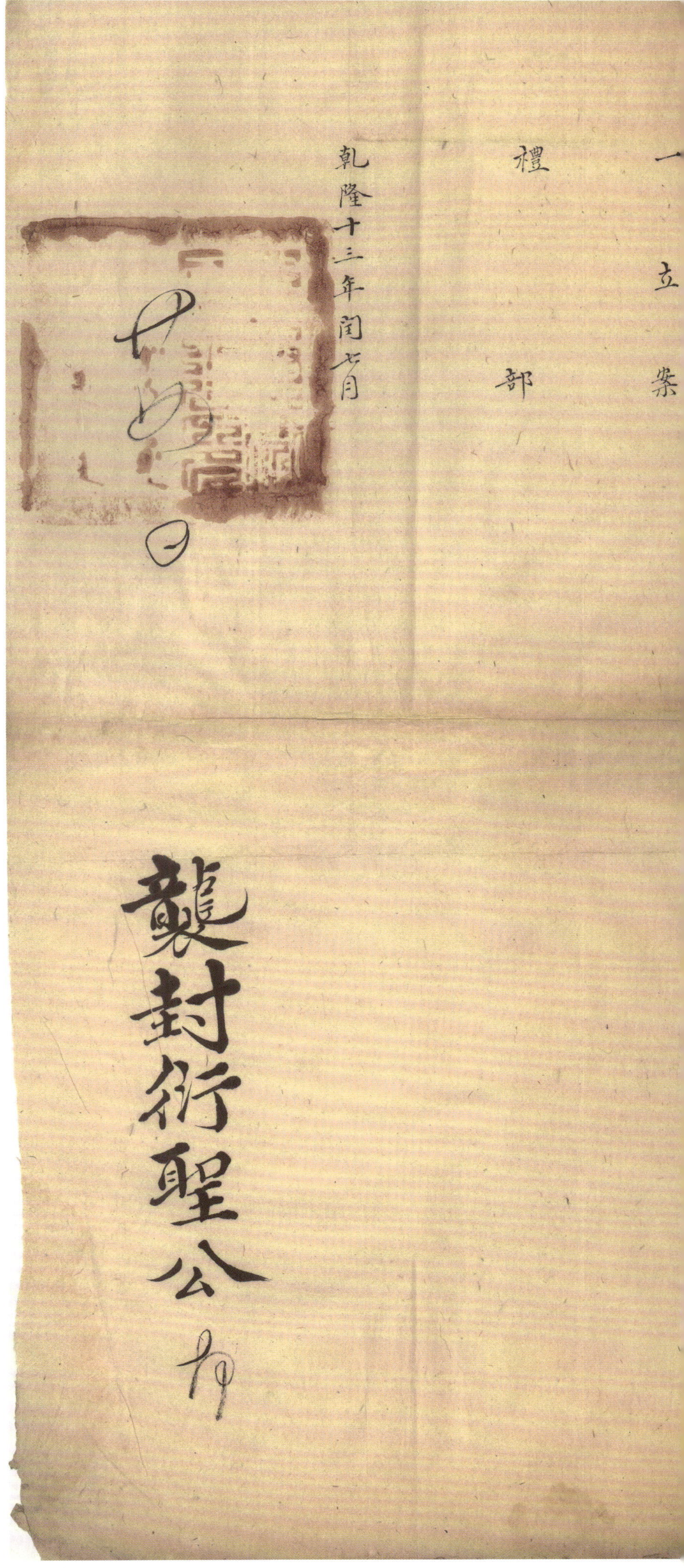
一　立案

禮　部

乾隆十三年閏七月

廿四日

襲封衍聖公府

禮部爲給發孔傳時、孔繼榮充補新城縣賢溪書院奉祀生執照事致衍聖公孔［昭焕］咨

清乾隆十三年八月

衢州孔氏翰林院五經博士孔傳錦爲孔貞源頂補衢州先聖專祠西配奉祀生事致衍聖公府申

清乾隆十六年十一月

世襲翰林院五經博士爲敬陳管見事案蒙
襲封衍聖公府 劄開准
禮部 咨開奉祀生一項嗣後
先聖先賢祠宇有設立奉祀生關涉衍聖公者令衍聖公會同該撫學臣照例查核咨報禮部核明給與印
照准其爲奉祀生等因在案爲查衢州
先聖專祠額設西配奉祀生當經造冊報 部其名缺尚未頂補今選得本宗俊秀孔貞源爲人誠實堪膺
頂補西配奉祀生相應請給印照爲此取具該生三代年貌籍貫造具清冊呈送伏祈
大宗主咨部請給印照施行須至申者
計呈送清冊一本

右 申
襲封衍聖公府

乾隆拾陸年拾壹月
敬陳管見事

五經博士孔傳錦

衍聖公府爲孔貞源充補衢州先聖專祠西配奉祀生事致禮部咨

清乾隆十六年十一月二十四日

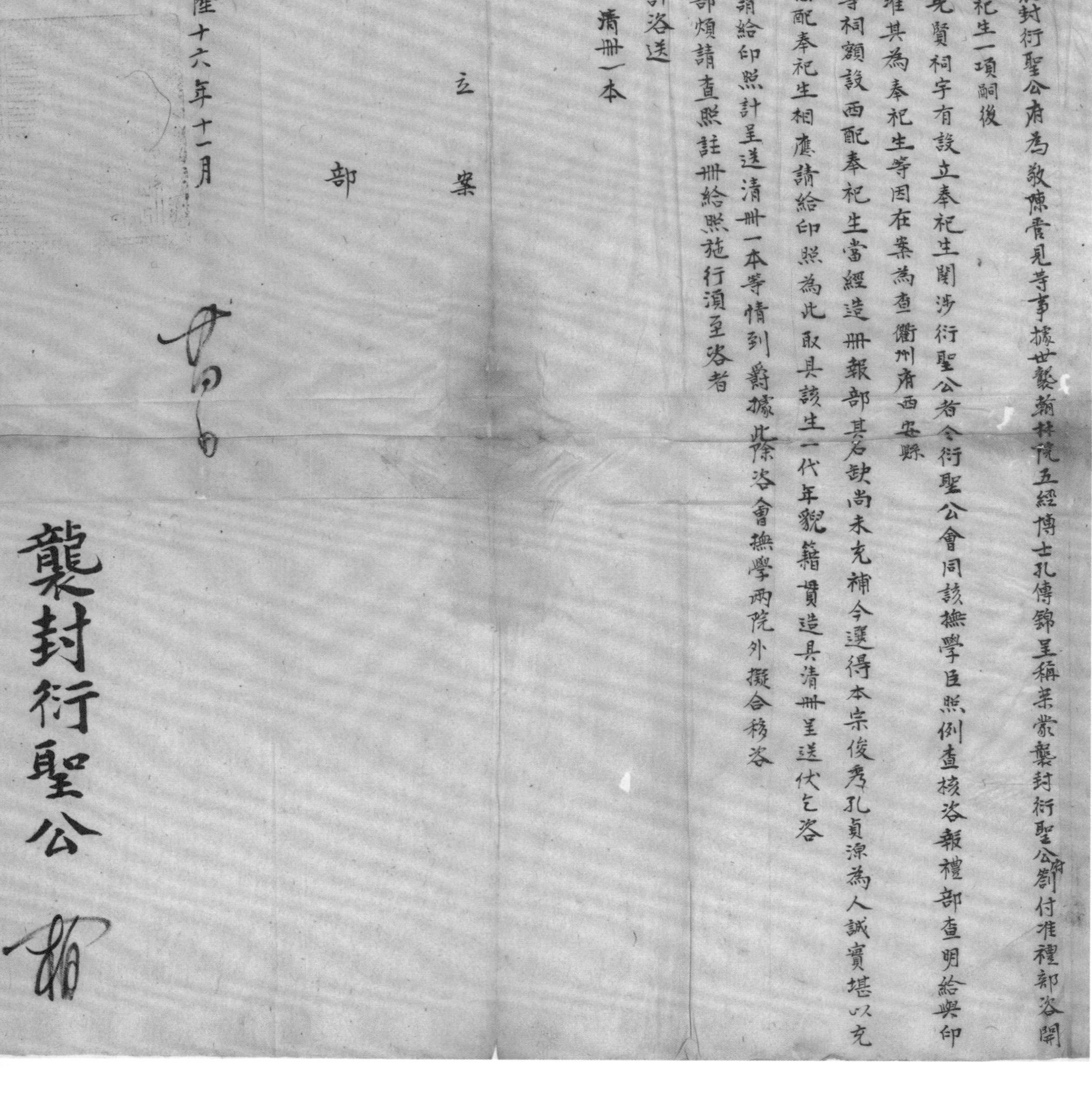

襲封衍聖公府為敬陳愚見等事據世襲翰林院五經博士孔傳錦呈稱案蒙襲封衍聖公府劄付准禮部咨開

奉祀生一項嗣後

先聖先賢祠宇有設立奉祀生關涉衍聖公者令衍聖公會同該撫學臣照例查核咨報禮部查明給與印

照准其為奉祀生等因在案為查衢州府西安縣

先聖專祠額設西配奉祀生當經造冊報部其名缺尚未充補今選得本宗俊秀孔貞源為人誠實堪以充

補西配奉祀生相應請給印照為此取具該生一代年貌籍貫造具清冊呈送伏乞咨

部請給印照計呈送清冊一本等情到爵據此除咨會撫學兩院外擬合移咨

貴部煩請查照註冊給照施行須至咨者

計咨送

清冊一本

一 立 案

禮 部

乾隆十六年十一月

襲封衍聖公

衍聖公府爲孔貞源充補衢州先聖專祠西配奉祀生事致浙江撫院、浙江學院咨

清乾隆十六年十一月

襲封衍聖公府爲敬陳管見等事據世襲翰林院五經博士孔傳錔呈稱[illegible]
奉祀生一項嗣後
先聖先賢祠宇有設立奉祀生関涉衍聖公者令衍聖公會同該撫學臣照例查核咨報禮部查明給
與印照准其爲奉祀生等因在案爲查衢州府西安縣
先聖專祠額設西配奉祀生嘗經造冊報部其名缺尚未充補今選得本宗俊秀孔貞淙爲人誠實堪以
充補西配奉祀生相應請給印照爲此取具該生三代年貌籍貫造具清冊呈送伏乞咨部請給印照等
情到爵府據此除咨 大部 撫都院外擬合移會爲此合咨
貴院煩爲查照施行須至咨者

計開

先聖專祠西配奉祀生孔貞淙 西安縣人

右 咨

浙江撫 學院

乾隆十六年十一月 二十八

襲封衍聖公

衢州孔氏翰林院五經博士孔傳錦爲孔傳棠、孔繼謨頂補新城縣賢溪書院奉祀生事致衍聖公府申

清乾隆十六年十一月

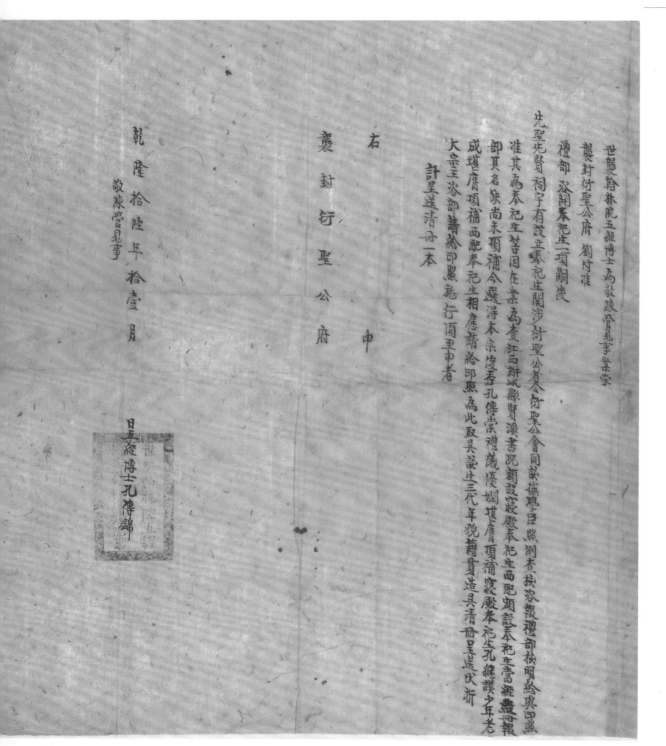

世襲翰林院五經博士爲敬陳管見事案蒙
襲封衍聖公府　劄付准
禮部　咨開奉祀生一項嗣後
先聖先賢祠宇有設立奉祀生関涉衍聖公者令衍聖公會同該撫學臣照例查核咨報禮部核明給與印照
准其爲奉祀生等因在案爲查江西新城縣賢溪書院額設寢殿奉祀生兩配額設奉祀生嘗經造冊報
部其名缺尚未頂補今選得本宗後裔孔傳棠禮儀優嫻堪膺頂補寢殿奉祀生孔繼謨少年老
成堪膺頂補兩配奉祀生相應請給印照爲此取具該生三代年貌籍貫造具清冊呈送伏祈
大宗主咨部請給印照施行須至申者
計呈送清冊一本

右　申

襲封衍聖公府

乾隆拾陸年拾壹月　日五經博士孔傳錦
敬陳管見事

衍聖公府爲孔傳棠、孔繼謨充補新城縣賢溪書院奉祀生事致江西撫院、江西學院咨

清乾隆十六年十一月

二十八

襲封衍聖公府為敬陳管見等事據世襲翰林院五經博士孔傳錦呈稱案蒙襲封衍聖公府劄付准禮

部咨開奉祀生一項嗣後

先聖先賢祠宇有設立奉祀生関涉衍聖公者令衍聖公會同該撫學臣照例查核咨報禮部核明

給與印照准其為奉祀生等因在案為查江西新城縣賢溪書院額設寢殿奉祀生西配額設奉祀

生當經造册報部其名缺尚未充補今選得本宗俊秀孔傳棠禮儀嫻習堪以充補寢殿奉祀生

孔繼謨年少老成堪以充補西配奉祀生相應請給印照為此取具該生三代年貌籍貫造具清册呈

送伏乞咨　部請給印照施行等情到府據此除咨　大部　撫部學院外合移會為此合咨

貴院（部）煩為查照施行須至咨者

計開

賢溪書院寢殿奉祀生孔傳棠　新城縣人

西配奉祀生孔繼謨　新城縣人

一　立案

江西撫學院

乾隆十六年十一月

襲封衍聖公

衍聖公府爲孔傳棠、孔繼謨充補新城縣賢溪書院奉祀生請給印照事致禮部咨

清乾隆十六年十一月二十四日

襲封衍聖公府為敬陳管見等事據世襲翰林院五經博士孔傳錦呈稱前事案蒙襲封衍聖公劄付准禮部咨開

奉祀生一項嗣後

先聖先賢祠宇有設立奉祀生關涉衍聖公者令衍聖公會同該撫學臣照例查核咨報禮部核明給與印照准其為奉祀生等因在案為查江西新城縣賢溪書院額設寢殿奉祀生西配額設奉祀生當經造冊報部其名缺尚未頂補充今選得本宗俊秀孔傳棠禮儀優嫻堪以充補寢殿奉祀生孔繼謨年少老成堪以充補西配奉祀生相應請給印照為此取具該生三代年貌籍貫造具清冊呈送伏祈咨部請給印照施行計呈送清冊一本等情到爵據此除咨撫學兩院外擬合移咨

貴部煩請查照註冊給照施行須至咨者

計咨送

清冊一本

一　立　案

禮　部

乾隆十六年十一月廿四日

襲封衍聖公

禮部爲給發孔貞源充補衢州先聖專祠西配奉祀生執照事致衍聖公［孔昭煥］咨

清乾隆十六年十二月

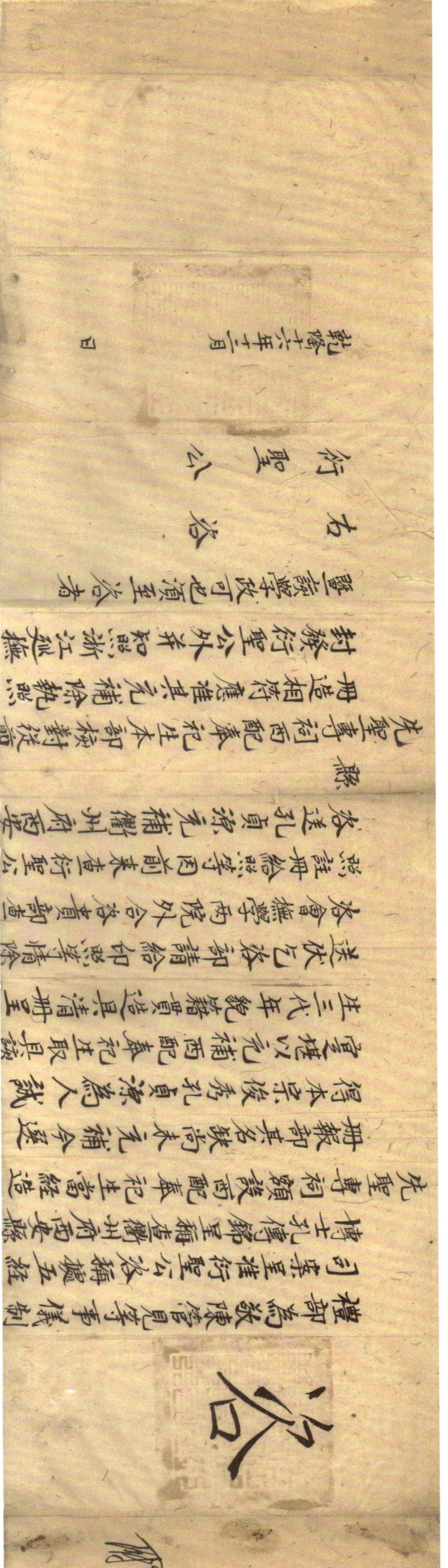
咨

禮部為敬陳管見等事儀制
司案呈准衍聖公咨稱據五經
博士孔傳錦呈稱查衢州府西安縣
先聖專祠額設西配奉祀生當經造
冊報部其名缺尚未充補今選
得本宗俊秀孔貞源為人誠
寔堪以充補西配奉祀生取具該
生三代年貌籍貫造具清冊呈
送伏乞咨部請給印照等情除
咨會撫學兩院外合咨貴部查
照註冊給照等因前來查衍聖公
咨送孔貞源充補衢州府西安
縣
先聖專祠西配奉祀生本部核對從前
冊造相符應准其充補除執照
封發衍聖公外并知照浙江巡撫
暨該學政可也須至咨者
右咨
衍聖公
乾隆十六年十二月　　日

禮部爲給發孔傳棠、孔繼謨充補新城縣賢溪書院奉祀生執照事致衍聖公［孔昭煥］咨

清乾隆十六年十二月

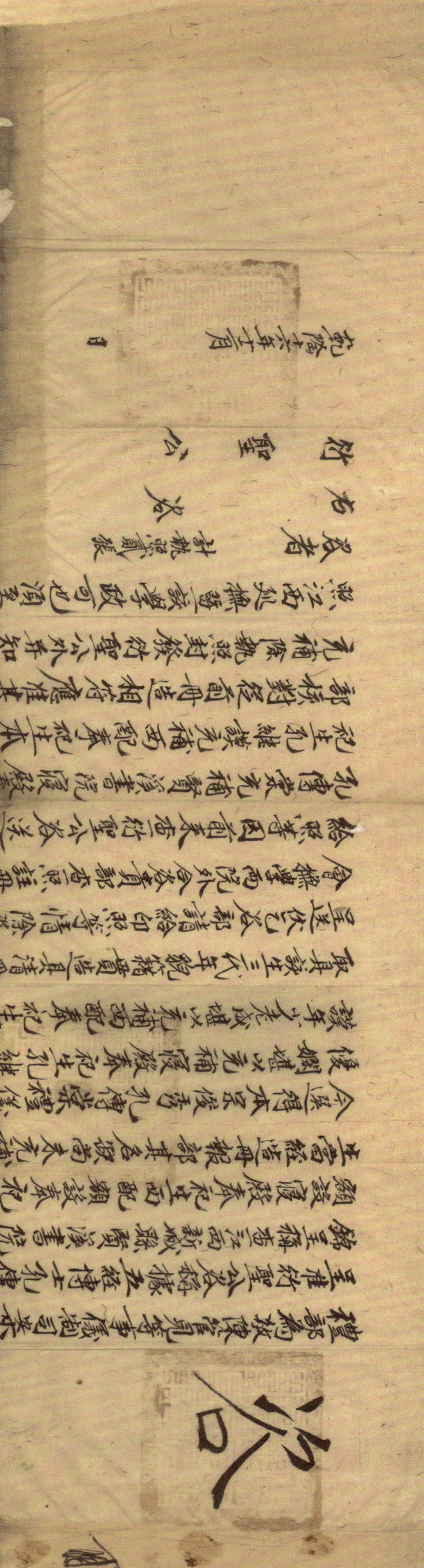
咨
禮部爲敬陳管見等事。儀制司案
呈，准衍聖公咨稱：據五經博士孔傳
錦呈稱，查江西新城縣賢溪書院
額設寢殿奉祀生、西配額設奉祀
生，當經造冊報部，其名缺尚未充補。
今選得本宗俊秀孔傳棠，禮儀
優嫺，堪以充補寢殿奉祀生；孔繼
謨年少老成，堪以充補西配奉祀生。
取具該生三代年貌籍貫，造具清冊
呈送，伏乞咨部，請給印照等情。除咨
會撫學兩院外，合咨貴部，查照註冊，
給照等因前來。查衍聖公咨送
孔傳棠充補賢溪書院寢殿奉
祀生，孔繼謨充補西配奉祀生，本
部核對從前冊造相符，應准其
充補，除執照封發衍聖公外，并知
照江西巡撫暨該學政可也。須至
咨者。
計執照貳張
右咨
衍聖公
乾隆十六年十二月　日

衢州孔氏翰林院五經博士孔傳錦爲孔貞源病故繳銷部照事致衍聖公府申

清乾隆二十六年七月

世襲翰林院五經博士為敬陳管見事案蒙

襲封衍聖公府 劄付准

禮部 咨開奉祀生一項嗣後

先聖先賢祠宇有設立奉祀生關涉衍聖公者令衍聖公會同該撫學臣照例查核咨報禮部核明給與印照准其

為奉祀生等因至衢州

先聖廟祠額設四配奉祀生于乾隆十六年十二月將孔貞源項補造冊報 部請給印照在案今孔貞源于乾隆

二十六年三月二十一日病故據呈繳送 部照查銷前來相應據情轉報所遺名缺另文詳送咨

部請照為此備由具申伏乞

大宗主咨 部施行須至申者

計呈繳 部照一紙 書冊一本

右 申

襲封衍聖公府

乾隆貳拾陸年柒月 日

敬陳管見事

世襲翰林院五經博士孔傳錦鈐記

行

衢州孔氏翰林院五經博士孔傳錦爲孔傳球頂補衢州先聖專祠西配奉祀生事致衍聖公府申

清乾隆二十六年九月

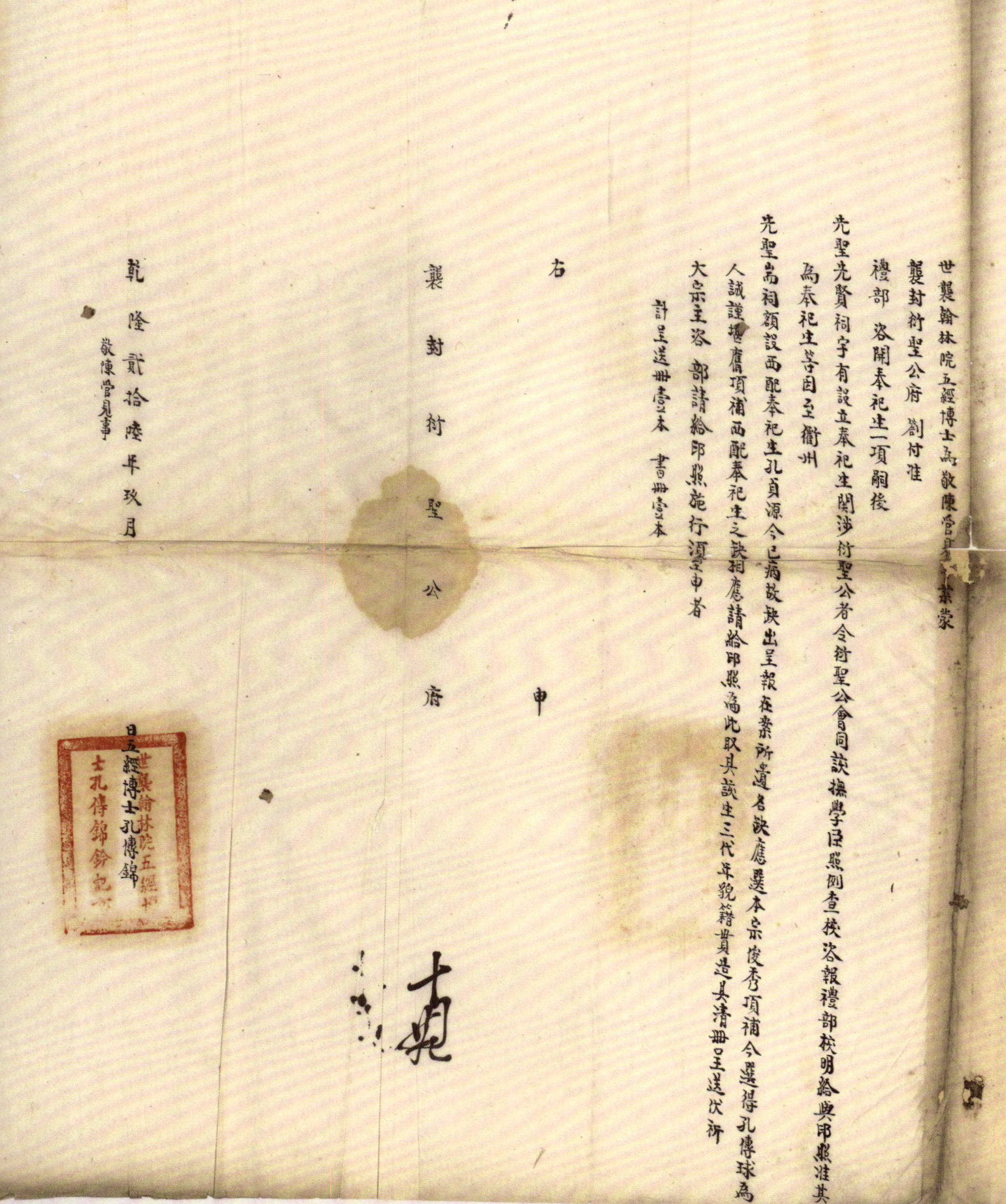

世襲翰林院五經博士爲敬陳管見事案蒙

襲封衍聖公府劄付准

禮部咨開奉祀生一項嗣後

先聖先賢祠宇有設立奉祀生關涉衍聖公者令衍聖公會同該撫學臣照例查核咨報禮部核明給與印照准其

爲奉祀生等因至衢州

先聖專祠額設西配奉祀生孔貞源今已病故缺出呈報在案所遺名缺應選本宗俊秀頂補今選得孔傳球爲

人誠謹堪應頂補西配奉祀生之缺相應請給印照爲此取具該生三代年貌籍貫造具清冊呈送伏祈

大宗主咨 部請給印照施行須至申者

計呈送冊壹本 書冊壹本

右 申

襲封衍聖公府

乾隆貳拾陸年玖月 日五經博士孔傳錦

敬陳管見事

世襲翰林院五經博士孔傳錦鈐記

衍聖公府爲孔傳球頂補衢州先聖專祠西配奉祀生并呈繳原領劄付事致禮部咨

清乾隆二十六年十一月

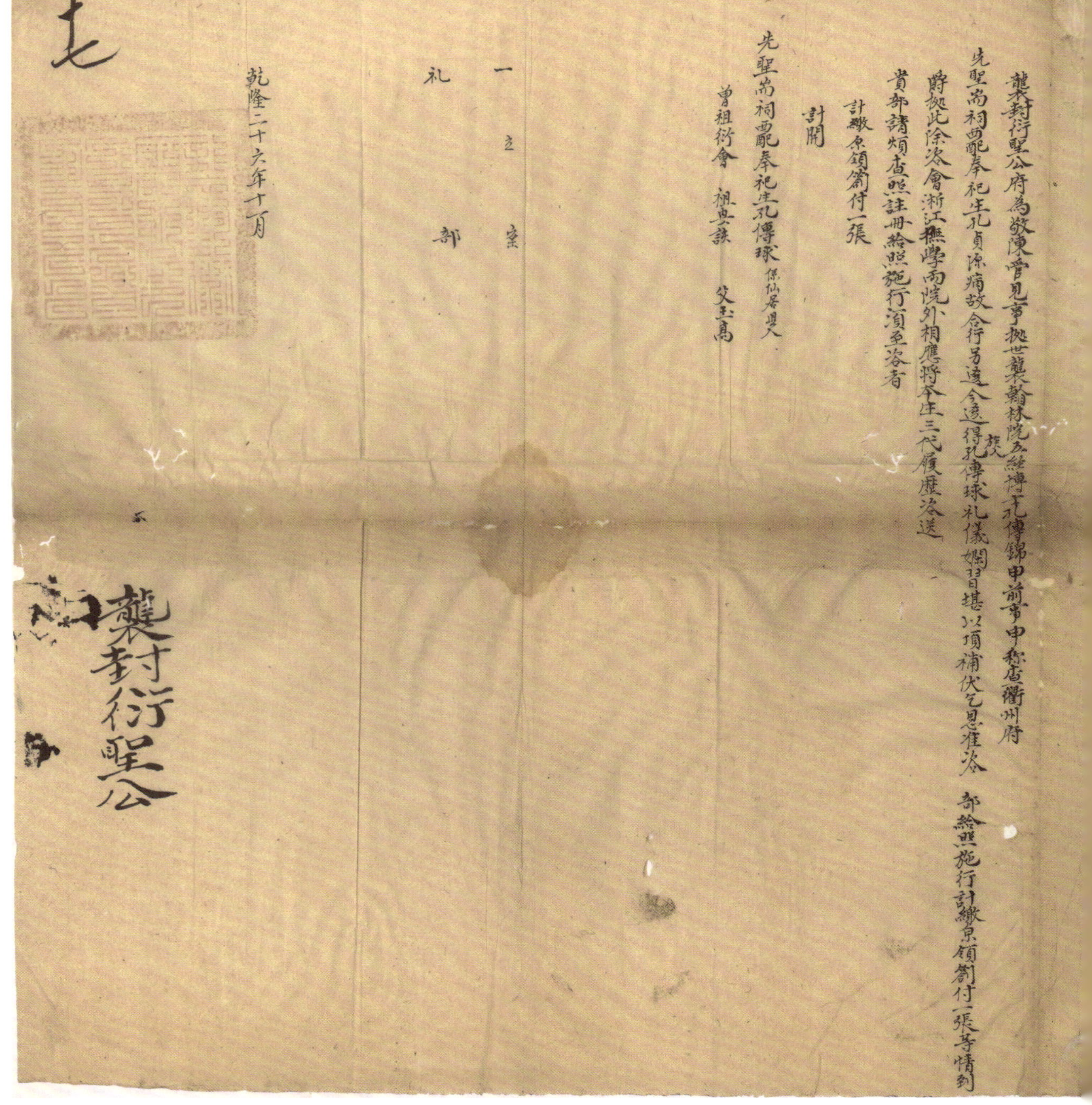

襲封衍聖公府爲敬陳管見事。據世襲翰林院五經博士孔傳錦申前事，申稱：查衢州府
先聖尚祠西配奉祀生孔貞淙病故，合行另選，今選得族人孔傳球禮儀嫻習，堪以頂補，伏乞恩准咨
部給照施行，計繳原領劄付一張等情到
爵。據此，除咨會浙江撫學兩院外，相應將本生三代履歷咨送
貴部，請煩查照註冊給照施行，須至咨者。

計繳原領劄付一張

計開

先聖尚祠西配奉祀生孔傳球 係仙居縣人

曾祖衍會 祖興誄 父玉高

一 咨

禮部

乾隆二十六年十一月

襲封衍聖公

衍聖公府爲孔傳球頂補衢州先聖專祠西配奉祀生事致浙江撫院、浙江學院咨

清乾隆二十六年十二月三十日

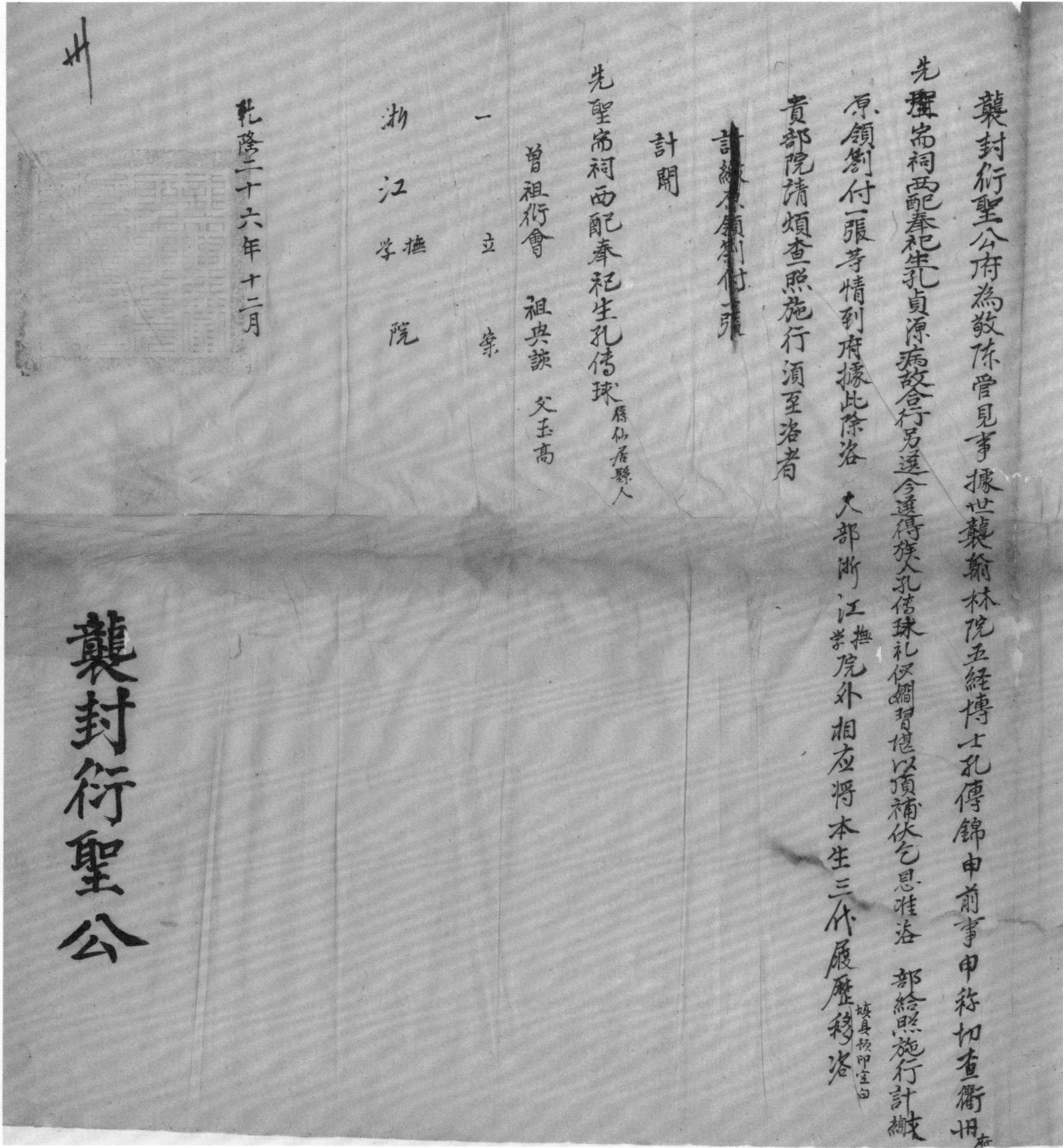

襲封衍聖公府爲敬陈管見事。據世襲翰林院五經博士孔傳錦申前事，申稱：切查衢州府先聖專祠西配奉祀生孔貞源病故，合行另選。今選得族人孔傳球，礼仪嫻習，堪以頂補。伏乞恩准，咨部給照施行。計繳原領劄付一張等情到府。據此，除咨大部、浙江撫院、學院外，相應將本生三代履歷移咨貴部院，請煩查照施行。須至咨者。

計繳原領劄付一張

計開

先聖專祠西配奉祀生孔傳球，係仙居縣人

曾祖衍會，祖興誤，父玉高

一　立案

浙江撫、學院

乾隆二十六年十二月

填具叚印空白

襲封衍聖公

禮部爲給發孔傳球、閔傳武、薛存莊頂補奉祀生執照事致衍聖公［孔昭焕］咨

清乾隆二十六年十二月

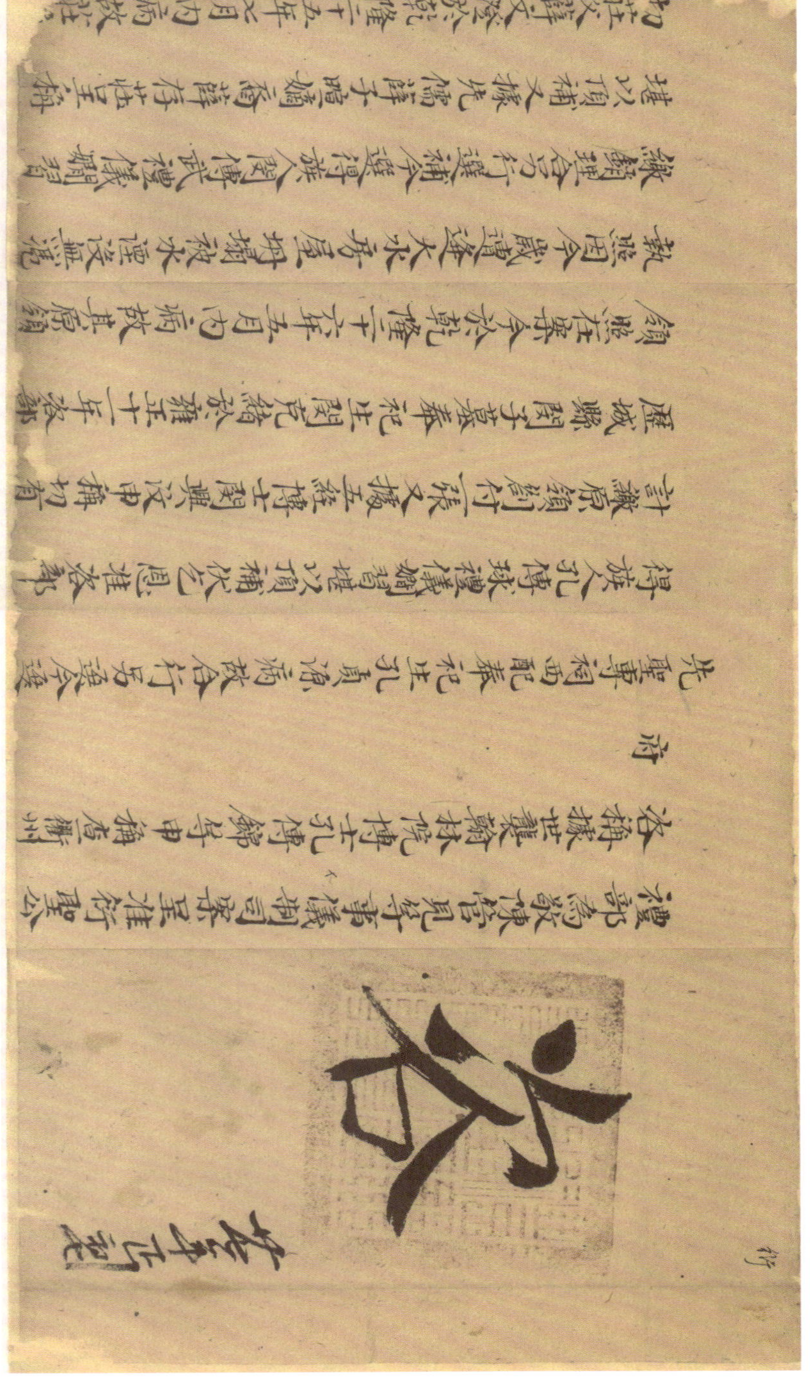

咨

禮部爲敬陳管見事。儀制司案呈，准衍聖公

咨稱：據世襲翰林院博士孔傳錦等申稱，查衢州

府

先聖專祠西配奉祀生孔貞濟病故，合行另選，今選

得族人孔傳球禮儀嫻習，堪以頂補孔貞濟之缺，懇准咨部

註銷原領劄付一張。又據五經博士閔興汶申稱，切有

歷城縣閔子墓奉祀生閔克緒，於雍正十一年咨部

領照在案，今於乾隆二十六年五月內病故，其原領

執照因今歲遭逢大水，房屋坍塌，被水漂沒無遺，

繳銷，理合另行選補，今選得族人閔傳武禮儀嫻習，

堪以頂補。又據先儒薛子嫡裔薛存莊呈稱，

切莊父薛文燦於乾隆二十五年七月內病故，莊

禮部爲給發孔傳球、閔傳武、薛存莊頂補奉祀生執照事致衍聖公［孔昭煥］咨

清乾隆二十六年十二月

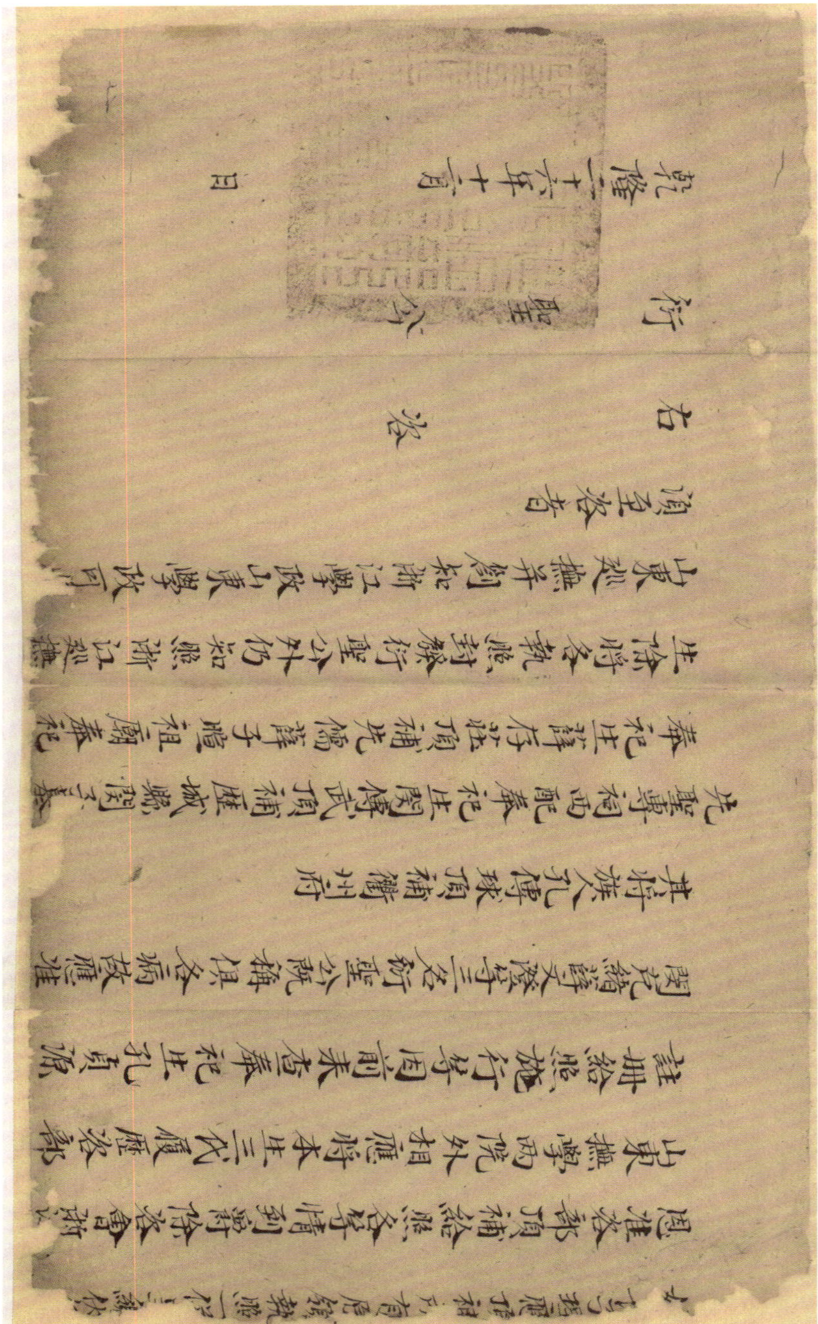

如[illegible]應頂補之人有原頒執照一併[illegible]
恩准咨部頂補給照各等情到爵除咨會浙江
山東撫學兩院外相應將本生三代履歷咨部
註册給照施行等因前來查奉祀生孔貞源
閔允緒薛文澄等三名衍聖公既稱俱各病故應准
其將族人孔傳球頂補衢州府
先聖專祠西配奉祀生閔傳武頂補歷城縣閔子墓
奉祀生薛存莊頂補先儒薛子暄祖廟奉祀
生除將各執照封發衍聖公外仍知照浙江巡撫
山東巡撫并劄知浙江學政山東學政可也
須至咨者
右　咨
衍　　聖公
乾隆二十六年十二月　　日

山東學政閔［鶚元］爲孔傳球、閔傳武、薛存莊頂補奉祀生事致衍聖公府咨

清乾隆二十七年正月十一日

欽命提督山東學政刑部郎中兼翰林院檢討加二級閔　爲
敬陳管見事乾隆貳拾陸年拾貳月貳拾捌
日准
禮部劄開儀制司案呈准衍聖公咨稱據世襲
翰林院博士孔傳錦等申稱查衢州府
先聖家祠西配奉祀生孔貞淳病故合行另選今
選得族人孔傳球禮儀嫻習堪以頂補伏乞恩
准咨部討繳原領劄付一張又據五經博士閔
興汶申稱切有歷城縣閔子墓奉祀生閔克緒
於雍正拾壹年咨部頒照在案今於乾隆貳拾
陸年伍月内病故其原領執照因今歲遭逢大
水房屋坍塌被水湮没無憑繳銷理合另行選
補今選得族人閔傳武禮儀嫻習堪以頂補又
據先儒薛子嗣嫡裔薛存淦呈稱切淦父薛文
澄於乾隆貳拾伍年柒月内病故淦係嫡長子
理應頂補所有原領執照一併呈繳伏乞恩准
咨部頂補給照各等情到爵除咨會浙江山東
撫學兩院外相應將本生三代履歷咨部註冊
給照施行等因前來查奉祀生孔貞淳閔克緒
薛文澄等各名衍聖公既稱俱各病故應准其頂

咨

山東學政閔[鶚元]爲孔傳球、閔傳武、薛存莊頂補奉祀生事致衍聖公府咨

清乾隆二十七年正月十一日

族人孔傳球項補衢州府
先聖專祠西配奉祀生閔傳武項補歷城縣閔子
墓奉祀生薛存莊頂補先儒薛子暄祖廟奉祀
生除將各執照封發衍聖公外仍知照浙江巡
撫山東巡撫并劄知浙江學政山東學政可也
等因到院准此擬合咨會爲此合咨
貴公府煩請查照施行須至咨者

右　咨

襲封衍聖公府

乾隆貳拾柒年正月拾壹日

二九二二◆衢州孔氏翰林院五經博士請添設浙江衢郡孔廟禮生

清乾隆二十年至三十八年

世襲翰林院五經博士爲請
旨事案奉
襲封衍聖公府　劄付前事內開乾隆十六年三月二十五日准
禮部咨開祠祭司案呈禮科抄出本部具題議覆暫管步軍統領事務協辦大學士尚書阿　奏拿獲民人張書偽造五經博士関防冒給禮生執照一疏
於乾隆十六年二月十三日題三月初一日奉
旨依議欽此抄出到部相應行文衍聖公一體遵照施行可也計粘單一紙等到府准此合行轉飭爲此劄付該翰博即便遵照等因奉此竊查
衢郡自宋南遷奉建
至聖廟庭向設相禮樂舞各生襄祀於各縣儒童內募選按名給照呈送院衙門列號用印准充以杜假冒從無濫行私給由來已久歷沿無異
今因張書偽造仲氏関防禮生執照誆騙楊國英銀兩被獲致奉
大部議令各五經博士無論真偽追銷禮生執照家
宗主劄付暨　撫院　藩司各移咨到職自應恪遵但細繹
部議指
先賢先儒而言其本宗家廟不過廟內正中供奉神牌或塑神像並無左右配享及東西兩廡凡遇祭執事無用多人本家子弟原可贊襄
奈夫若衢郡
聖廟正中供奉神像殿之左右及東西兩廡則俱有配享并另建有
崇聖祠以奉
五王祀典其體制與
先賢先儒迥別凡祀之際選用族人分獻與
文廟無異若進爵奠爵進饌徹饌獻帛焚帛迎牲讀祝禮制繁多則在選充禮生內於各處鳴贊外以司其事所以遵
至聖廟祀典以異與
先賢先儒不同也況禮生與樂舞生事同一例樂舞各祠皆無唯衢郡獨有則禮生之設亦應與他祠不同且顧名思義
先賢先儒或謂家廟或謂宗祠自應本家子弟贊襄衢郡獨謂之
聖廟實文教所関殊非各姓可比選用儒童相禮即詩所云譽髦斯士有德有造之意自乾隆十六年奉文停止選充禮生以來從前

衢州孔氏翰林院五經博士孔傳錦爲衢州至聖廟循舊制選用禮生事致衍聖公府呈及批

清乾隆二十年十一月二十七日

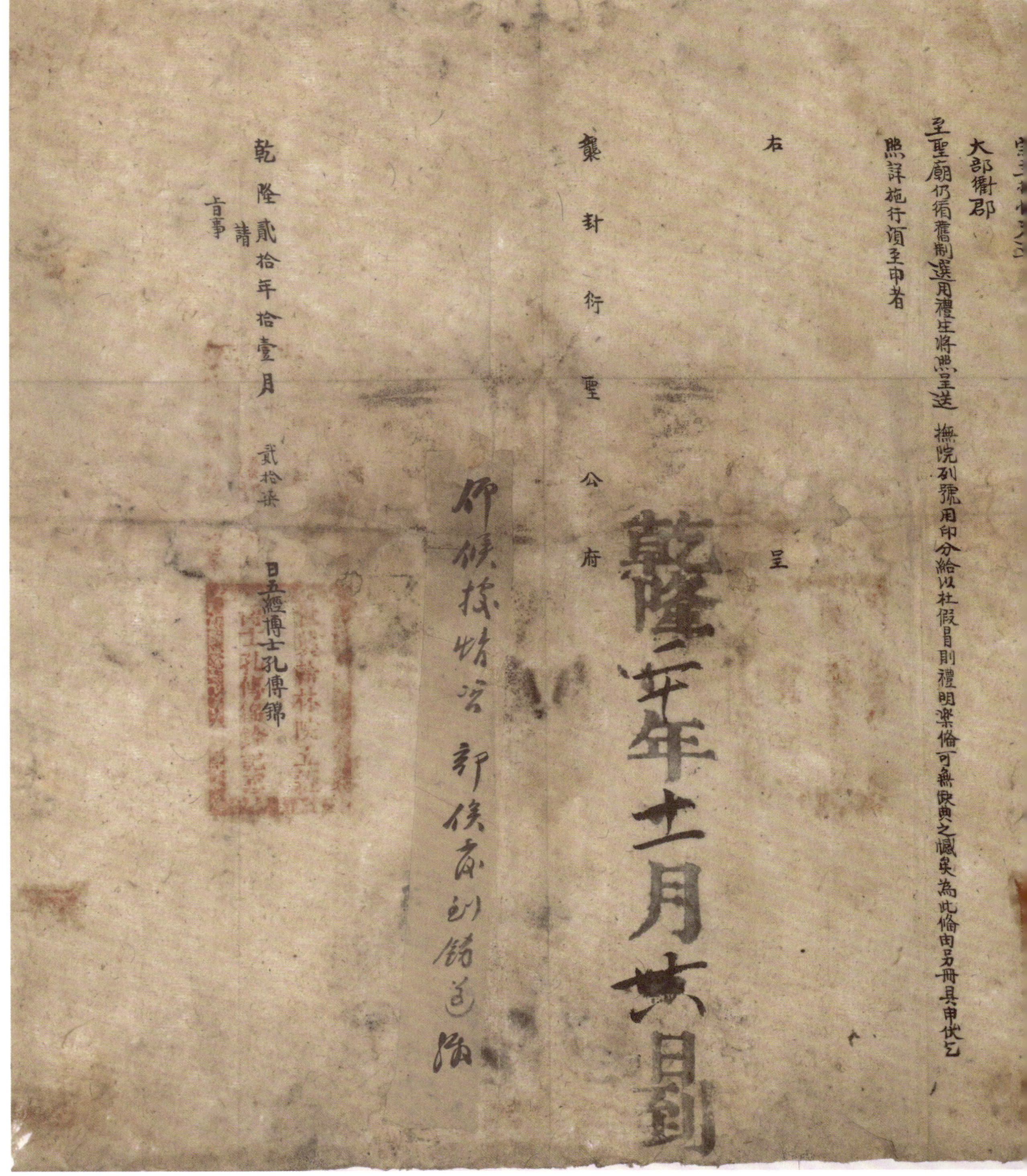

大部衢郡

至聖廟仍循舊制選用禮生將照呈送 撫院列號用印分給以杜假冒則禮明樂備可無缺典之憾矣為此備由另冊具申伏乞

照詳施行須至申者

右 呈

襲封衍聖公府

乾隆貳拾年拾壹月 貳拾柒 日五經博士孔傳錦

請

旨事

乾隆二十年十一月廿八日到

仰候據情咨 部候覆到飭遵繳

衢州孔氏翰林院五經博士孔傳錦造送照詳書册

清乾隆二十年十一月

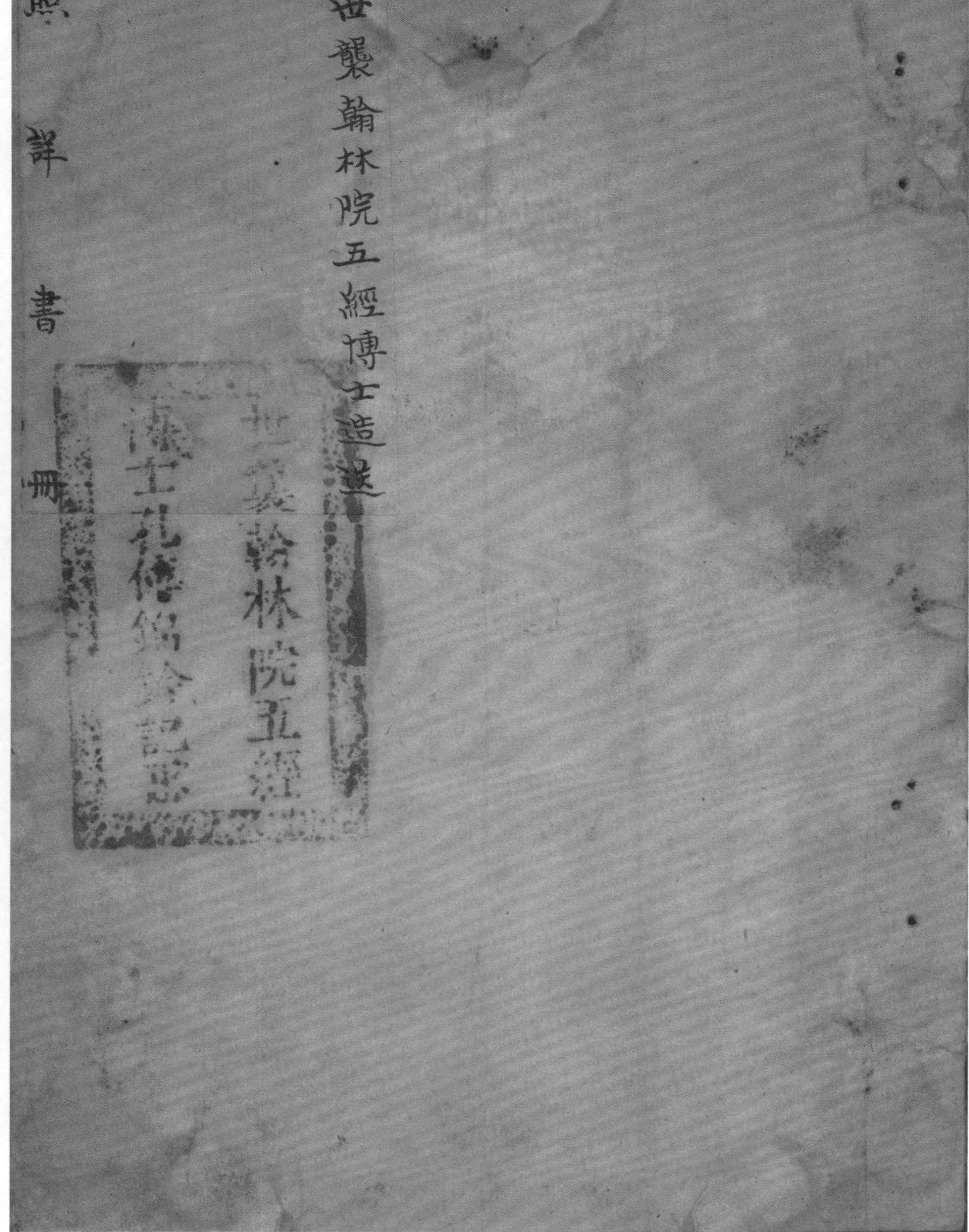
世襲翰林院五經博士造送

照詳書册

世襲翰林院五經博士為請
旨事案奉
襲封衍聖公府　劄付前事内開乾隆十六年三月二十五日准
禮部咨開祠祭司案呈禮科抄出本部具題議覆暫管步軍統領
事務協辦大學士尚書阿　奏拿獲民人張書偽造五經博士關防冒
給禮生執照一疏於乾隆十六年二月十三日題三月初一日奉
旨依議欽此抄出到部相應行文衍聖公一體遵照施行可也計粘单一紙
等因到府准此合行轉飭為此劄付該翰博即便遵照等因奉此竊
查衢郡自宋南遷奉建

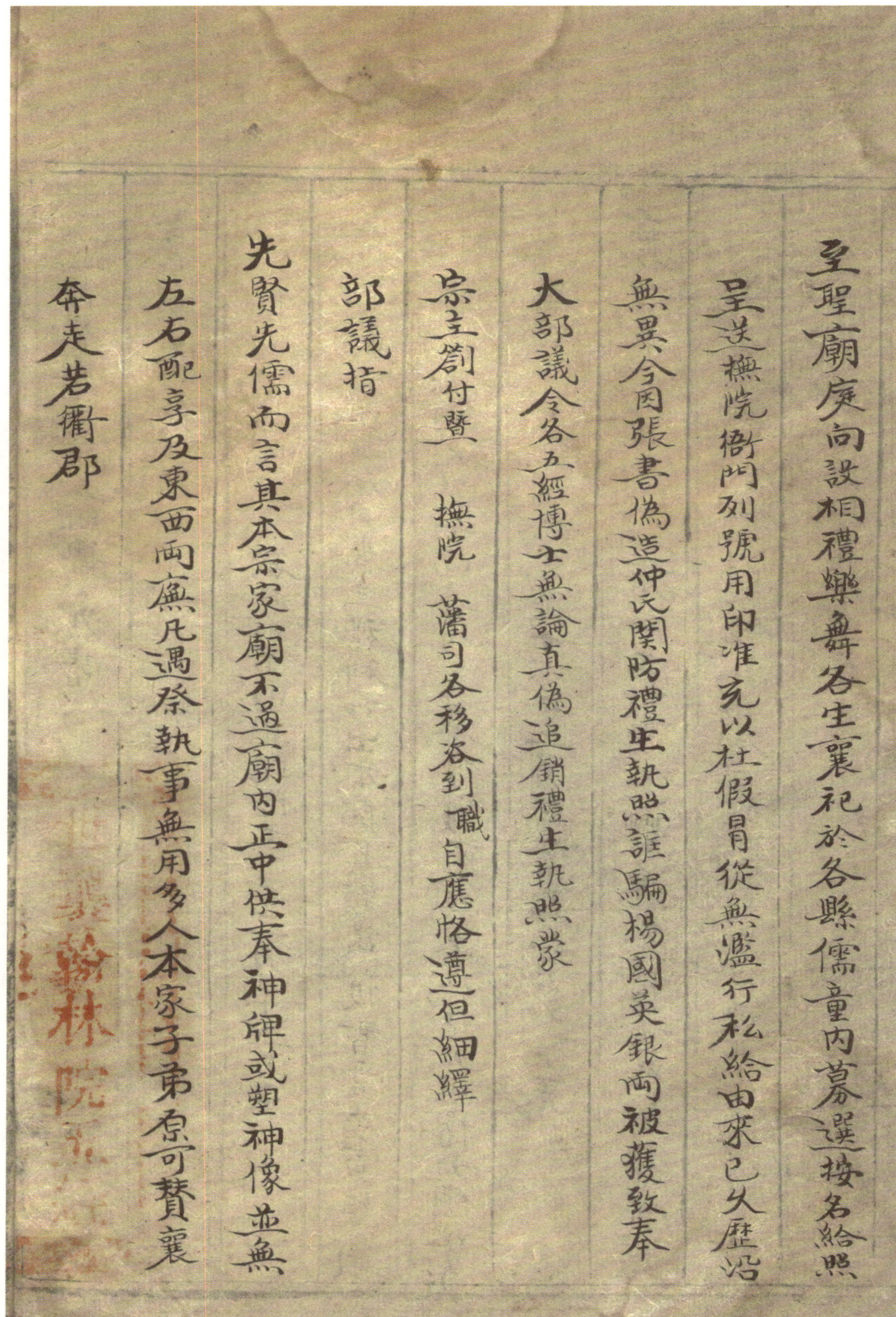

至聖廟庭向設相禮樂舞各生襄祀於各縣儒童內募選接名給照
呈送撫院衙門列號用印准充以杜假冒從無濫行私給由來已久歷沿
無異今因張書偽造仲氏關防禮生執照誆騙楊國英銀兩被獲致奉
大部議令各五經博士無論真偽追銷禮生執照蒙
宗主劄付暨　撫院　藩司各移咨到職自應恪遵但細繹
部議指
先賢先儒而言其本宗家廟不過廟內正中供奉神牌或塑神像並無
左右配享及東西兩廡凡遇祭執事無用多人本家子弟亦可贊襄
奔走若衢郡

聖廟正中供奉神像殿之左右及東西兩廡則俱有配享并另建有
崇聖祠以奉
五王祀典其體制與
先賢先儒迥别凡祀之際選用族人分獻與
文廟無異若進爵奠爵進饌徹饌獻帛焚帛迎牲讀祝禮制繁
多例在選充禮生内於各處鳴贊外以司其事所以遵
至聖肅祀典以見與
先賢先儒不同也况禮生與樂舞生事同一例樂舞各祠皆無惟衢
郡獨有則禮生之設亦應與他祠不同且顧名思義

先賢先儒或謂家廟或謂宗祠自應本家子弟贊襄衢郡獨謂之
聖廟實文教所關殊非各姓可比選用儒童相禮即詩所云譽髦斯士
有德有造之意自乾隆十六年奉文停止選充禮生以來從前各
生多有老病物故遇祭乏人承應今春祭伊邇合無仰懇
宗主據情咨達
大部衢郡
至聖廟仍循舊制選用禮生將照呈送　撫院刊號用印分給以杜
假冒則禮明樂備可無缺典之憾矣為此備由具册具申伏乞
照詳施行須至册者

衢州孔氏翰林院五經博士孔傳錦造送照詳書册

清乾隆二十年十一月

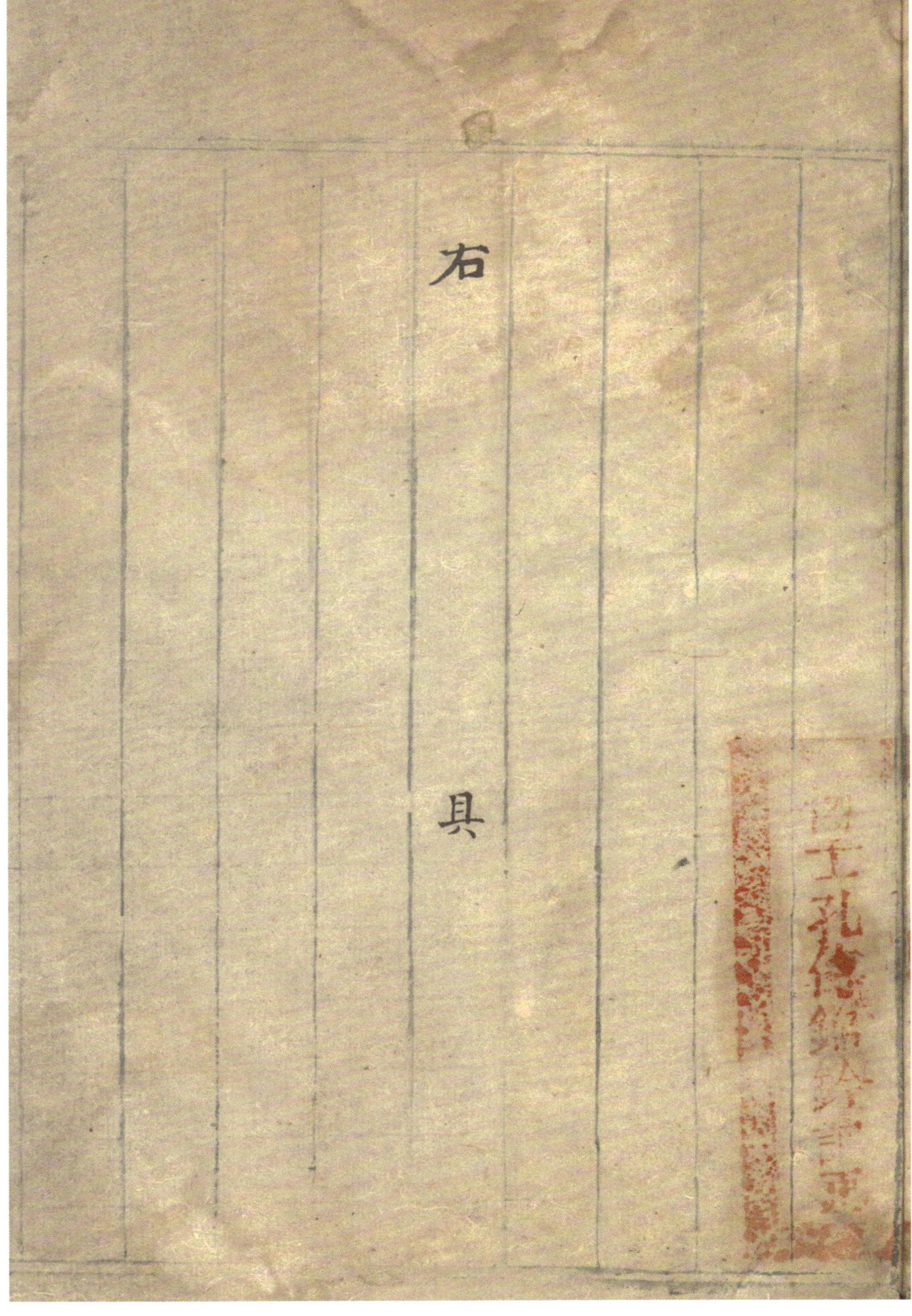

右

具

衢州孔氏翰林院五經博士孔傳錦造送照詳書冊

清乾隆二十年十一月

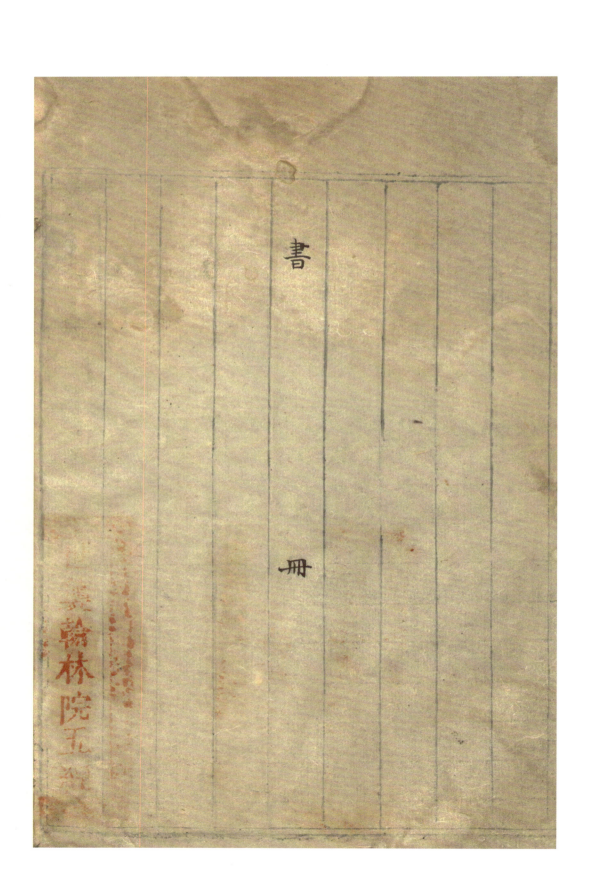

衢州孔氏翰林院五經博士孔傳錦造送照詳書册

清乾隆二十年十一月

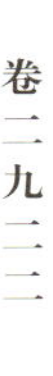

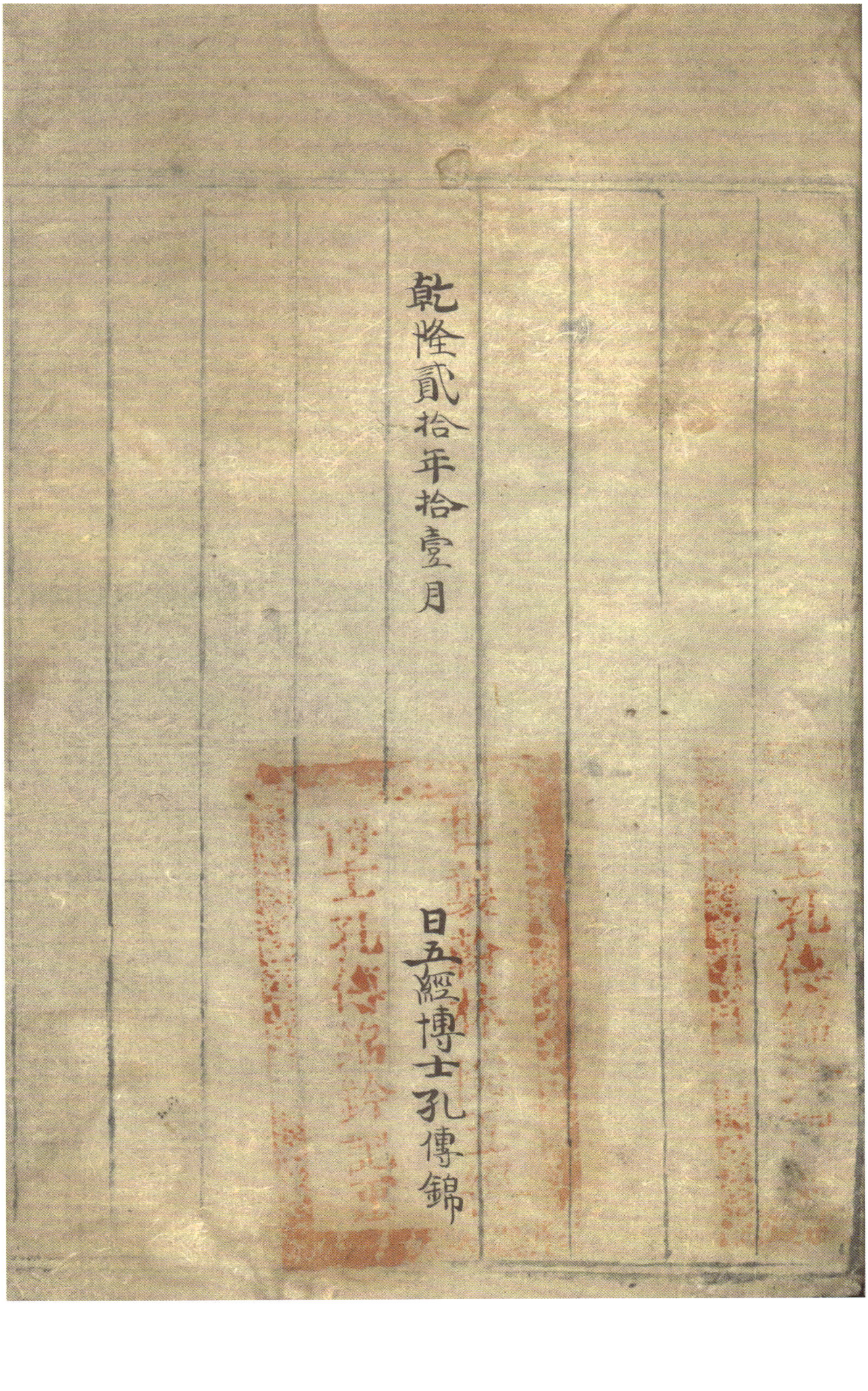

乾隆貳拾年拾壹月

日五經博士孔傳錦

衍聖公府爲衢州聖廟循舊制添設禮生事致禮部咨

清乾隆二十年十二月初十日

為請
旨事乾隆二十年十一月奉旨據世襲翰林院五經博士孔傳錦申前事申稱
案奉襲封衍聖公府劄付內開乾隆十六年三月二十五日准
禮部咨開祠祭祠案呈禮科抄出本部具題議覆暫管步軍統領
事務協辦大學士尚書阿 奏拿獲民人張書偽造五經博士閔防冒
給礼生執照一疏于乾隆十六年二月十三日題三月初七日奉
旨依議欽此抄出到部相應行文衍聖公一體遵照施行可也計粘單一紙
等因到府准此合行轉飭為此劄付該翰博即便遵照等因奉此
竊查衢郡自宋南遷奉建
至聖庙庭向設相礼樂舞各生襄祀于各縣儒童內募選按名
給照呈送 撫院衙門列號用印准充以杜假冒從無濫行私給
一由來已久歷沿無異今因張書偽造仲氏閔防礼生執照誆騙
楊国英銀兩被獲致奉
大部議令各五經博士無論真偽追銷礼生執照蒙宗主劄付
暨 撫院 藩司各移咨到職自應恪遵但細繹 部議指
先賢先儒而言其本宗家廟不過庙內正中供奉 神牌或塑神像
並無左右配享及東西兩廡凡遇祭執事無用多人本家子弟
原可贊襄奔走若衢郡
聖庙正中供奉 神像殿之左右及東西兩廡則俱有配享并另
建有
崇聖祠以奉
五王祀典其体制與
先賢先儒迥別凡祀之際遴用族人分獻與
文庙無異若進爵奠爵進饌徹饌献帛焚帛迎牲讀祝礼制
繁多例在遴充礼生內于各處鳴贊外以司其事所以遵
至聖肅祀典以見與
先賢先儒不同也況礼生與樂舞事同一例樂舞各祠皆無惟
衢郡獨有則礼生之設亦應與他祠不同且顧名思義
先賢先儒或謂家庙或謂宗祠自應本家子弟贊襄衢郡
獨謂之

衍聖公府爲衢州聖廟循舊制添設禮生事致禮部咨

清乾隆二十年十二月初十日

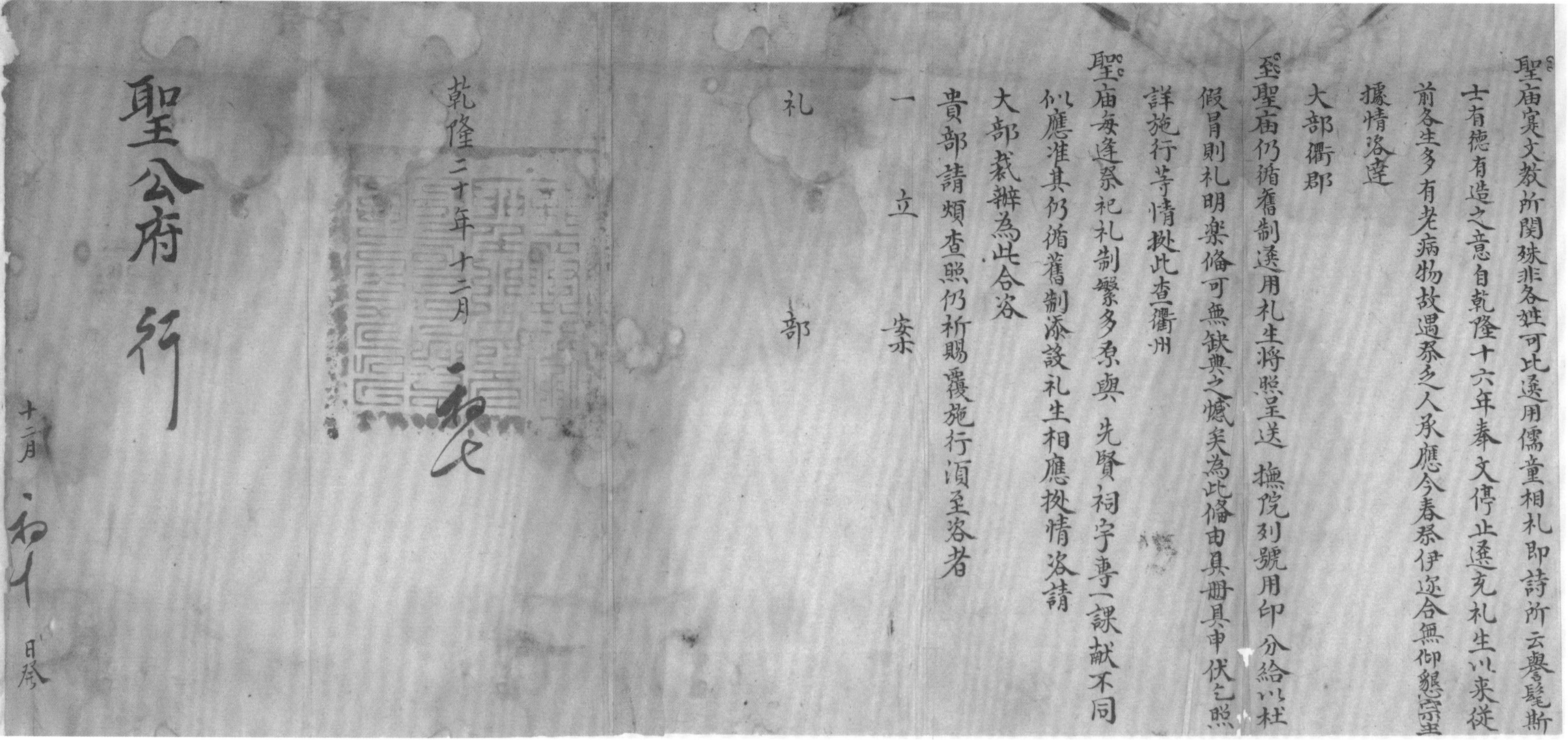

聖廟實文教所關殊非各姓可比遂用儒童相礼即詩所云譽髦斯
士有德有造之意自乾隆十六年奉文停止遂充礼生以來從
前各生多有老病物故遇祭乏人承應今春祭伊迩合無仰懇宣
據情咨達
大部衢郡
至聖廟仍循舊制遂用礼生將照呈送 撫院列號用印分給以杜
假冒則礼明樂備可無缺典之憾矣為此備由具冊具申伏乞照
詳施行等情據此查衢州
聖廟每逢祭祀礼制繁多衆與 先賢祠宇專一課獻不同
似應准其仍循舊制添設礼生相應據情咨請
大部裁辦為此合咨
貴部請煩查照仍祈賜覆施行須至咨者

礼 部

一 立 案

乾隆二十年十二月

聖公府行

十二月 初十 日發

禮部爲覆明衢州至聖廟不便復行添設禮生事致衍聖公［孔昭煥］咨

清乾隆二十一年二月

咨

乾隆廿一年二月廿日

禮部爲咨覆事祠祭司案呈准衍
聖公咨稱據五經博士孔傳錦呈
稱切查衢郡自宋南遷建
至聖廟庭向設相禮樂舞各生襄祀
於各縣儒童內募送給照送撫院
衙門列號用印准充由來已久案
查乾隆十六年奉部咨行因張書
僞造仲氏閥閱禮生執照議令各
五經博士無論真僞追銷禮生執
照自應恪遵但先賢先儒本宗家
廟不過正中供奉神牌並無左右
配享及東西兩廡執事無用多人本
家子弟原可贊襄奔走衢郡
聖廟正中供奉神像殿之左右及東西
廡俱有配享並有
崇聖祠其禮制與先賢先儒迥別況
禮生與樂舞事同一例樂舞各祠
皆無則禮生之設殊非各姓可比自
奉文以來從前各生多有老病物
故遇祭乏人合無仰懇據情咨部
仍循舊制選用禮生將照呈送撫
院列號用印分給以杜假冒等情查衢州
聖廟每逢祭祀禮制繁多似應仍循舊制
添設禮生相應據情咨部裁辦等

禮部爲覆明衢州至聖廟不便復行添設禮生事致衍聖公（孔昭煥）咨

清乾隆二十一年二月

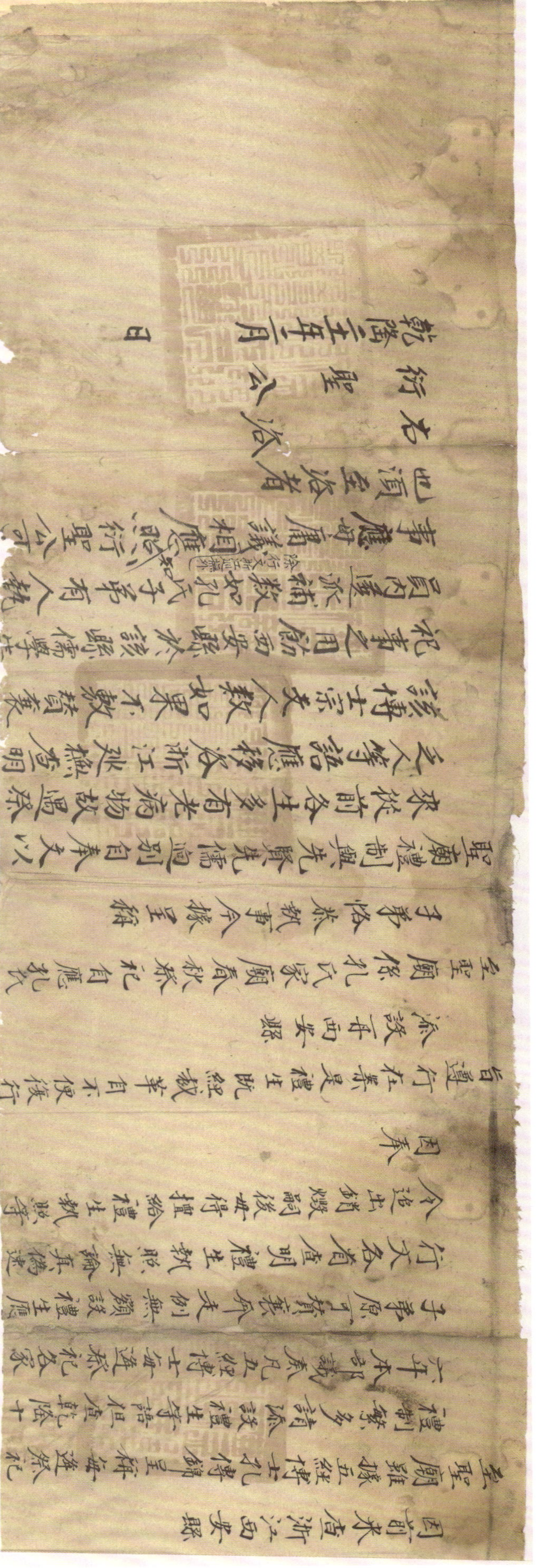

為咨覆事乾隆二十一年二月二十日准
禮部咨前事咨開祠祭司案呈准衍聖公咨稱據五經博士
孔傳錦呈稱切查衢郡自宋南遷建
至聖廟向設相禮樂舞各生襄祀於各縣儒童內募選給照送撫院
衙門刻號用印准充由來已久案查乾隆十六年奉部咨行因張書偽
造仲氏關防禮生執照議令各五經博士無論真偽追銷禮生執照
自應恪遵但先賢先儒本宗家廟不過正中供奉神牌並無左右配
享及東西兩廡執事無用多人本家子弟自可贊襄奔走衢郡
聖廟正中供奉神像殿之左右及東西兩廡俱有配享並有
崇聖祠其禮制與先賢先儒迥別況禮生樂舞事同一例樂舞各祠皆無則禮生
之設殊非各姓可比自奉文以来從前各生多有老病物故遇祭乏人僉無
仰懇據情咨部仍循舊制遴用禮生將照呈送撫院列號用印分給以杜
假冒等情查衢州
聖廟每逢祭祀禮制繁多似應仍循舊制添設禮生相應據情咨部裁辦
等因前來查浙江西安縣
至聖廟雖據五經博士孔傳錦呈稱每逢祭祀禮制繁多請添設禮生等語但查
乾隆十六年本部議奏凡五經博士每逢祭祀各家子弟自可贊襄奔走例無額
設禮生應行文各省查明禮生執照無論真偽速令追出銷燬嗣後毋得禮
給禮生執照等因奉
旨遵行在案是禮生既經裁革自不便復行添設再西安縣
至聖廟係孔氏家廟春秋祭祀自應孔氏子弟恪恭執事今據呈稱
聖廟禮制與先賢先儒迥別自奉文以来從前各生多有老病物故遇祭乏人等語

衍聖公府爲覆衢州至聖廟不便復行添設禮生事致衢州孔氏翰林院五經博士孔傳錦劄付

清乾隆二十一年三月初七日

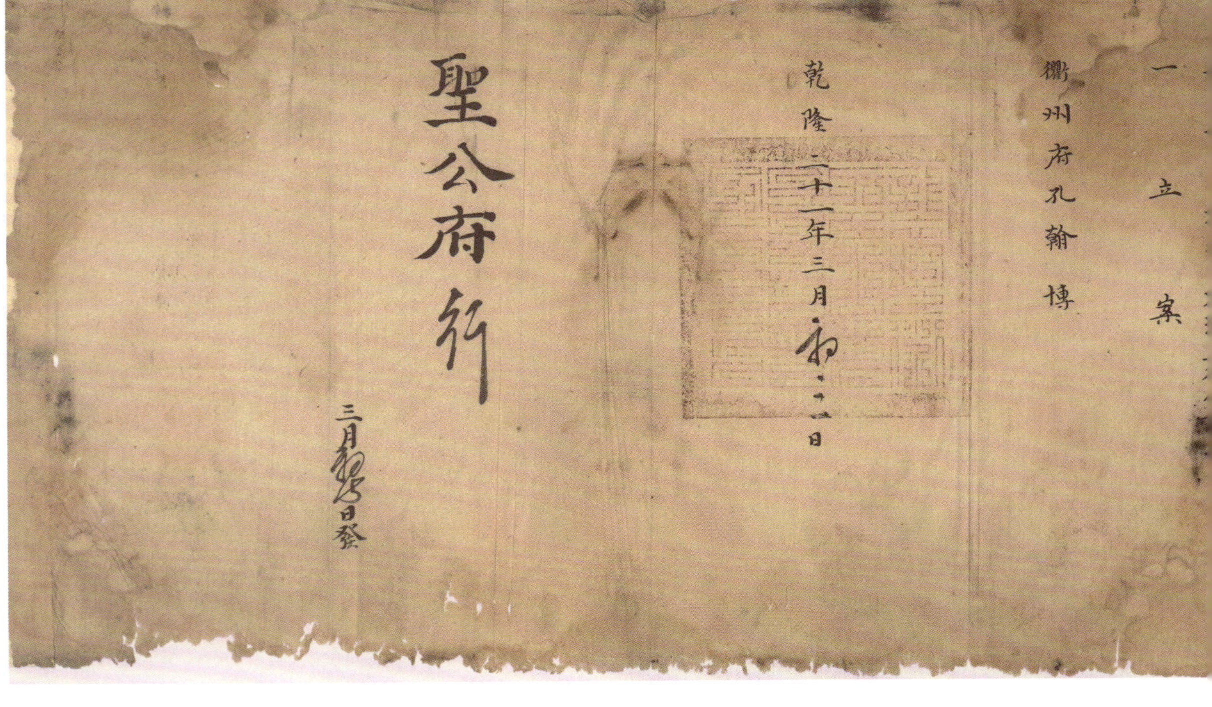

衢州孔氏翰林院五經博士孔傳錦爲循例挑選禮生事致衍聖公府申

清乾隆三十六年四月

世襲翰林院五經博士孔傳錦為循例請示事照得浙衢西安
聖廟從前原有額設禮生一項每逢丁祭大典
大成殿需用鳴贊引贊讀祝禮生十二名四配需用八名兩廡兩序需用八名
崇聖祠需用四名其餘八名以司陳設盥洗等項共應用禮生四十名現在並無專司執事之人俱係隨時派办於儀節均屬未嫻伏思西安
聖廟制同
闕里與各學
文廟暨
先賢先儒廟祀者有間可否請照
闕里額設禮生之例於本氏族人內儘數挑取選充如有不敷挑取西安附近之俊秀補足如此則應需各項禮生均有專司得以不時傳集演習禮儀
寔於祀典有光理合詳請咨 部定議為此具申伏乞照詳施行須至申者

右 申

襲封衍聖公府

乾隆叁拾陸年肆月 日衢州五經博士

衍聖公府爲應否如孔傳錦所請挑選禮生事致禮部咨

清乾隆三十六年四月

襲封衍聖公府爲循例請示事據浙江衢州府西安縣世襲翰
林院五經博士孔傳錦詳稱竊得西安
聖廟從前原有額設禮生一項每逢丁祭大典
大成殿需用鳴贊引贊讀祝禮生十二名四配需用八名兩廡兩序
需用八名
崇聖祠需用四名其餘八名以司陳設盥洗等項其應用禮生
四十名現在並無專司執事之人俱係隨時派辦於儀節
均屬未嫻伏思西安
聖廟制同
闕里典禮
大廟既
先賢先儒廟祀者有間可否請照
闕里額設禮生之例於本氏族人內儘數挑取選充如有不敷
挑取西安附近之俊秀補足如此則應需各項禮生均有專
司得以不時傳集演習禮儀宜於祀典有光理合詳請咨
部定議等情到爵據此查浙江西安
聖廟需用禮生一項原與
闕里事同一例應否如該博士所請應用禮生四十名在本氏
族人中儘數挑取選充外有不敷者將西安附近俊秀
挑補足數之處咨請

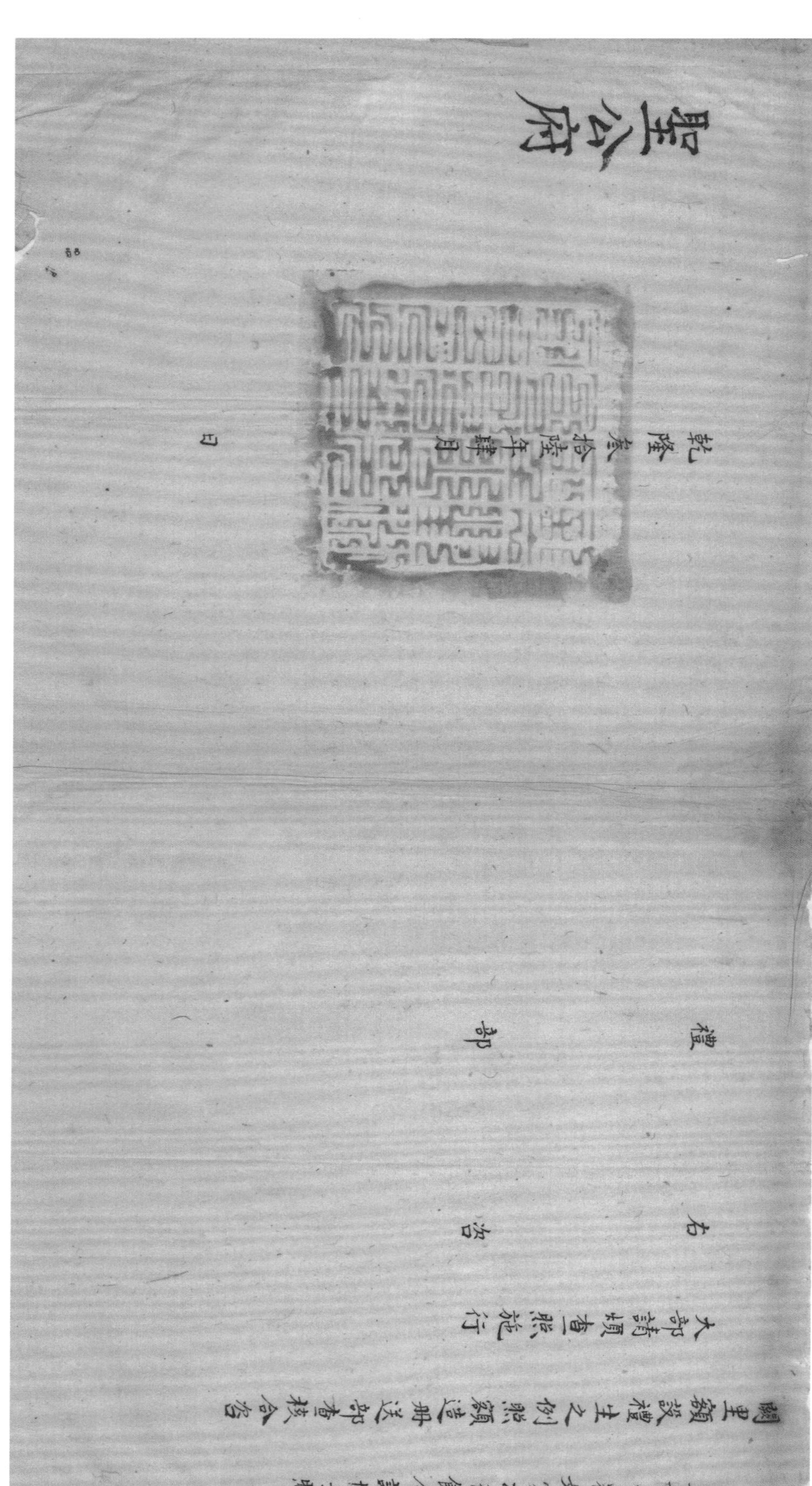
大部示覆如蒙准行飭令該博士照
闕里額設禮生之例照額造册送部查核合咨
大部請煩查照施行
右　咨
禮　部
乾隆叁拾陸年肆月　日
聖公府

衍聖公府爲應否如孔傳錦所請挑選禮生事致［禮部］咨

［清乾隆三十六年四月］

禮部爲准衢州至聖廟選充禮生并詳慎遴選事致衍聖公［孔昭煥］咨

清乾隆三十六年六月

咨

禮部爲咨覆事祠祭司案呈准
衍聖公咨稱據浙江衢州府西安
縣世襲翰林院五經博士孔傳錦
詳稱照得西安
聖廟從前原有額設禮生一項每逢丁祭
大典
大成殿需用鳴贊引贊讀祝禮生十二
名四配需用八名兩廡兩序需用
八名
崇聖祠需用四名其餘八名以司陳設盥
洗等項其應用禮生四十名現在並
無專司執事之人俱係隨時派辦
於儀節均屬未嫻伏思西安
聖廟制同
闕里與各學
文廟暨
先賢先儒廟祀者有間可否請照
闕里額設禮生之例於本氏族人中內儘數
挑取選充如有不敷挑取西安附
近之俊秀補足如此則應需各項
禮生均有專司得以不時傳集
演習禮儀實於祀典有光理合詳
請咨部定議等情據此查浙江西安
聖廟需用禮生一項原與

禮部爲准衢州至聖廟選充禮生并詳慎遴選事致衍聖公（孔昭煥）咨

清乾隆三十六年六月

闕里事同一例應否如該博士所請應用
禮生四十名在本氏族人中儘數挑取
選充外有不敷者將西安附近俊秀
挑補足數之處咨請大部示覆如蒙
准行飭令該博士照
闕里額設禮生之例照額造冊送部查核
等因前來查乾隆三十五年本部
覆准衍聖公咨請
闕里文廟禮生八十名在廟佃戶子弟內
選充四十名其餘不敷鳴贊讀祝等項
禮生四十名將曲阜俊秀挑選補足仍
造冊送部查核等因在案今准衍
聖公咨稱浙江西安
聖廟與
闕里文廟事同一例需用禮生四十名可
否照
闕里額[設]之例在本氏族人中儘數選充
如有不敷將西安附近俊秀挑補
足數等語查西安博士奉祀
至聖家廟歲時祭薦與曲阜同所有
大成殿及
四配兩廡
崇聖祠等處需用禮生四十名應如
所請准其於本氏族人中儘數選
充如有不敷將西安附近俊秀挑補
足數仍造冊送部查核但此項禮生
應令衍聖公轉飭該博士詳慎遴選
不得假借充補名目致滋冒濫之弊
除移咨浙江巡撫外相應咨覆衍聖
公可也須至咨者
右咨
衍聖公
乾隆三十六年六月　日

襲封衍聖公府為咨覆事准
禮部咨開祠祭司案呈准衍聖公咨稱據浙江衢州府西
安縣世襲翰林院五經博士孔傳錦詳稱照得西安
聖廟從前原有額設禮生一項每逢丁祭大典
大成殿需用鳴贊引贊讀祝禮生十二名四配需用八名兩廡兩
序需用八名
崇聖祠需用四名其餘八名以司陳設盥洗等項其應用禮生
四十名現在並無專司執事之人俱係隨時派辦於儀節均
屬未嫻伏思西安
聖廟制同
闕里與各學
文廟隆
先賢先儒廟祀者有間可否請照
闕里額設禮生之例於本氏族人內儘數挑取選充如有不敷挑取西
安附近之俊秀補足如此則應需各項禮生均有專司得以不
時集傳演習禮儀實於祀典有光理合詳請咨部定議等
情據此查浙江西安
聖廟需用禮生一項原與
闕里事同一例應否如該博士所請應用禮生四十名在本氏族人
中儘數挑取選充外有不敷者將西安附近俊秀挑補足
數之處咨請大部示覆如蒙准行飭令該博士照
闕里額設禮生之例照額造冊送部查核等因前來查乾隆三年
五年本部遵覆准衍聖公請咨
闕里文廟禮生八十名在廟四戶子弟內選充四十名其餘不敷

衍聖公府爲准衢州至聖廟選充禮生并詳慎遴選事致浙江巡撫部院咨、衢州孔氏翰林院五經博士孔傳錦劄付

清乾隆三十六年八月初二日

闕里額設之例在本氏族人中儘數選補如有不敷將
西安附近俊秀挑補足數等語查西安博士奉祀
至聖家廟歲時祭薦與曲阜同所有
大成殿及
四配兩廡
崇聖祠等處需用禮生四十名應如所請准其於本氏族人中儘
數選充如有不敷將西安附近俊秀挑補足數仍造冊送部
查核但此項禮生應令衍聖公轉飭該博士詳慎遴選不得
假借充補名色致滋冒濫之弊除移咨浙江巡撫外相應咨覆
衍聖公可也等因到本爵府准此相應行知為此劄付該博士
照依劄付咨案事理詳慎遴選就本氏族人內儘數選充如有
不敷將西安附近俊秀挑補足數彙造清冊申府以憑咨
送如有更換事故者年終造送清冊以便轉咨
大部事關
祀典不得假借以滋冒濫毋違須至劄付者
右劄付五經博士孔傳錦准此
等因到本爵府准此除行令該博士遵照外擬合移咨為此
合咨
貴部院請煩查照施行須至咨者
右　咨
巡撫浙江部院
乾隆三十六年捌月　日
聖公府
八月初二日發

衍聖公府爲飭催具文申送禮生清册事致衢州孔氏翰林院五經博士孔傳錦劄付

清乾隆三十八年十一月二十八日

襲封衍聖公府爲咨覆事案准
禮部咨開祠祭司案呈准本爵府咨稱浙江衢州府
西安縣世襲翰林院五經博士孔傳錦詳稱西安
聖廟制同
闕里與各學
文廟暨
先賢先儒廟祀者有間可否請照
闕里額設禮生之例於本氏族人內僅數挑取選充如有不
敷挑取西安之附近俊秀補足則各項禮生均有專司
得以不時演習實與祀典有光詳請咨
部定議等情當經本爵府據情咨請大部示覆飭遵
部覆西安設博士奉祀
至聖家廟歲時祭享應與曲阜同所有
大成殿及
四配兩廡
崇聖祠等處需用禮生四十名應如所請准其于本氏族
中僅數選充如有不敷將西安附近俊秀挑補足數仍
造冊送部查核等因當經轉行該博士照依劄付各案事
理詳慎遴選就本氏族人內僅數選充如有不敷將西
安附近俊秀挑補足數彙造清冊申送本爵府以憑咨
送如有事故更換者年終造冊備文申送以憑轉咨
大部查核久經飭行事隔兩載杳不造送事關
部件未便任延合亟飭催爲此劄付該博士立即查照
原咨將選取禮生四十名按數造具清冊二本具文申送
本爵府立等轉咨毋得再遲延飛速火速須至劄付者

右劄付五經博士孔傳錦准此

乾隆三十八年十一月 二十八 日

聖公府行

十一月廿八日發

五二二〇 ◆ 衢州孔氏翰林院五經博士請增設衢州聖廟祭享鋣鹽

清嘉慶三年

呈

衢州孔氏世襲翰林院五經博士之鈐記

衢州孔氏世襲翰林院五經博士孔廣杓為循例申請

部示請設銅盐以供祭祀事㳟照浙江衢州

至聖專廟自宋建炎二年四十八代祖襲封衍聖公孔端友奉

祖像扈蹕南遷賜家於衢詔建家廟照

闕里規制六代承襲公爵主祀南廟至元十九年詔端友六代嫡孫襲封衍

聖公孔洙赴 闕歸魯洙以衢有勅建家廟歷代衍聖公墳墓在衢不

忍離棄讓爵於曲阜宗弟孔治承襲前明宏治十八年郡守沈杰援宋文

公徽州建安二處襲廕博士之例以五十九代孫孔彥繩添授世襲五經

博士一員以主南宗祭祀

聖廟右文重道加意表彰於崇奉前聖之典靡不超越千古垂型百代

伏思衢州

聖廟欽奉

勅建制同

闕里每歲四仲月上丁祭

衢州孔氏翰林院五經博士孔廣杓爲援例請設鋤鹽以供祭祀事致衍聖公府申

清嘉慶三年二月十五日

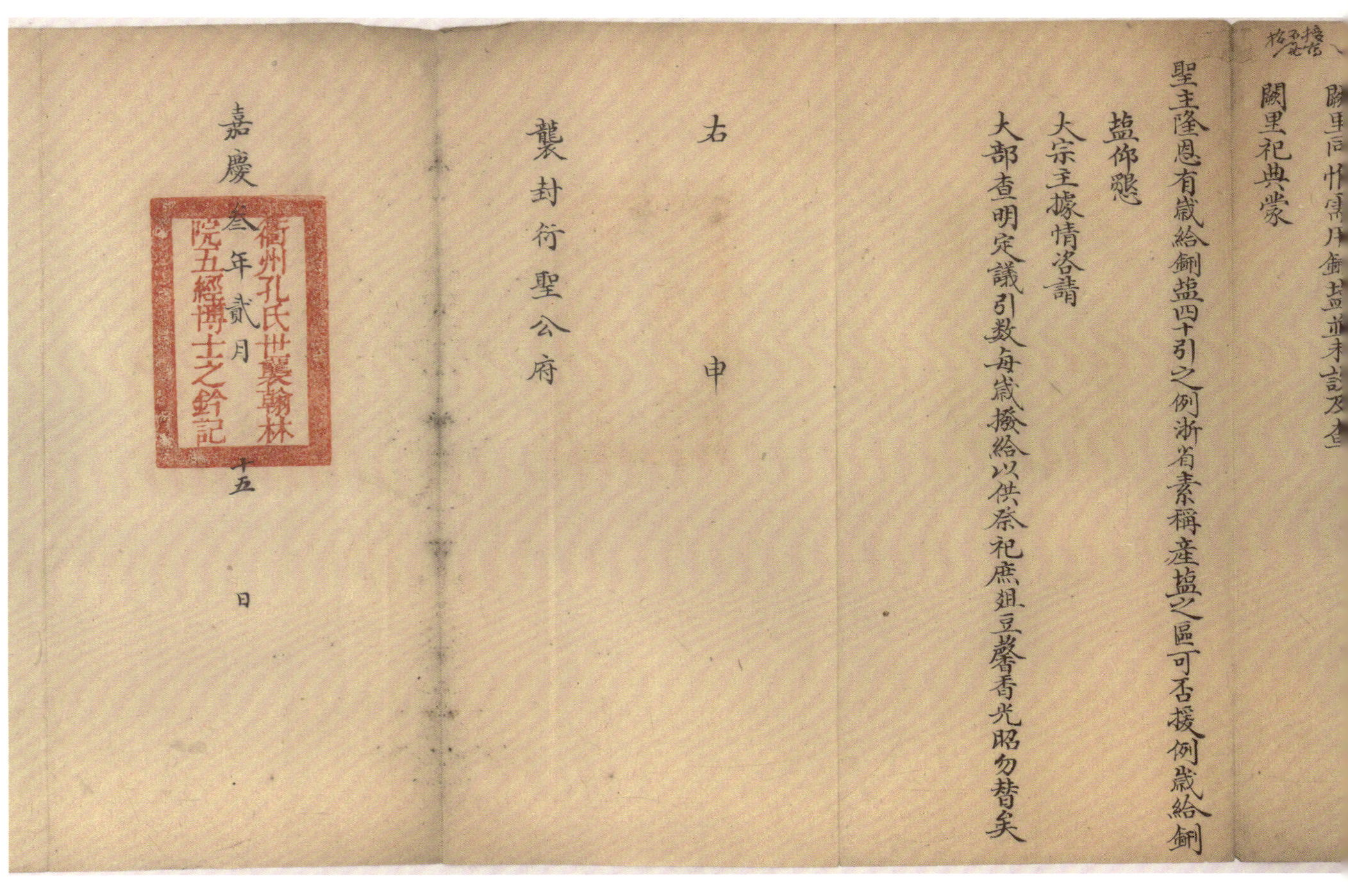
闕里祀典蒙
聖主隆恩有歲給鋤盐四十引之例浙省素稱産盐之區可否援例歲給鋤
盐仰懇
大宗主據情咨請
大部查明定議引数每歲撥給以供祭祀庶俎豆馨香光昭勿替矣

右 申

襲封衍聖公府

嘉慶叁年貳月十五日

衢州孔氏世襲翰林院五經博士之鈐記

衍聖公府爲孔廣杓請設鉶鹽事批

無朝年

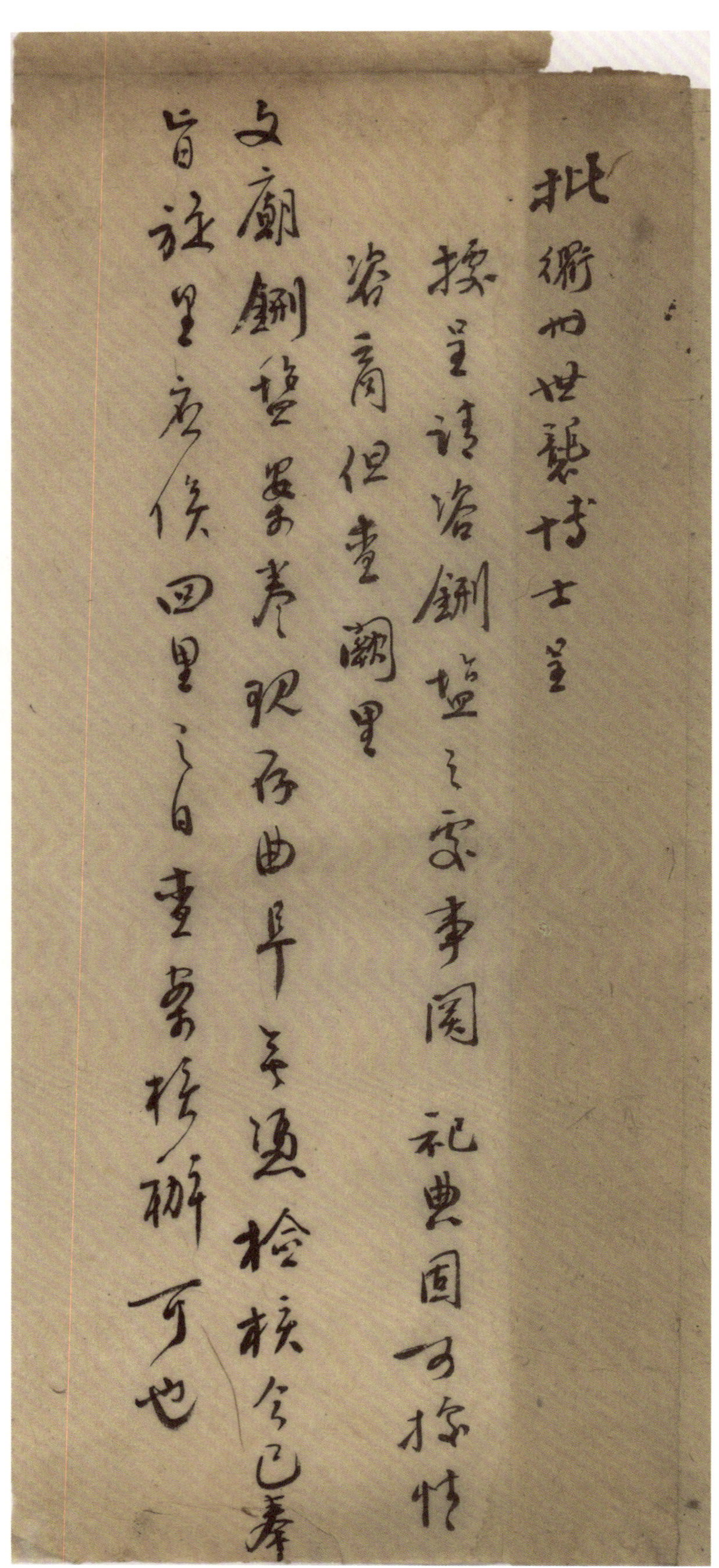

批衢州世襲博士呈

據呈請設鉶鹽之處事關祀典固可採情

咨商但查闕里

文廟鉶鹽原奉現存曲阜之通檢校今已奉

旨旌星房候回里之日查案核辦可也

衍聖公府爲循例申請部示添設銅鹽以供祭祀事致禮部咨

清嘉慶三年四月二十八日

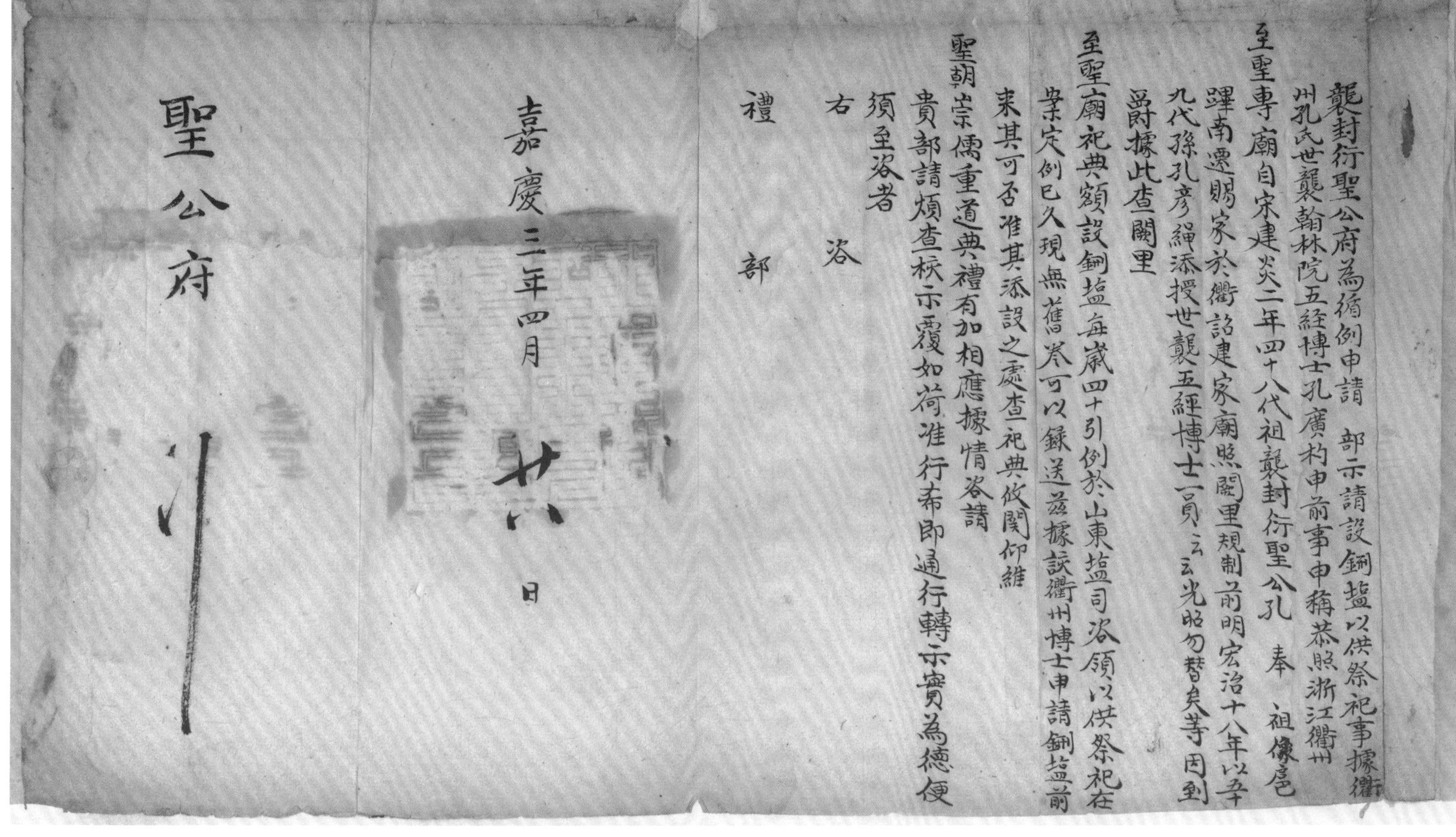

襲封衍聖公府為循例申請　部示請設銅鹽以供祭祀事據衢
州孔氏世襲翰林院五經博士孔廣杓申前事申稱恭照浙江衢州
至聖專廟自宋建炎二年四十八代祖襲封衍聖公孔　奉　祖像扈
蹕南遷賜家於衢詔建家廟照闕里規制前明宏治十八年以五十
九代孫孔彥繩添授世襲五經博士一員云云光昭勿替矣等因到
爵府據此查闕里
至聖廟祀典額設銅鹽每歲四十引例於山東鹽司咨領以供祭祀在
案定例已久現無舊卷可以錄送茲據該衢州博士申請銅鹽前
來其可否准其添設之處查祀典攸關仰維
聖朝崇儒重道典禮有加相應據情咨請
貴部請煩查核示覆如荷准行希即通行轉示實為德便
須至咨者
右　咨
禮　部
嘉慶三年四月　廿八　日
聖公府
行

衍聖公府爲添設鋼鹽事致衢州孔氏翰林院五經博士［孔廣杓］劄付

清嘉慶三年九月初九日

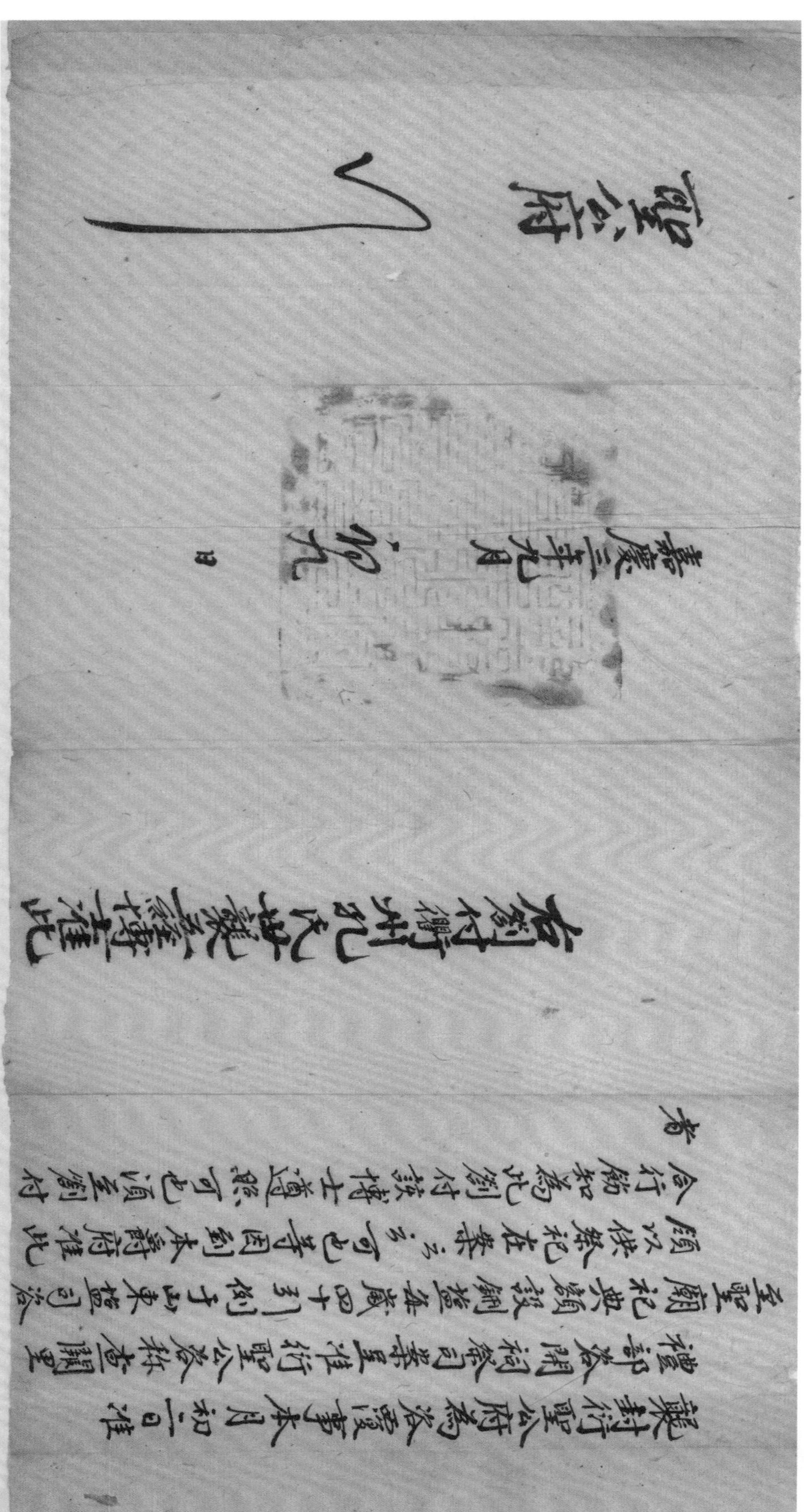

襲封衍聖公府爲咨覆事本月初二日准

禮部咨開祠祭司案呈准衍聖公咨稱查闕里

至聖廟祀典額設鋼鹽每歲四十引例于山東鹽司咨

領以供祭祀在案云云可也等因到本爵府准此

合行飭知爲此劄付該博士遵照可也須至劄付

者

右劄付衢州孔氏世襲五經博士准此

嘉慶三年九月初九日

聖公府

〇七三六 ◆ 整治孔氏子弟違犯家規（四）

清乾隆六年

衢州孔氏四十八代至六十八代系圖（部分）

無朝年

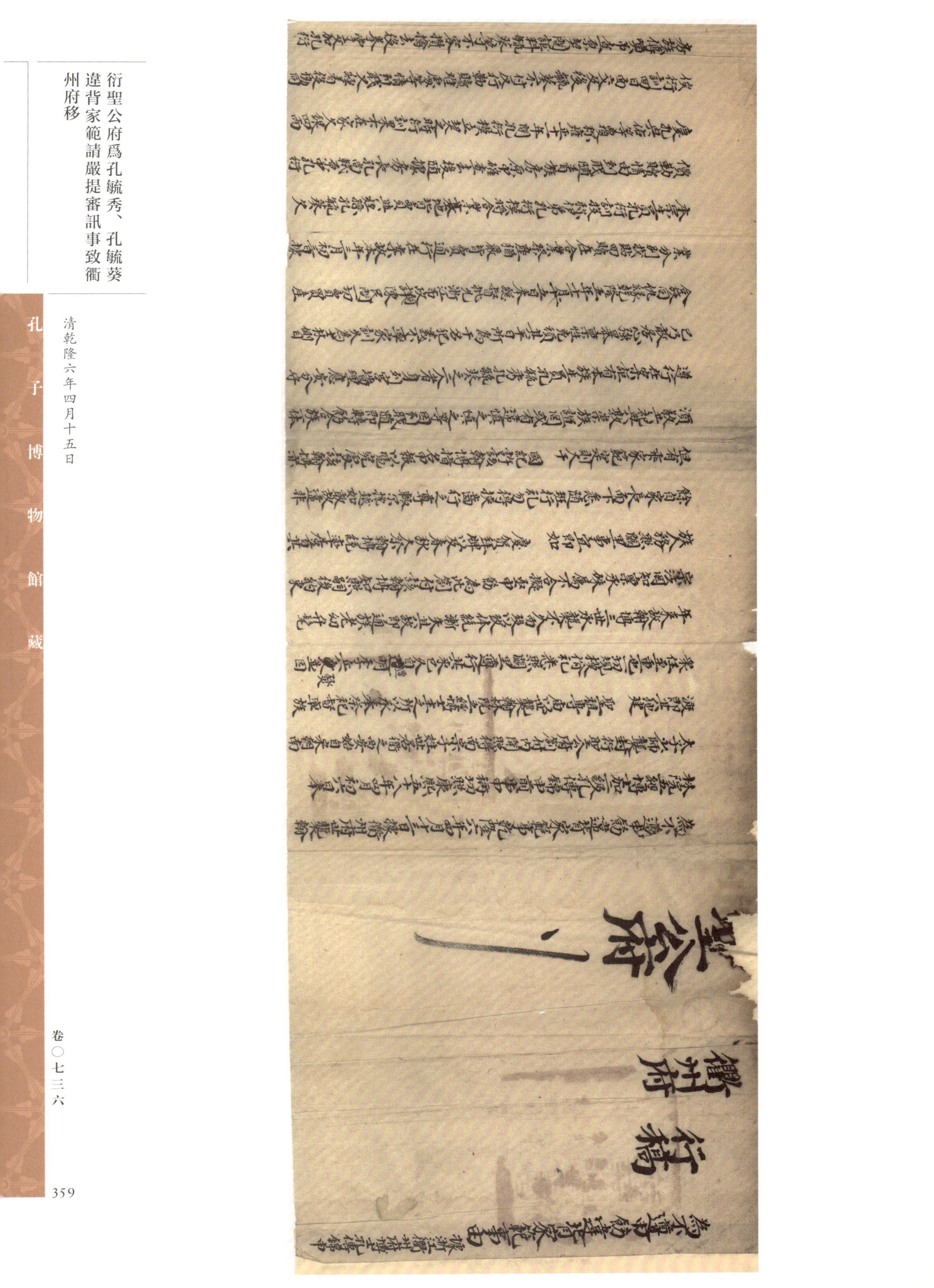

衍聖公府爲孔毓秀、孔毓葵違背家範請嚴提審訊事致衢州府移

清乾隆六年四月十五日

衍聖公府爲孔毓秀、孔毓葵違背家範請嚴提審訊事致衢州府移

清乾隆六年四月十五日

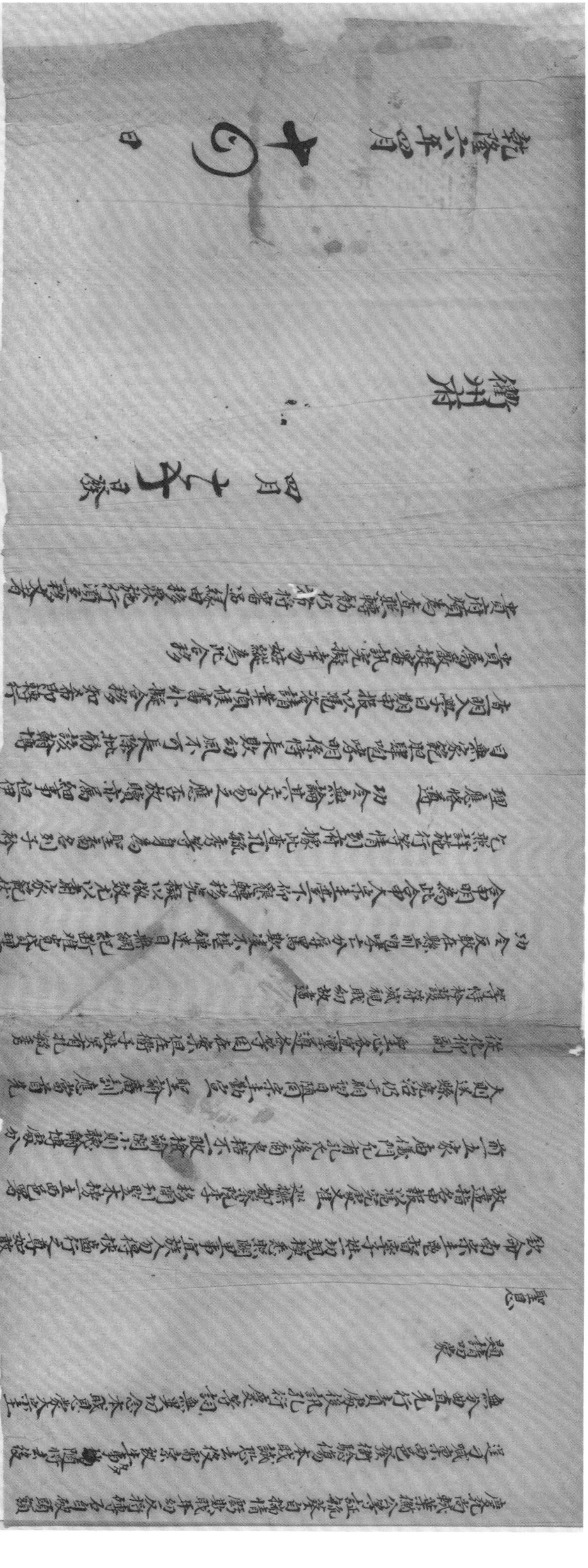

衢州府

四月 十五日 發

乾隆六年四月 十五 日

［衍聖公孔廣棨］關於孔毓秀、孔毓葵等違背功令事的批

［清乾隆六年四月］十五日

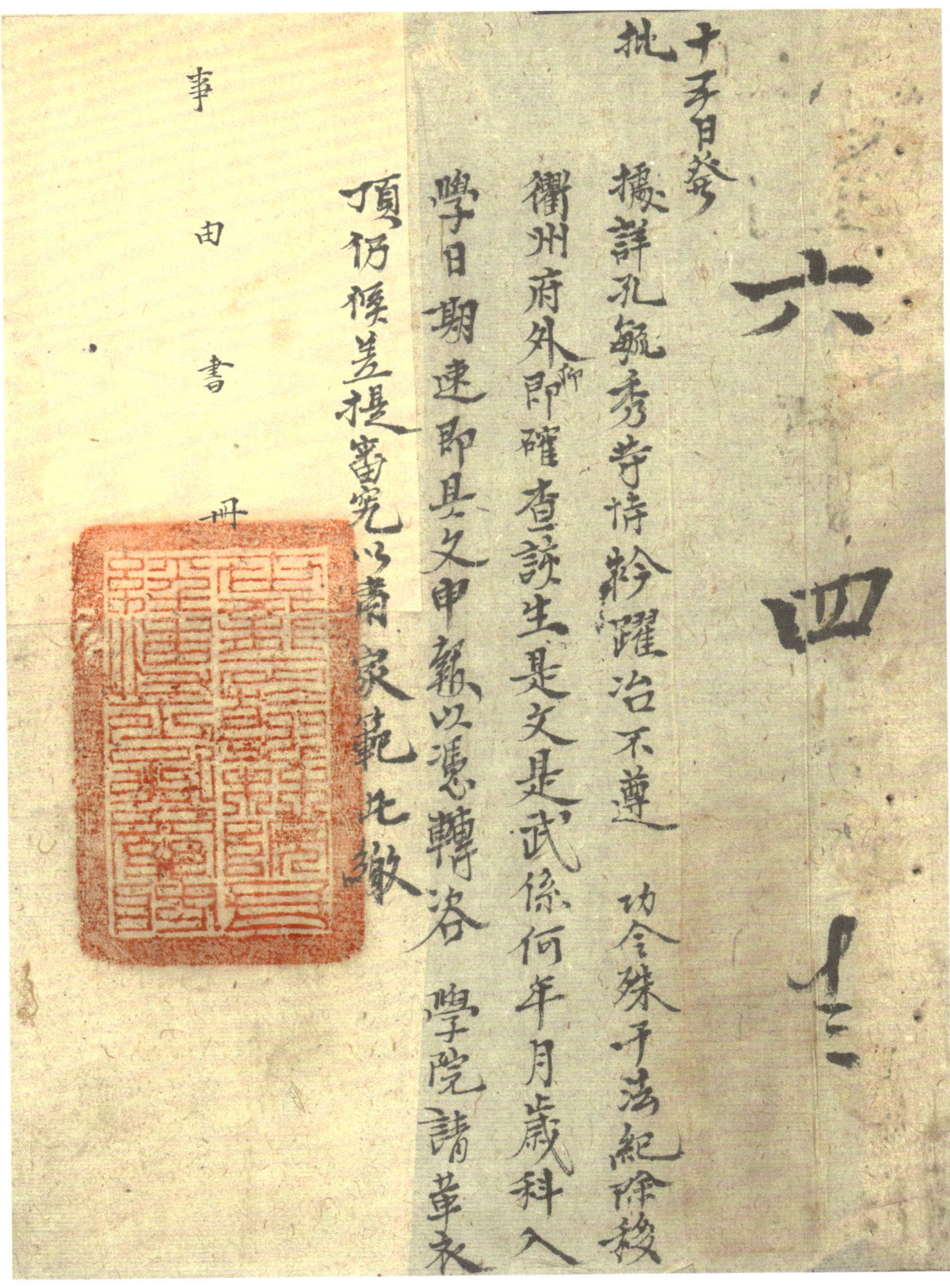
批　十五日發

據詳孔毓秀等恃衿躍治不遵　功令殊干法紀除移衢州府外仰即確查該生是文是武係何年月歲科入學日期速即具文申覆以憑轉咨　學院請革衣頂仍候差提審究以肅家範比繳

事由書冊

世襲翰林院五經博士加二級孔傳錦爲不遵申飭違背

家範事切照康熙五十八年四月初六日奉

太子少師襲封衍聖公府　劄付内開照得南宗子姓世居衢之西安

始自宋朝南渡即其地建

聖祖專廟以世襲翰林院五經博士主之所以承奉祭祀督率族

衆任至重也一切規模俯禮悉照闕里遵行其來已久自遵明

季兵燹並因年來故翰博三世承襲不久而殁以致體統漸失

其故即通族老幼弁髦宗法罔知禀承殊屬不合擬亟申飭爲此

劄付該翰博知照嗣後約束族人務照闕里事宜即如

慶賀拜牌以及春秋大祭翰博統率居首其餘自家長而下悉隨
班行禮勿得挾嵩行之尊輒爾攙越如敢故違非但有乖家範實
則大干
國紀許該翰博指名申報以憑究處該翰博亦須敬共祀典敦崇族
誼周或有違慎之慎之等因到職隨即轉飭合族一體遵行在案詎
有本族生員孔毓秀孔毓葵之二人者身列宮墻理應安分守己乃敢居
心强暴稟性兇頑其平日所爲干名犯義不率家訓以爲士林側目合族
同仇緣乾隆五年十一月二十五日奉總督批允浙江布政司詳凍民間一
切賣買產業分別找贴回贖在合業祭產檣嚴皆青通行在案故

衢州孔氏翰林院五經博士孔傳錦爲孔毓秀、孔毓葵等違背功令事致衍聖公［孔廣棨］申

清乾隆六年三月十八日

本年三月初三日據本宗生員孔衍訓投稱伊弟孔衍誼將合業基地
皆賣與侄孫孔毓葵欠價勒贖情由到職隨着族房原中確查去後隨
據房長孔尚軾原中孔衍慶孔興佑等覆稱雍正十一年間孔衍讓立
契之時衍訓果不在家欠銀四兩係衍訓回日面交及後毓葵不付反行
勒贖雖處等情到職又經着役協同房族傳喚吊查原契閲証料毓
葵等不容攢擒去役拳掌交加孔衍慶孔尚軾秉衢公等証毓葵自
揣情虧欺職年幼又將磚石自破頭額逞刁賦稟西邑發衙驗傷本職
誠恐去役需索致生多事隨將去役無分曲直先行責處後訊孔衍慶
等詞無異切念本職恩蒙

衢州孔氏翰林院五經博士孔傳錦爲孔毓秀、孔毓葵等違背功令事致衍聖公［孔廣棨］申

清乾隆六年三月十八日

大宗主題請叨蒙

聖恩

欽命南宗主奉督率子姓一切規模悉照闕里事宜族人勿得挾齒行

之事如敢故違指名申報以憑究處又准　巡撫都察院李　移開刊

竪木榜一立西邑署前一立　家廟儀門凡有孔氏後裔良楛不一敢

檢踰閑小則聽翰博處分大則送縣究治仍于朔望日隨同宗主勸宣

聖諭廣訓應當首先從化仰副

聖心各宜凜遵各等因到案但在衢子姓寔有孔毓葵等恃矜護

符藐視職幼故違

詳文內實係孔毓秀等

衢州孔氏翰林院五經博士孔傳錦爲孔毓秀、孔毓葵等違背功令事致衍聖公[孔廣棨]申

清乾隆六年三月十八日

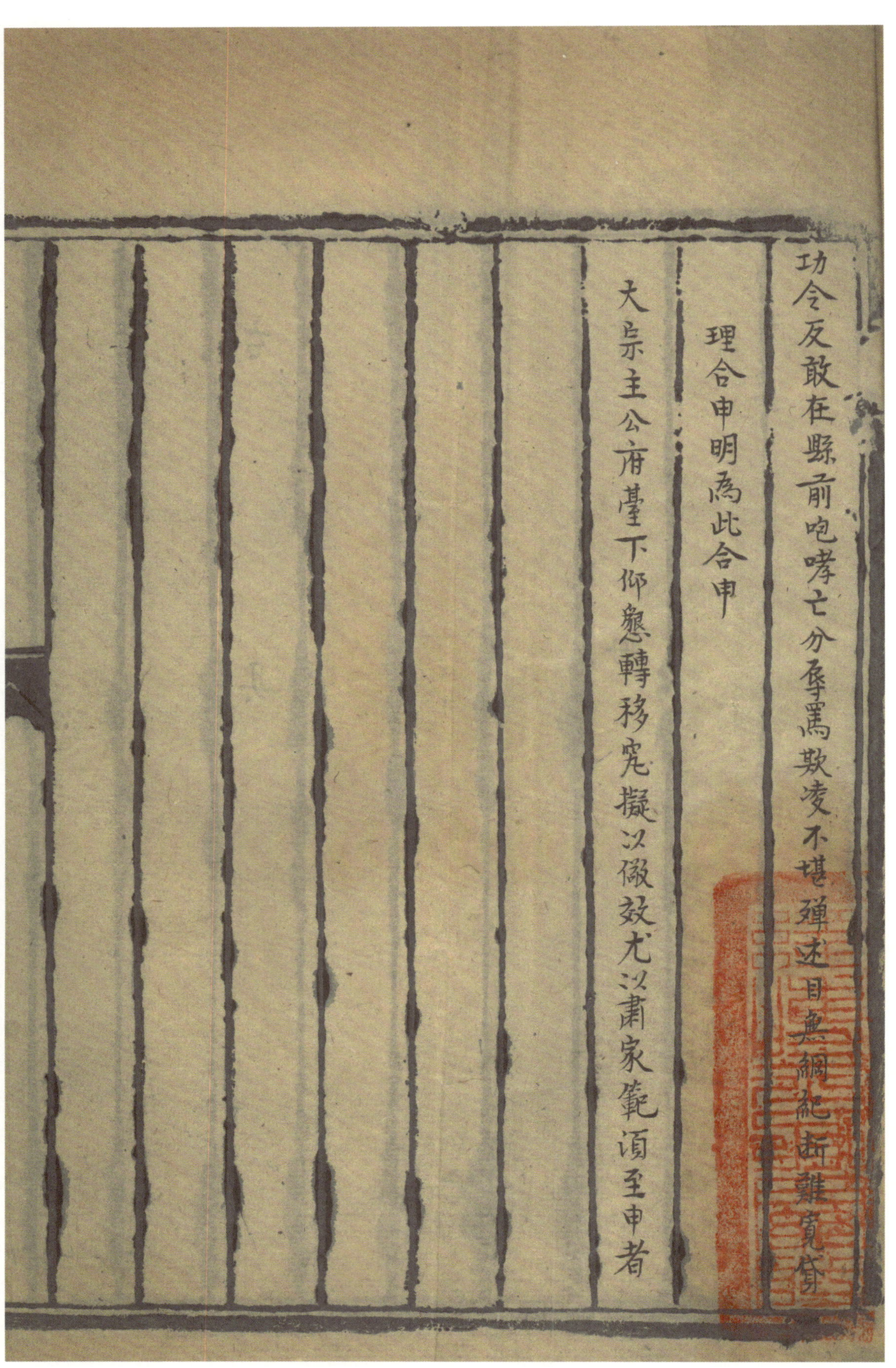

功令反敢在縣前咆哮亡分辱罵欺凌不堪殫述目無綱紀斷難寬貸

理合申明爲此合申

大宗主公府臺下仰懇轉移究擬以儆效尤以肅家範須至申者

衢州孔氏翰林院五經博士孔傳錦爲孔毓秀、孔毓葵等違背功令事致衍聖公［孔廣棨］申

清乾隆六年三月十八日

衢州孔氏翰林院五經博士孔傳錦爲孔毓秀、孔毓葵等違背功令事致衍聖公［孔廣棨］申

清乾隆六年三月十八日

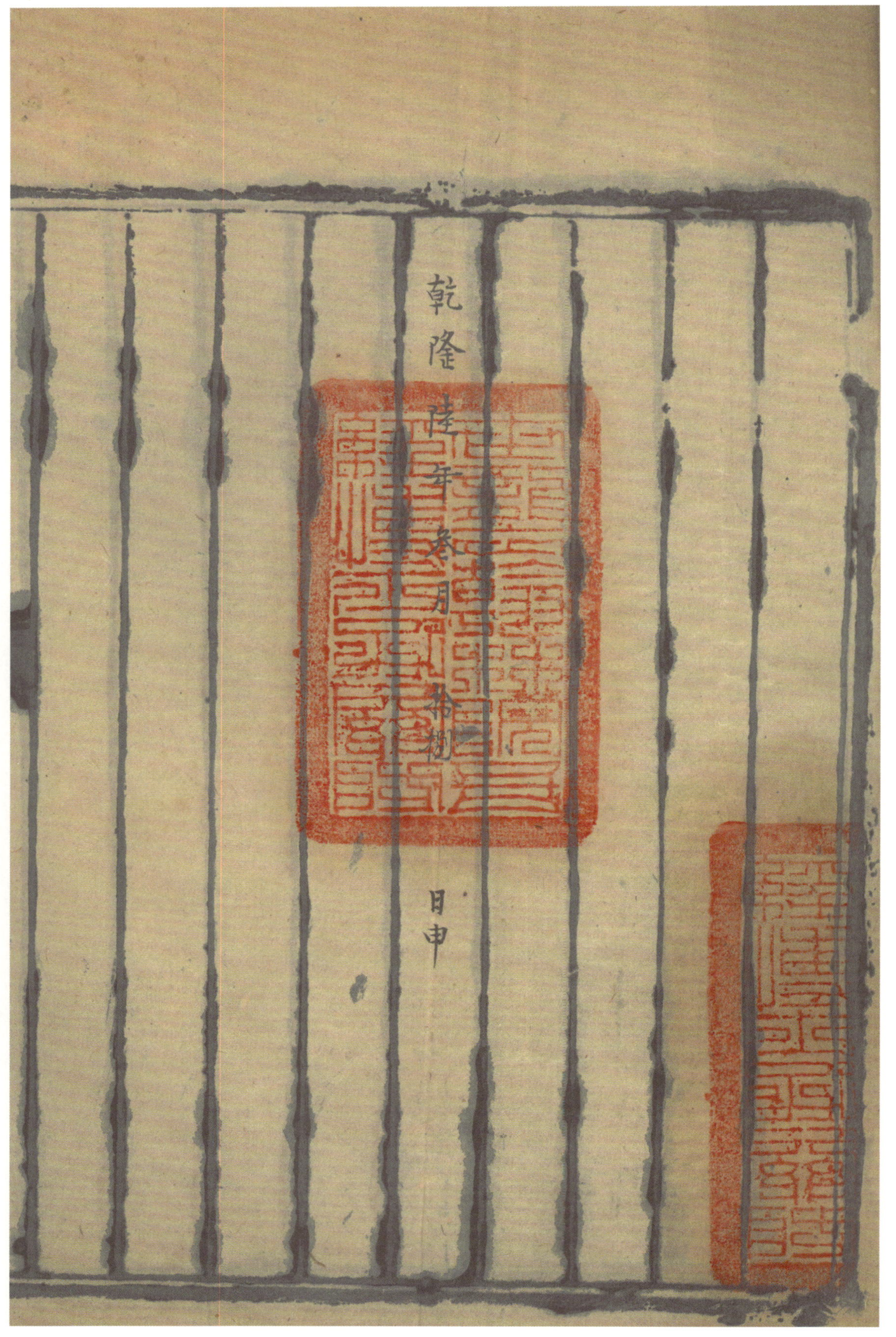

乾隆陸年叁月拾捌日申

衢州孔氏翰林院五經博士孔傳錦爲孔毓葵已被斥革、孔毓秀已究審在案事致衍聖公府申

清乾隆六年五月十三日

世襲翰林院五經博士加二級孔傳錦 爲不遵申飭事本年五月初九日奉
襲封衍聖公府 批本職呈詳孔毓秀孔毓葵等恃衿護符藐視職幼故違
功令緣由奉批孔毓秀恃衿躍冶不遵
功令殊干法紀除移 衢州府外仰即確查該生等是文是武係何年月歲科入學日期速即具文申報以憑轉咨
學院詳革不貸仍候差提審究以肅家範此繳等因奉此該本職遵查孔毓秀由
聖裔文童于雍正十三年貳月貳拾柒日科試 學院取拔入西安縣學孔毓葵于雍正九年先博士咨請 學院李准補 家廟奉祀生撥入府學再
查本職前詳
大宗主時隨一面移咨 學院業經將奉祀生孔毓葵即行斥革生員孔毓秀行學暫且呈撤行衢府究審在案目今衢府因公務要赴省尚未
回衢俟旋日審明另文呈報合先呈覆爲此備由具申伏乞
照驗施行須至申者

右

申

襲封衍聖公府

乾隆陸年伍月 拾叁 日五經博士孔傳錦

爲不遵申飭等事

浙江衢州府爲已將孔毓秀等提齊嚴審事致衍聖公府呈

清乾隆六年五月初三日

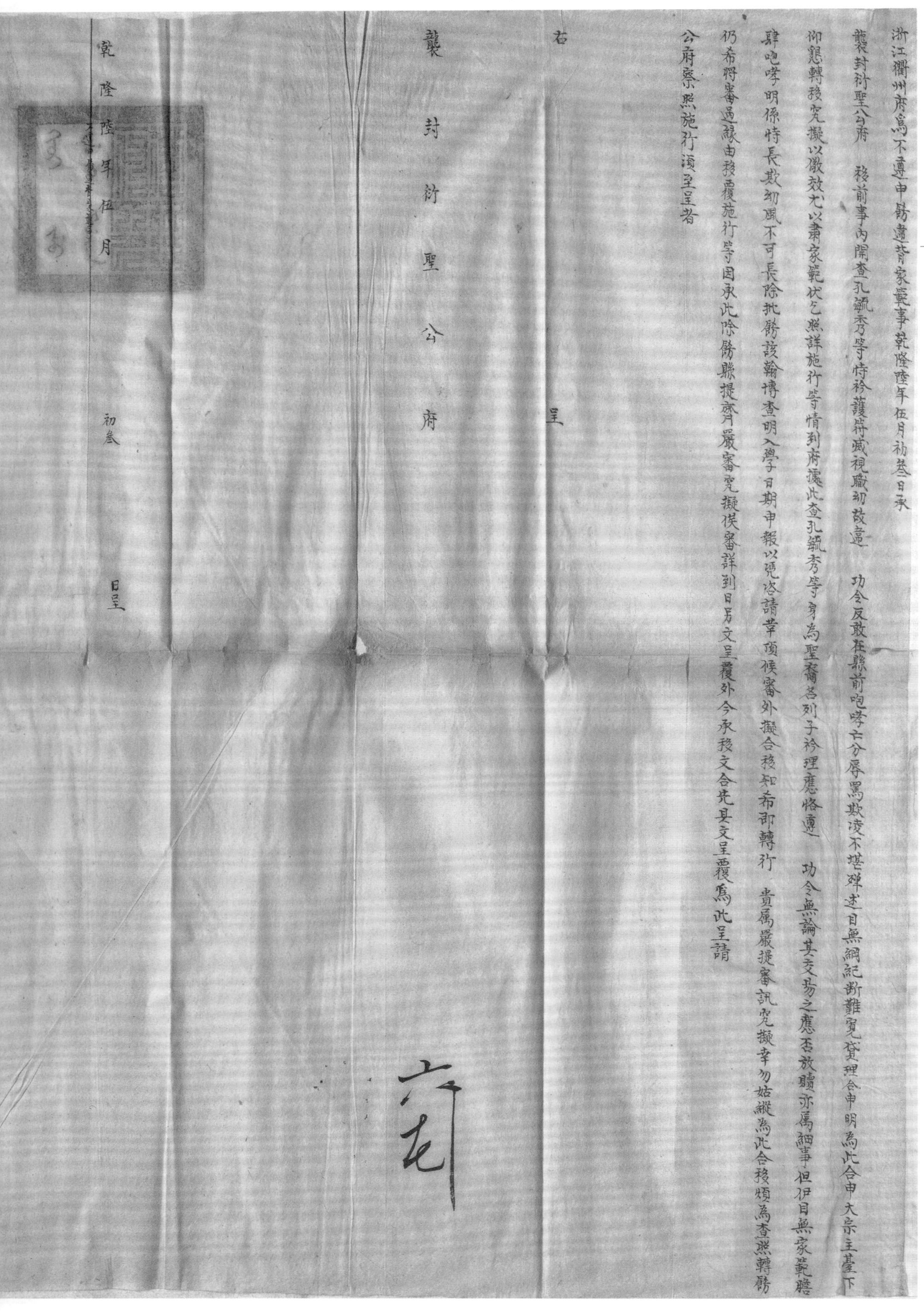

浙江衢州府爲不遵申飭違背家範事乾隆陸年伍月初叁日承

襲封衍聖公府　移前事内開查孔毓秀等恃衿護符藐視職切故違　功令反敢在縣前咆哮亡分辱駡欺凌不堪殫述目無綱紀斷難寬貸理合申明爲此合申　大宗主臺下

仰懇轉移究擬以儆效尤以肅家範伏乞照詳施行等情到府據此查孔毓秀等身爲聖裔名列子衿理應恪遵　功令無論其交易之應否放贖亦屬細事但伊目無家範膽

肆咆哮明係恃長欺幼風不可長除批飭該翰博查明入學日期申報以憑咨請革頂候審外擬合移知希即轉行　貴屬嚴提審訊究擬幸勿姑縱爲此合移煩爲查照轉飭

仍希將審過緣由移覆施行等因承此除飭縣提齊嚴審究擬俟審詳到日另文呈覆外今承移文合先具文呈覆爲此呈請

公府察照施行須至呈者

右　　　　　　　　　　呈

襲封衍聖公府

乾隆陸年伍月初叁日呈

府

衢州孔氏族長孔貞亮、闔族士民孔衍忱等爲遵送家規并通詳各憲示禁事致［西安縣］呈及批

清乾隆六年六月十一日

卷〇七三六

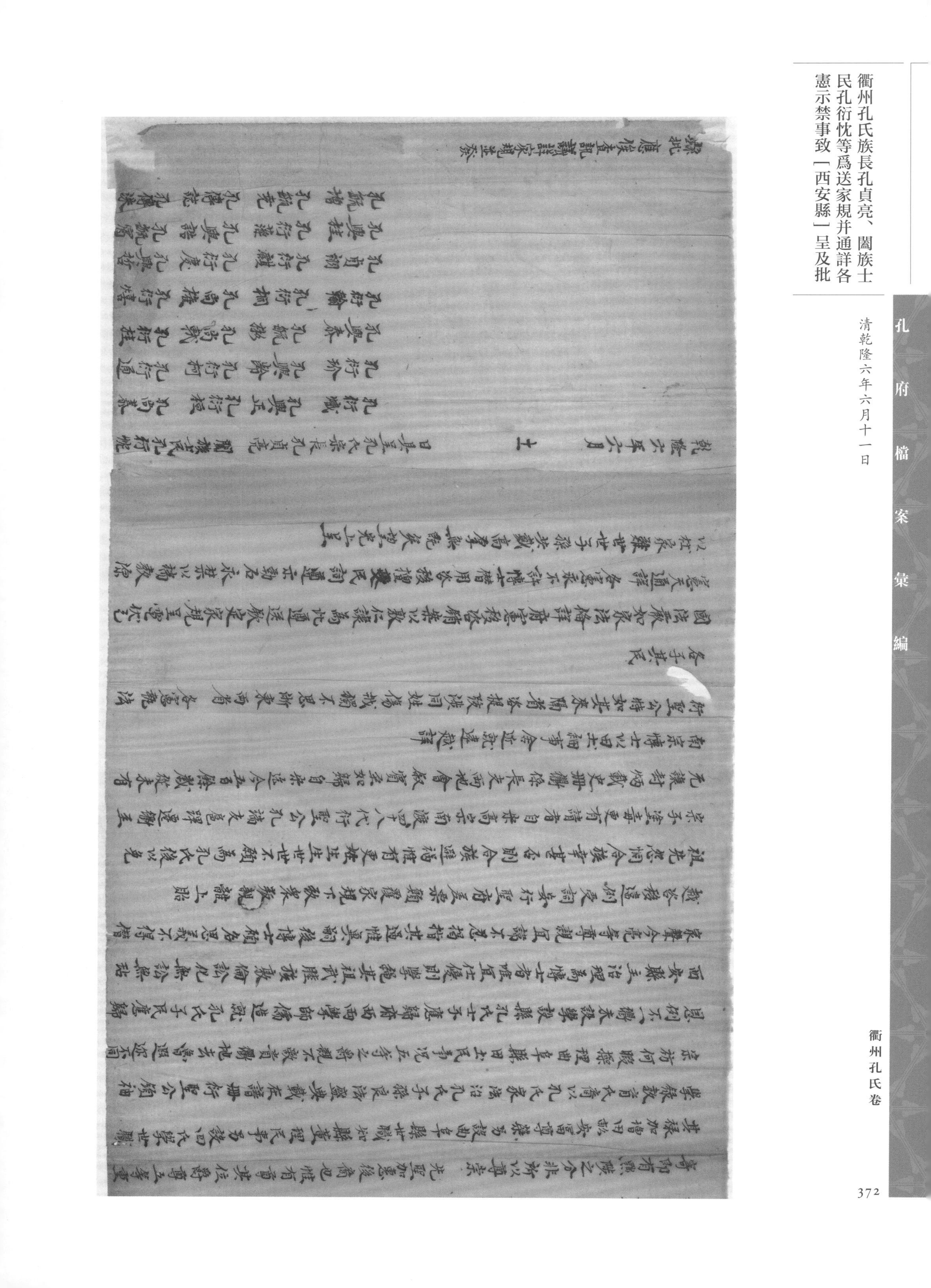

衢州孔氏族長孔貞亮、閤族士民孔衍忱等爲送家規并通詳各憲示禁事致［西安縣］呈及批

清乾隆六年六月十一日

衢州孔氏翰林院五經博士孔傳錦申詳孔衍忱父子祖孫包訟等事緣由書册

清乾隆六年六月

世襲翰林院五經博士申詳

一件族蠹包訟等事緣由書册

七月

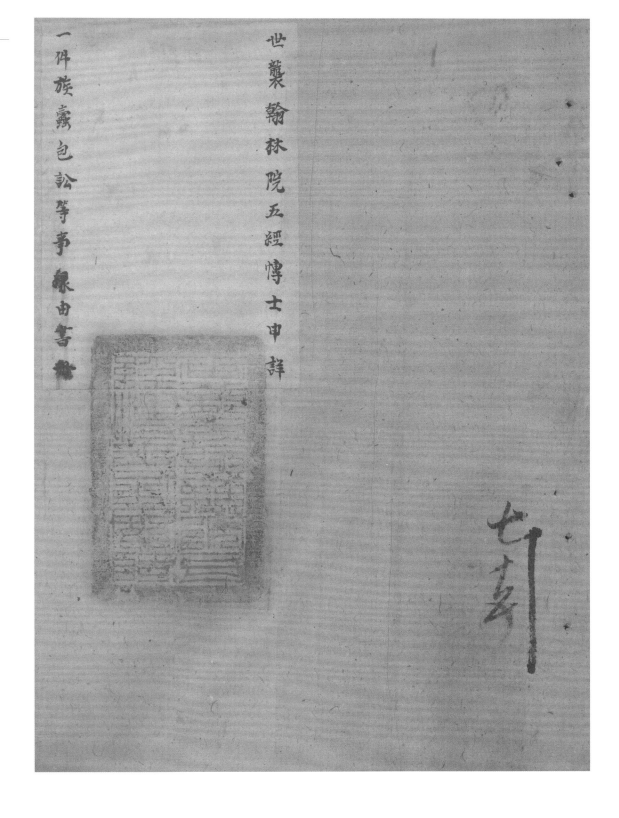

衢州孔氏翰林院五經博士孔傳錦申詳孔衍恍父子祖孫包訟等事緣由書册

清乾隆六年六月

世襲翰林院五經博士加二級孔傳錦

爲族蠹包訟違例糾黨捏抗滅職急懇提究以靖大變事切照

生員孔毓秀乃奉祀生孔毓癸等不遵申飭等事本年三月十八日申詳

大宗主蒙批據詳孔毓秀等恃衿躍冶不遵

功令殊干法紀除移　衢州府外仰即確查該生目是文是武係何年月歲

科入學日期速即具文申報以憑轉咨

學院請革衣頂仍候差提審究以肅家範此繳等因蒙此隨即具文申

報在案衢府轉飭西安縣正提訊間毓秀等胆敢造謗捏呈到縣到府

有族蠹孔衍恍者係衢州府學給項生員其子孫西安縣學生員孔興

衢州孔氏翰林院五經博士孔傳錦申詳孔衍忱父子祖孫包訟等事緣由書冊

清乾隆六年六月

控孔毓堯等父子祖孫俱以刀筆為生壟斷縣前包攬詞訟衍忱猶以給頂

生員違例濫用章服妄戴水晶頂帽出入衙門指官撞騙受其害者敢怒而不敢言

屢經本職再嚴飭不改即如本案孔衍訓原屬我秖細事衍忱父子祖孫始為衍

訓立謀主訟暗又為毓葵兄弟畫策教唆毆辱詈罵職官恃長欺凌彼此煽

弄希取漁翁之利及至誘人犯法致咨查究復又居奇埶詐偎偪毓秀兄

弟于五月初四日在伊家設酒攤金童睹惡黨孔貞亮西安縣學生員孔

衍通衢州府學生員孔衍桓奉祀生孔衍熾己酉科拔貢生孔興正以及無

知族人等明目張胆歃盟連名架虛造謗捏以不許豹恭為詞違例協抗

欺藏職幼現今衍忱父子為衍訓主訟親筆狀稿呈取存據更有孔貞翊

者係西邑衢臺乾隆元年三月盜將故博士孔弘章並本經控前　陞任金
衢嚴道程　審責三十廟族匪刑禁不堪表率衍忱于五月初一竟敢違例
擅立貞珣為族長糾黨助翼不思本職約束族人由來已久並非創舉況
前奉
大宗主劄付并　浙江宮保督部院李　咨刊木榜豎立　家廟縣前現在查民間
田土雀角細故族房祠長例得約束調處本職叨沐
皇恩為南宗首領反不如庶民之祠長乎似此蔑視本職造謗辱罵糾盟聚黨
已屬不法甚至侮毆
大宗主呈詞不遜更難逃罪原呈抄送法稍張而勢益横跳梁跋扈欲為大獄又以

師祖禮義之苗裔竟同化外之頑民綱常盡掃法律咸虚奔襲世職若不大震

律典將來亂賊無底合亟申請提究急懇

大宗主整綱肅紀以彰國法襲職幸甚爲此備由粘連原奉批詳具申伏乞

照詳施行須至申者

右
具

衢州孔氏翰林院五經博士孔傳錦申詳孔衍忱父子祖孫包訟等事緣由書册

清乾隆六年六月

衢州孔氏翰林院五經博士孔傳錦申詳孔衍忱父子祖孫包訟等事緣由書册

清乾隆六年六月

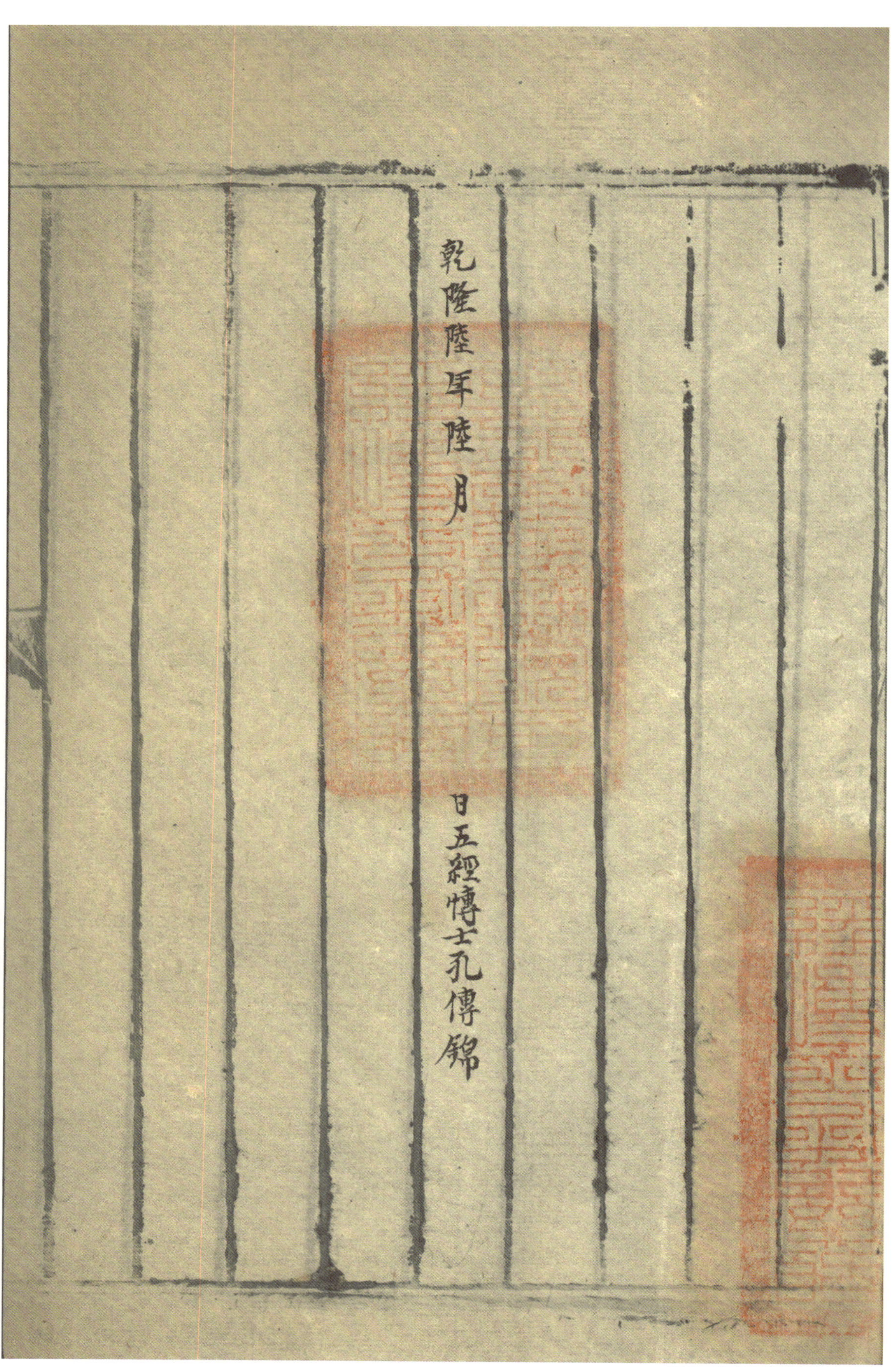
乾隆陸年陸月　日五經博士孔傳錦

衢州孔氏翰林院五經博士孔傳錦爲孔衍忱包訟及説明停柩、侵冒樂器、窩賭等事致衍聖公［孔廣棨］禀

清乾隆六年六月

世襲翰林院五經博士加一級孔傳錦

謹稟

大宗主臺下：錦昨有稟

覆，此總緣生成感戴，難言聲訴。緣本宗孔毓秀等將衍睢治一案，蒙

大宗主批行到錦，前已將先後情節孔毓秀等緣由申覆在案。又有二四房孔毓秀等具列

子衍不循禮法，因難寬縱。今有本宗族長孔衍忱，其子及孫孔興哲、孔毓尭者，特衿包訟，又爲

地方巨害，遇事作崇，恣行漁利，冒充官職，衣頂出入衙門，愚百姓耳目，以便招搖撞騙，包攬

詞訟，屢被查訪公稟。聖裔倘復寬縱，網羅必難幸逃。即如本案孔衍訓之控孔毓裕等狀稿，

訟詞出自衍忱父子手筆，取存現據。今又爲毓裕等見事重究，攢嗾設局，糾盟聚衆，串同

惡黨孔衍運、孔衍相、孔衍嶸、孔興止、孔貞先等，糾衆簽名，違諱禮法，前明 欽定家規

違名具呈府縣，懇乞寄道衙，錦停柩，侵冒樂器，窩賭，以及違例治務等詞。

宗主[illegible]不思內宗世職，年逾[illegible]，益無家難，殯仍所有 家廟 欽賜祭田，又爲族人所

害，尚有未剷除，且淡泊無力，[illegible]停內柩，亦暫官候緣，今念及此，幾欲自絕，實堪

痛爲控柄。樂器父子所請，年前不失。錦已乃祠期所習，嗣上年十二月私自招朝演樂廟街，經

錦查獲送族，今歲二月十五又于朝京門外與周姓等搭台[illegible]，錦自按捐令衍忱

等將甲移乙，羅織抗抗，冲市衆搆控，緣前來

會同衍忱等面稟錦。謹念彼此事關忠寡，孔衍運等竟敢族人合詞反制，又衍忱父子及衍

運等一班黨夥，地方既行寬網，錦約束[illegible]違大道，假其恣肆

大宗主位尊望重，向肆侮毀，尚可知若非

大宗主大振乾綱，嚴提訊究，并懇治請 撫 憲各處援行究究，[illegible]庶

止爲此，另將據稟以補申詳未及者，伏候

金安，臨稟神馳，須至稟者。

乾隆陸年陸月　日稟

為宗難與孫危宗、南北勢難遙制、移請就近公討，以肅法
紀、以扶　聖脈事、恭照　至聖苗裔、雖分南北兩支，其實本同
一體。東魯則本府主持、南宗有博士統率。此　朝廷優恤之
盛典、原為孔氏族歷支繁、賢愚不等，與有不肖子孫，藉　聖
裔為護符、蕩檢踰閑、所以擇其長枝嫡派、榮以爵秩，錫以
褒封、使之統轄，則凡通族之人、無論行輩之尊卑、年齒
之高下，均應聽其約束，非重該博士也，正所以尊　朝廷之
寵命也。今竟有南宗之孔毓蔡、孔毓秀並孔貞亮、孔衍忱、孔
衍職、孔興正、孔衍恒等、膽附和之孔尚慕等三十餘人，群黨肆
橫、欺幼危宗、恃眾凌孤、嘤詞瀆訴者，捏誣博士，其公事
詳報前來、內孫詰等因叢在府錫孫詳　本府批閱之下，見其身列子衿，並不閉戶讀書，乃以
細事忿爭，則其平日之好訟可知。是以批查請革，此誠一警百
也。不意藐視成尾，反起訟端，據此案之應歸是非，
在質有司，自有公斷，本府原未嘗稍存成識，但
今物孔貞亮等，身為族長，不識　朝廷大體，妄
不知董率勸解，尚正言規戒，乃不顧　朝廷大體，妄

［衍聖公府］爲嚴審孔傳錦是否擅受他姓詞狀、孔毓葵等合黨違背家規等事致［衢州府］、［西安縣］移

無朝年

衍聖公府爲檄發條禁告示事致衢州孔氏翰林院五經博士孔傳錦牌

清乾隆六年七月初七日

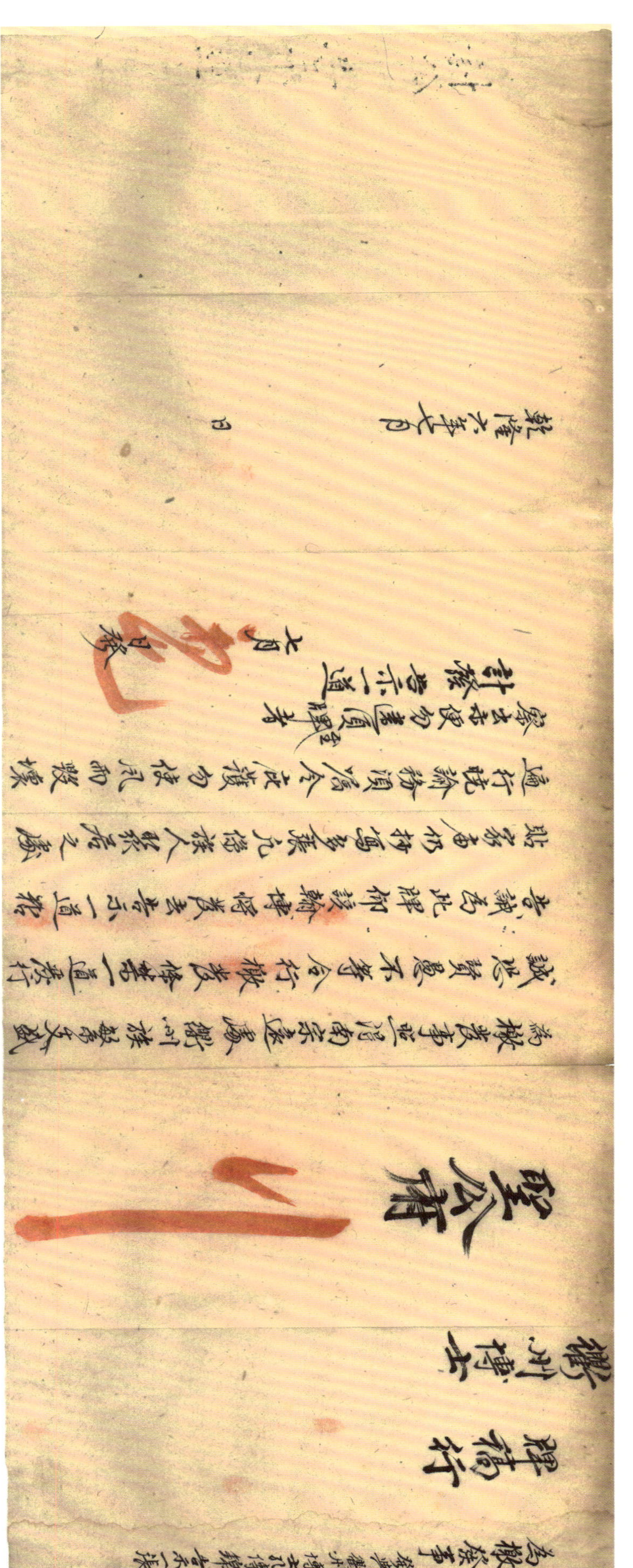

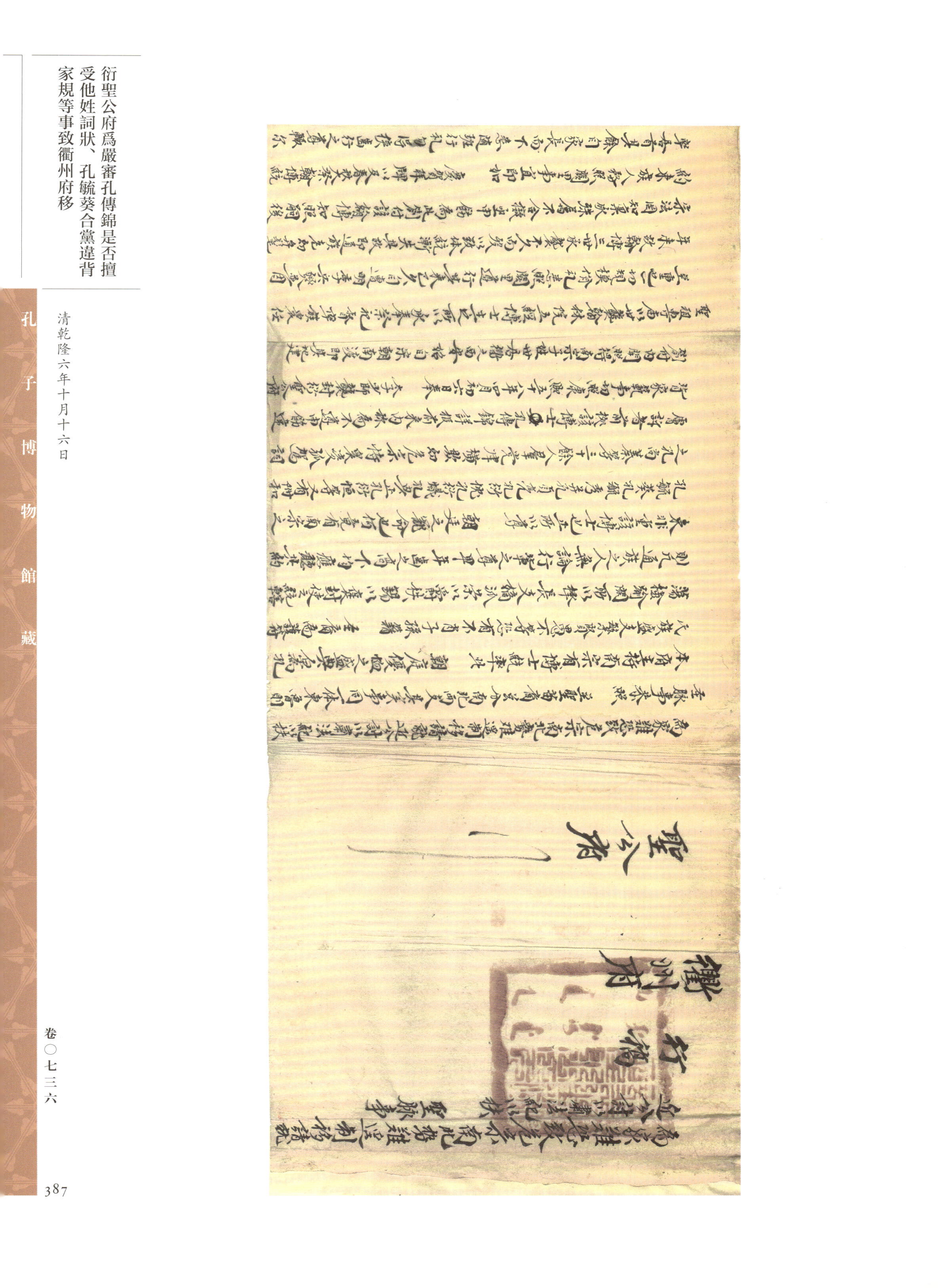

衍聖公府爲嚴審孔傳錦是否擅受他姓詞狀、孔毓葵合黨違背家規等事致衢州府移

清乾隆六年十月十六日

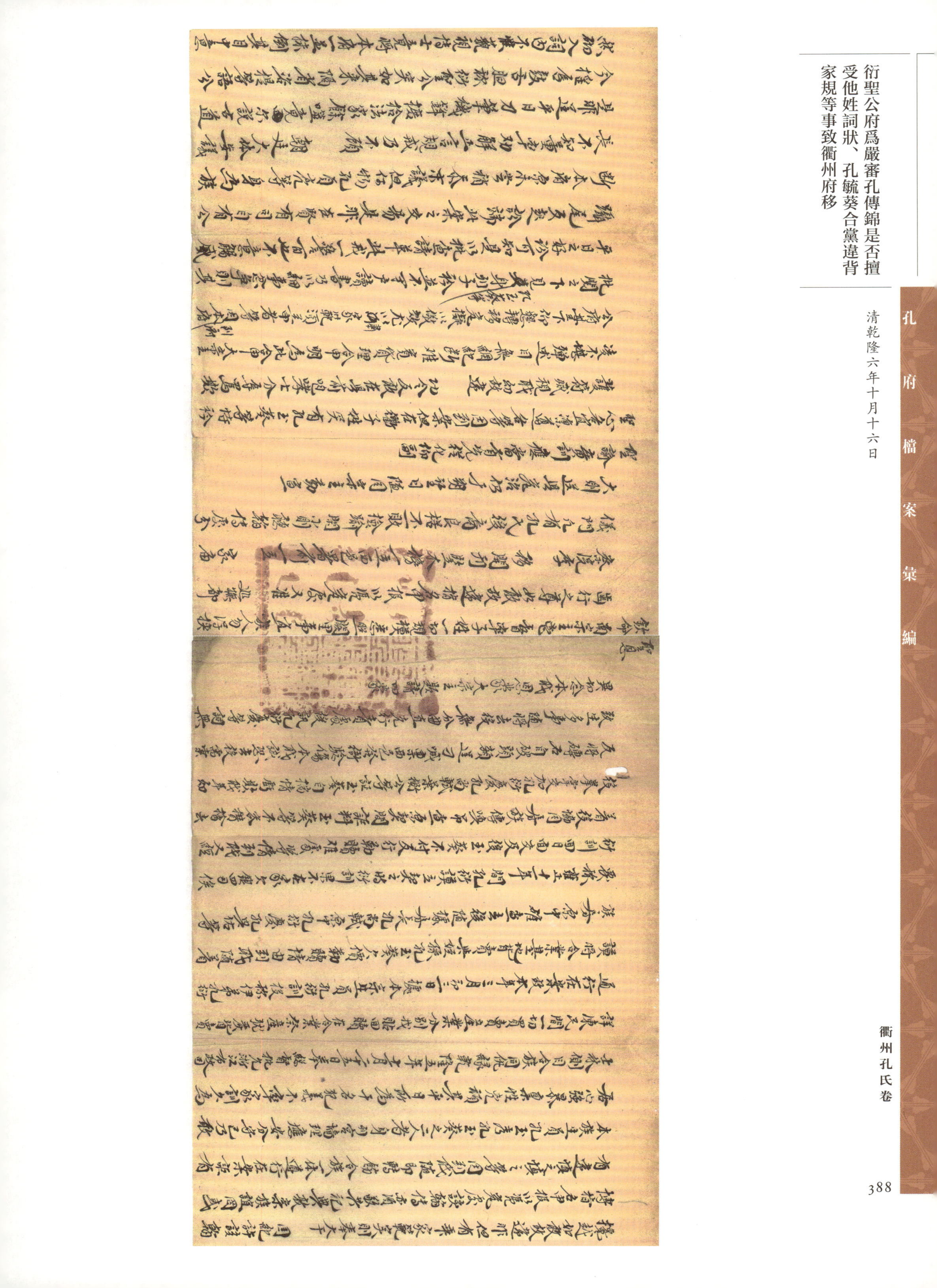

衍聖公府爲嚴審孔傳錦是否擅受他姓詞狀、孔毓葵合黨違背家規等事致衢州府移

清乾隆六年十月十六日

衍聖公府爲嚴審孔傳錦是否擅受他姓詞狀、孔毓葵合黨違背家規等事致衢州府移

清乾隆六年十月十六日

衢州府

十月十六日移

乾隆六年十月　日

孔氏士民孔五支原抱呈孔貞鳴為公叩查　賜詳以除家難事切緝田土[illegible]
例由縣主治理原非博士所司之事茲如孔毓葵罾地找貼細事博士扶婦聽
唆貿〻咨華孔毓葵孔毓秀衣頂事関家難前族長孔貞亮為一族之督不得已
與合族士民人等先于六月間候　學憲按臨以呈送欽定家規條陳始末呈明
學院並呈明承審衙門彖　前縣主任批應候查審議詳家規並發在案可查博士
因族條陳生員孔衍忱列名居次復以族蠹包訟等虛通咨　三院　臬司憲幸沐
學憲收閱條陳井〻始知博士過舉不惟續咨包訟文移不准批行試畢謁廟面
言溫諭宗子當念木本水源明言毓葵毓秀無罪可加仁人金諭合族子孫在廟共
見共聞心悅誠服　督　撫　上憲下情一時不能上達直至九月朔日謁廟前族長
孔貞亮年邁不能赴省堂弟孔貞鳴抱呈與合族仁義禮智信孔五支人等赴省
以公送欽定家規等事上呈　督憲垂攝　撫憲德　荷家　恩鑒奉批無情者不
能盡辞淵〻家學惟在一宗之督諭平其間速與清理無詒　聖門餘佚案結候
奪家規存　憲批煌〻孰敢不遵新族長孔貞顯遵奉　憲批平情理處具呈請息
奉批准移　儒學押令毓葵等向博士處服禮並取不敢有犯家規甘結移送以凴
據情詳請　憲示在案足仰　憲慈仰體　大憲尊宗　至聖保全　聖裔之至意也
殊樹欲靜而風不寧博士復囑族中愚昧無知孔尚驕誣指堂叔孔貞翊背捏父
名謊控　各憲博士先捏咨　督憲致奉行查合族惶悚六月至九月上下衙門情

孔貞鴻、孔衍熾等爲詳查孔傳錦擅受他姓詞狀及其家僕毆傷孔毓葵等事致□呈

清乾隆六年十二月初三日

魏紛紛奏請衍聖公則宜尊之以爵不宜受之以權以免族害南北一例何
況博士無待年承襲之例每多童穉襲職穉子無知擅理民事顛覆家規凡
屬孔氏子孫各保身命人人得以上呈亟請糾正奚需族長一人況前族長孔
貞亮六月初十日親呈 肇慝並呈明承審衙門在先九月終旬無疾善終在後
孔貞亮無子爲合族子孫計流芳百世今貞亮雖故新族長孔貞顯守正不阿接
踵呈明在案更有九月赴省具呈合族孔五支公口難緘原抱呈孔貞鴻現在可質
何誣孔衍恍捏名投遞泣詳汪彪係孔氏之家僕孔毓葵係孔氏之子孫汪彪毆傷
孔氏之子孫頭顱經 前陞主驗傷填單附卷非孔毓葵毆傷博士家僕今博士
既以家法責治汪彪族長公議仍令負傷孔毓葵服禮博士尊禮大宗情至義盡蔑
以加矣博士全係 聖裔不爲己甚祖訓寔遵獨不思王法無私誣咨罪全誣告加等
庭審淩虐嗟何及矣本支百世休戚相關爲此據實陳明至于欽給族長養老
贍田例由族長輪管不許子孫佔種合並聲明伏乞
憲天賞查原案上下條陳符合並非捏名投遞賜詳劈畧以除家難合族均戴
高深迫切上呈

乾隆六年十二月初三日 批 准據詳

具呈孔氏士民孔五支原抱呈孔貞鴻 孔衍熾
孔興詰 孔衍通 孔衍桓 孔興桂
孔尚榷 孔衍煜 孔興齡 孔毓樺等

孔氏家規

正德元年正月二十四日浙江衢州府知府臣沈

杰謹奏爲條陳孔氏家規以彰

聖教事臣由進士出身任浙江衢州府知府因見本府

西安縣南隅地方原有

先師孔子家廟一所及宋時舊賜祭田五頃遺存正派

無朝年

子孫相傳掌管供祭不缺臣謹考
聖朝大明一統誌及寰宇通誌續資治通鑑綱目宋史
諸書俱載孔子四十八代孫孔端友在宋時襲封
衍聖公建炎年間端友與其子孔玠并從父中奉
大夫開國男孔傳俱扈從高宗南渡賜家於衢建
立家廟賜田立祀照闕里規制子孫皆襲爵封歷

傳五代宋歿至大元至元十九年世祖宣端友之孫衍聖公孔洙赴闕議令襲爵孔洙因本枝累代聖公墳塋在衢難以棄離況曲阜子孫守護先塋有功於祖情願讓爵與曲阜宗弟孔治承襲公爵世祖歎曰寧違榮而不違道此乃真聖人之後也賜孔洙以授國子監祭酒兼提舉浙東學校歸守

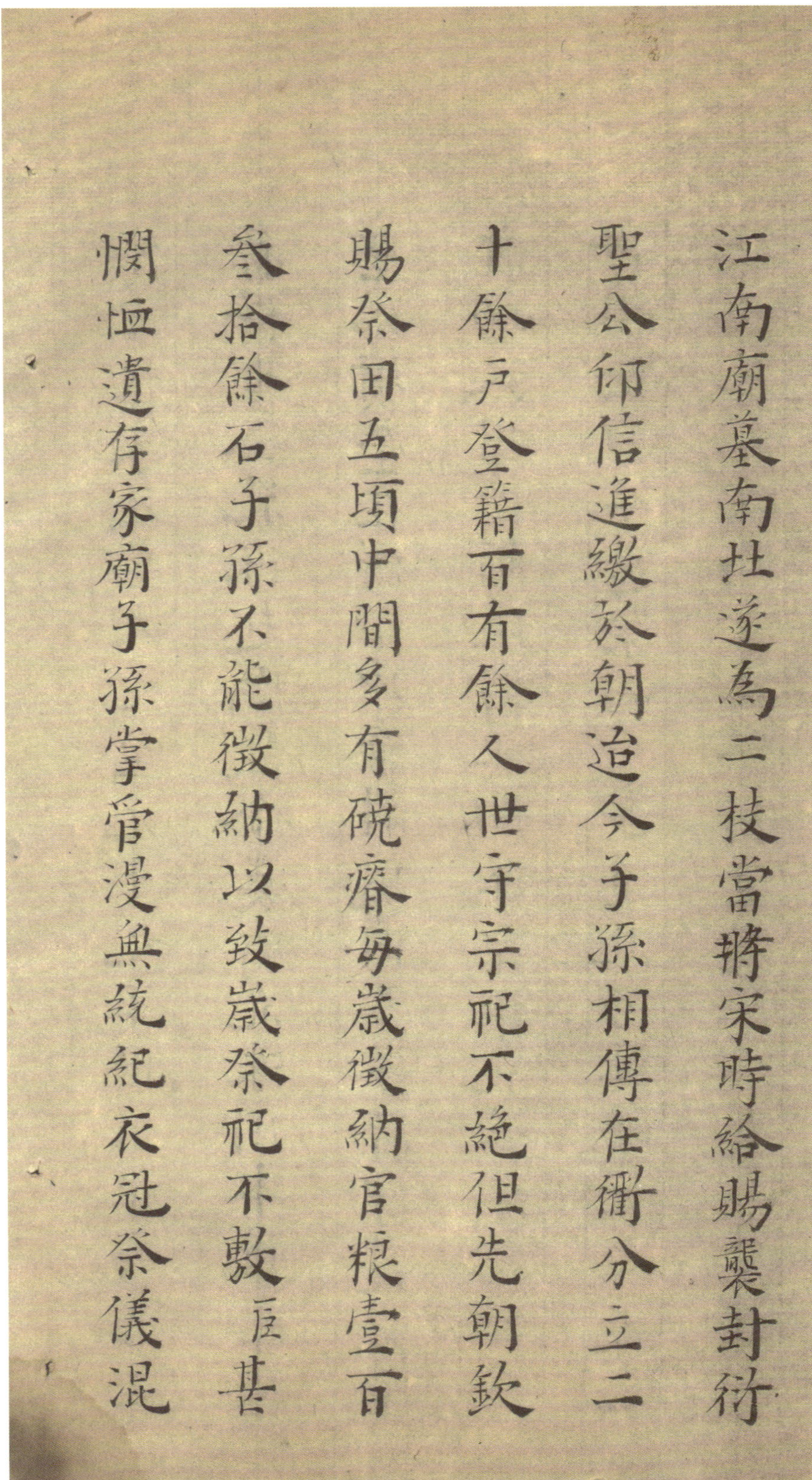

江南廟墓南北遂爲二枝當將宋時給賜襲封衍
聖公仰信進繳於朝迨今子孫相傳在衢分立二
十餘户登籍百有餘人世守宗祀不絶但先朝欽
賜祭田五頃中間多有磽瘠每歲徵納官粮壹百
叁拾餘石子孫不能徵納以致歲祭祀不敷臣甚
憫恤遺存家廟子孫掌管漫無統紀衣冠祭儀混

同流俗以經比照宋臣朱熹子孫世襲博士兩處

祭奠事例伏乞

聖恩除原籍山東子孫世襲衍聖公照舊襲封已有定

制萬世遵行乞將衢州孔端友子孫一人添授以

世襲翰林院五經博士一員以祭家廟祭祀看守

各代聖公墳塋統領見存子孫仍乞將本户舊賜

祭田照依原稅数目每歲依期上納本府官倉或

儒學倉按月支給與米貳石以供灑掃祭奠歲終

將用過数目開報官府查考如此則家廟不至於

隳廢祭田不至於變賣子孫不至於流移聖裔不

至於淹沒千秋萬載足以見

聖朝文明之化普及華夷

皇上崇儒之心無間南北而宣聖在天之靈自將默佑
聖明以衍無疆之祚矣等因具本奏奉
孝宗皇帝聖旨該衙門看了來說欽此欽遵禮部
會同吏部遂一備查明白及查誌記通鑑俱載其
事俱有理但自孔端友至今歷世遠代子孫蕃衍
傍正混雜其舊賜祭田年收租稅未審能給修廟

供祀必須查勘明白事情可否有歸合無本部移
咨都察院轉行浙江巡按監察御史行委府縣查
勘孔端友嫡派長房子孫推保相應一人取具官
吏各該供結起送赴部舊賜祭田應否免科以為
脩廟歲享之費逐一查明至日本部議處具奏取
自

上裁本年二月二十四日禮部尚書張　等官於
奉天門具題次日奉
孝宗皇帝聖旨是欽此欽遵已經移咨都察院轉行浙
江巡按監察御史見在取勘具結送部除遵奉外
切照衢州一派子孫自宋衍聖公孔洙讓爵與闕
里子孫孔治承襲之後由元世祖至於我

無朝年

朝
太祖高皇帝繼元以來
列聖相傳遵崇舊制百數年兩派子孫俱無爭異恐後
在衢子孫繁衍愚哲不同詩書少習禮義或乖又
恐冒收異姓紊亂
聖派詭寄田地冒免差徭未
免貽玷斯文無以倡率文教必須嚴立防範庶可

杜絕其弊臣係守土之官不敢輙擅專行今脩家

規七款伏乞

聖恩勅命禮部斟酌定制行令布政司須降榜文張掛

於孔氏家廟常川曉諭使其子孫繩繩遵守毋得

妄行永為規戒則先師孔子之道倡行於家族統

布於四海垂及於萬世自我

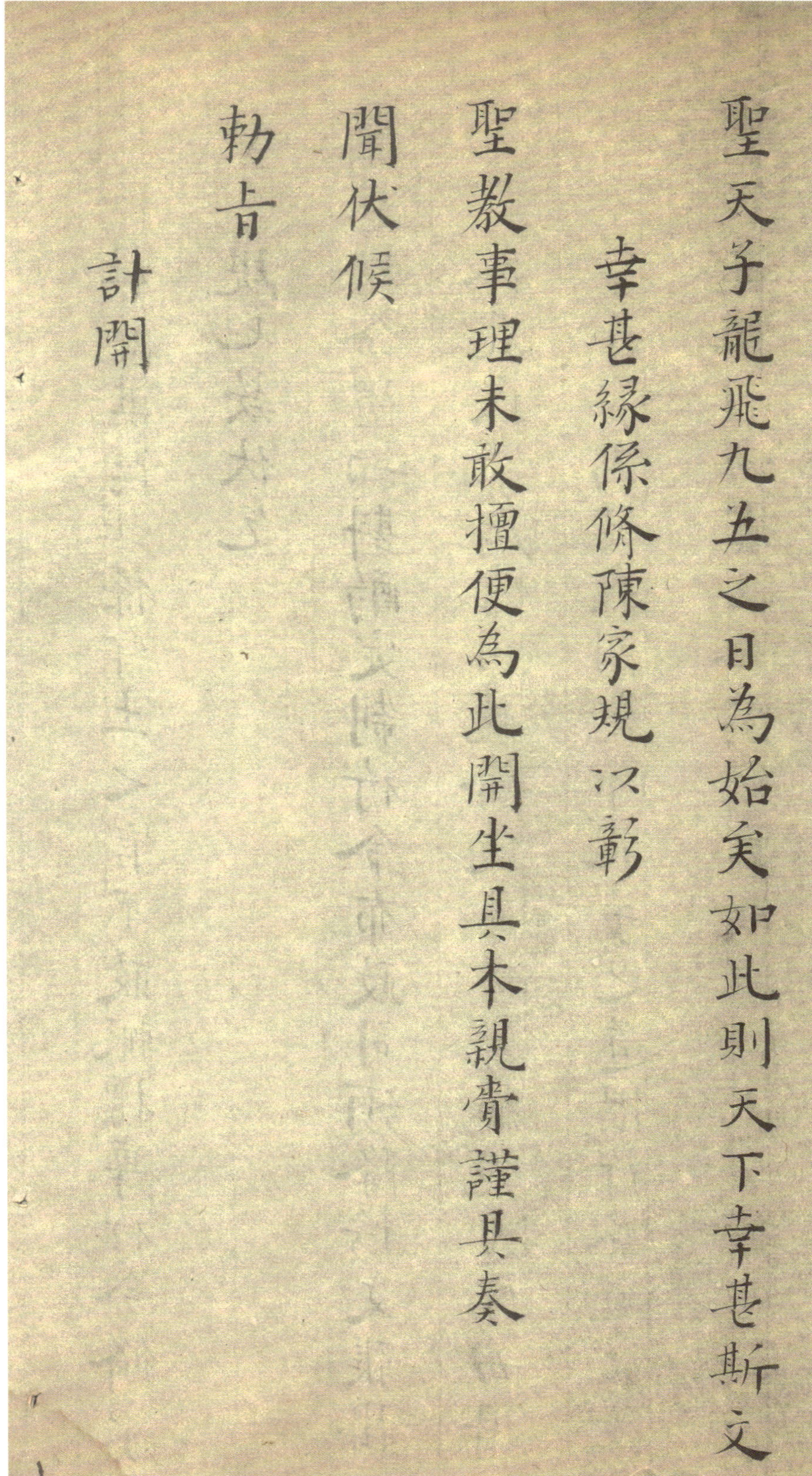
聖天子龍飛九五之日為始矣如此則天下幸甚斯文
幸甚緣係脩陳家規以彰
聖教事理未敢擅便為此開坐具本親賫謹具奏
聞伏候
勅旨
計開

一遵
制典叵切照衢州一派子孫自宋衍聖公孔洙讓爵
與闕里子孫孔治承襲公爵元世祖渓加奬諭自
我
太祖高皇帝繼元以來
列聖相承遵崇舊制在衢子孫肴其廟墓優免雜項差

徭曲阜子孫嘉其守護先塋有功於祖照舊襲封

千載不易即今一百餘年未聞有覬覦爭競之人竊

恐後世兩派子孫互相嫉隙妄起爭端不惟有違

聖朝制度盛典又恐背忘伊祖德讓之風合無嚴立規

戒行令在衢子孫永遵

制典恪守祖風有違者以不忠不孝論寘之重典永

不叙録法令昭明人無異議

一端教源臣添授世襲博士無非欲其統領流寓

家廟子孫主典爲博士者必須修明

聖教身先督率躬行實踐庶不有負

朝庭褒崇聖裔之盛典博士若倚官威欺凌尊長敗倫

傷化本家如有一切不公不法之事許子孫具告

浙江巡按監察御史徑自提問發落如此則教源可端而聖化行矣

一示勸懲　臣以厚彝倫以彰聖教切恐子孫衆多賢愚不一必須嚴立勸懲庶免有玷聖祖合無立塾於廟左右平昔有學之人以禮敦聘充為教讀將年幼子孫旦暮訓誨習讀經書講明義理中間

有入府縣學者照舊選入考有成拔收補廩增照
例科貢以明録用其有善者以禮待之其不善者
以法治之敢有子孫不守家規結交悪黨三五成
群賭錢飲酒為非爲悪生事害人行兇殺潑倚強
欺弱教唆詞訟敗論傷化不公不法輕則以從族
長合族家規教戒重則轉呈

官府律法斷問削除家譜姓名生不許沾
朝廷恩惠免差入廟死不許歸塟聖公墳墓以辱先祖
如此則禮義興而風俗厚教化明而賢才出矣
一防冒姓臣切惟孔氏相傳歷世悠遠子孫繁衍
傍正混雜恐有異姓冒歸孔氏紊亂
先聖宗派希圖隱避差徭合當嚴謹隨時查考將孔氏

今後生有子孫令其每月開報到縣申府明立案候遇大造黃册之年再行查勘明白依數登籍不許收留外姓之人妄接宗枝以亂聖派隱避差徭若有故違者許本族隣里首告就將妄收冒籍之人治以重罪明証歸宗知而不舉者一體連坐庶冒姓隱差之弊可革而遊惰之民自可無矣

一嚴詭寄匿切照孔氏叨蒙
歴朝恩例優免差徭天長地久蓋尊師重道崇德報
功故推恩及其子孫恐有異姓人等因見孔氏各
户田粮得免差徭故將他人田產冒作孔氏己業
朦朧收册隱避差徭合無嚴立防範將孔氏各户
自弘治十五年大造黃册已後買賣田地隨時明

告到官總候造册之年查對的實明白推收如有
詭寄田粮許子孫自相覺舉隣里首告追究作奬
之人依律治罪其田入廟祭祀不許復還民家杜
絶異姓隱著之奬
一守祀田臣查得
宋朝欽賜孔氏祭田五頃相傳奉祀其田遠近不一恐

後世俗變更人心懈怠未免雍紊移易有失祭祀
合無官置簿籍四本寫立坐都土名四至畫圖坵
段冢佃戶人姓名在上將二本存入府縣其二本
給付孔氏族長與世襲博士收存永為執照嚴禁
子孫庶免盜賣如有買者賣者許子孫并佃人隨
時首告當就追究前產仍供祭祀價錢入官違犯

子孫不許祭祀送官重治其歲收祀田租别立一
義田倉於廟傍責令族長博士公同收貯除每歲
祭祀并修廟之外若有多餘籽粒週濟本族貧難
無倚子孫庶免移流失所年終開数到官查考不
許侵匿浪費通同混𧺆
一責報本㠯照得

無朝年

先聖流裔傳分兩派南北相隔路涉千程若不定規謁
會恐後日漸廢離宗譜因而迷失何以昭報祖德
合無今後令其南渡孔氏子孫每十年一赴闕里
謁拜
聖祖家廟祭掃山林以展木本水源時思之敬就令會
同南北宗譜開保歷代子孫名諱居曲阜縣者書

引於前居衢州府者書引於後庶俾流裔清白不
致泮渙分離且以見我
國家一統文明之化普及南北而褒崇之
恩無遐邇矣
正德元年正月二十四日中憲大夫衢州知府
沈杰奏奉

無朝年

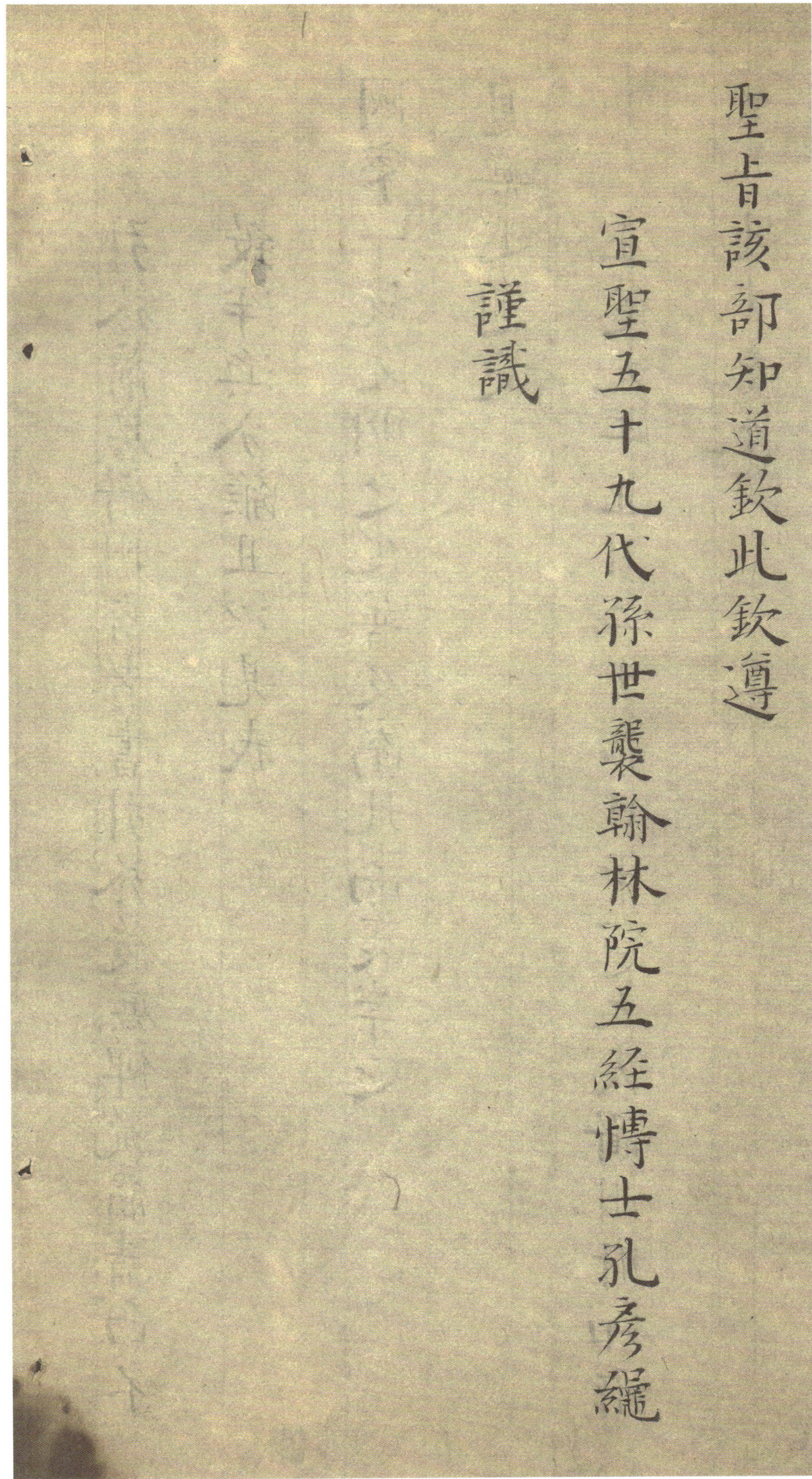

聖旨該部知道欽此欽遵

宣聖五十九代孫世襲翰林院五經博士孔彥縄

謹識

明正德元年五月二十六日

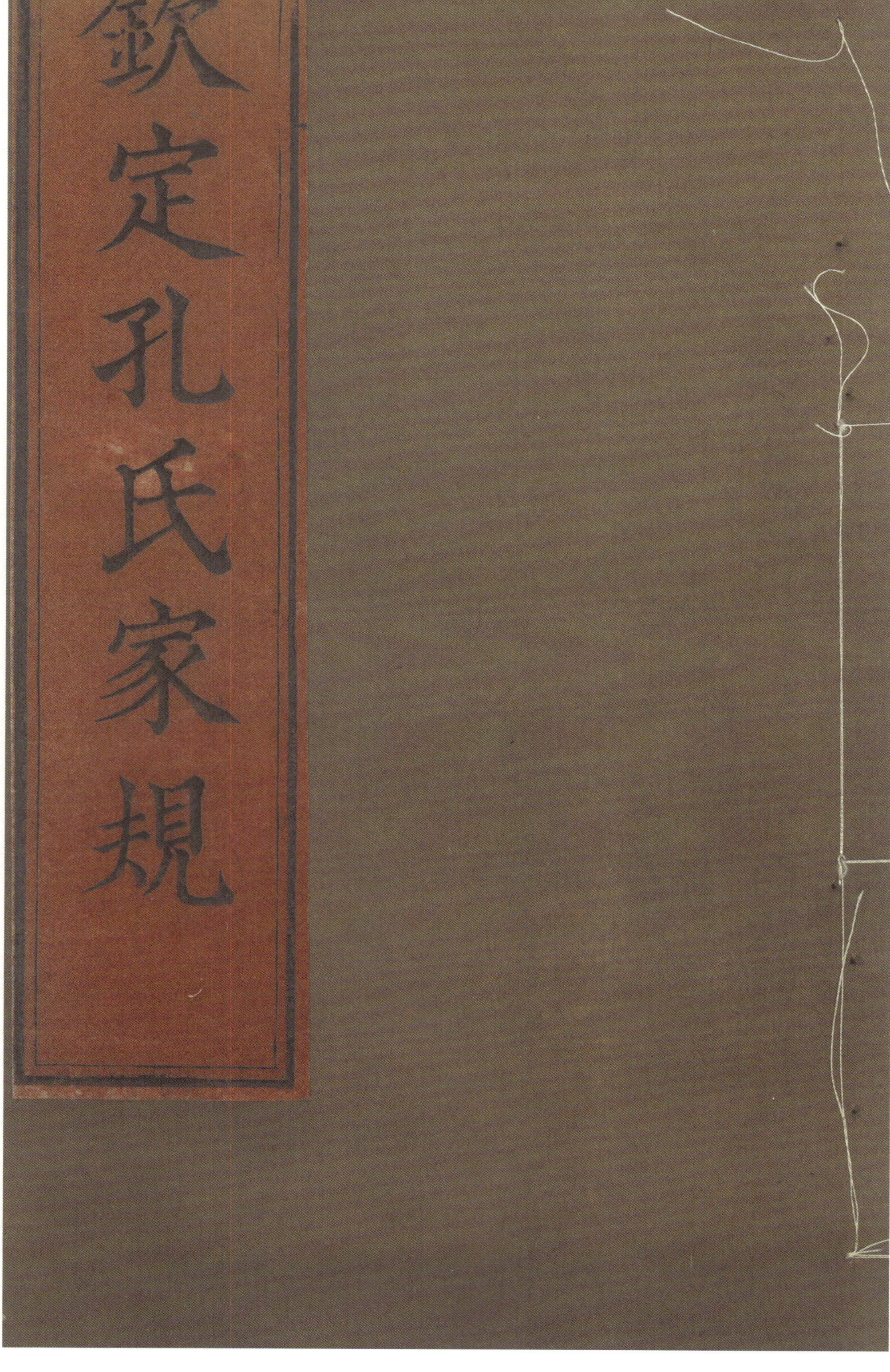

明正德元年五月二十六日

孔氏家規

正德元年正月二十五日浙江衢州府知府臣沈杰
謹奏爲條陳孔氏家規以彰
聖教事臣由進士出身任浙江衢州府知府因見本府西
安縣南隅地方原有
先師孔子家廟一所及宋時舊賜祭田五頃遺存正派子
孫相傳掌管供祭不缺臣謹考
聖朝大明一統誌及寰宇通誌續資治通鑑綱目宋史等
書俱載孔子四十八代孫孔端友在宋時襲封衍聖
公建炎年間端友與其子孔玠并從父中奉大夫開

明正德元年五月二十六日

國男孔傳俱扈從高宗南渡賜家於衢照闕里規制建立家廟賜田立祀子孫皆襲爵封歷傳聖公五代宋殁大元至元十九年世祖宣端友之孫衍聖公孔洙赴闕議令襲爵孔洙因本支累代聖公墳塋在衢難以棄離况曲阜子孫守護先塋有功於祖情愿讓爵與曲阜宗弟孔治承襲公爵世祖歎曰寧違榮而不違道此乃眞聖人之後也賜孔洙以授國子祭酒兼提舉浙東道學校歸守江南廟墓南北遂爲二枝當將宋時給賜襲封衍聖公印信進繳於朝追令子孫相傳在衢分立二十餘户登籍百有餘人世守宗

明正德元年五月二十六日

祀不絶但

先朝

欽賜祭田五頃中間多有磽瘠每歲徵納官糧一百三十餘擔子孫不能徵納以致歲時祭祀不敷臣甚憫恤遺存家廟子孫承祀掌管漫無統紀衣冠祭儀混同流俗以經比照宋臣朱熹子孫世襲博士兩處祭奠事例欲乞

聖恩除原籍山東子孫世襲衍聖公照舊襲封已有定制萬世遵行乞將衢州孔端友子孫一人添授以世襲翰林院五經博士一員以主家廟祭祀看守各代聖

明正德元年五月二十六日

公墳墓統領現存子孫仍乞將本户舊賜祭田照依原稅數目每歲依期上納本府官倉或縣倉按月支給與米二石以供灑掃祭奠歲終將支用過數目開報官府查考如此則家廟不至於隳廢祭田不至於變賣子孫不至於流移聖裔不至於淹没千載萬載足以見

聖朝文明之化普及中外

皇上崇儒之心無間南北而　宣聖在天之靈自將默佑

聖明以衍無疆之祚矣等因具本　奏奉

孝宗皇帝聖旨該衙門看了來說欽此欽遵續蒙禮部會

同吏部逐一備查明白及查誌記通鑑俱載其事俱有理但自孔端友至今歷世遠代子孫繁衍旁正混雜其舊賜祭田年收租稅未審能給修廟供祀必須查勘明白事情可否有歸合無本部移咨都察院轉行浙江巡按監察御史行委府縣查勘孔端友嫡派長房子孫推保相應一人取具官吏各該供結起送赴部舊賜祭田應否免科以爲修廟歲享之費逐一查明回報至日本部議處具奏取自上裁本年二月二十四日禮部尚書張　等官於奉天門具題次日奉

三

明正德元年五月二十六日

欽定孔氏家規

孝宗皇帝聖旨是欽此欽遵已經移咨都察院轉行浙江巡按監察御史見在取勘具結送部除遵奉外切照衢州一派子孫自宋衍聖公孔洙讓爵與闕里子孫孔治承襲之後由元世祖至於我

朝

太祖高皇帝繼元以來列聖相承遵崇舊制百數年兩派子孫俱無爭異恐後在衢子孫繁衍愚哲不同詩書少習禮義或乖又恐冒收異姓紊亂

聖派詭寄田地冒免差徭未免貽玷斯文無以倡率文教必須嚴立防範庶可杜絶其弊臣係守土之官不

明正德元年五月二十六日

敢輒擅專行今修家規七欵伏乞
聖恩勅命禮部斟酌定制行布政司須降榜文張掛於孔
氏家廟常得曉諭使其子孫繩繩遵守毋得妄行永
為規戒則
先師孔子之道倡行於家族綂布於四海垂及於萬世自
我
聖天子龍飛九五之日爲始矣如此則天下幸甚斯文幸
甚緣係修陳孔氏家規以彰
聖教事理未敢擅便
爲此開陳具本親賫謹具奏
聞伏候

 四

明正德元年五月二十六日

勅旨

計開

一遵制典臣切照衢州一派子孫自宋衍聖公孔洙讓爵與闕里子孫孔治承襲公爵元世祖深加獎諭至我

太祖高皇帝繼元以來列聖相承遵崇舊制在衢子孫看其廟墓優免雜項差徭曲阜子孫嘉其守護先墓有功於祖照舊襲封千載不易即今百餘年未聞有覬覦爭競之人竊恐後世兩派子孫互相嫌隙妄起爭端不惟有違

明正德元年五月二十六日

聖朝制度盛典誠恐背忘伊祖德讓之風合無嚴立規戒
行令在衢子孫永遵制典恪守祖風有違者以不忠
不孝之論寘之重典永不叙録法令昭明人無異議
一端教源臣添授世襲博士無非欲其統領流寓子
孫家廟主典事無巨細悉以主之爲博士者必須修
明聖教身先督率躬行實踐庶不有負
朝廷褒崇聖裔之盛典博士不得倚官欺凌子姓若子姓
倚衆恃長欺凌博士即以悖旨滅祖論許博士牒
移浙江巡按監察御史徑自提問發落如此則教源
可端而

　五

明正德元年五月二十六日

聖化行矣

一示勸懲臣以厚彝倫以彰
聖德臣切恐子孫衆多賢愚不一必須嚴立勸懲庶免有玷
聖祖合無立塾於廟左右平昔有學之人以禮敦聘充爲教讀將年幼子孫旦暮訓誨習讀經書講明義理中間有入府縣學者照舊選入考有成效收補廩增照例科貢以明録用其有善者以禮待之惡者以法治之敢有子孫奸頑不守家規結交惡黨三五成羣賭錢飲酒爲非爲惡生事害人行兇撒潑倚强欺弱教唆詞訟敗倫傷化不公不法輕則以從博士家規教

明正德元年五月二十六日

戒重則移明官府律法斷問削除家譜姓名生不許
沾
朝廷恩惠免差入廟死不許歸葬聖公墳墓以辱先祖如
此則禮義興而風俗厚教化明而賢才出矣
一防冒姓臣切惟孔氏相傳歷世悠深子孫繁衍旁
正混雜恐有異姓冒歸孔氏紊亂
宣聖宗派希圖隱避差徭合當嚴禁隨時查考將孔氏今
後生有子孫令其每月開報到縣申府立案候遇大
造黄册之年再行查勘明白依數登籍不許收留外
姓之人妄扳宗枝以亂聖派隱避差徭若有故違

者許本族隣里首告就將妄收冒籍之人治以重罪明證歸宗知而不舉者一體連坐庶冒姓隱差之弊可革而游惰之民自可無矣

一嚴詭寄臣切照孔氏叨蒙累朝恩例優免差徭天長地久蓋尊師重道崇德報功故推恩及其子孫恐有異姓人等因見孔氏各户田糧得免差徭故將他人田產冒作孔氏已業朦朧收册隱避差徭合無嚴立防範將孔氏各户自弘治十五年大造黄册已後買賣田地隨時明告到官總候造册之年查對的實明白推收如有詭寄田糧許子孫自相覺舉隣里首

告追究作弊之人依律治罪其田入廟祭祀不許復還民家杜絶異姓隱差之弊

一守祀田臣查得 宋朝欽賜孔氏祭田五頃相傳奉祀其田遠近不一恐後世俗變更人心懈怠未免產業移易有失祭祀合無官置簿籍四本寫立坐都土名四至畫圖坵段承佃人户姓名在上將二本存入府縣其二本給付與世襲博士及孔氏家長收存永爲執照嚴禁子孫庶免盜賣如有買者賣者許子孫幷佃人隨時首告當就追究前產仍供祭祀價錢入官違犯子孫不許祭祀送官重治其歲收祀田租

利立一義倉於廟傍責令博士公同收貯除每歲祭祀并修廟之外若有多餘籽粒週濟本族貧難無倚子孫庶免移流失所年終開數到官查考不許侵匿浪費通同混尅

一責報本 臣 照得

宣聖流裔傳分兩派南北相隔路涉千程若不定規謁會恐後日漸廢離宗譜因而迷亂何以昭報祖德合無令後令其南渡孔氏子孫每十年一赴闕里謁拜

聖祖家廟祭埽山林以展水木本源時思之敬就令會同南北宗譜開報歷代子孫名諱居曲阜縣者書引於

前居衢州府者書引於後庶俾流裔清白不致泮散
分離且以見我
國家一統文明之化普及南北而褒崇之恩無遐邇矣
謹奏奉
聖旨是該部知道欽此欽遵
正德元年五月二十六日浙江衢州府知府臣沈杰謹刋

明正德元年五月二十六日

衢州孔氏嫡派一代至六十八代系圖

無朝年

衢州孔氏嫡派一代至六十八代系圖

無朝年

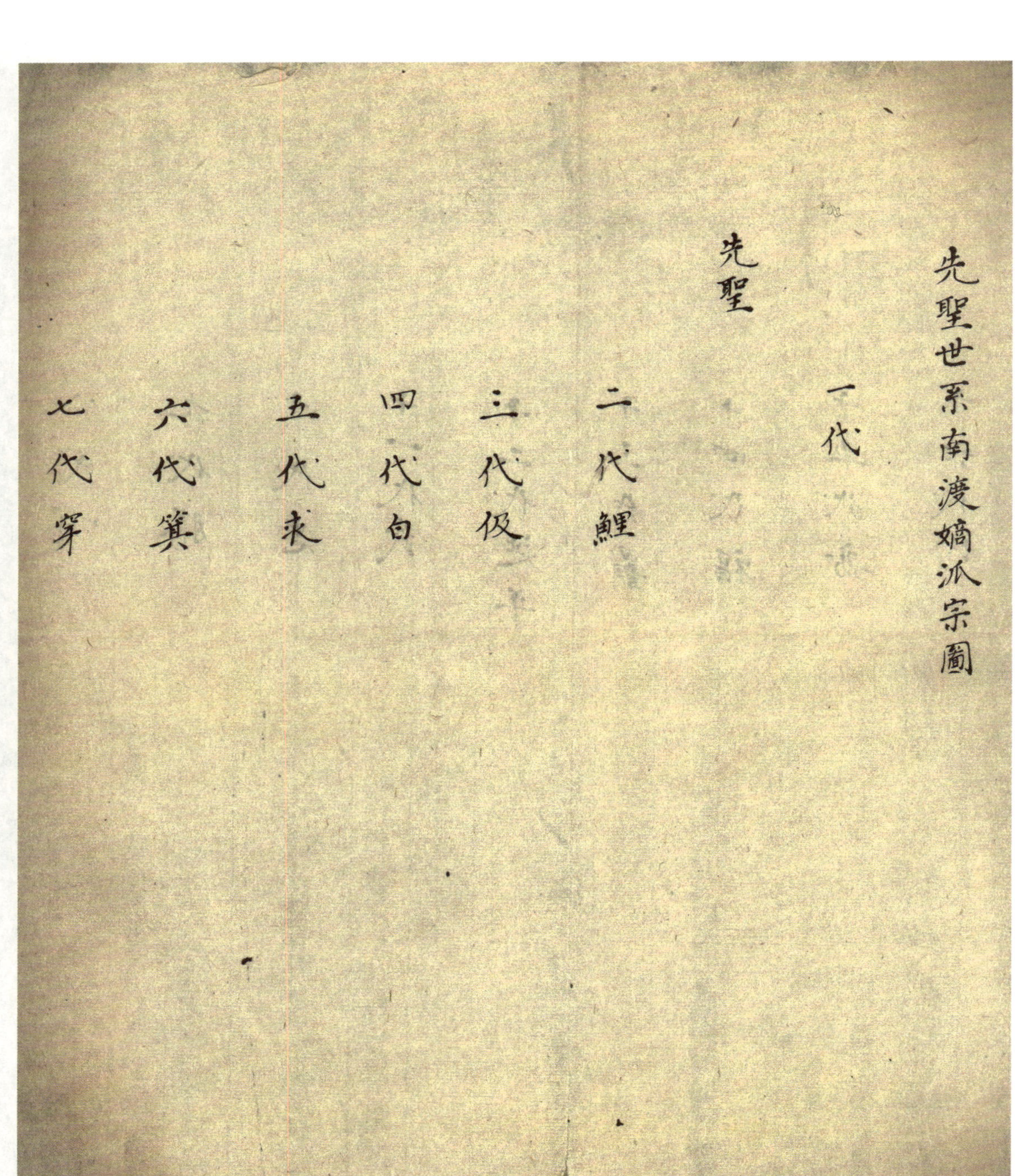

先聖世系南渡嫡派宗圖

一代

先聖

二代鯉

三代伋

四代白

五代求

六代箕

七代穿

無朝年

八代順
九代騰
十代忠
十一代武
十二代延年
十三代霸
十四代福
十五代房
十六代均

十七代志
十八代損
十九代曜
二十代完
二十一代羨
二十二代震
二十三代巍
二十四代檽
二十五代懿

無朝年

二十六代鮮
二十七代秉
二十八代靈珍
二十九代文太
三十代渠
三十一代長孫
三十二代嗣哲
三十三代德倫
三十四代崇基

三十五代遂之

三十六代萱

三十七代齊

三十八代惟晊

三十九代策

四十代振

四十一代昭

四十二代光嗣

四十三代仁玉

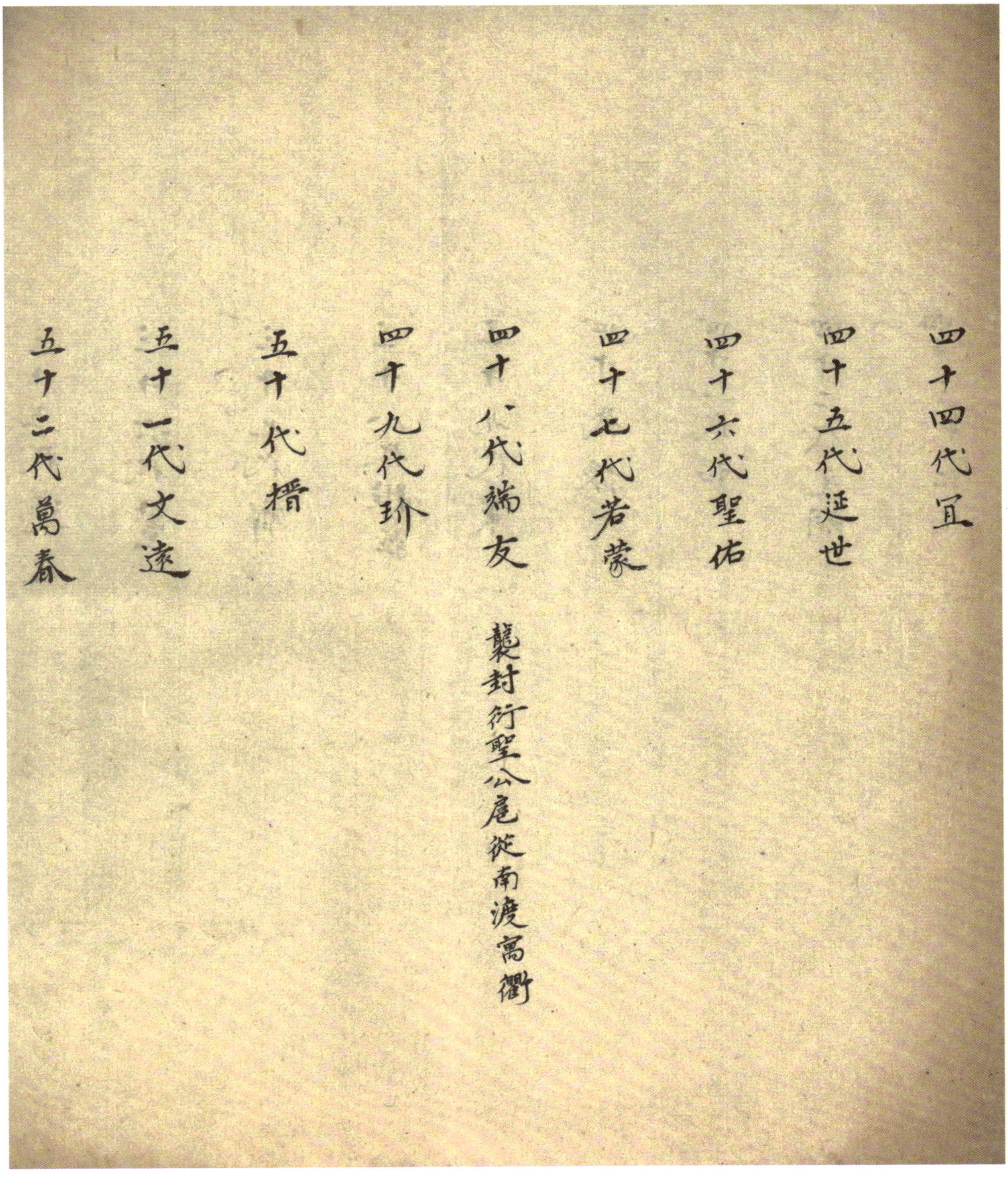

無朝年

四十四代宜

四十五代延世

四十六代聖佑

四十七代若蒙

四十八代端友　襲封衍聖公扈從南渡寓衢

四十九代玠

五十代搢

五十一代文遠

五十二代萬春

五十三代洙

五十四代思許

五十五代克忠

五十六代希路

五十七代議

五十八代公誠

五十九代彥繩　三衢世襲翰林院五經博士自此始

六十代承美

六十一代弘章

無朝年

六十二代聞音

六十三代貞運

六十四代尚乾

六十五代衍楨　於順治九年二月内世襲翰林院五經博士　於康熙三十七年六月十四日故

六十六代興燦　於康熙十一年八月二十一日故

六十七代毓培　於康熙二十九年七月十九日故

六十八代傳鍾　應序承襲

衢州孔氏嫡派一代至六十八代系圖

清康熙三十八年二月

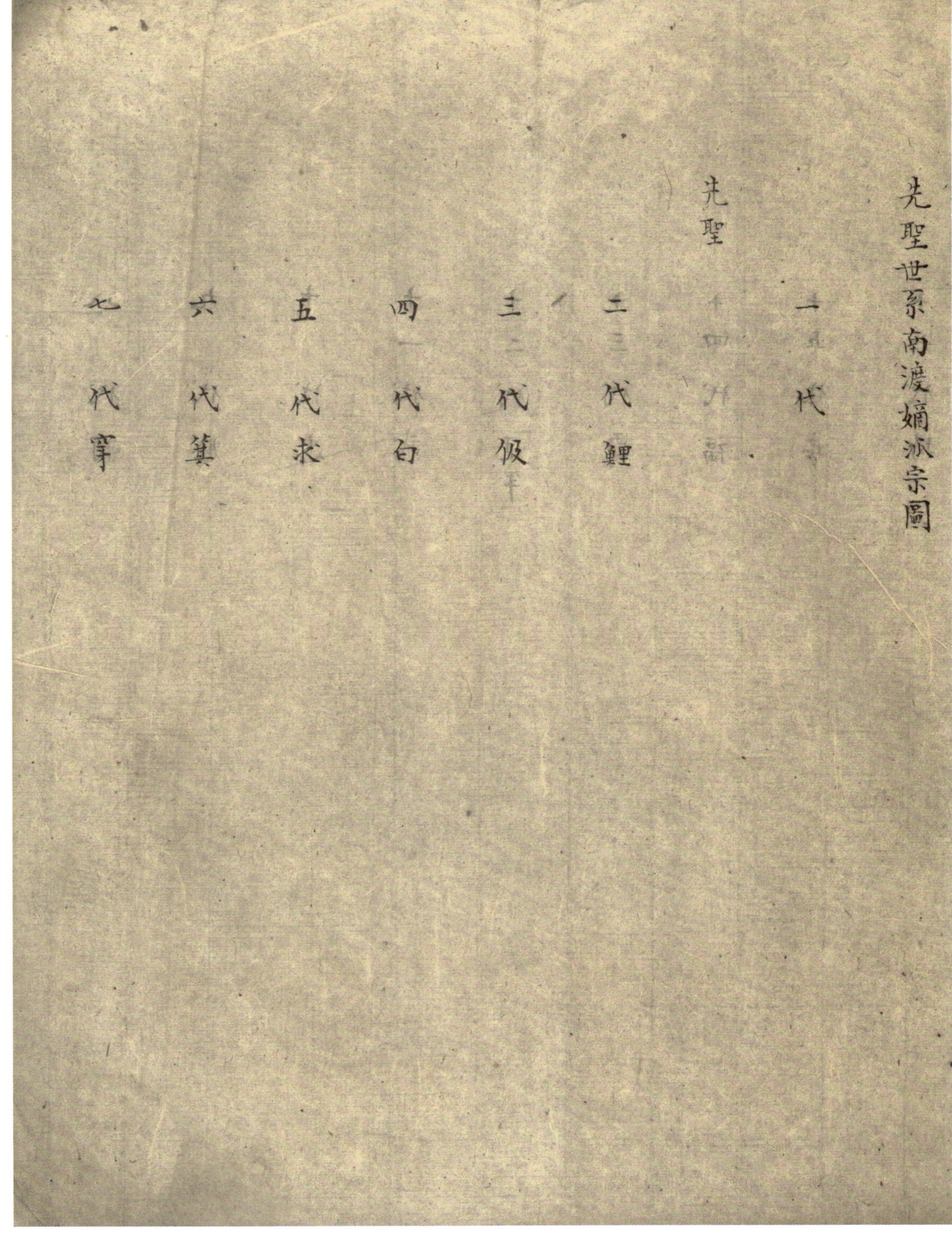

先聖世系南渡嫡派宗圖

先聖

一代

二代鯉

三代伋

四代白

五代求

六代箕

七代穿

清康熙三十八年二月

八代順

九代騰

十代忠

十一代武

十二代延年

十三代覇

十四代福

十五代旁

十六代均

清康熙三十八年二月

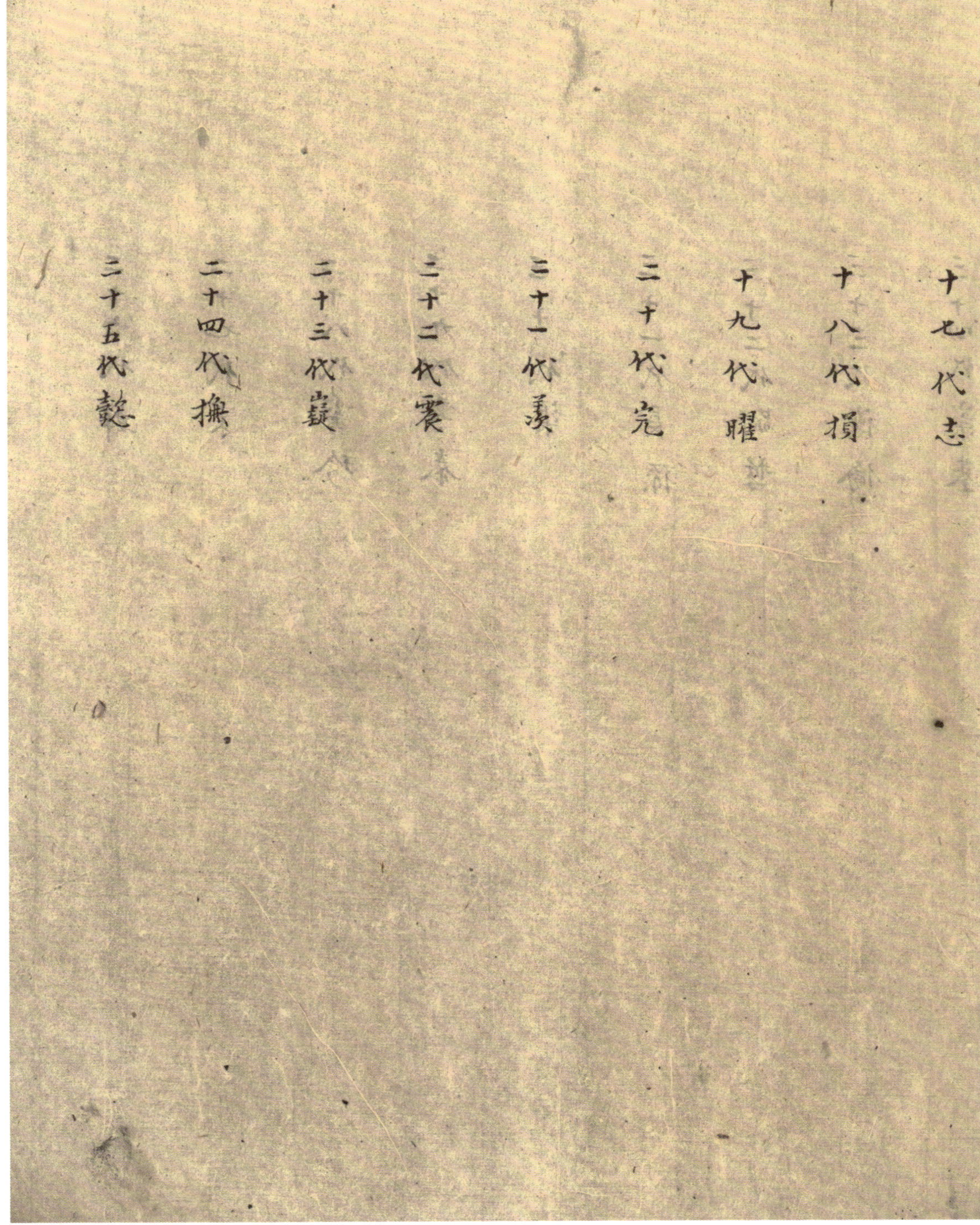
十七代志

十八代損

十九代曜

二十代完

二十一代羨

二十二代震

二十三代嶷

二十四代撫

二十五代懿

二十六代鮮
二十七代秉
二十八代靈珍
二十九代文泰
三十代渠
三十一代長孫
三十二代嗣哲
三十三代德倫
三十四代崇基

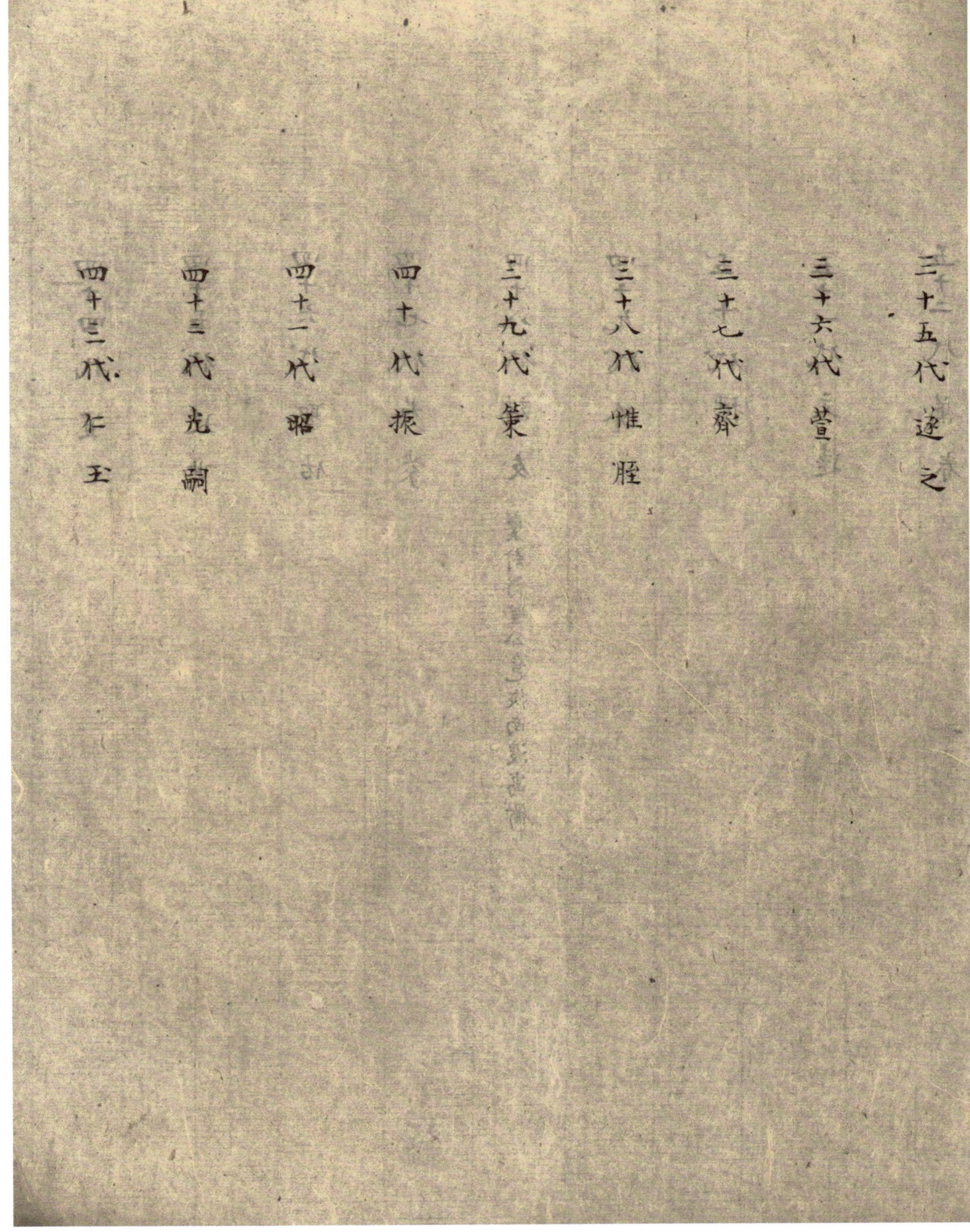

三十五代 遂之

三十六代 萱

三十七代 齊

三十八代 惟晊

三十九代 策

四十代 振

四十一代 昭

四十三代 光嗣

四十二代 仁玉

四十四代宜

四十五代延世

四十六代聖佑

四十七代若蒙

四十八代端友

襲封衍聖公扈從南渡寓衢

四十九代玠

五十代搢

五十一代文遠

五十二代萬春

五十三代洙

五十四代思許

五十五代克忠

五十六代希路

五十七代議

五十八代公誠

五十九代彦繩 三獨世襲翰林院五經博士自此始

六十代承美

六十一代弘章

六十二代 聞音

六十三代 貞運

六十四代 尚乾

六十五代 衍禎 於順治玖年貳月内世襲翰林院五經博士
於康熙叁拾柒年陸月拾肆日故

六十六代 興燦 於康熙拾壹年捌月貳拾壹日故

六十七代 毓培 於康熙貳拾玖年柒月拾玖日故

六十八代 傳鍾 應序承襲

右

具

清康熙三十八年二月

宗
圖

清康熙三十八年二月

無朝年

無朝年

孔聞衍年七十七歲家廟尊長縣學生員

孔聞用年七十一歲家廟舉事族長奉祀生員

孔聞遠年六十三歲

孔聞元年四十五歲

以上六十二代共四名

孔貞繩

孔貞賢

孔貞瑚

孔貞珪

孔貞杲

孔貞淑

孔貞才奉祀生員

孔貞篕

孔貞魁

孔貞烈

孔貞璠

孔貞馥

孔貞鶴
孔貞俊
孔貞泰 奉祀生員
孔貞兆
孔貞和
孔貞秀
孔貞瑞
孔貞淇
孔貞蘭

孔貞瑜
孔貞瑩
孔貞亮
孔貞嵩
孔貞顯
孔貞祈
孔貞沭
孔貞洛
孔貞福

無朝年

孔貞明

以上六十三代共三十二名

孔尚禮

孔尚珉

孔尚成

孔尚吉

孔尚達

孔尚秀

孔尚棨　奉祀生員

孔貞志

孔尚賀

孔尚益　奉祀生員

孔尚霦

孔尚灝

孔尚琛　奉祀生員

孔尚璟

孔尚璵

無朝年

孔尚楫 奉祀生員
孔尚昇
孔尚俊
孔尚龜
孔尚林
孔尚錦
孔尚勗
孔尚嚞
孔尚通

孔尚濱
孔尚琮 奉祀生員
孔尚倫
孔尚遲
孔尚瑜
孔尚佳 奉祀生員
孔尚璠
孔尚位
孔尚耿

無朝年

孔尚伯

孔尚渭

孔尚玨

孔尚遜

孔尚陽

孔尚綸

孔尚友

孔尚甌

孔尚貴

孔尚淩

孔尚清

孔尚覲

孔尚經

孔尚炳

孔尚御

孔尚擁

孔尚松

孔尚拭

無朝年

孔尚植
孔尚軾
孔尚橒
孔尚敉
孔尚棣
孔尚與
孔尚[illegible]
孔尚棋
孔尚吾

孔尚隆
孔尚都
孔尚琨
孔尚英
孔尚釛
孔尚棟
孔尚任
孔尚賓
孔尚捄

孔尚志

孔尚華

以上六十四代共七十二名

孔衍哲

孔衍彪

孔衍秀

孔衍孫

孔衍旭

孔衍源

孔尚壽

孔尚里

孔衍恒

孔衍珩

孔衍震

孔衍榮

孔衍鳶

孔衍蕃

孔衍相 奉祀生員
孔衍愷
孔衍祉
孔衍桂
孔衍昌
孔衍隆
孔衍遠
孔衍禧
孔衍南

孔衍昺
孔衍楠 奉祀生員
孔衍視
孔衍洪
孔衍夏
孔衍忱 府學生員
孔衍珍
孔衍藻
孔衍斯

無朝年

孔衍俊

孔衍和

孔衍繩

孔衍煌

孔衍貴

孔衍㰤

孔衍枝

孔衍煋

孔衍椼

孔衍棋

孔衍祥

孔衍壽

孔衍璉 奉祀生員

孔衍槐

孔衍瑞

孔衍慶 奉祀生員

孔衍庠

孔衍祚 奉祀生員

孔衍惇

孔衍成

孔衍煊

孔衍琛

孔衍玠

孔衍芬

孔衍傑

孔衍禛

孔衍章

孔衍科

孔衍杞 縣學生員

孔衍慷

孔衍桓 府學生員

孔衍琮

孔衍浚

孔衍祐

孔衍鉉

孔衍乾

無朝年

孔衍彝
孔衍彬
孔衍進
孔衍酉
孔衍珪
孔衍瑾
孔衍琬
以上六十五代共八十名
孔興和

孔衍熾
孔衍謀
孔衍昇
孔衍淳
孔衍璋
孔衍文
孔衍玜
孔興隆

無朝年

孔興禮

孔興仁

孔興植

孔興熑 縣學生員

孔興祉

孔興栢

孔興齡

孔興傑

孔興詩

孔興基

孔興烔

孔興讓

孔興燧 縣學生員

孔興理

孔興龍

孔興俊

孔興佐

孔興斯

孔興南

孔興周

以上六十六代共二十三名

孔毓瑞

孔毓芬

孔毓棟 府學生員

孔毓林

孔毓芹

孔毓時

孔興起

孔毓進

孔毓楨 縣學生員

孔毓芳

孔毓蕃

孔毓昭

以上六十七代共十一名

其餘十六歲以下不丁未錄

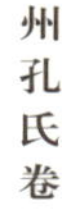

四〇七〇 ◆ 查究衢州孔氏族人盜賣衢州聖廟祭田

清嘉慶十二年至十六年

三月　到

呈

衢州孔氏世襲翰林院五經博士之鈐記

衢州世襲翰林院五經博士為申請訓示遵行事竊杓職祀三衢
聖廟有稽察祭田之責前今仰荷
皇仁
欽賜祭田五頃向立為仁義禮智信五枝經管歷久無異今族
內有不肖子孫毓詔者儼恃輩尊入泮覇持族
務胆敢將義枝祭盜典於異姓追義枝毓鏻等于嘉
慶九年內控縣職知駭異彼時職本應照例詳究因伊
再四哀求職仰體
公爺推念族誼之意挪錢代伊贖回并具代伊完粮辦祭以全
聖祀今毓詔不思盜典之罪悔過自新胆于上年十月二十六
日申刻帶同不識姓名之人兇酒闖入職家勒職還伊義
枝祀田不將職代伊贖回原價還職恃長擒職杀辱橫
行之極職鳴之西邑地方官案懸氷擱但
聖朝祀田非比尋常之產思不謹稟

衢州孔氏翰林院五經博士孔廣杓爲請移咨浙江學院將孔毓詔先行發學收管并轉飭地方官查辦事致衍聖公府申

清嘉慶十二年二月十七日

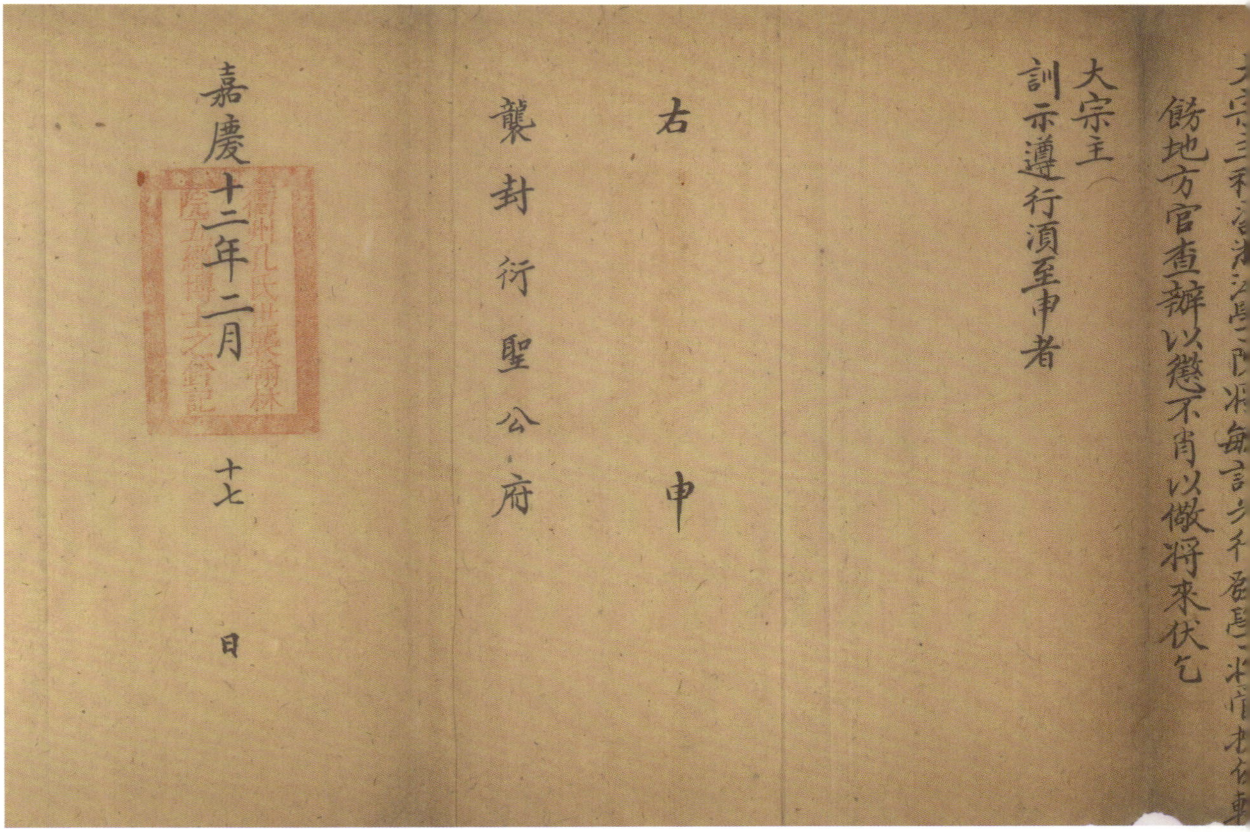

飭地方官查辦以懲不肖以儆將來伏乞

大宗主

訓示遵行須至申者

右　申

襲封衍聖公府

嘉慶十二年二月　十七　日

衢州孔氏世襲翰林院五經博士之鈐記

襲封衍聖公府為咨煩查辦事本年三月二十八日據衢州世襲

寸卜乙乙又至專上乙音八勺足溽云云等青到本府據此查

宋高宗紹興八年夏六月以衍聖公孔玠渡江賜絕林廟詔衢州於官田內

撥給五頃以奉先聖祀事

文獻考第二冊

聖廟佾苗

欽賜祭田五頃向立為仁義禮智信五枝經管祀與攸關原不容私

相買賣詎有庠生孔毓詒倚恃長輩不安本分竟敢將義

枝祭田盜典賣於異姓當經義枝孔毓鱗等於嘉慶九年間

控縣有案嗣經該翰博查知代為備價取贖且為完糧

辦祭不行詳究已屬推念族誼乃該生不知悔過自新復敢串通

率領多人闖入該翰博家中并不備還取贖原價勒令該翰博

還伊義枝祭田似此倚恃尊長藉符滋事非法莫懲擬合據

情咨會為此備咨

貴院請煩查照來文事理希將該庠生孔毓詒褫革學收管

并望檄飭地方官迅速查辦以結懸案以全祀田實為德便須至

衍聖公府爲請將孔毓詔先行發學收管并檄飭地方官查辦事致提督浙江學院咨

清嘉慶十二年三月三十日

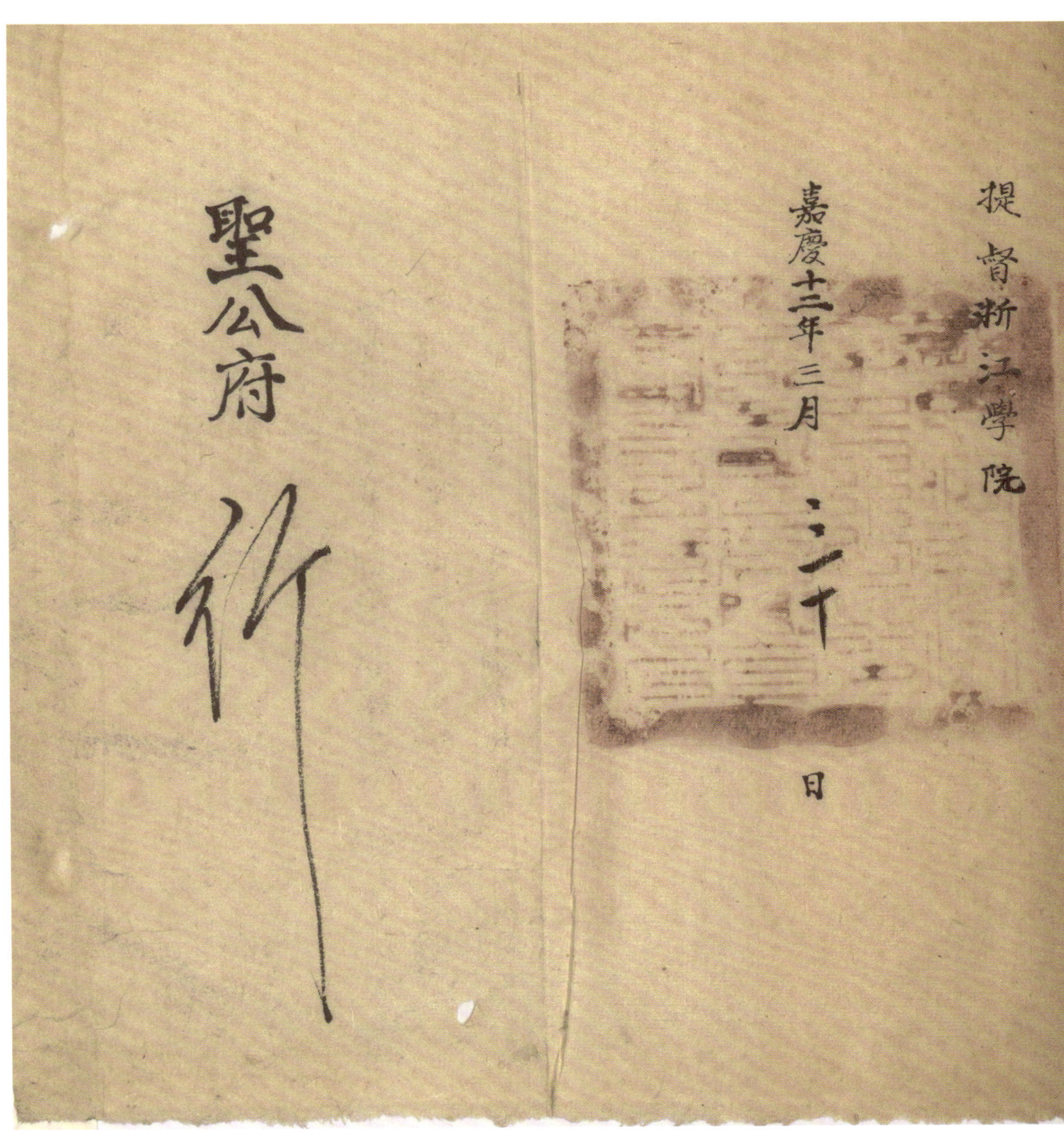
提督浙江學院

嘉慶十二年三月三十日

聖公府

行

孔品章立經管義枝户内祭田一坵頂約　清嘉慶九年三月

孔義枝立祖遺田一坵典約　清嘉慶八年四月

孔葉氏、孔品章立經管義枝户内祭田二坵頂約　清嘉慶九年三月

立頂約孔品章今將經管孔義枝户内
欽賜祭田壹坵憑中出頂於
本信枝肅房边收息當收頂價錢弍拾千文正其錢當即
自足自頂之後每年將鄭美招名下操租穀三石六斗正召交作
利所有粮祀本身自承日後办还原價聽憑回贖恐口無
憑立此頂約存據
再批當將佛字卅三區二百五十[illegible]字土名四田壠田壹坵計稅三畝[illegible]
[illegible]山壓五毛又原典約壹紙一併繳存
日立頂約孔品章　押
親筆中人　周國亨　孔覺巷　押
嘉慶九年三月

立典契孔義枝今將祖遺商字十九區四十号土名秧田坂祖業
田壹坵計稅二畝六分一厘四毛憑中出典于
鄭宅边為業當作典價錢弍拾千文正其典價當日一併付足自典
之後听憑　鄭边前去耕種倘有親族人等言稱之本身自
能承當不涉　鄭边之事議定五年爲滿办还原價聽憑
回贖議定錢不起利田不交租恐口無憑立此典約存據
再批清单帋繳存　鄭边[illegible]
日立典約人孔義枝　押
中人　陳道宝　押
嘉慶八年四月
典約大吉

立頂約孔葉氏仝男品章今將經管孔義枝户内
欽賜祭田大小弍坵憑中出頂于
本信枝肅房边[illegible]

孔海若立經管義枝户内祭田一坵頂約

清嘉慶八年十二月

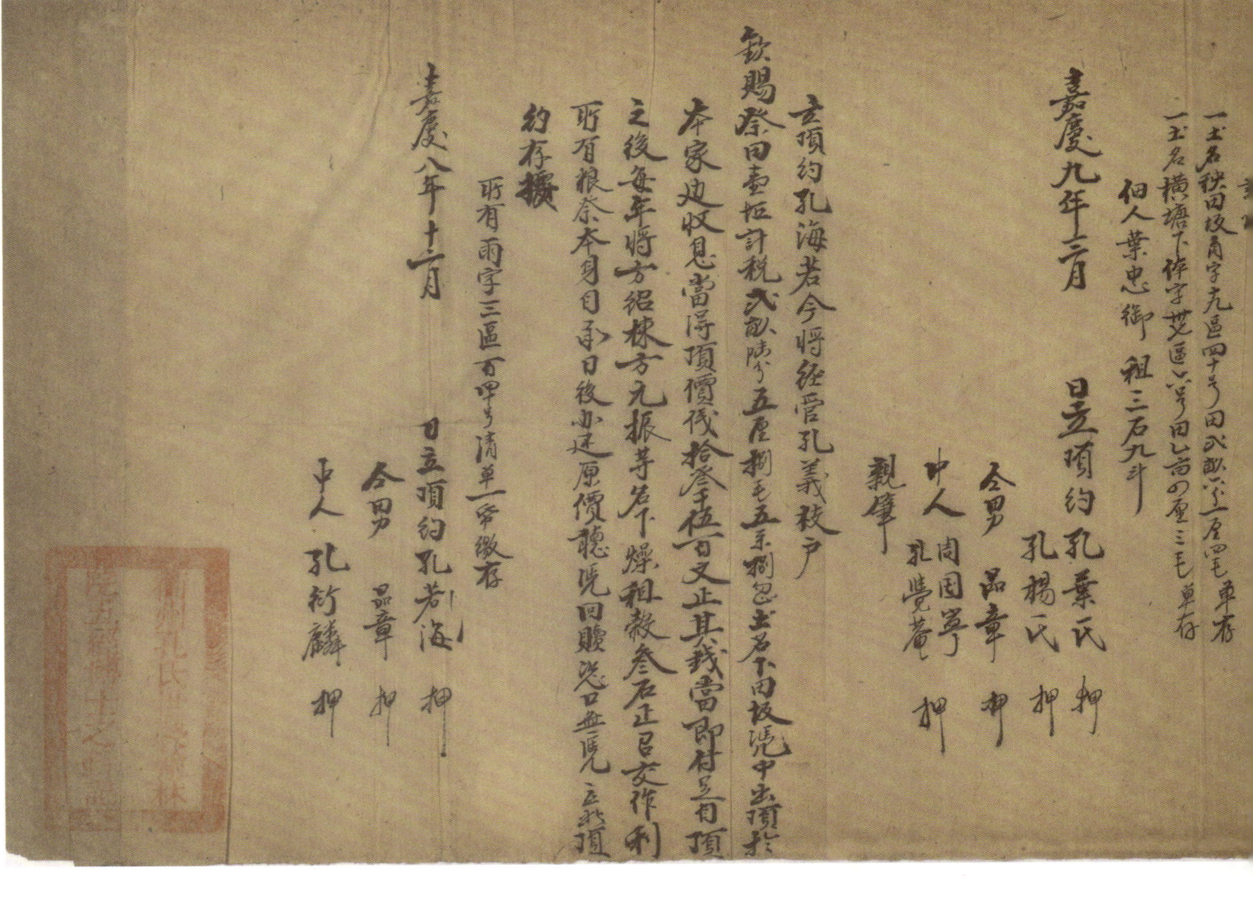

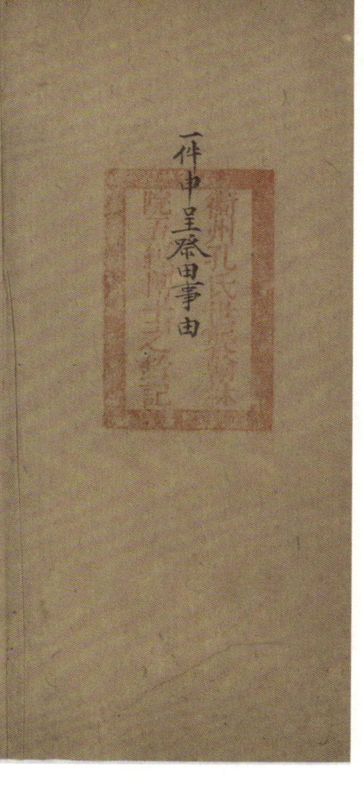

一件申呈祭田事由

世襲翰林院五經博士為呈明整飭盜典祭田請咨
部示行查清理究祀典事職奉守三衢
聖廟祭田一切等件責所攸司向沐
皇仁推念 聖祖 欽賜祭田五頃編定仁義禮智信五字號五房各承管
壹號歷久遵奉無違詎有承管義字號後裔毓詔者敢恃長輩
把持族務將本管之田串通佃戶盜典異姓職知愕然欲照例
究奈現故族長衍麟再三解勸職念族誼代出錢取贖不料毓
詔不悔盜典之罪復於十一年十月廿六日夥同族孽衍彪毓友毓
惇等及不識姓名多人鬧入職家勒職還代贖之田而不還代贖
之價職不得已鳴於本邑又朦朧訊斷不為清理以致仁字號子孫
從而效尤似此盜典盜賣隨之兩號已盜三號旋踵祀典無資所
關匪細為此申呈
大宗主咨請 禮部轉行浙撫地方官按原鱗冊清理俾所有祭
田及失落之田徹底清查究出永遠示禁毋令嗣後不肖子孫再有

衢州孔氏翰林院五經博士［孔廣杓］爲請清查祭田事致衍聖公府申

清嘉慶十四年十月初七日

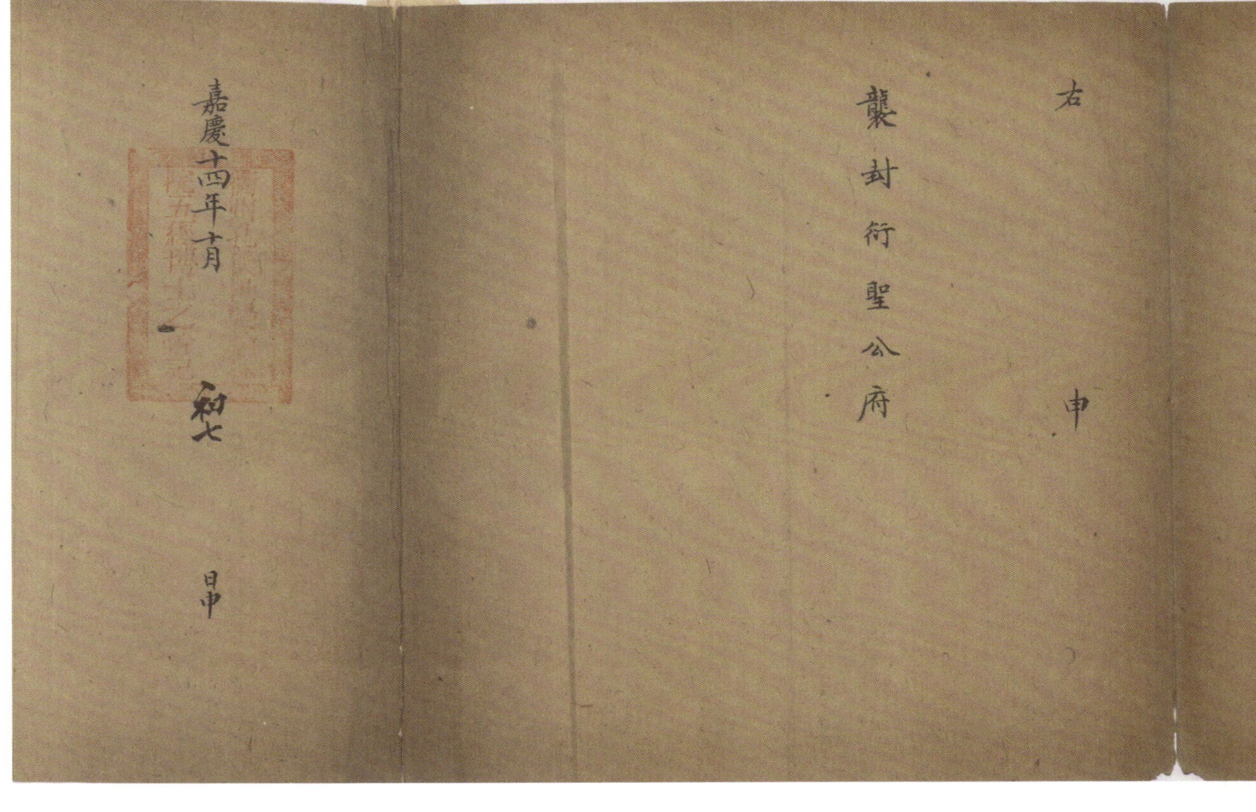
右
申
襲封衍聖公府
嘉慶十四年十月初七日申

襲封衍聖公府爲呈明整飭盜典祭田請咨　部示行
查清理以光祀典事。嘉慶十四年十月初十日據世襲翰林
院五經博士孔廣杓申稱云云等情。據此，竊照浙江衢州府西
安縣
聖廟仰荷
皇仁
欽賜祭田五頃以供祀典，前經編定仁義禮智信五字號，分爲五房
承管，原應悉心經理，歲收租息以供祭祀。祀典攸關，豈容私
相典賣。詎日久弊生，有義字號後嗣孔毓詔竟將承管之
祭田串通佃戶盜典異姓，嗣經該博士孔廣杓查知，代爲回
贖，即經該博士備價取贖其義字號之祭田，自應該博士承
管。乃孔毓詔不自知非，反向該博士索取代贖之田，而又不還
代贖之價，當經該博士孔廣杓據情稟明西安縣，案下
未據訊明究辦，無所懲儆，以致仁字號子孫從而欲相
效尤。若再因循不辦，勢必盜典盜賣儘歸烏有，殊非仰体
聖主尊師重道之意。茲據前情，擬合咨請行查清理。爲此
備咨
大部，請煩查照，希即轉咨浙江　撫部院，飭委賢員將
西安縣
聖廟祭田徹底清查，如有盜典盜賣情事，即行撤出歸還，
可否將仁義禮智信五字號祭田統該博士承管，以歸畫
一，以專責成，庶不致不肖子孫或有典賣情弊，俾巳田得

衍聖公府爲清查衢州至聖廟祭田及商請可否統歸衢州孔氏翰林院五經博士承管事致禮部咨

清嘉慶十四年十月十二日

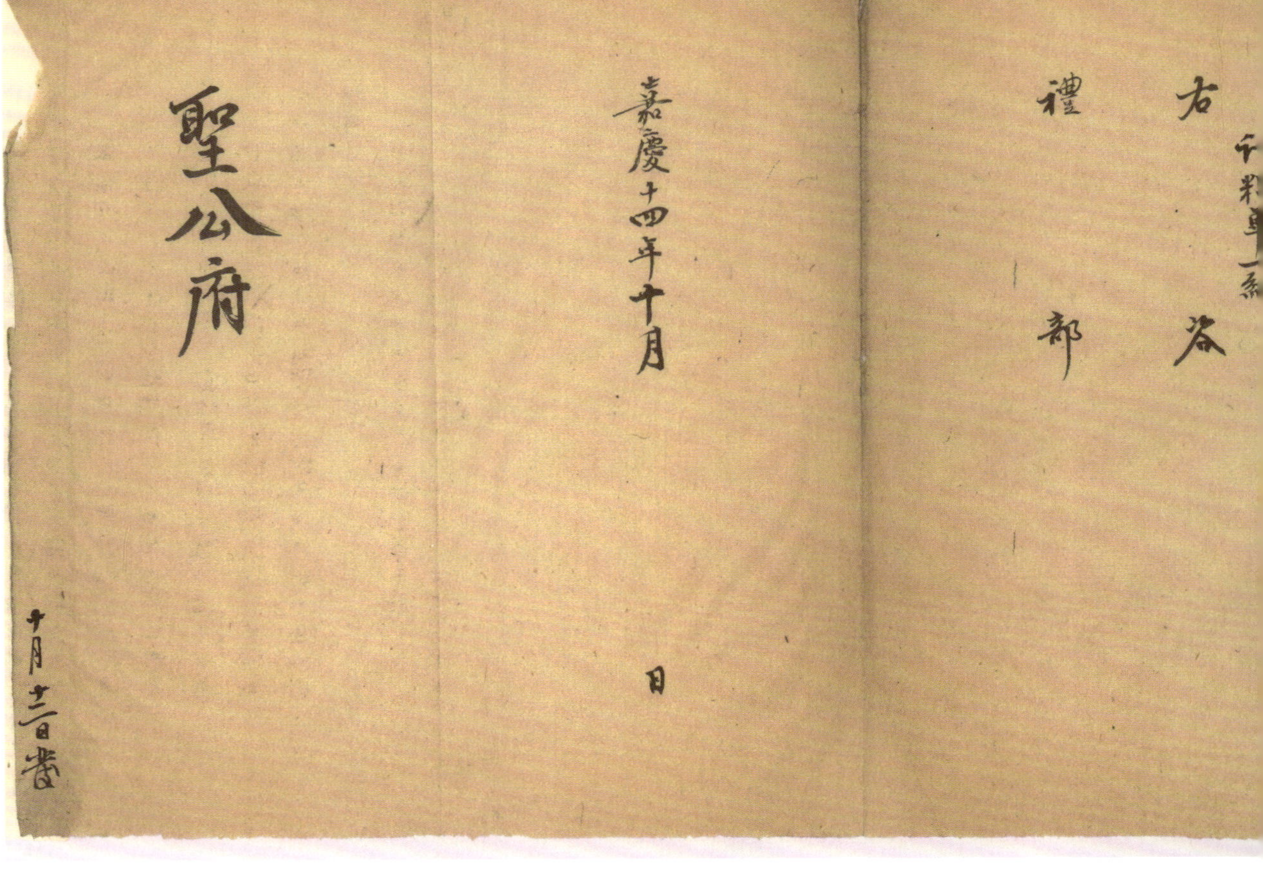
右咨

禮部

嘉慶十四年十月　日

聖公府

十月十二日發

禮部爲行文浙江巡撫清查祭田事致衍聖公［孔慶鎔］咨

清嘉慶十四年十一月

禮部爲行文浙江巡撫清查祭田事致衍聖公［孔慶鎔］咨

清嘉慶十四年十一月

聖廟祭田撤底清查一如有盜典盜賣情事即行撤出歸還可
否將五字號祭田統歸該博士承管以專責成俾祭田
得垂永久等因前來查衢州西安縣
聖廟
欽賜祭田祀典攸關凡私典私買均干例禁自應亟行清理以符
舊規現據博士孔廣杓呈稱孔毓詒等勒還代贖之田而不還
代贖之價鳴縣該縣訊斷不結等因經衍聖公移咨到
部應咨浙江巡撫即飭地方官查明孔毓詒盜典祭田及該
博士備價取贖如果屬實即應向孔毓詒追出代贖
之價交還孔廣杓并將此項代贖祭田另擇義字號
公正房長經管收租供祀並清查各號祭田有無失落
情事仍申明例禁嗣後如有私典私買者即行照例治
罪至請將仁義禮智信五字號祭田統歸該博士之處
事屬紛更舊章各房人情未必相安本部碍難核准
相應抄錄原單行文浙江巡撫即行查照辦理再該博
士既以此案鳴縣該縣因何遷延日久不為清理一并
咨行該撫查明聲覆本部以憑核辦仍先咨覆
衍聖公可也須至咨者
右咨
衍聖公
嘉慶十四年十一月　日

衍聖公府爲行查事致衢州孔氏翰林院五經博士［孔廣杓］劄付

清嘉慶十五年正月二十三日

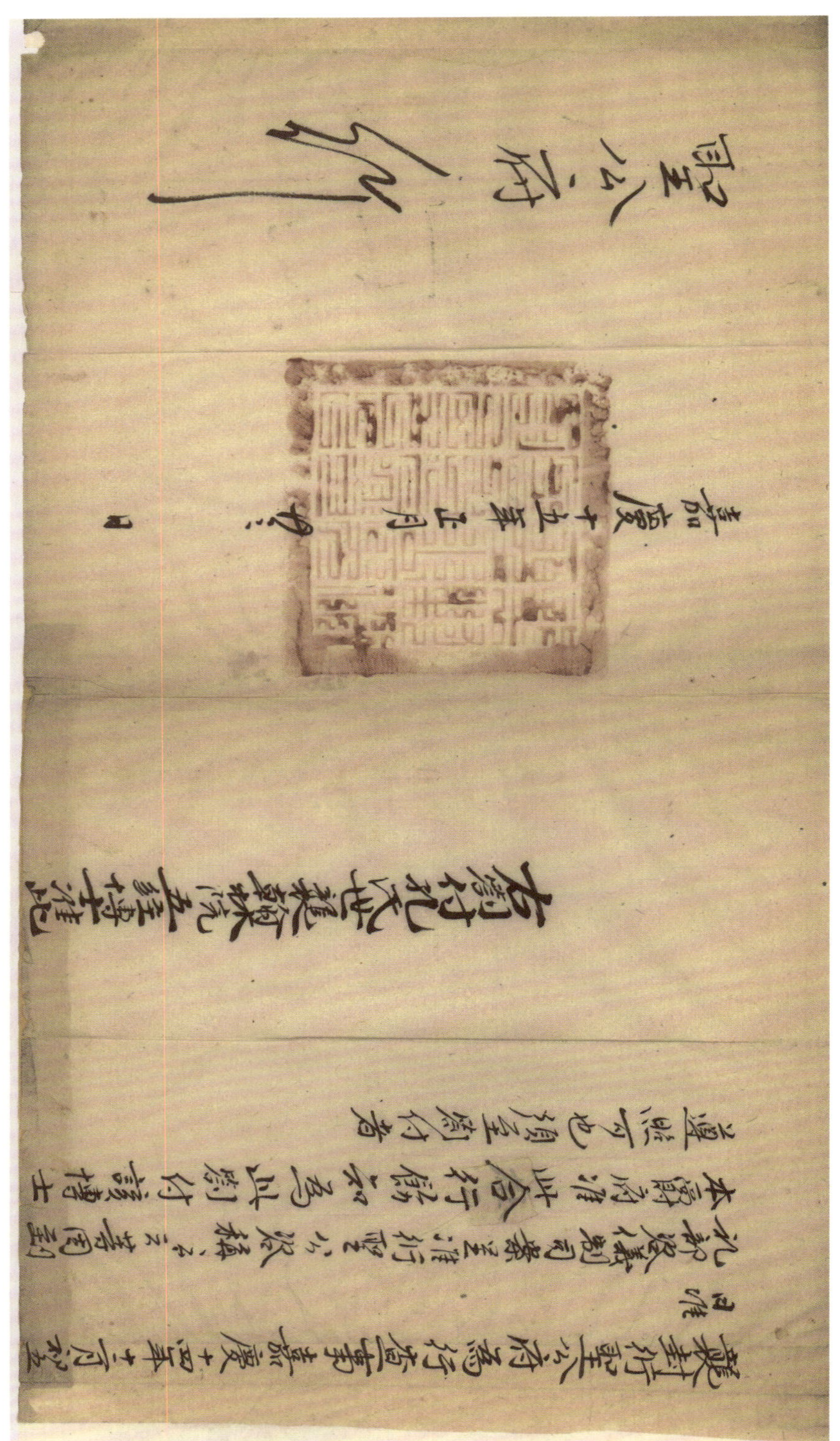

禮部爲衢州至聖廟祭田清厘結束銷案事致衍聖公［孔慶鎔］咨

清嘉慶十六年九月

禮部爲衢州至聖廟祭田清厘結束銷案事致衍聖公〔孔慶鎔〕咨

清嘉慶十六年九月

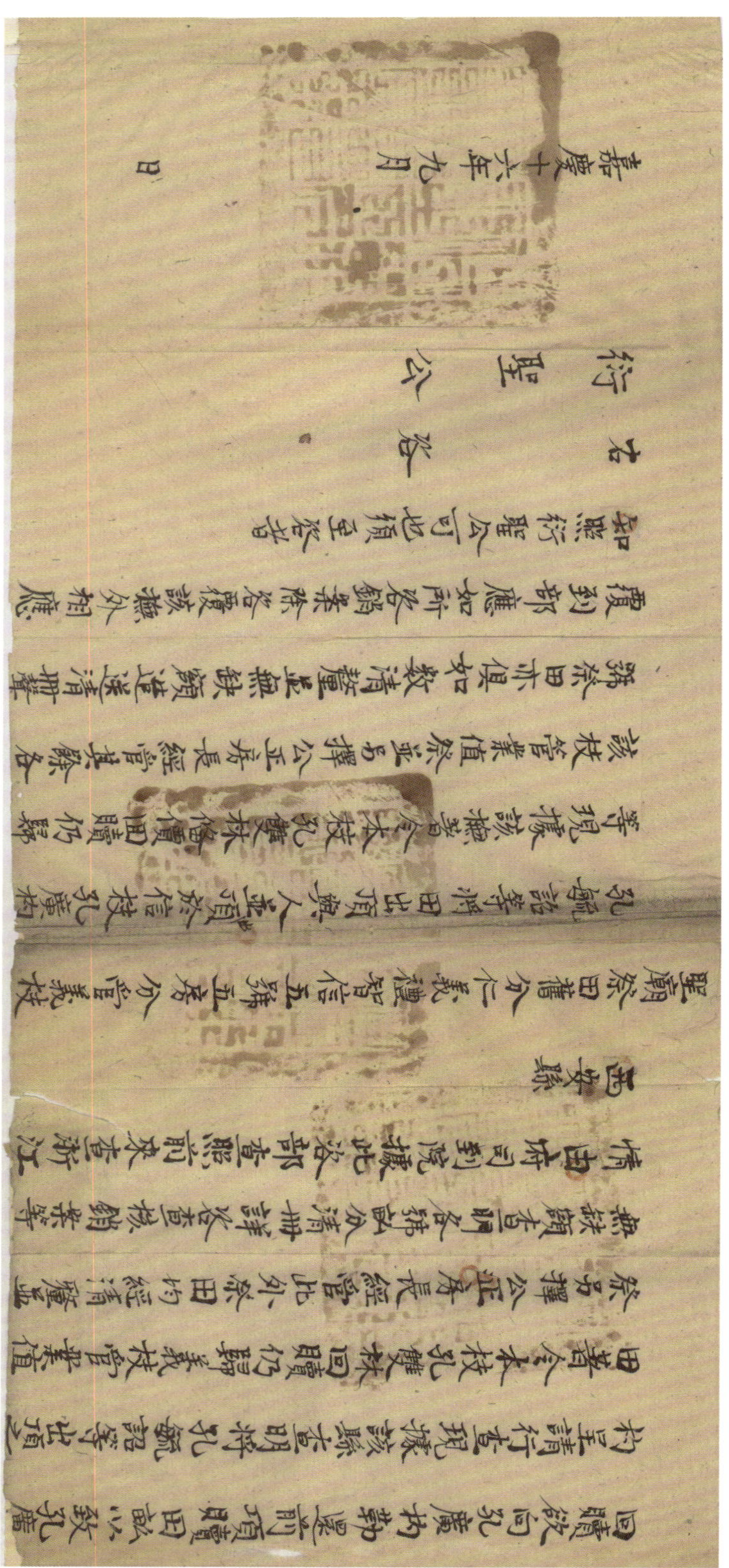

六七三五 ◆ 浙江衢縣孔氏祀田准免提歸國有

民國三年

浙江衢縣南宗世襲博士孔慶儀

一件稟請祀田究否歸還國有請迷核飭示遵由

浙江衢縣孔氏五經博士孔慶儀爲祀田是否歸還國有事致|孔令貽|禀及批

民國三年十月

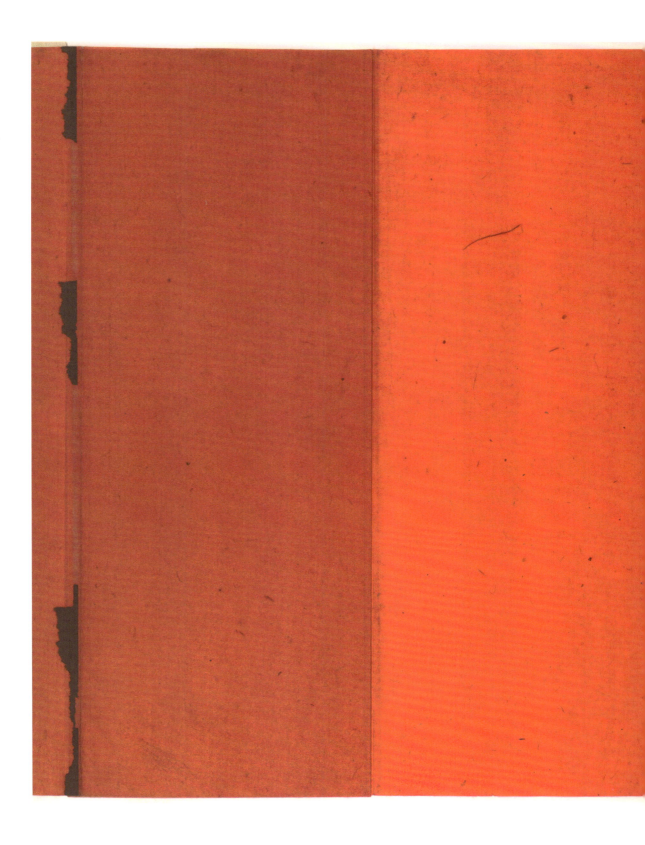

浙江衢縣南宗世襲博士孔慶儀謹
稟
公爺大人閣下竊儀遠隔
麟輝時深螘慕緬懷
樾蔭日繫葭思敬維
公爺福綏東魯
榮濯南枝遙祝
釐麻式符臆頌儀廟守三衢乏善足告敬奉祀事恪遵雅訓而已茲稟陳者四月政府公報登載我
聖公呈
大總統懇收回增加祭費成命飭部免提祀田經內務部分別議駁核覆奉　批准如所擬辦理即由該部轉
行知照此批公布施行在案現在曲阜是項祀田國家已否實行收去以後曾再呈懇或另有挽回之策
否衢地僻處山陬且未奉我
公爺飭知無從懸揣緣南宗孔氏宋時曾錫祭田五頃至清初添撥濠田六十餘畝以南較北雖祖產之數甚微而

浙江衢縣孔氏五經博士孔慶儀爲祀田是否歸還國有事致[孔令貽]稟及批

民國三年十月

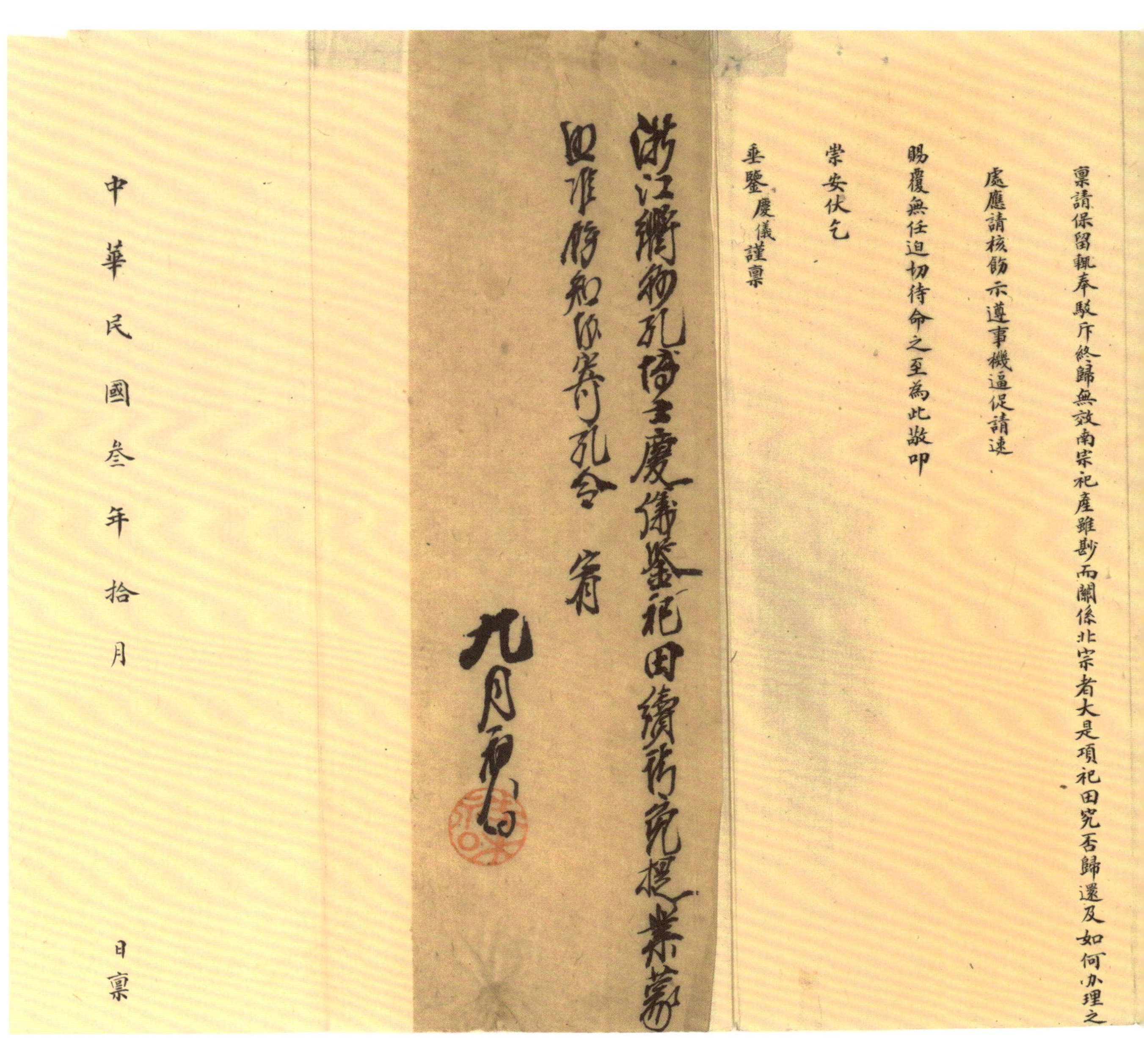
稟請保留輒奉駁斥終歸無效南宗祀產雖夥而關係北宗者大是項祀田究否歸還及如何办理之
處應請核飭示遵事機逼促請速
賜覆無任迫切待命之至為此敬叩
崇安伏乞
垂鑒 慶儀謹稟

浙江衢州孔博士慶儀鑒祀田續行究提業蒙
函准將知照寄孔令 宥

九月[illegible]

中華民國叁年拾月　日稟

孔子博物館藏

六五九八 ◆ 浙江衢州孔氏後裔承襲奉祀官

民國十三年至十四年

浙江衢縣孔氏奉祀官爲孔慶儀病故長子繁豪承襲、暫由族長代理奉祀及暫用舊印事致衍聖公［孔德成］呈

民國十三年二月十四日

呈

民國十三年二月十四日

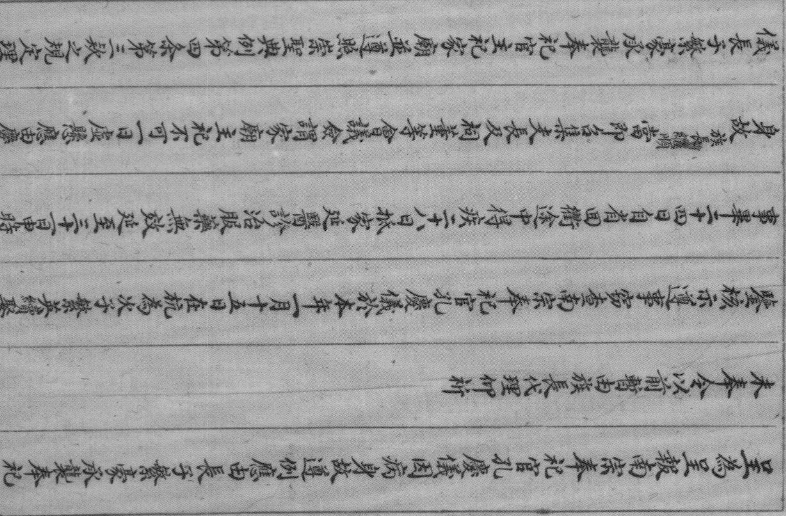

呈爲呈報南宗奉祀官孔慶儀因病身故遵例應由長子繁豪承襲奉祀
未奉令以前暫由族長代理仰祈
鑒核示遵事竊查南宗奉祀官孔慶儀於本年一月十五日在杭爲次子繁英續娶
事畢二十四日自省回衢途中得疾二十八日抵家延醫診治服藥無效延至三十一日申時
身故族長繼順當即召集支長及祠董等會議僉謂家廟主祀不可一日虛懸應由慶
儀長子繁豪承襲奉祀官主祀家廟並遵照崇聖典例第四条第三款之規定理

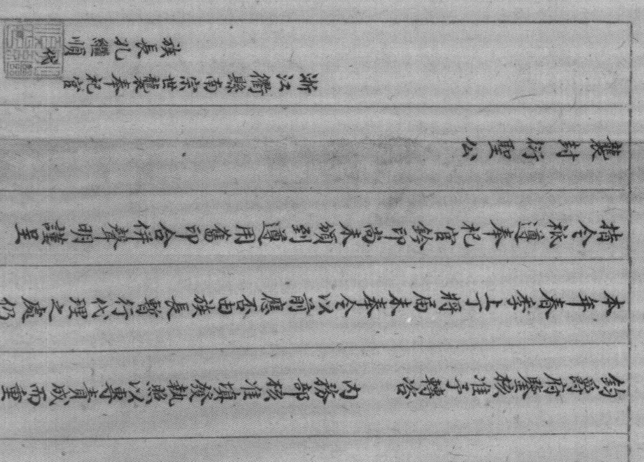

合據情具文呈請
鈞爵府鑒核准予轉咨　內務部核准填發執照以專責成而重祀典實爲公便再
本年春季上丁將届未奉令以前應否由族長暫行代理之處仍候
指令祇遵奉祀官鈐印尚未頒到遵用舊印合併聲明謹呈
襲封衍聖公
浙江衢縣南宗世襲奉祀官
族長孔繼順代

浙江衢縣孔氏奉祀官爲孔慶儀病故長子繁豪承襲、暫由族長代理奉祀及暫用舊印事致衍聖公「孔德成」呈

民國十三年二月十四日

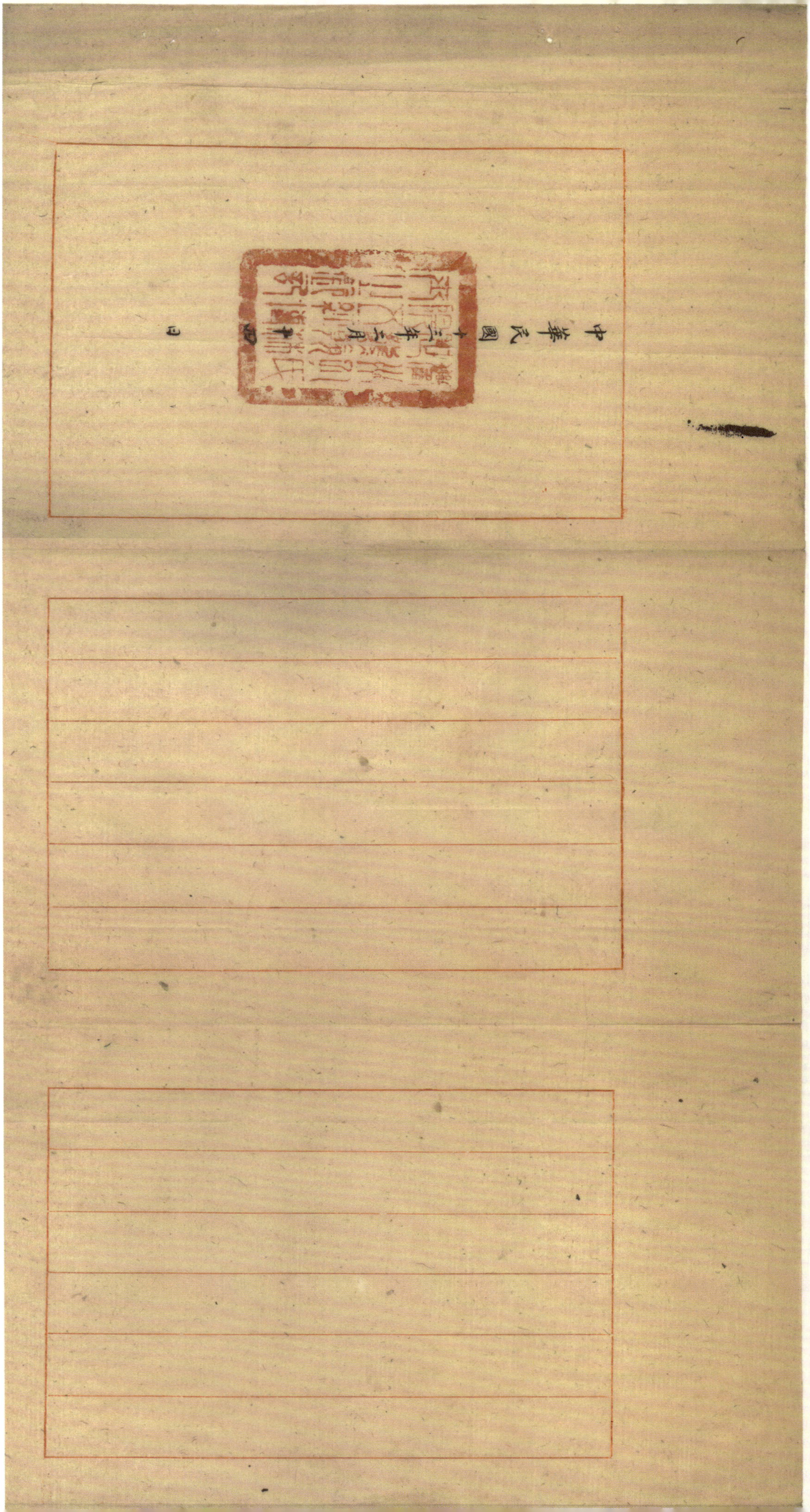

中華民國十三年二月十四日

一件　批南宗族長孔繼順奉祀官孔慶儀病故准該族長暫行代理等情　由

擬稿員

襲封衍聖公府　批　稿

呈　訓令
咨　委任令
公函　指令
布告　批

民國　年　月　日文到
民國　年　月　日發房
民國　年　月　日送稿
民國　年　月　日判行
民國　年　月　日送簽
民國　年　月　日發行
民國　年　月　日歸檔

襲封衍聖公府批第　一　號

批南宗族長孔繼順

呈一件報南宗奉祀官孔慶儀病故應由長子繁豪承襲並暫由族長代理請示由

據報南宗奉祀官孔慶儀病故連枝同氣悲痛殊深自應以長子繁豪承襲奉祀官之職候咨內務部核給執照再行轉發惟該應襲奉祀官孔繁豪履歷三代族隣各結着即造具三份呈送來府以憑分别存轉至上丁在邇主祀關係緊要准由該族長敬謹暫代

衍聖公府關於孔慶儀病故長子繁豪承襲并暫由族長代理奉祀事宜的批

民國十三年三月五日

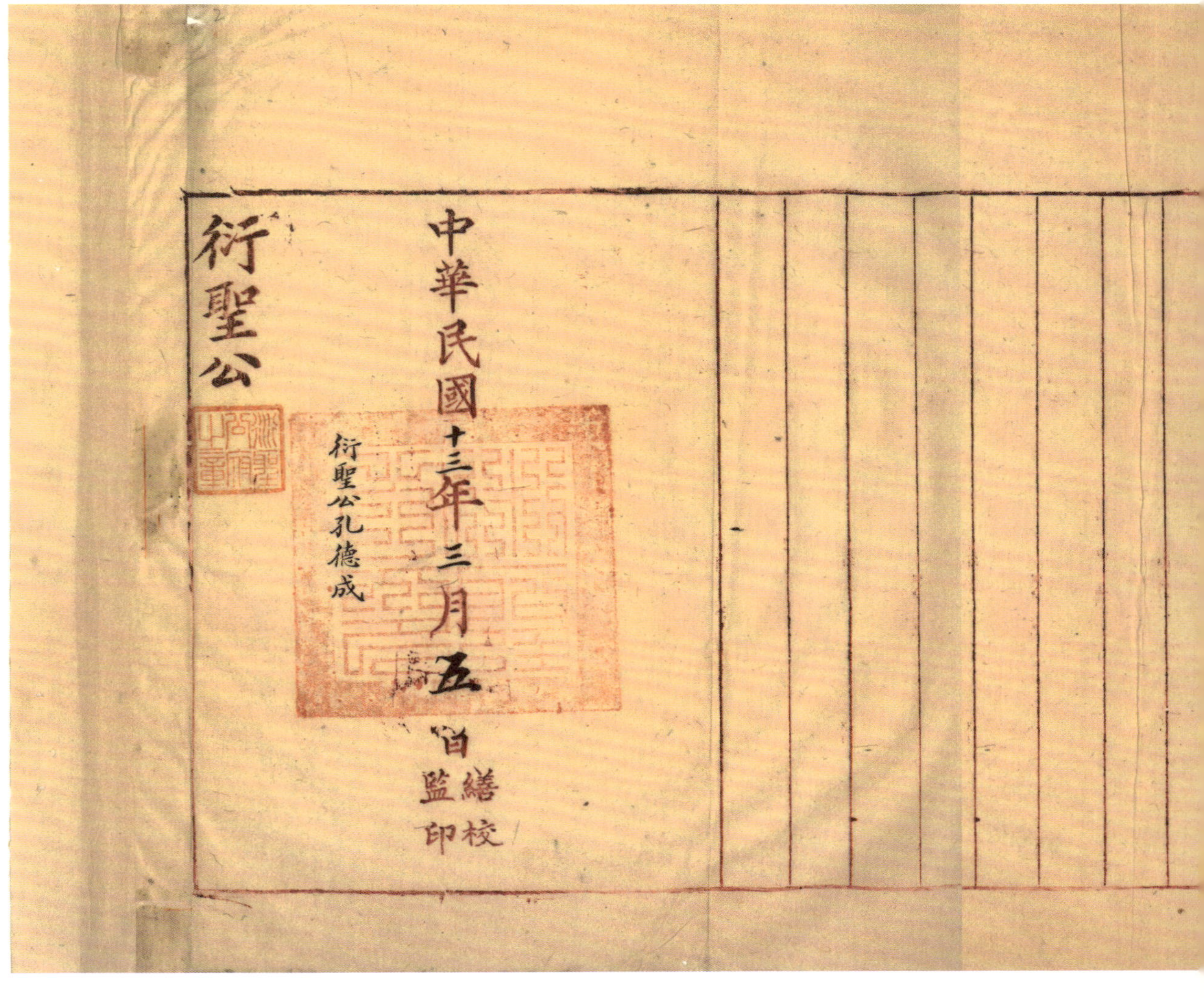
衍聖公
中華民國十三年三月五日
衍聖公孔德成
百善校
監印

衍聖公府關於孔慶儀病故長子繁豪承襲并暫由族長代理奉祀事宜的批

〔民國十三年〕二月二十八日

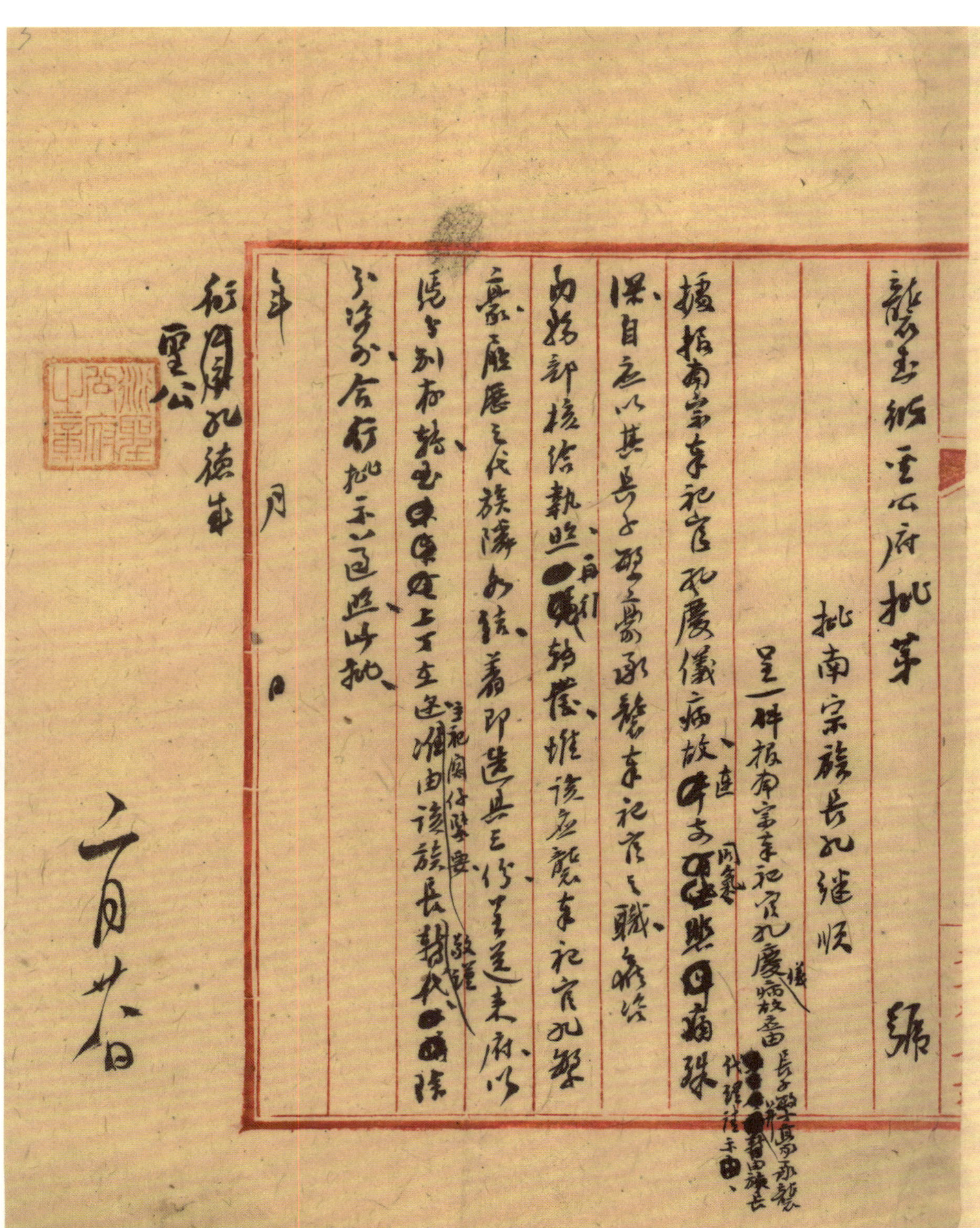

襲封衍聖公府批第　號

批南宗族長孔繼岷

呈一件，報南宗奉祀官孔慶儀病故，長子繁豪應承襲，并暫由族長代理請示由。

據報南宗奉祀官孔慶儀病故，遺子[illegible]繁豪[illegible]深，自應以其長子繁豪承襲奉祀官之職，應給[illegible]內務部核給執照，自行[illegible]轉發，俾該應襲奉祀官孔繁豪應[illegible]族隣[illegible]結，蓋印造具三代[illegible]送來府，以憑分別存轉。[illegible]主祀[illegible]由該族長敬謹代理[illegible]仰即[illegible]此批。

年　月　日

衍聖公孔德成

二月廿八日

浙江衢縣孔氏奉祀官爲呈送孔繁豪履歷三代族鄰各結及聲明暫用舊印事致衍聖公｜孔德成｜呈

民國十三年三月十五日

呈

中華民國十三年三月十五日

呈為呈送應襲奉祀官孔繁豪履歷三代族隣各結仰祈
鑒核事案奉
鈞府第一號批示内開據報南宗奉祀官孔慶儀病故連枝同
氣悲痛殊深自應以長子繁豪承襲奉祀官之職候咨
内務部核給執照再行轉發惟該應襲奉祀官孔繁豪履
歷三代族隣各結着即造具三份呈送來府以憑分別存轉呈

上丁在邇主祀關係緊要准由該族長敬謹暫代除分咨外
合行批示遵照等因奉此族長遵即恭代主祀外理合繕具
應襲奉祀官孔繁豪履歷三代族隣各結一併備文呈送
應襲奉祀官孔繁豪履歷三代族隣各結一併備文呈送
鈞府察核施行實為公便再奉祀官鈐印未奉頒發仍遵
用舊印合併聲明謹呈
襲封衍聖公

浙江衢縣孔氏奉祀官爲呈送孔繁豪履歷三代族鄰各結及聲明暫用舊印事致衍聖公［孔德成］呈

民國十三年三月十五日

計呈送

履歷三份

族鄰切結各三份

浙江衢縣南宗世襲奉祀官

族長孔繼順

中華民國拾叁年叁月拾伍日

衍聖公府關於呈送孔繁豪履歷三代族鄰各結事的批

民國十三年四月

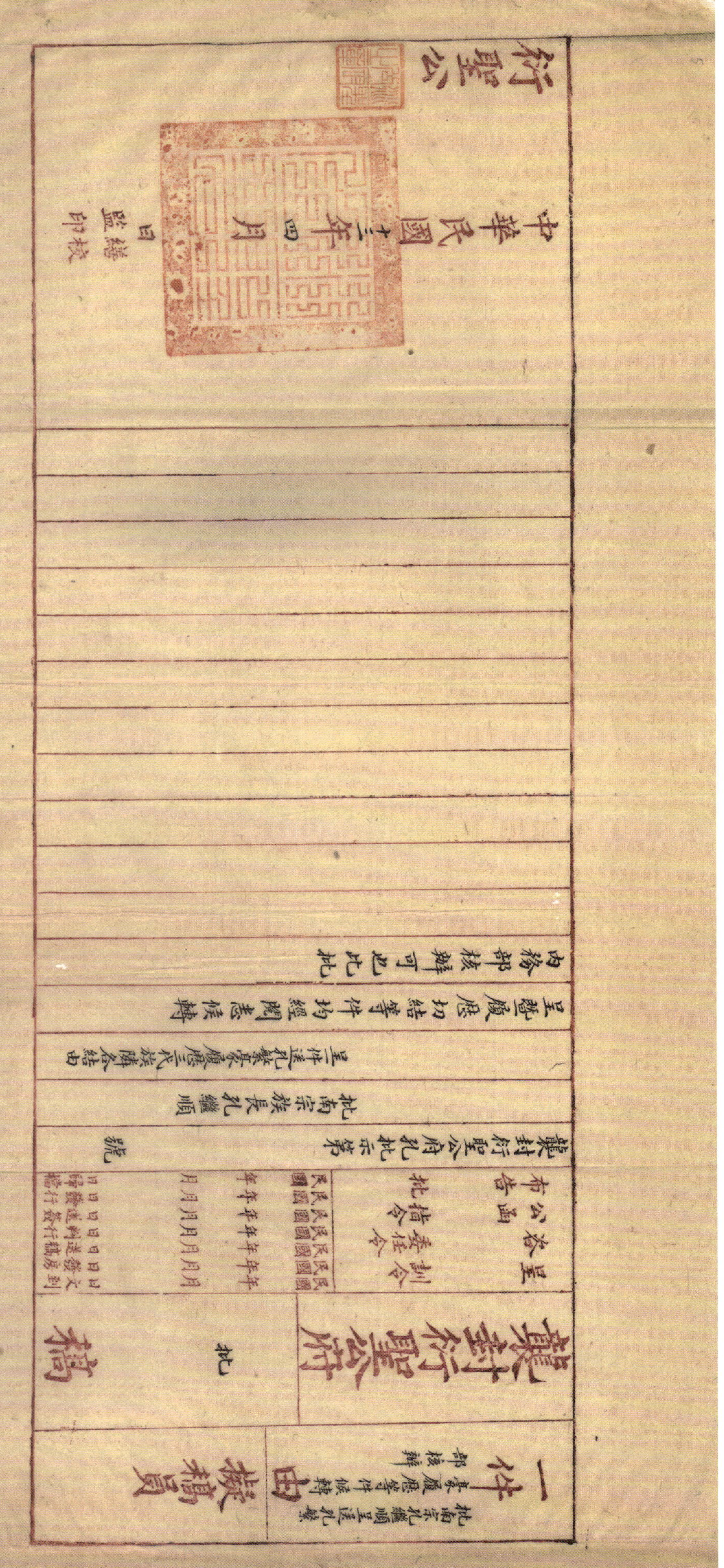

襲封衍聖公府 批 稿

一件 批南宗孔繼順呈送孔繁豪履歷等件候轉部核辦由

擬稿員

呈 咨 公函 布告 訓令 指令 委任令 批令

襲封衍聖公府批示第 號

批南宗族長孔繼順

呈件送孔繁豪履歷三代族鄰各結由

呈暨履歷切結等件均經閱悉候轉

內務部核辦可也此批

中華民國十三年四月 日

衍聖公

繕 校 監印

卷六五九八

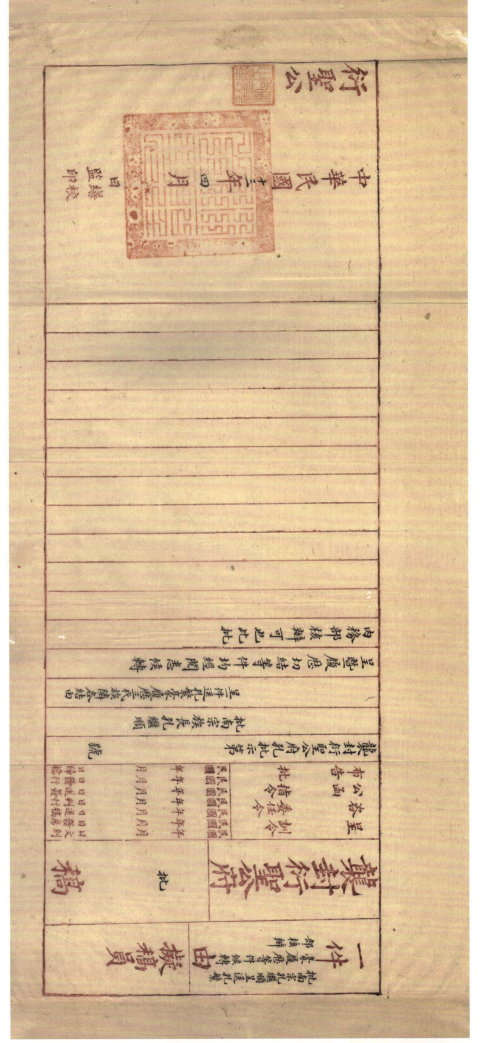

衍聖公孔德成爲呈送孔繁豪承襲履歷等件并轉部核發執照事致山東省長熊［炳琦］咨

民國十三年四月

一件 咨山東省長孔繁豪承襲履歷等件請查收并轉部核發執照由

擬稿員

襲封衍聖公府 咨 稿

呈 咨 公函 布告 訓令 委任令 指令 批

民國 年 月 日

擬稿 判行 繕發 月 日

為咨請事：案據南宗族長孔繼順呈報，南宗奉祀官孔慶儀於本年一月二十一日病故，遵例應由長子孔繁豪承襲，懇請轉咨核發執照，以專責成而重祀典等情，并造送履歷、族鄰各結到本府。據此，查聖賢後裔各世職，經崇聖典例規定，應報明內務部核准承襲。相應檢同該應襲奉祀官孔繁豪履歷、切結等件，備文咨送貴省長，請煩查照，希即轉部核發執照，以重主祀而符典例，實紉公誼。此咨

山東省長熊

計咨送

履歷二扣 族鄰切結各二紙

衍聖公孔德成

中華民國十三年四月 日

繕 校 用印 監印

衍聖公

衍聖公府關於呈送孔繁豪履歷三代族鄰各結事的批
衍聖公孔德成爲呈送孔繁豪承襲履歷等件并轉部核發執照事致山東省長熊[炳琦]咨

[民國十三年]三月二十九日

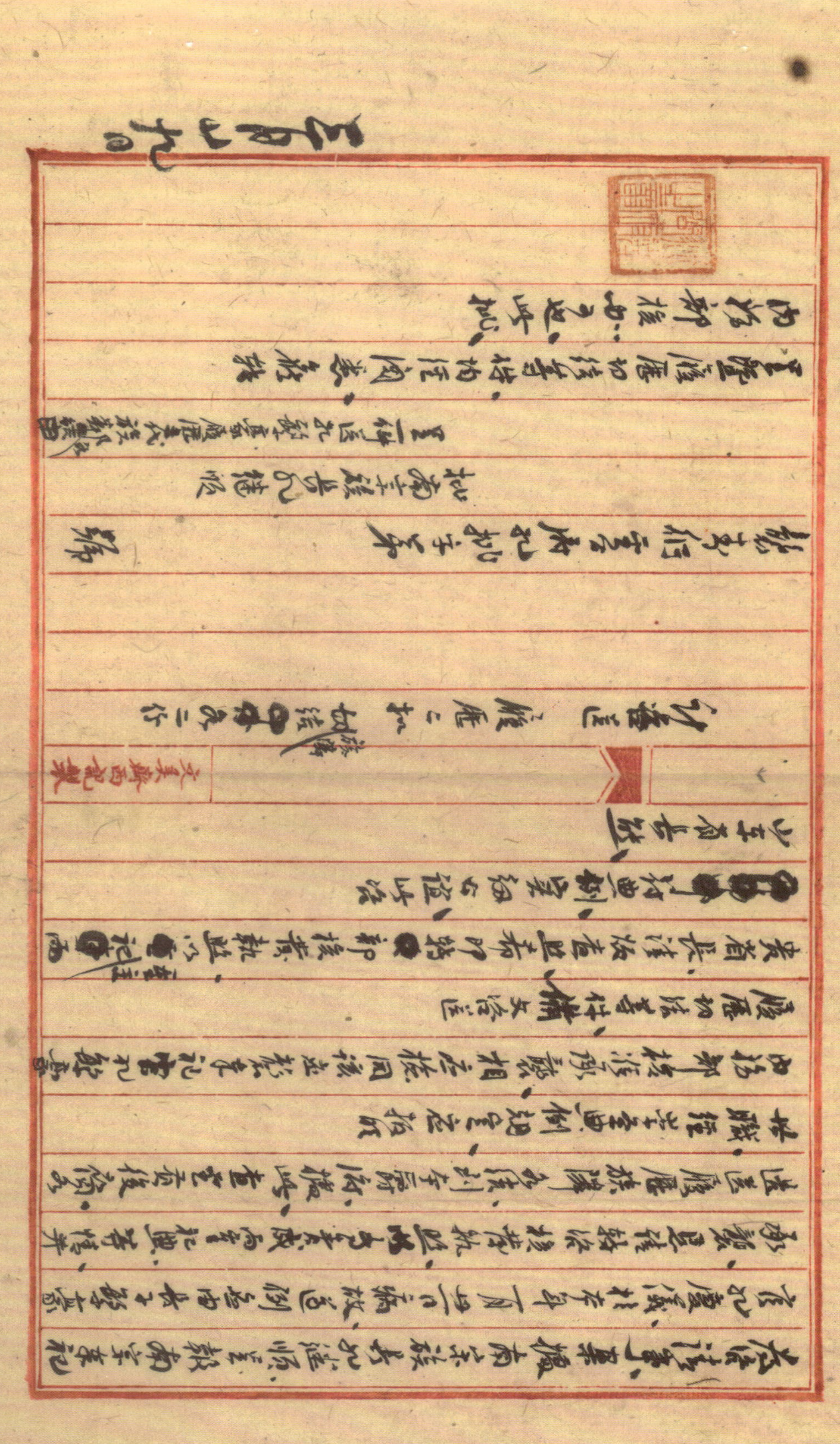

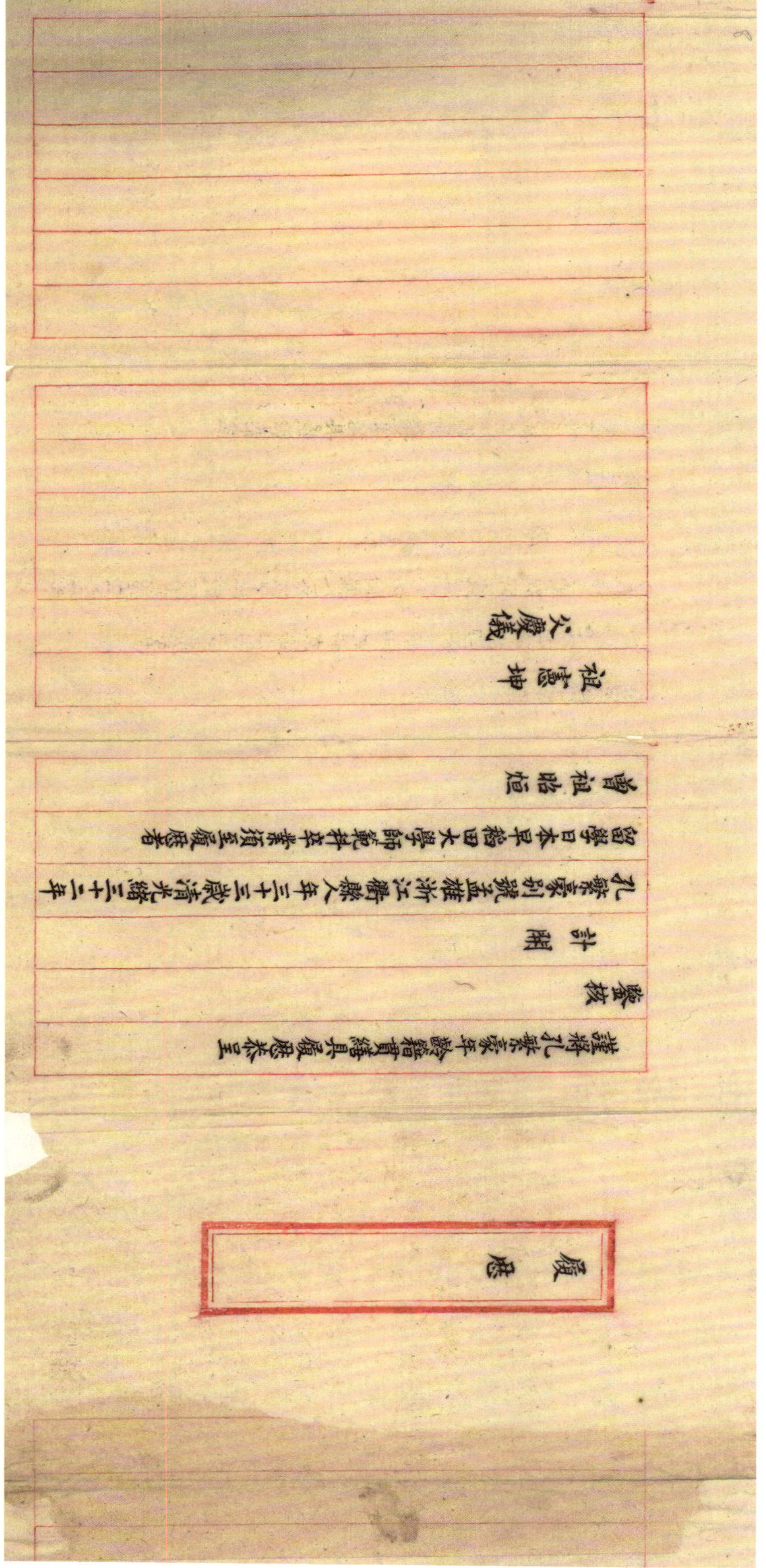

履歷

謹將孔繁豪年齡籍貫繕具履歷恭呈

鑒核

計開

孔繁豪別號孟雄浙江衢縣人年三十三歲清光緒三十二年

留學日本早稻田大學師範科卒業須至履歷者

曾祖昭烜

祖憲坤

父慶儀

族長孔繼順、支長孔廣文爲孔繁豪承襲事所具切結
鄰右范雲梯爲孔繁豪承襲事所具切結

民國十三年三月

具切結族長孔繼順支長孔廣文今爲

浙江衢縣南宗奉祀官孔慶儀在籍病故遵例由長子繁豪承襲主祀以昭慎重所具是實

中華民國拾叁年叁月　日具切結族長孔繼順支長孔廣文

具切結鄰右范雲梯今爲

浙江衢縣南宗奉祀官孔慶儀在籍病故遵例由長子繁豪承襲主祀以昭慎重所具是實

中華民國十三年三月　日具切結范雲梯

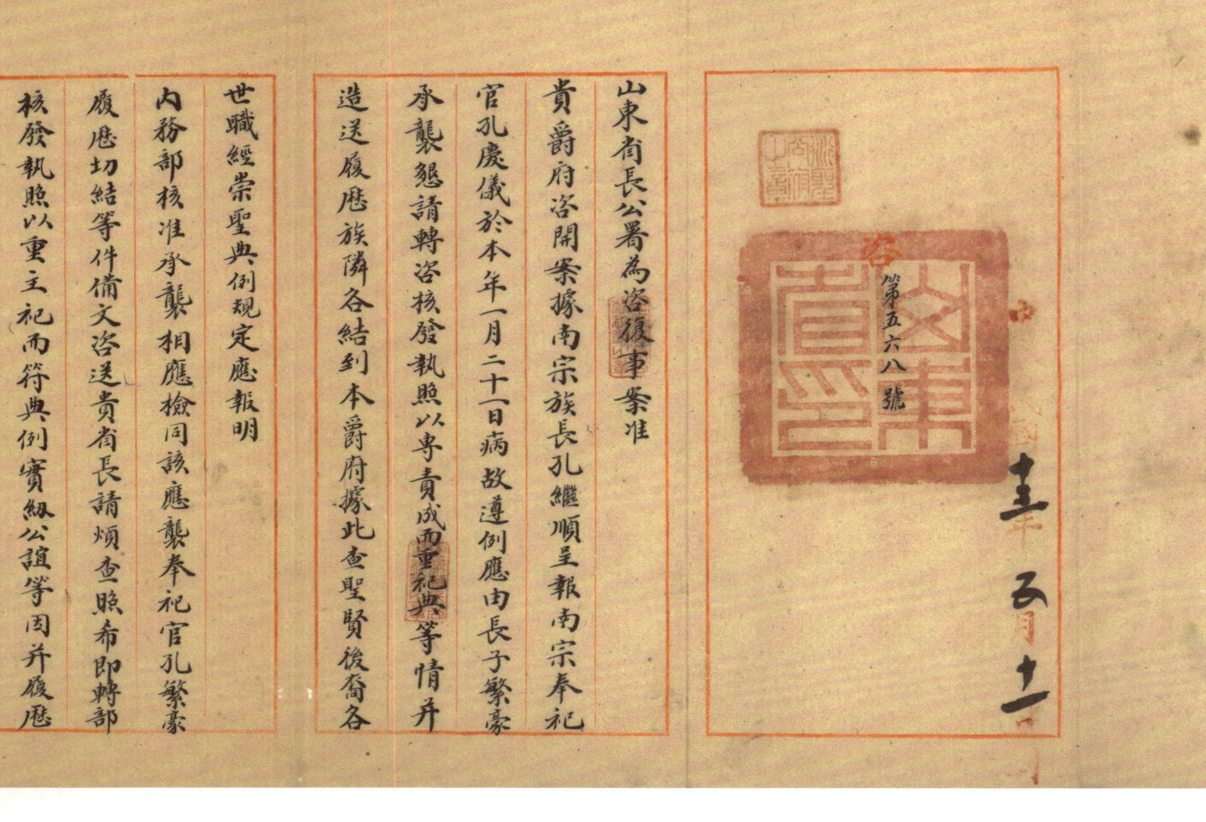

咨
第五六八號

十三年五月十一日

山東省長公署為咨復事案准
貴爵府咨開案據南宗族長孔繼順呈報南宗奉祀
官孔慶儀於本年一月二十一日病故遵例應由長子繁豪
承襲懇請轉咨核發執照以專責成而重祀典等情并
造送履歷族隣各結到本爵府據此查聖賢後裔各
世職經崇聖典例規定應報明
内務部核准承襲相應檢同該應襲奉祀官孔繁豪
履歷切結等件備文咨送貴省長請煩查照希即轉部
核發執照以重主祀而符典例實紉公誼等因并履歷

山東省長熊炳琦爲孔繁豪請襲需備具宗圖及印花税事致衍聖公［孔德成］咨

民國十三年五月九日

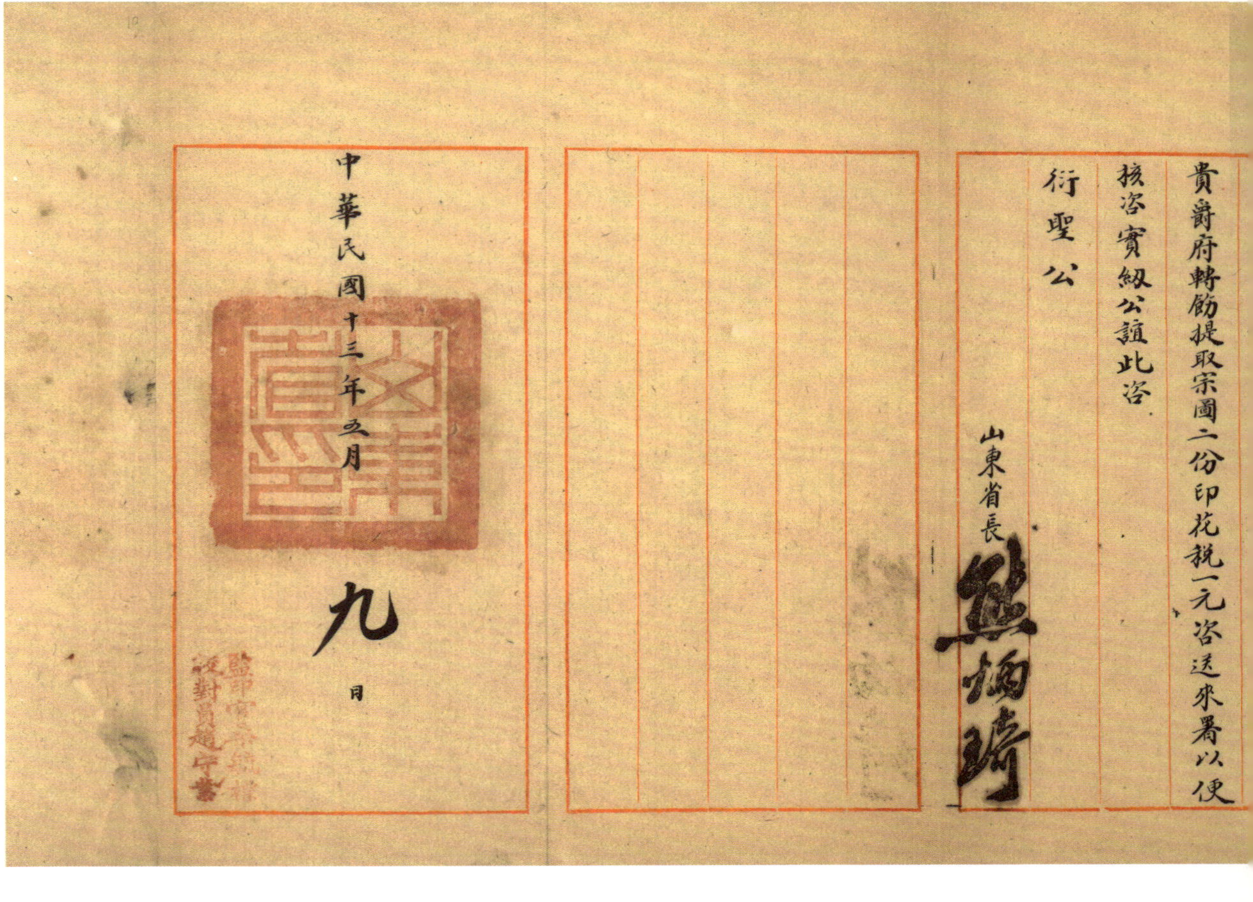
貴爵府轉飭提取宗圖二份印花税一元咨送來署以便
核咨實級公誼此咨
衍聖公
山東省長熊炳琦
中華民國十三年五月九日

一件

令南宗族長飭應襲奉祀官孔繁豪補具宗圖三份印花稅一元呈送以便存轉

由

擬稿員

襲封衍聖公府

稿

訓令

民國 年 月 日文到
民國 年 月 日發房
民國 年 月 日送稿
民國 年 月 日判行
民國 年 月 日送簽
民國 年 月 日發行
民國 年 月 日歸檔

呈 咨 公函 布告

訓令 委任令 指令 批

襲封衍聖公府訓令第 號

令南宗族長孔繼順

為令飭事案准

山東省長咨復內開案准貴爵府云云咨送來署以便核咨

實紉公誼等因到本爵府准此合行令仰該族長轉飭該

應襲奉祀官孔繁豪遵照即便補具宗圖三份印花稅洋

一元呈送來府以憑分別存轉毋稍稽延切切此令

衍聖公府爲飭催孔繁豪補具宗圖及印花税事須衢縣孔氏族長孔繼順訓令

民國十三年五月十六日

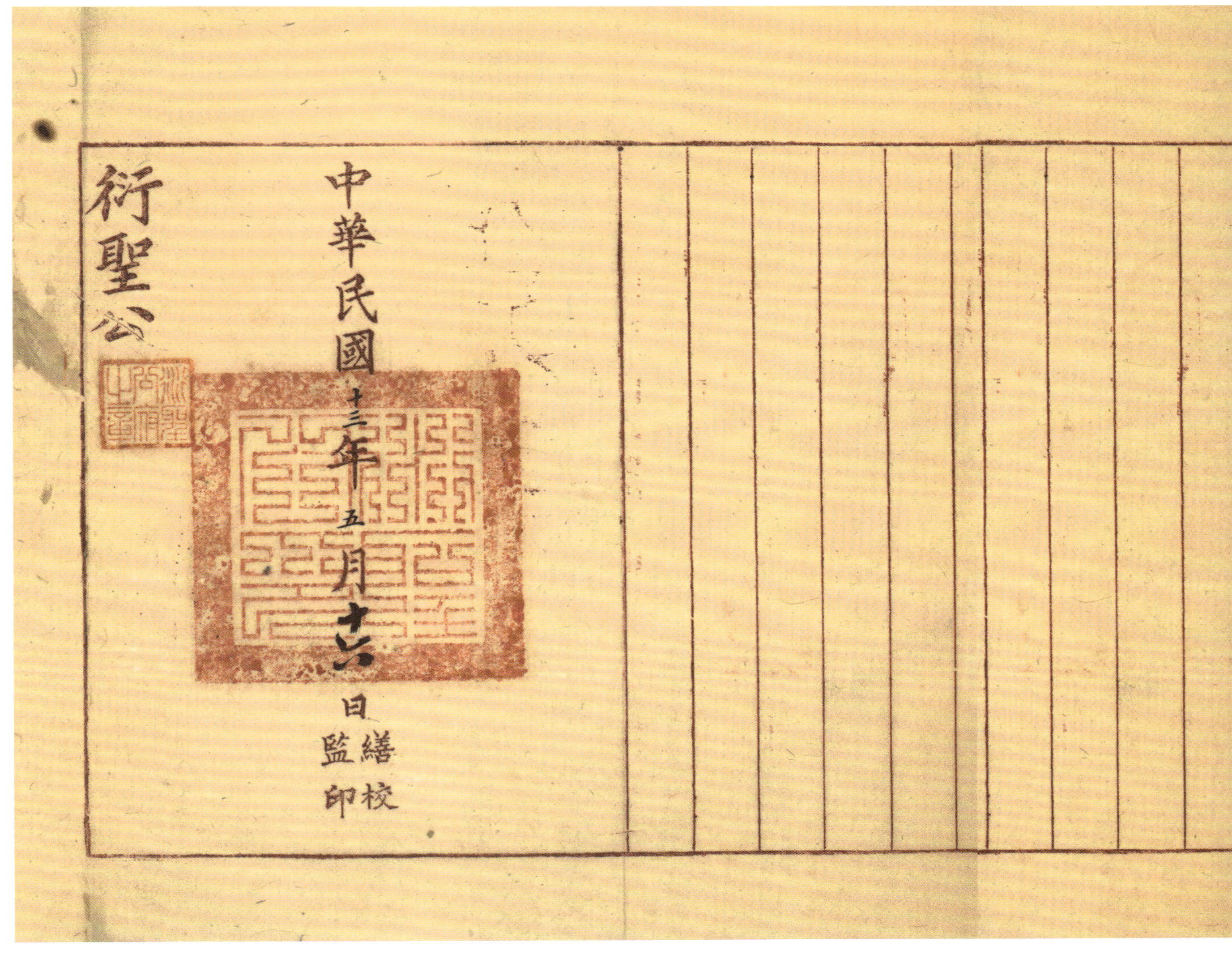
衍聖公

中華民國十三年五月十六日

監印 繕校

卷六五九八

浙江衢縣孔氏奉祀官署爲一并彙送辦公監印等費事致衍聖公府掌書廳函

〔民國十三年〕五月四日

12

浙衢南宗承襲奉祀官署用箋

逕復者，前准

貴掌書廳函開：逕啟者，前准貴族長以先奉

祀官病故，並承襲履歷等情節，經先後具文

呈報敝上，請求轉部在案。所有部文批令正在

核辦間，不日即可印發。查貴世職丁憂承襲兩

事，向有敝廳辦公監印等費，共計洋三十元，迄

歷多時，未蒙發下，相應函請查照，並希見復。

是荷等由。准查辦公監印等費，既有向例，自

浙江衢縣孔氏奉祀官署爲一并彙送辦公監印等費事致衍聖公府掌書廳函

〔民國十三年〕五月四日

浙衢南宗承襲奉祀官署用箋

應遵辦惟

貴處與敝縣山河修阻函寄爲難與其分起

致送不若彙案專陳查敝署請領新鈐曾經

先嚴將刊費呈繳

鈞府迄今鈐記未蒙頒發依敝署管見一俟新

鈐頒到連同承襲部文轉令到署所有應行

致送公費即希

指示再行一併彙送以省手續想

浙江衢縣孔氏奉祀官署爲一并彙送辦公監印等費事致衍聖公府掌書廳函

［民國十三年］五月四日

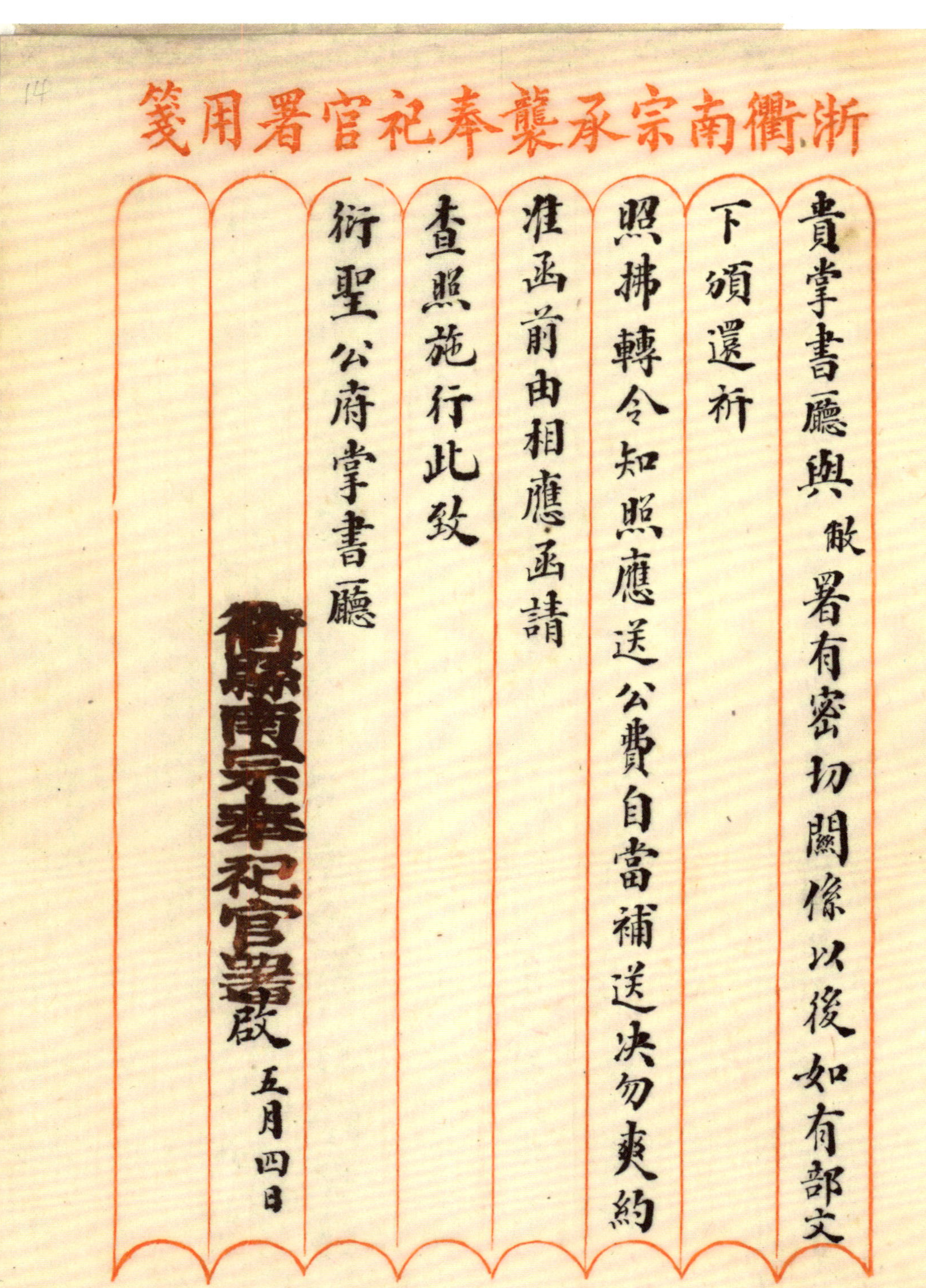
浙衢南宗承襲奉祀官署用箋

貴掌書廳與敝署有密切關係以後如有部文下頒還祈照拂轉令知照應送公費自當補送决勿爽約準函前由相應函請查照施行此致衍聖公府掌書廳

衢縣南宗奉祀官署啓　五月四日

逕啓者：查去年准
貴族長以先奉祀官病故呈報丁憂，並請承襲等情，節經先後
辦理在案。惟丁憂承襲兩事，向有敝廳辦公監印等費洋共計卅元，當經
函請
貴世職查照核奪。旋接貴族函覆，以山河修阻，匯寄爲難，並請飭新飭刊
貴經先奉祀官呈繳等語。查各世職承襲，飭由部刊費均未經發，貴世職
何能獨異？寬免刊費，貴署呈繳與敝廳概不與聞，營閱來函，以房告
稽之語，敝廳未便違催。茲值部照發到府，敝上因此項公費係敝廳
中之公款，亦各世職之向例，決非格外苛求，合再函請
貴族長查照向例商同
貴奉祀官將此項交郵寄下，以資辦公，是爲至盼。此致
南宗族長

浙江衢縣孔氏奉祀官爲呈送宗圖并繳印花稅事致衍聖公孔德成呈

民國十三年六月七日

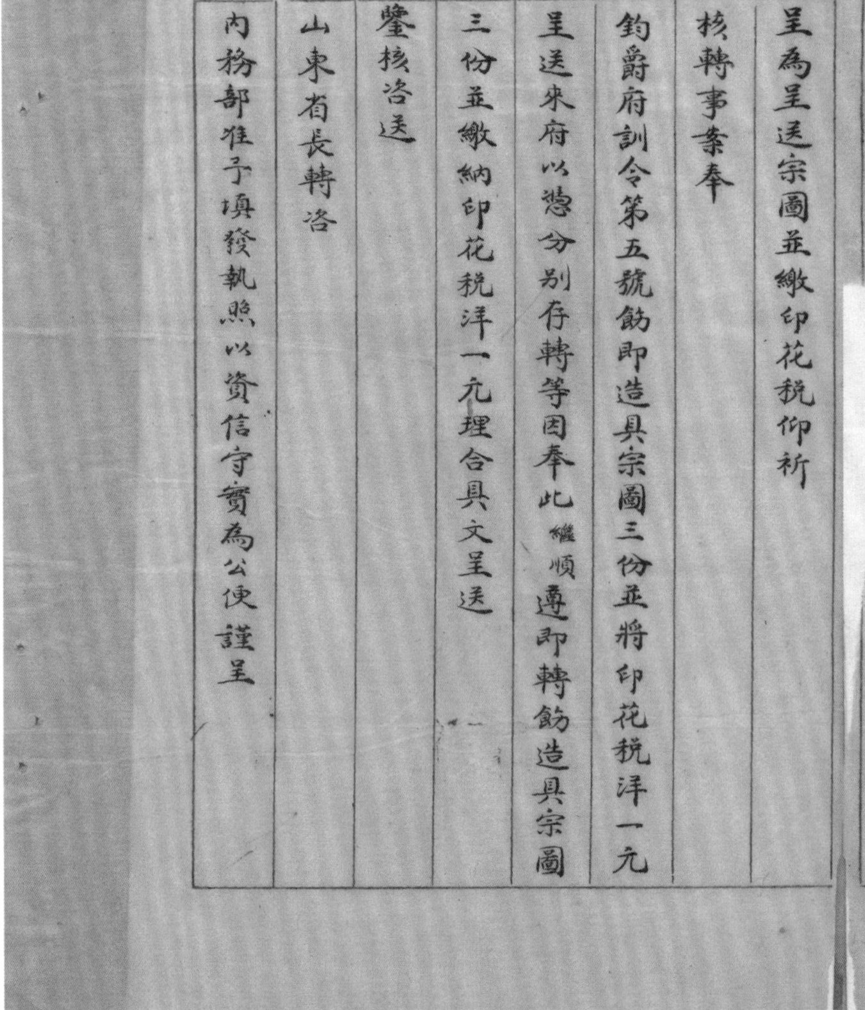
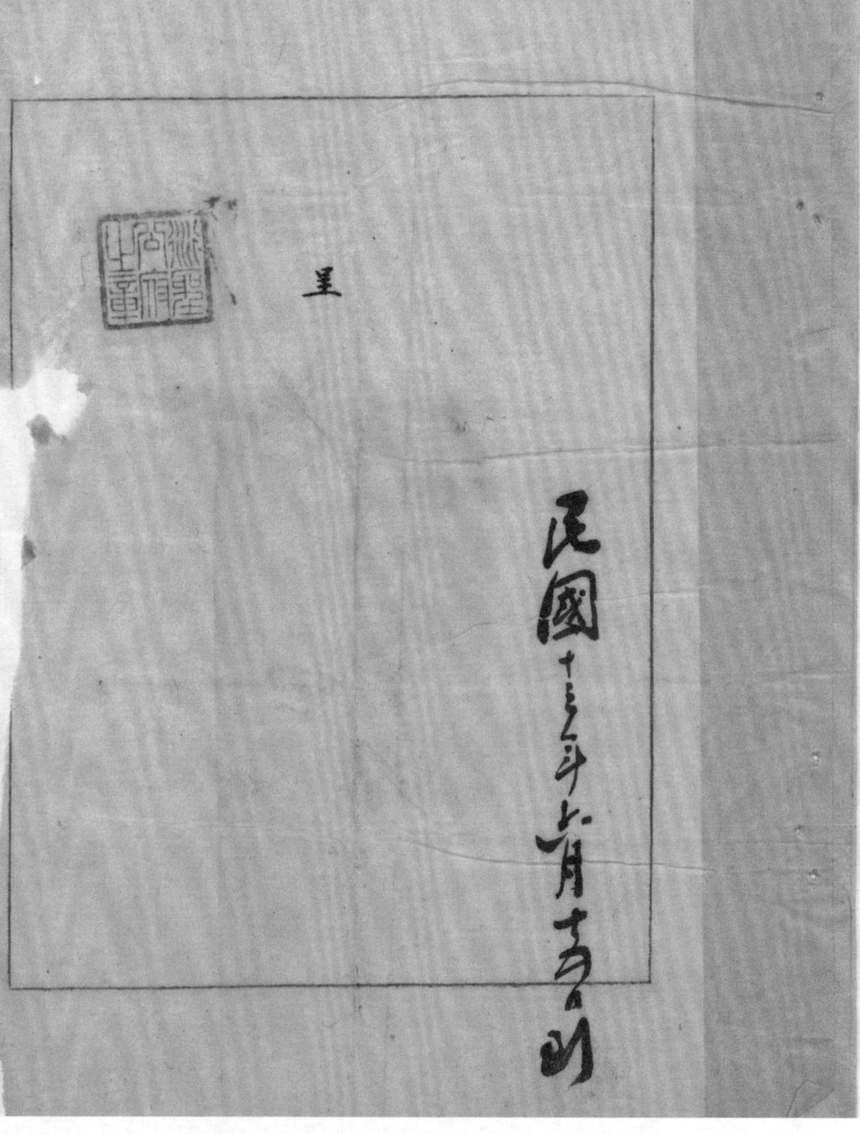

呈爲呈送宗圖並繳印花稅仰祈
核轉事案奉
鈞爵府訓令第五號飭即造具宗圖三份並將印花稅洋一元
呈送來府以憑分別存轉等因奉此纘順遵即轉飭造具宗圖
三份並繳納印花稅洋一元理合具文呈送
鑒核咨送
山東省長轉咨
內務部准予頒發執照以資信守實爲公便謹呈

呈

民國十三年六月七日

浙江衢縣孔氏奉祀官爲呈送宗圖并繳印花税事致衍聖公（孔德成）呈

民國十三年六月七日

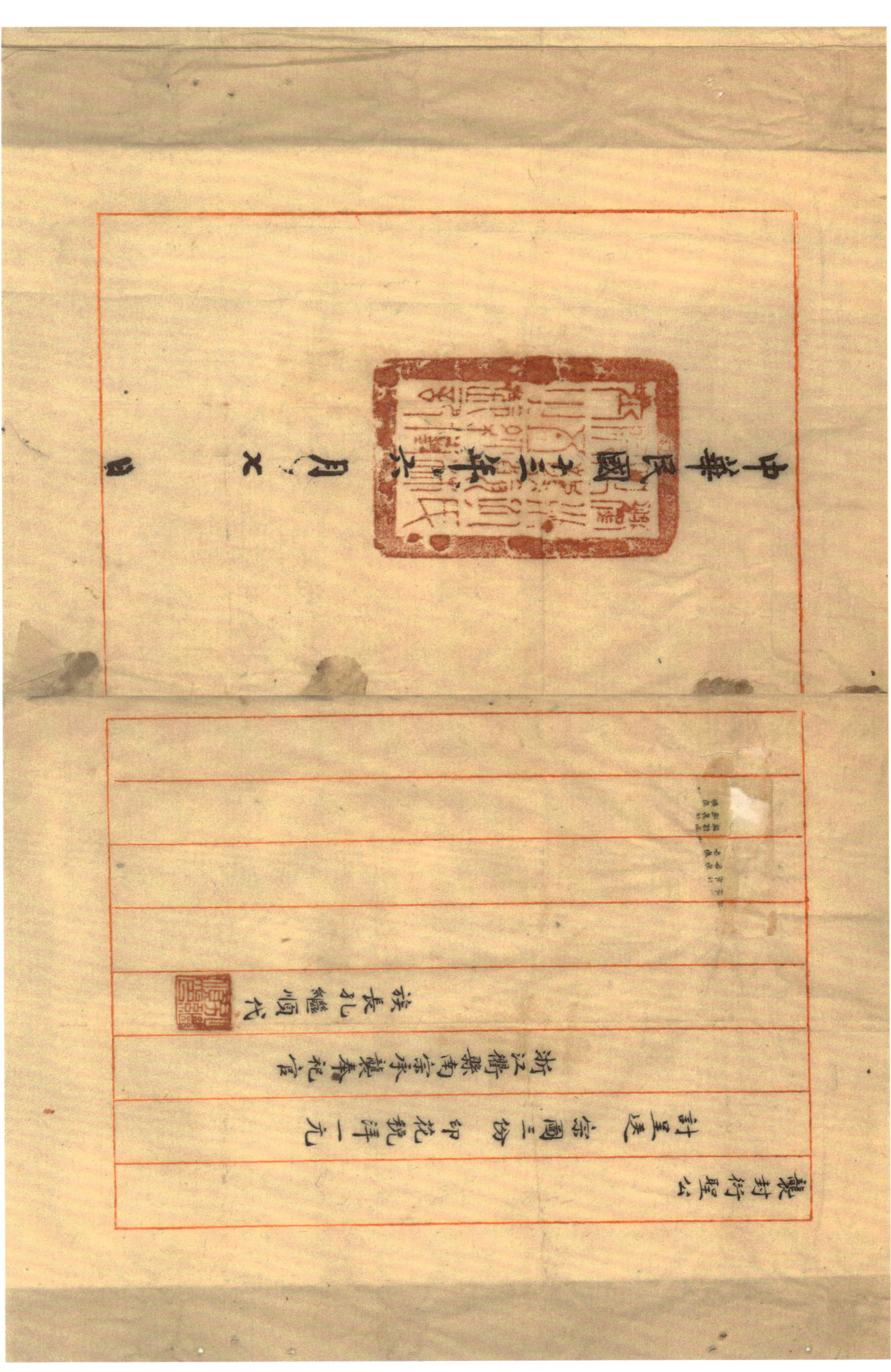
襲封衍聖公

鈞呈送

宗圖三份　印花税洋一元

浙江衢縣南宗承襲奉祀官

族長孔繼順代

中華民國十三年六月七日

世系宗圖

端友—玠　—搢　—文遠—萬春—洙

思　—克忠—希路—議　—公誠—彥繩

承美—宏章—聞音—貞運—尚乾—衍楨

興燫—毓垣—傳錦—繼濤—廣杓—昭煊

憲坤—慶儀—繁豪

説明

自端友起至洙止六代襲封公爵嗣後讓爵於北宗思以下均未受封明始時始封博士自彥繩公起迄至改革後舊有五經博士等世職改爲奉祀官合併聲明

衍聖公府爲孔繁豪宗圖及印花稅已咨送山東省長轉部核辦事頒衢縣孔氏族長孔繼順指令

民國十三年六月二十五日

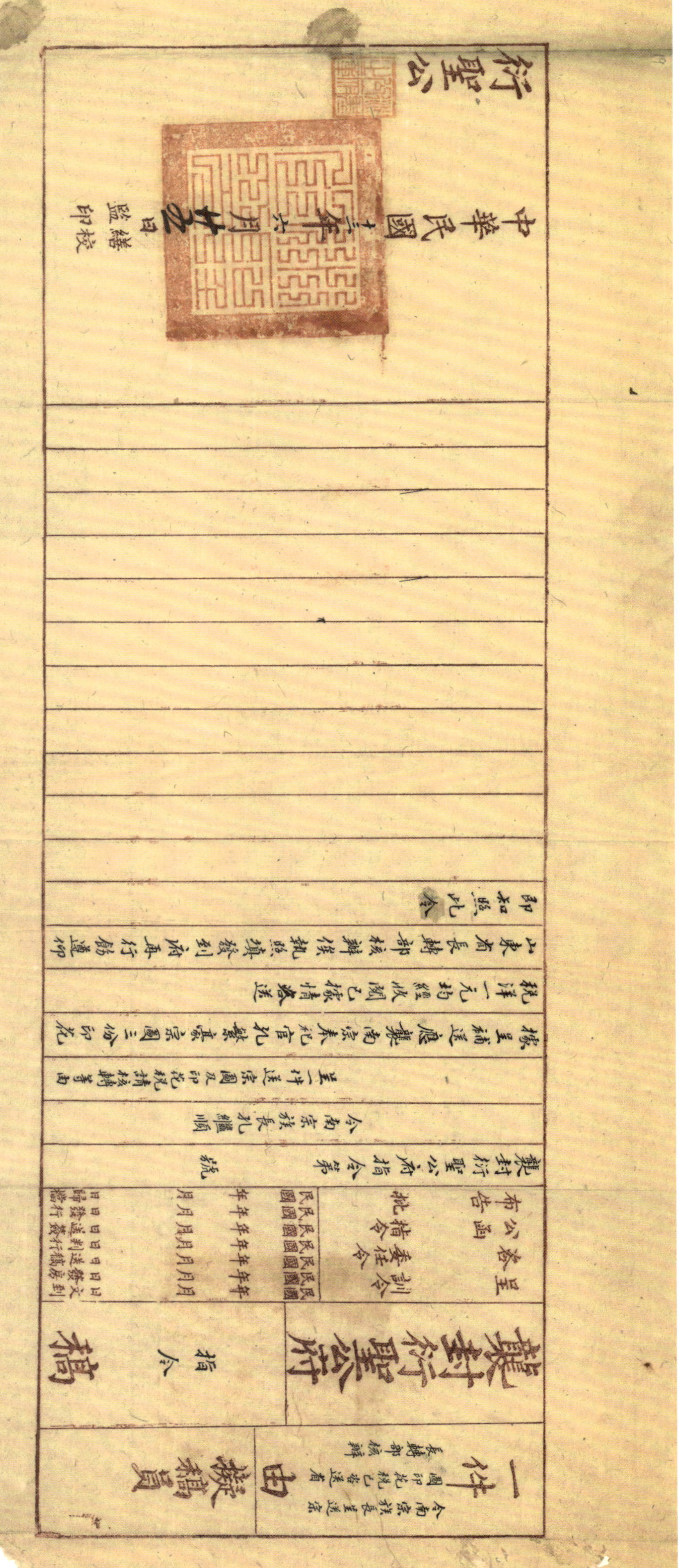

衍聖公孔德成爲補送孔繁豪承襲宗圖、印花稅及請轉部核發執照事致山東省長熊［炳琦］咨

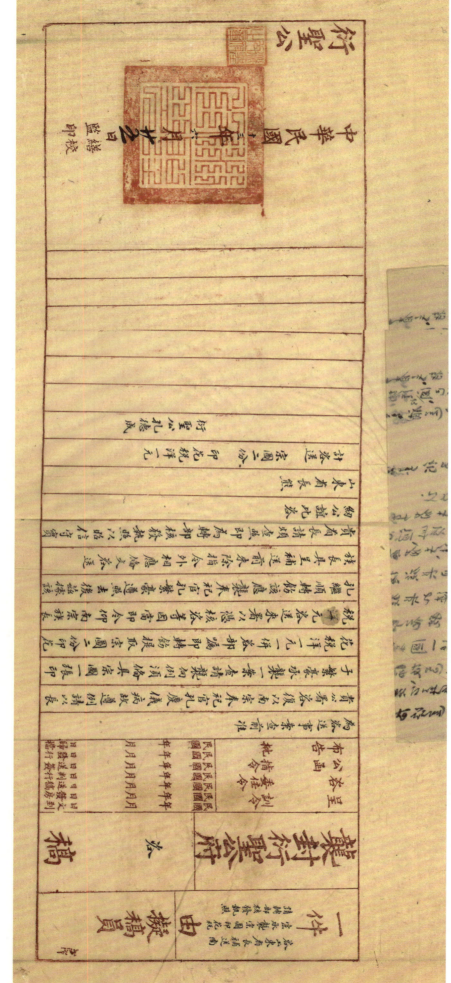

民國十三年六月二十五日

襲封衍聖公府

稿

爲咨送事。案查前准

貴公署咨，復以南宗奉祀官孔慶儀病故，遵例請以長子繁豪承襲一案，查請襲向例須備具宗圖一張、印花稅洋一元，一併咨部，即轉飭根取宗圖二份、印花稅洋一元，咨送本署，以憑核咨等因，當即令仰南宗族長孔繼順轉飭該應襲奉祀官孔繁豪遵照去後，茲據該族長具呈補送前來，除指令外，相應備文咨送

貴省長，請煩查照，即爲轉部核發執照，以昭信守，實紉公誼。此咨

山東省長熊

計咨送宗圖二份、印花稅洋一元

衍聖公孔德成

中華民國十三年六月廿五日

繕印　監校

衍聖公

衍聖公孔德成爲補送孔繁豪承襲宗圖、印花税及請轉部核發執照事致山東省長熊［炳琦］咨

衍聖公府爲孔繁豪宗圖及印花税已咨送山東省長轉部核辦事頒衢縣孔氏族長孔繼順指令

［民國十三年］六月十七日

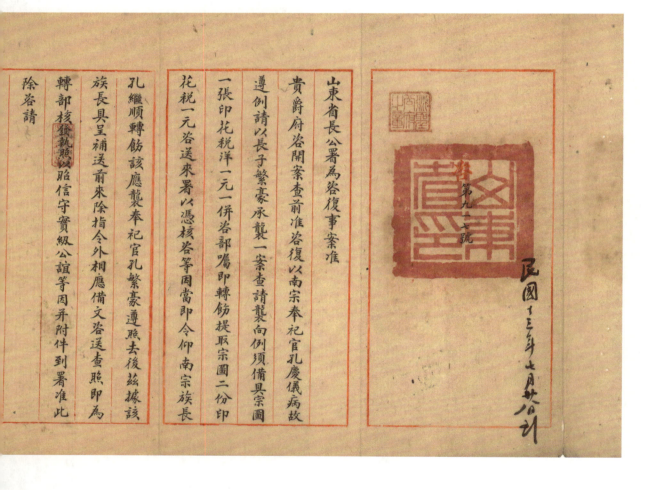

咨字第九一七號

民國十三年七月廿八日到

山東省長公署爲咨復事案准

貴爵府咨開案查前准咨復以南宗奉祀官孔慶儀病故遵例請以長子繁豪承襲一案查請襲向例須備具宗圖一張印花税洋一元一併咨部囑即轉飭提取宗圖二份印花税一元咨送來署以憑核咨等因當即令仰南宗族長孔繼順轉飭該應襲奉祀官孔繁豪遵照去後兹據該族長具呈補送前來除指令外相應備文咨送查照即爲轉部核發執照以昭信守實紉公誼等因并附件到署准此除咨請

山東省長熊炳琦爲已咨請内務部核發執照事致衍聖公（孔德成）咨

民國十三年七月二十四日

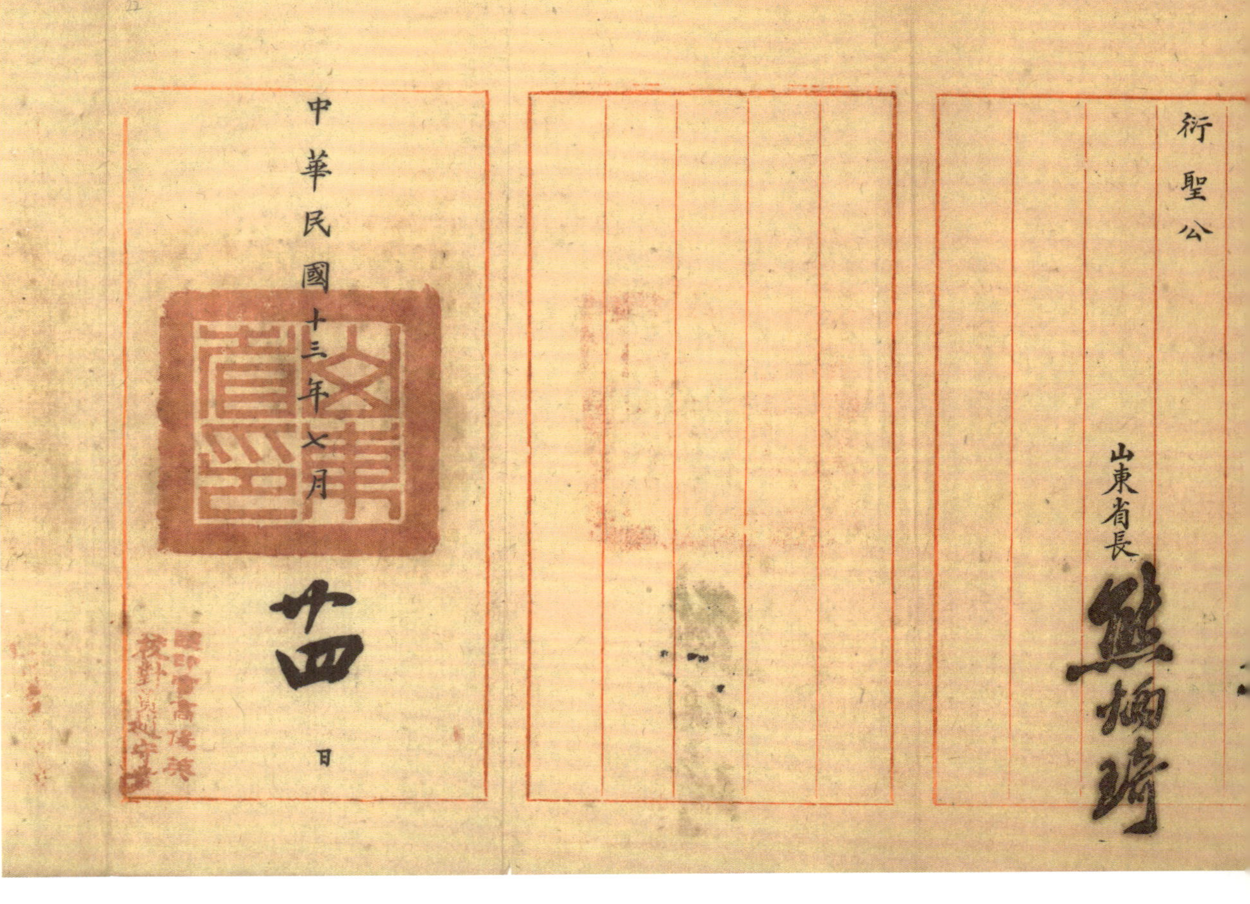
衍聖公

山東省長熊炳琦

中華民國十三年七月廿四日

卷六五九八

咨 第一一七七號

民國五年九月四日

山東省長公署為咨請事案准

内務部咨開准咨開准衍聖公咨據南宗族長孔繼

順呈報南宗奉祀官孔慶儀於本年一月病故遵

例由長子繁豪承襲請轉咨核發執照等因檢

同孔繁豪履歷宗圖切結等件咨請查核辦

理見復等因到部查孔氏南奉祀官孔慶儀既

已病故茲以其長子孔繁豪承襲檢閱履歷宗

圖及族鄰切結核與成案相符自應照准惟孔

慶儀之子幾人有無嫡庶區別應請文復聲

叙並應將孔慶儀原領奉祀官執照一併送

部以便核發新照相應咨復查照轉行可也

等因到署准此相應咨請

貴爵府轉飭遵照辦理實紉公誼此咨

衍聖公

山東省長

山東省長熊炳琦爲聲叙孔慶儀之子有無嫡庶區别及慶儀原領執照一并送部事致衍聖公孔德成咨

民國十三年八月二十八日

中華民國十三年八月廿八日

監印官高儀莊
校對官趙守書

衍聖公府爲查明孔慶儀之子有無嫡庶區別并慶儀原領執照送府核轉事頒衢縣孔氏族長孔繼順訓令

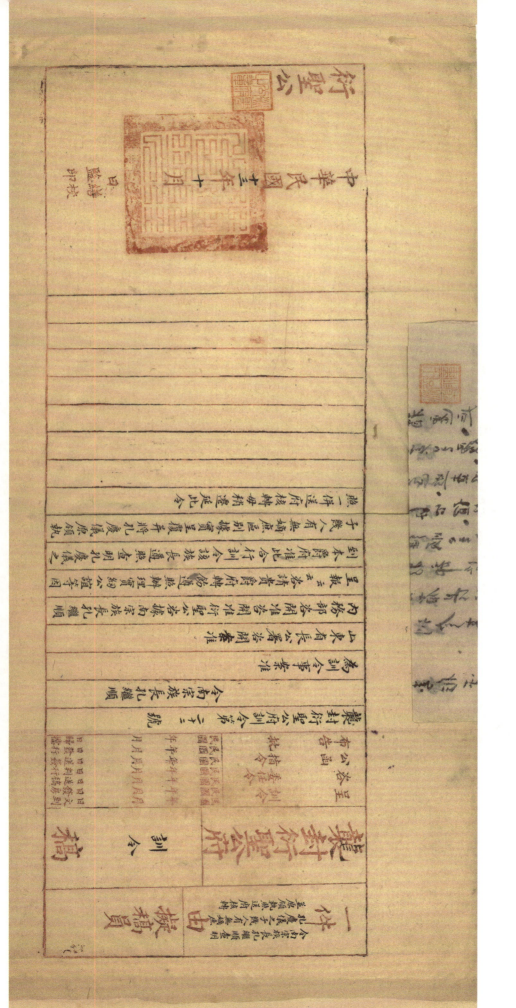

民國十三年十月

一件 令南宗族長孔繼順查明孔慶儀之子幾人有無嫡庶并原領執照送府核轉由

擬稿員

襲封衍聖公府 訓令 稿

呈 咨 公函 布告 訓令 指令 批

襲封衍聖公府訓令第二十三號

令南宗族長孔繼順

爲訓令事案准

山東省長公署咨開案准

內務部咨開准衍聖公咨據南宗族長孔繼順

呈報云云咨請貴爵府轉飭遵照辦理實紉公誼等因

到本爵府准此合行訓令該族長遵照查明孔慶儀之

子幾人有無嫡庶區別據實呈覆并將孔慶儀原領執

照一併送府核轉毋稍遲延此令

中華民國十三年十月 日

衍聖公

監印 校 繕

衍聖公府爲查明孔慶儀之子有無嫡庶區別并慶儀原領執照送府核轉事須衢縣孔氏族長孔繼順訓令

〔民國十三年〕十月十一日

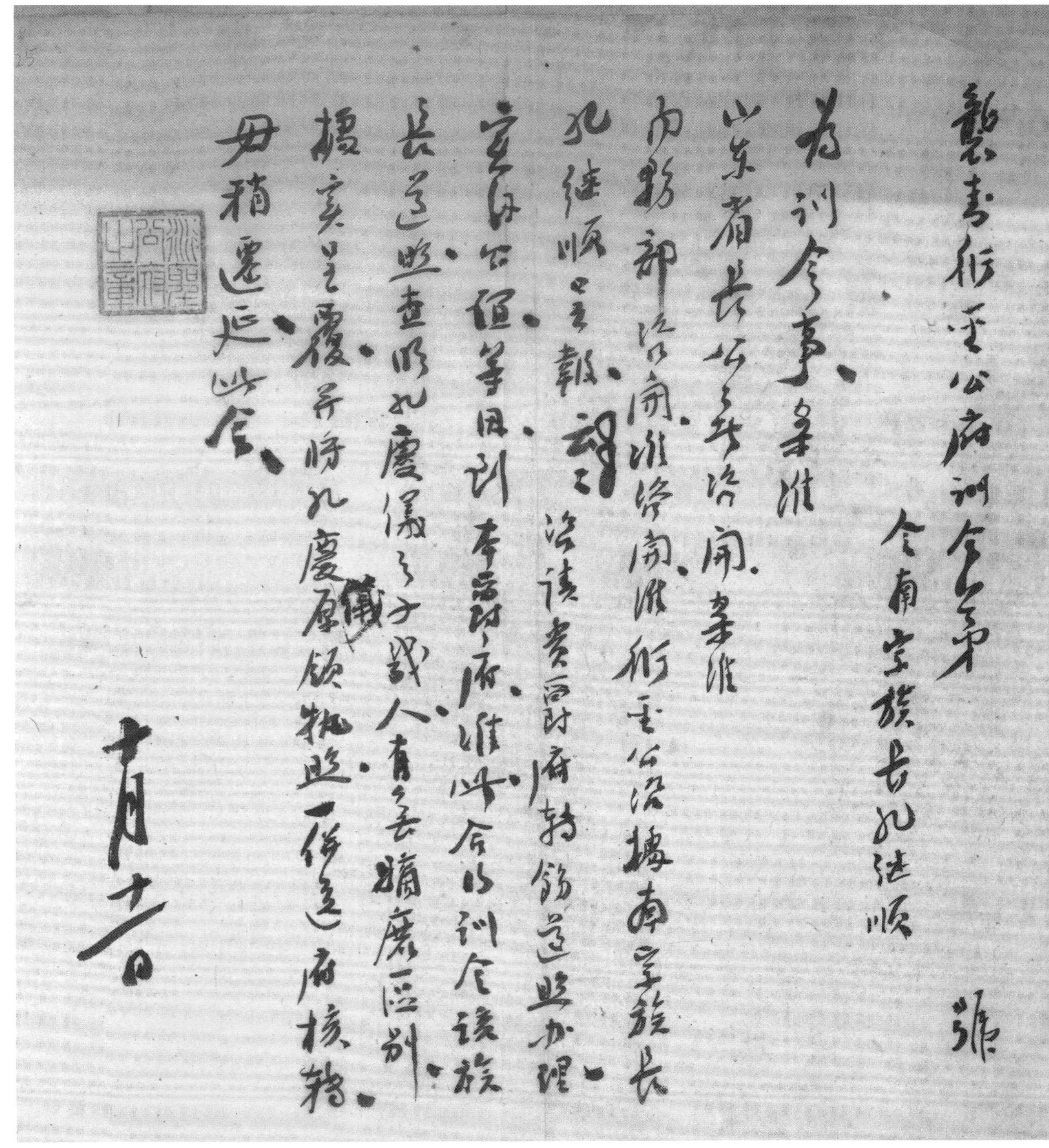
襲封衍聖公府訓令第　號

令南宗族長孔繼順

爲訓令事。案准

山東省長公署咨開：案准

內務部咨開：准衍聖公咨轉南宗族長

孔繼順呈報。請咨請貴公府轉飭遵照辦理。

寔候公復等因到本公府。准此，合行訓令該族

長遵照查明孔慶儀之子識人有無嫡庶區別，

據實呈覆，并將孔慶儀原領執照一併送府核轉，

毋稍遲延。此令。

十月十一日

浙江衢縣孔氏奉祀官爲覆明孔慶儀之子嫡庶區別及呈送慶儀原領執照事致衍聖公［孔德成］呈

民國十四年一月三十一日

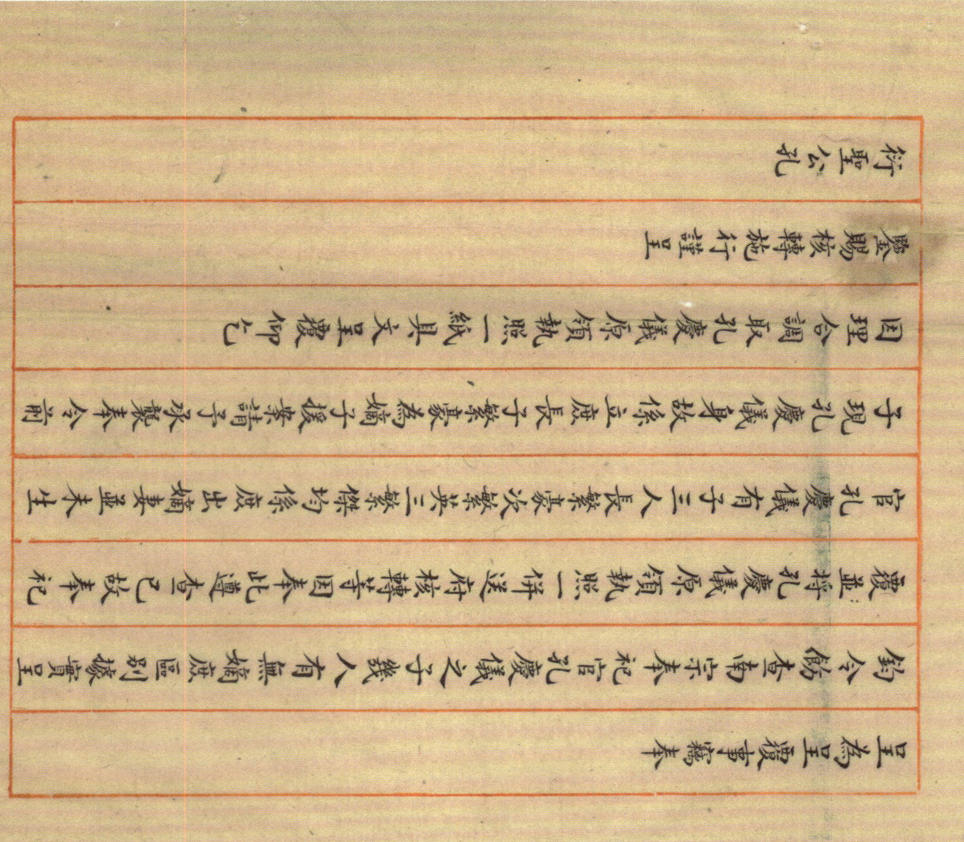

呈為呈覆事竊奉
鈞令飭查南宗奉祀官孔慶儀之子幾人有無嫡庶區別據實呈
覆並將孔慶儀原領執照一併送府核轉等因奉此遵查已故奉祀
官孔慶儀有子三人長繁豪次繁英三繁傑均係庶出嫡妻孟未生
子現孔慶儀身故係立庶長子繁豪為嫡子援案請予承襲奉令前
因理合調取孔慶儀原領執照一紙具文呈覆仰乞
鑒賜核轉施行謹呈
衍聖公孔

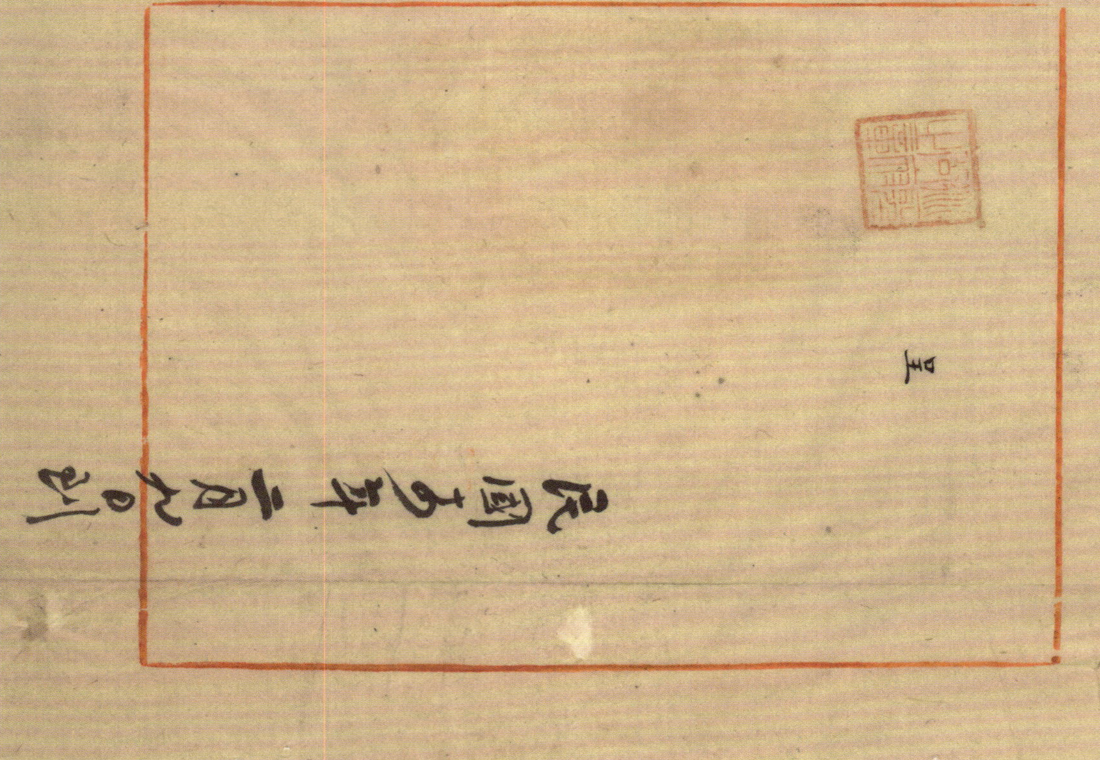

呈

民國十四年

浙江衢縣孔氏奉祀官爲覆明孔慶儀之子嫡庶區別及呈送慶儀原領執照事致衍聖公［孔德成］呈

民國十四年一月三十一日

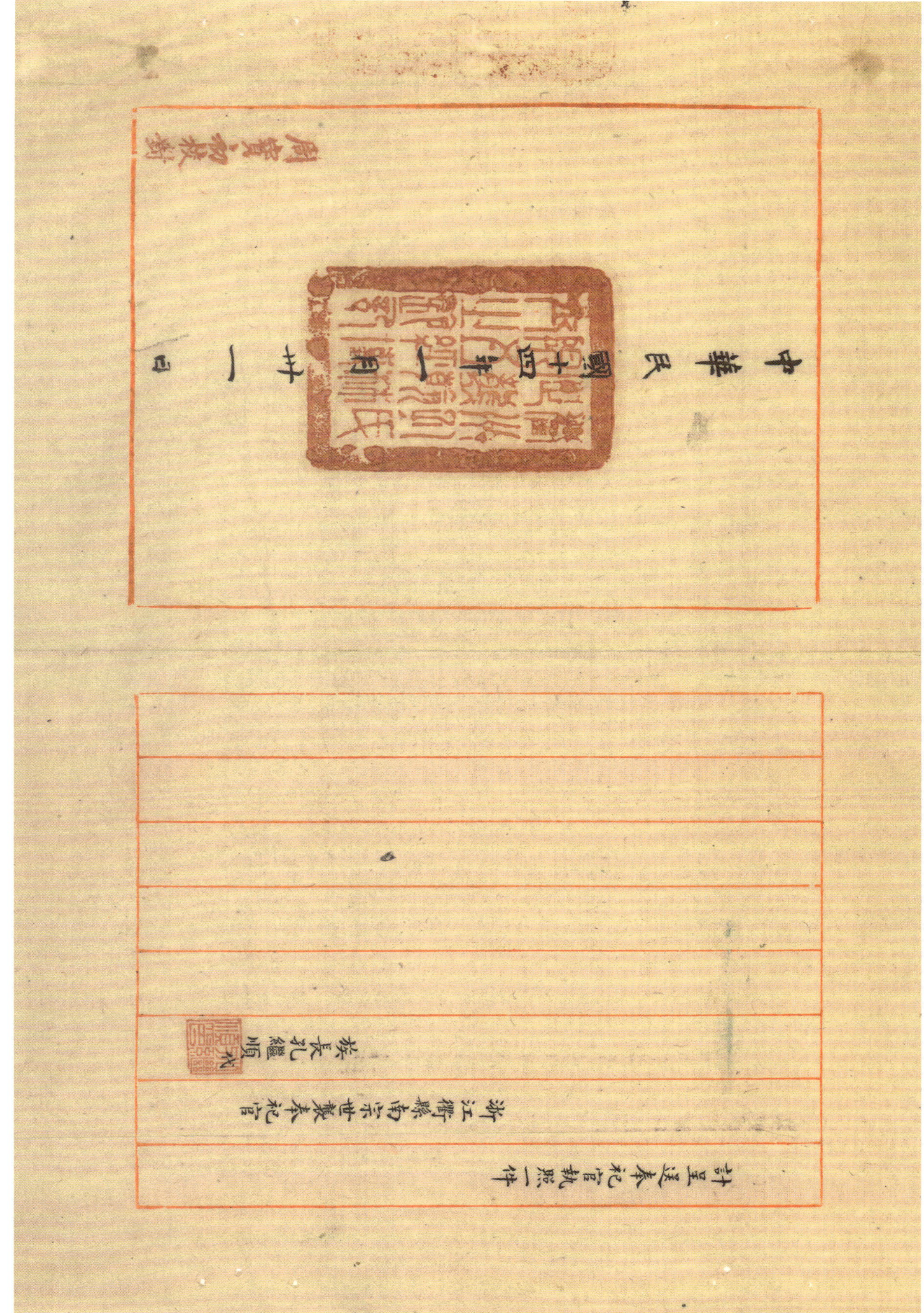

衍聖公孔德成爲覆明孔繁豪爲庶長子及將孔慶儀原領執照轉送内務部事致山東省長龔[積柄]咨

民國十四年二月二十一日

一件 咨山東省長將孔慶儀原領執照轉送内務部請核發新照由

擬稿員

襲封衍聖公府 咨

稿

爲咨送事案准

貴公署咨准

内務部咨以南宗奉祀官孔慶儀病故請以伊長子繁豪承襲核與成案相符惟孔慶儀之子幾人有無嫡庶應請聲叙并將孔慶儀原領執照一併送部以憑核轉等因到署相應咨請轉飭等因到本府准此當即令行南宗族長孔繼明查覆并調取孔慶儀原領執照送府核轉去後茲據該族長呈覆遵查已故奉祀官孔慶儀有子三人長繁豪次繁英三繁傑均係庶出嫡妻并未生子現孔慶儀身故係庶長子繁豪承襲等情并將孔慶儀原領執照呈繳前來本府覆查無異相應檢同孔慶儀原領執照備文咨送

貴省長請煩查照轉咨

内務部核發新照以昭信守實紉公誼此咨

山東省長龔

計咨送執照一件

衍聖公孔德成

中華民國十四年二月廿一日

同校 繕 監印

衍聖公孔德成爲覆明孔繁豪爲庶長子及將孔慶儀原領執照轉送内務部事致山東省長龔（積柄）咨

［民國十四年］二月十七日

爲咨送事。案准
貴公府咨准
內務部咨以南宗奉祀官孔慶儀病故，請以伊長子繁
豪承襲，核与成案相符，惟孔慶儀之子幾人，有無嫡庶區別，應請
文復歲敘，并應將孔慶儀原領執照一併送部，以
便核發新照等因，因列署，相應咨請轉飭遵照等因，到本
爵府，准此，當即令行南宗族長孔繼順查覆，并調取孔慶
儀原領執照送府核轉去後，茲據該族長呈復道查
已故奉祀官孔慶儀，育子三人，長繁豪，次繁英，三繁傑，
均係庶出，嫡妻并未生子，現孔慶儀身故，係庶長子繁
豪承襲，并將孔慶儀原領執照呈繳前來，本爵
復查無異，相應檢同孔慶儀原領執照，備文咨送
貴省長請煩查照轉咨
內務部核發新照，以昭信守，實級公誼，此咨
山東省長龔
計咨送執照一件

二月十七日

咨　第二〇四號

民國十四年四月廿日到

山東省長公署為咨行事案准
內務部咨開准咨開孔氏南宗奉祀官孔慶儀病故請以伊長
子繁豪承襲一案茲准衍聖公咨據南宗族長孔繼順呈查已
故奉祀官孔慶儀有子三人長繁豪次繁英繁傑均係庶出嫡
妻孟未生子現孔慶儀身故係庶長子繁豪承襲等情連同
孔慶儀原領執照請轉咨核發新照等因檢同原件咨請核辦
見復等因到部查已故奉祀官孔慶儀既無嫡子所請以庶長
子繁豪承襲奉祀官之處應即照准相應照填執照一紙咨送
查照轉發可也等因并附執照一紙到署准此相應檢同原件

山東省長龔積柄爲咨送孔繁豪承襲執照及具報承襲日期事致衍聖公［孔德成］咨

民國十四年四月十七日

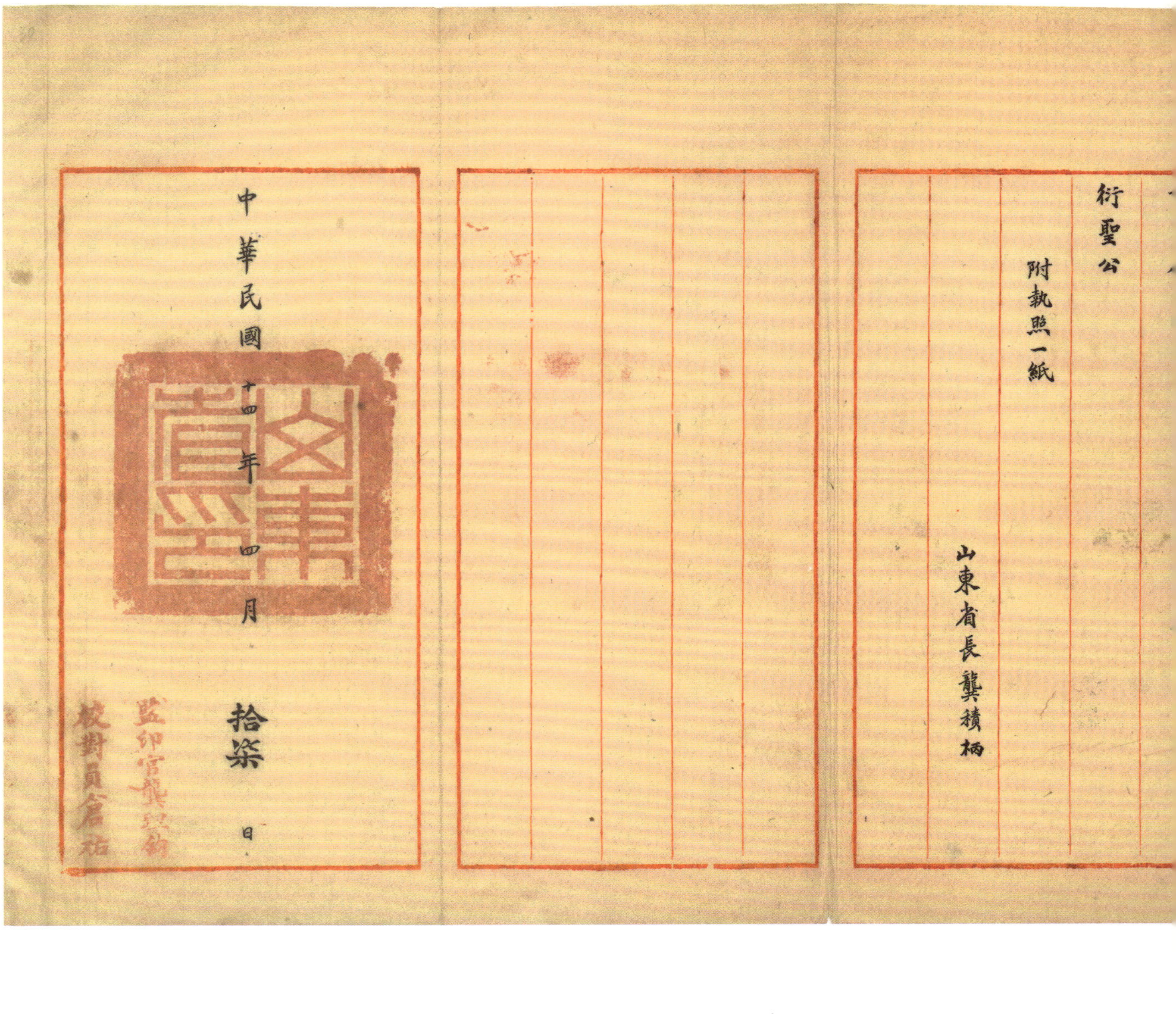

衍聖公

附執照一紙

山東省長龔積柄

中華民國十四年四月拾柒日

監印官龔□鈞

校對員倉祐

衍聖公府爲轉發承襲執照及具報承襲日期事頒衢縣孔氏奉祀官孔繁豪訓令

民國十四年五月二十七日

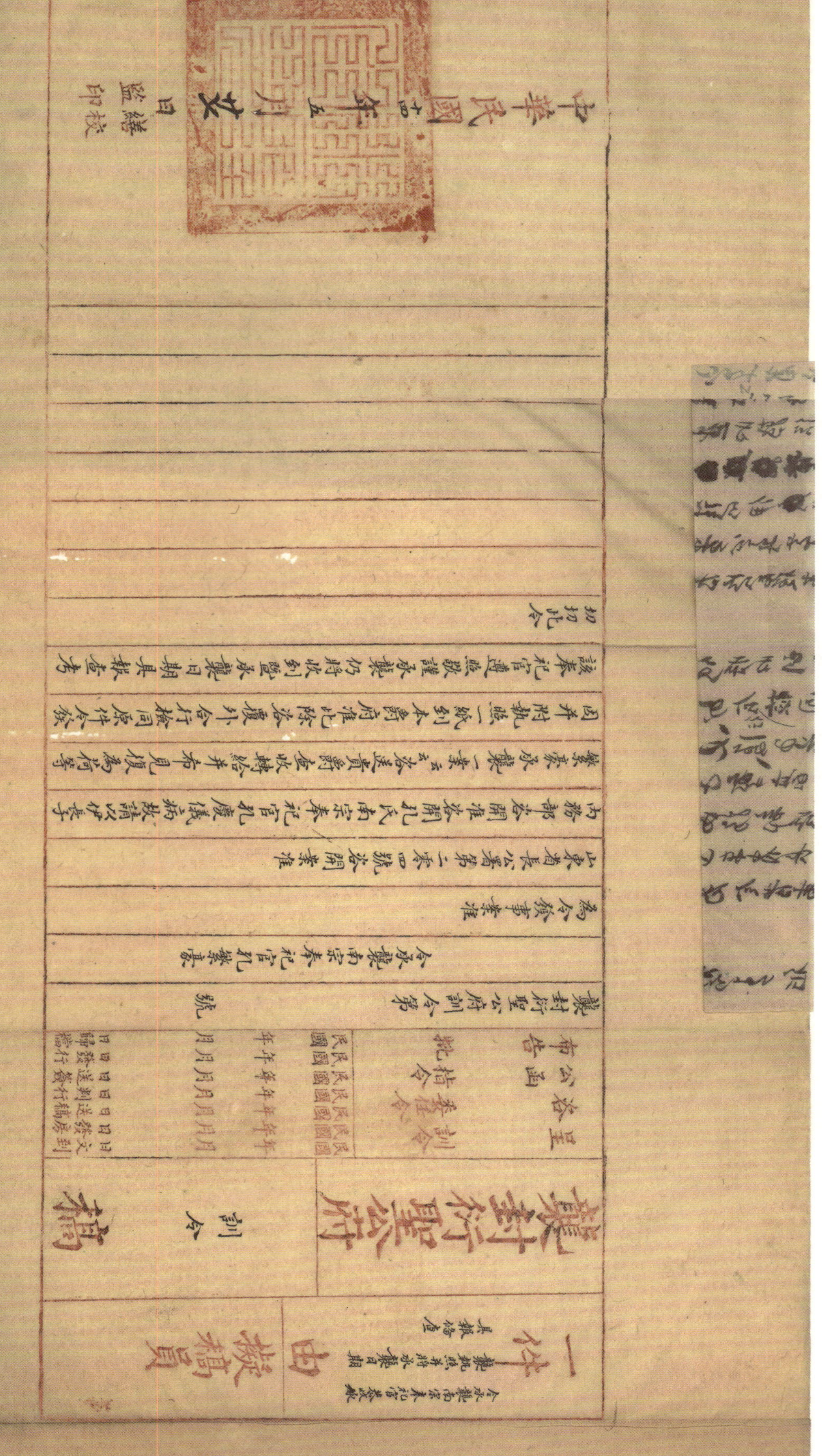

襲封衍聖公府訓令第　號

令承襲南宗奉祀官孔繁豪

爲令發事。案准山東省長公署第二零四號咨開：案准內務部咨開：准咨開孔氏南宗奉祀官孔慶儀病故，請以伊長子繁豪承襲一案，云云，咨送貴爵府查收轉給，并希見復爲荷等因，并附執照一紙到本爵府。准此，除咨覆外，合行檢同原件令發該奉祀官遵照，敬謹承襲，仍將收到暨承襲日期具報查考。切切此令。

中華民國十四年五月　日

衍聖公

衍聖公府爲轉發承襲執照及具報承襲日期事須衢縣孔氏奉祀官孔繁豪訓令

衍聖公府爲已轉發孔繁豪承襲執照事致山東省長龔〔積柄〕咨

〔民國十四年〕五月二十三日

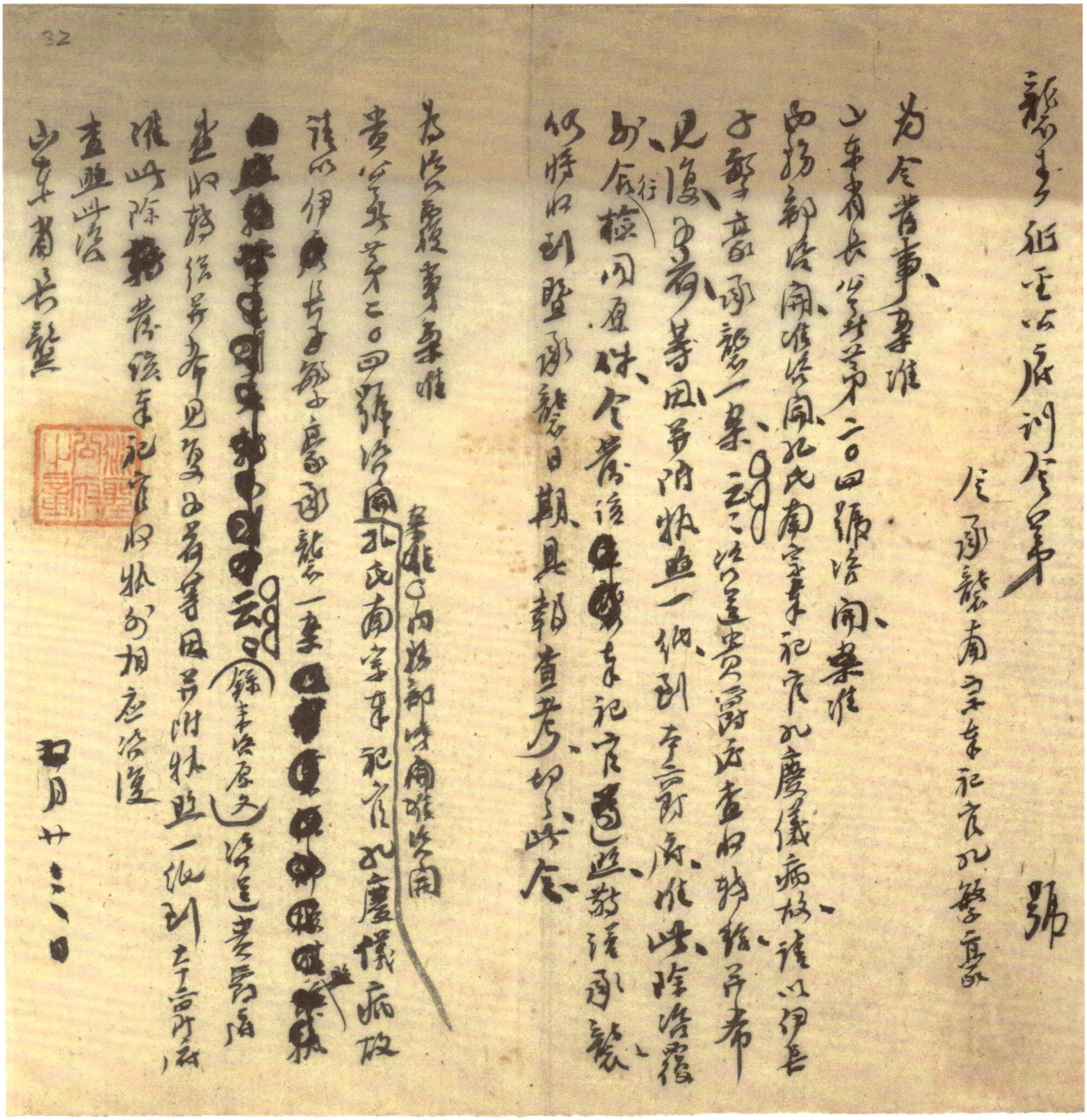

衍聖公孔德成爲已轉發孔繁豪承襲執照事致山東省長龔［積柄］咨

民國十四年五月二十七日

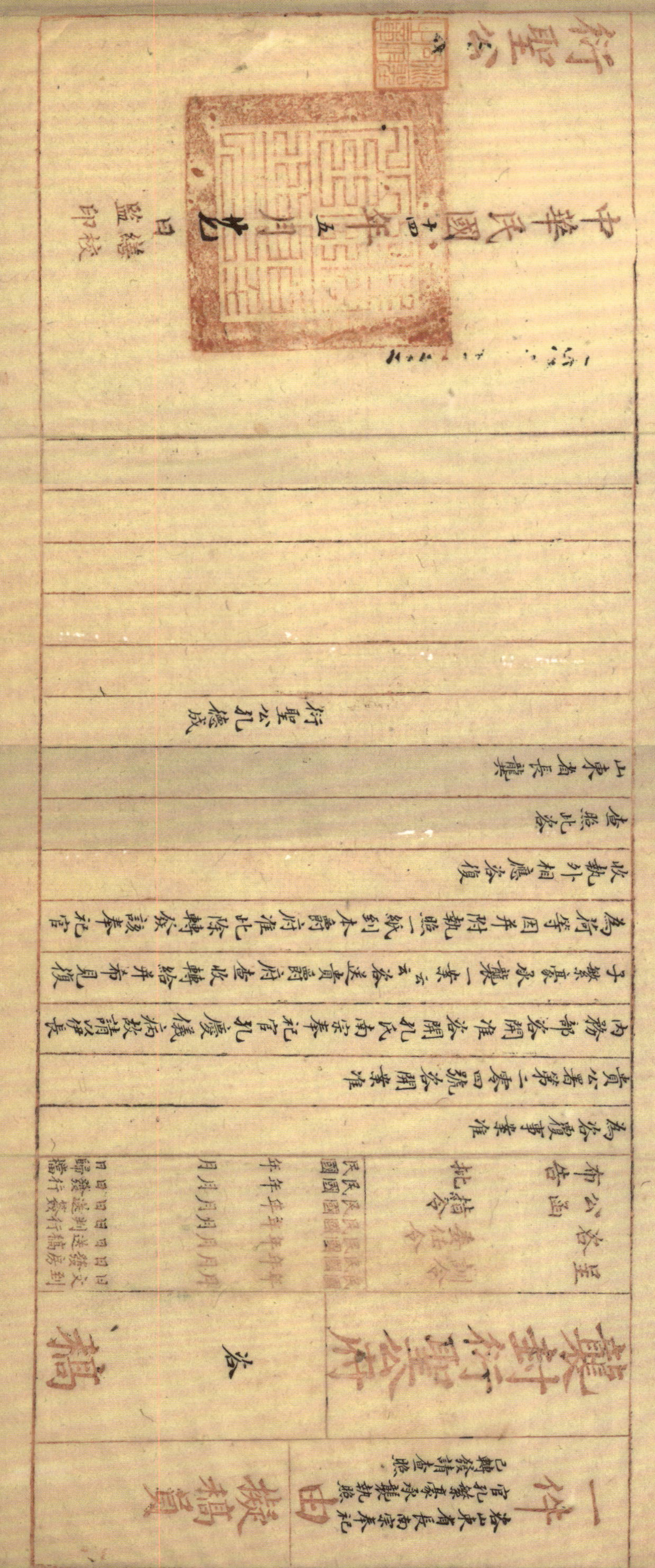

襲封衍聖公府 咨 稿

為咨覆事。案准

貴公署第二零四號咨開：案准

內務部咨開：准咨開孔氏南宗奉祀官孔慶儀病故，請以伊長子繁豪承襲一案云云，咨送貴爵府查收轉給，并希見復。

為荷等因，并附執照一紙到本爵府。准此，除轉發該奉祀官收執外，相應咨復

查照。此咨

山東省長龔

衍聖公孔德成

中華民國十四年五月　日

繕　校　監印